HANS-PETER MARTIN

GAME OVER

Wohlstand für wenige,
Demokratie für niemand,
Nationalismus für alle –

und dann?

Mitarbeit: Manuel Martin

PENGUIN VERLAG

MIX
Papier aus verantwortungsvollen Quellen
FSC® C014496

Verlagsgruppe Random House FSC® N001967

PENGUIN VERLAG

1. Auflage

Grafiken: Manuel Martin
Umschlaggestaltung: FAVORITBUERO, München
Umschlagabbildung: © shutterstock/katillomi
Satz: Vornehm Mediengestaltung GmbH, München
Druck und Bindung: GGP Media GmbH, Pößneck
Printed in Germany
ISBN 978-3-328-60023-7
www.penguin-verlag.de

Dieses Buch ist auch als E-Book erhältlich.

Inhalt

Für meine Frau Heike und alle,
die sich für das »New Game« engagieren

Vorwort

Liebe Leserinnen und Leser,

als Österreicher, der in Bregenz am Bodensee an der Grenze zu Deutschland aufgewachsen ist, zogen mich die Debatten zwischen Rainer Barzel und Willy Brandt 1972 in ihren Bann: das Drama um das Misstrauensvotum, der Verrat, das Versprechen, mehr Demokratie zu wagen. Mit »Freiheit oder Sozialismus« drohte Franz Josef Strauß im Wahlkampf 1976, und wir bekamen irgendwie beides.

Die soziale Marktwirtschaft schien zumindest in Deutschland wie in Stein gemeißelt, es konnte doch nur noch besser werden. Und dann?

Vor zwei Jahrzehnten warnten Harald Schumann und ich in der »Globalisierungsfalle« vor dem »Angriff auf Demokratie und Wohlstand«. Das Buch war als Warnruf gedacht, erwies sich aber leider in vielem als Prognose. Nunmehr heißt es »Game Over«, für den Westen, für unser Zivilisationsmodell. Kapitalismus funktioniert auch ohne Demokratie und ohne Einhaltung liberaler Menschenrechte. Die Volksrepublik China ist mit ihrem kapitalistischen Überwachungskommunismus der wahre Sieger nach dem Kalten Krieg und die größte Gefahr für eine Zukunft in Freiheit.

Wie konnten wir nur so versagen? Mit Hyperglobalisierung und Digitalisierung, Börsenkrachs, Klimawandel und Massenmigration knicken alle vier Säulen unserer bisherigen Demokratien ein: die Legislative, die Exekutive, die Judikative und die sogenannte »vierte Gewalt«, die Medien.

Die liberale Demokratie ohne stabiles soziales Fundament erweist sich als Fehlkonstruktion. Unhaltbare wirtschaftliche Ungleichheit und allgegenwärtige Unsicherheit münden in nationalen Chauvinismus. Die Kriegsspirale dreht sich.

Das ist kein Zukunftsszenario. Es geschieht jetzt. Wir befinden uns mitten in einer Global-Revolution. Der Trumpismus – auch ohne Trump – wird nicht kommen, er ist da. Die Wohnungen werden nicht unbezahlbar werden, sie sind es. In vielen EU-Staaten droht nicht die Wahl rechtsnationaler Regierungen, sie sind bereits an der Macht. Aufwachen.

Das Konzept zu diesem Buch entstand in New York in der Nacht, als Donald Trump zum US-Präsidenten gewählt wurde. Nehmen wir ihn ernst, schrieb ich an den Verleger, auch den Brexit und den damals schon absehbaren Rechtsruck in Österreich und Italien.

Persönlich bin ich mit einem breiten politischen Spektrum vertraut, vom früher noch linken »Spiegel«-Milieu bis zu den vielen Argumenten, auf die man als Politiker und Journalist vor allem bei Straßendiskussionen trifft.

Beim Schreiben bemühte ich mich, eine innere Distanz zu den Analysen und oft angstmachenden Prognosen zu wahren. Schön wäre es, wenn es Ihnen beim Lesen manchmal so ginge wie mir beim Recherchieren: Plötzlich verstand ich einen Zusammenhang oder konnte eine Flut von Ereignissen zumindest zuordnen.

Als lebenslanger Grenzgänger zwischen Medien und Politik reizte mich auch die Gratwanderung – der Versuch, ein Manuskript zu verfassen, das weder Leser vor den Kopf stößt, die neonationalen Positionen etwas abgewinnen können, noch Kinder der Bonner Republik wie mich. Mein Verleger schrieb nach der ersten Lektüre, es sei »ein Buch voller Bücher geworden, die Zusammenschau unseres giftigen Cocktails. Wir werden durch die Hölle gehen müssen …«. Ich fürchte, er hat recht.

Nur die rasche und massenhafte Einsicht, dass eine grundlegende Veränderung notwendig ist, könnte noch helfen: Radikalität, aber aus der politischen Mitte heraus. Der Ausweg wäre eine große, glaubwürdige Teilhabe – sozial, ökonomisch, politisch und digital. Jetzt. Nur wie?

Davon handelt dieses Buch auch. Es muss nicht zwingend dazu kommen, dass wir eines Tages betrauern, was wir alles verloren haben.

Hans-Peter Martin
Lech, am 15. August 2018

Die globale Titanic

Der unvermeidliche Systemcrash

Wenn ein Frosch in einem Topf sitzt und das Wasser darin langsam zum Kochen gebracht wird, merkt er nicht, dass er in der Hitze umkommt, heißt es. Das ist nachweislich falsch und allenfalls beim Menschen so.

Begierden von Weltformat sind im kühnen »Building No. 1« an der London Bridge zu Hause. Wer sich an dieser Adresse in Großbritanniens Hauptstadt einmietet, baut auf globalen Erfolg und lebt vom nüchternen Blick, der schonungslosen Analyse, inspiriert von historischen Perspektiven.

Die Brücke an der Themse kennt den Wandel der Epochen. Die Römer errichteten sie aus Holz, König Aethelred befahl im Jahr 1014, sie niederzubrennen, um angreifende dänische Truppen abzuwehren.

Als steinerne Brücke bot sie im Mittelalter das Fundament für sechs Stockwerke hohe Gebäude, über dem Wasser entwickelte sich ein eigener Stadtteil, den tagsüber mehr als 3000 Menschen bevölkerten. Wegen des Andrangs durften Karren nur noch auf der Westseite ins Londoner Zentrum gezogen werden und mussten es auf der Ostseite verlassen. Dies gilt als Ursprung des Linksverkehrs auf der britischen Insel.

Rebellierende Bauern setzten die Brückenhäuser zweimal in Flammen. Der Anführer Jack Cade alias John Mortimer wurde gevierteilt, sein Kopf blieb danach weithin sichtbar aufgespießt auf einem Pfahl. Am Südtor schreckten mehr als 300 Jahre lang halb gekochte, in Pech getauchte Köpfe von Hingerichteten die Vorbeiziehenden. Ein »Keeper of the Heads« betreute sie wie ein Hausmeister. 1595 zählte ein deutscher Reisender gleichzeitig mehr als 30, andere Passanten beobachteten den perversen

Stolz von Adligen, wenn sie einen ihrer Vorfahren entdeckten. William Shakespeare dürfte gesehen haben, dass da ab 1606 auch Guy Fawkes hing, dessen Maske Jahrhunderte später der »Occupy Wall Street«-Bewegung ihr Gesicht gab. Das gefürchtete »Traitor's Gate«, das Verrätertor, wurde zu einem Markstein der Geschichte, mit kontinuierlichem Widerhall bis in die ISIS-Gegenwart.

Im Anbruch der industriellen Revolution eröffnete das britische Königspaar 1831 einige Meter flussaufwärts eine neue Brücke aus Granitsteinen, die der Unternehmer Robert McCullough im Jahr der Studentenrevolte 1968 ersteigerte und im US-Bundesstaat Arizona zur weltgrößten Antiquität zusammenfügen ließ. Er hatte zuvor mit Kettensägen ein Vermögen erwirtschaftet.

Exakt an der Stelle des Traitor's Gate überragt nun das Building London Bridge No. 1 das Südufer der Themse. In seiner verglasten Fassade spiegeln sich die Kathedrale von St. Paul, aber auch die jüngsten Wolkenkratzer der City of London, die trotz der Brexit-Abstimmung eines der wichtigsten Finanzzentren des Erdballs bleibt. Zu den Mietern im postmodernen Bau, dessen vielstöckige Eingangshalle in poliertem rosa Granit selbst kathedrale Ehrfurcht gebietet, zählen die global aktive Anwaltsfirma Howard Kennedy und ein internationaler Ableger des US-Finanzriesen Prudential Financial, die Pricoa Capital Group. Sie gehört weltweit zu den größten Unternehmen, die Firmen mit Privatkapital versorgen, »verbunden mit dem Appetit unseres Risikokapitals, das sich auf nachrangige Forderungen und Vorzugskapital stützt«, wie gerne verraten wird. 82 Milliarden US-Dollar werden so gemanagt, immer auf der Jagd nach den größtmöglichen Renditen.[1] Das entspricht knapp dem Staatshaushalt der Republik Österreich im Jahr 2018.

Bisweilen noch weit höhere Beträge kontrollieren die Investmentstars der Firma GMO, die sich Büros im obersten Stockwerk gesichert haben. Dabei ist GMO keine imposante Aktiengesellschaft wie Prudential Financial, sondern ein privates Unternehmen mit Hauptsitz in Boston, gegründet von Jeremy Grantham.

Das Leitbild für die 550 Beschäftigten ist unmissverständlich: »Unser einziges Geschäft ist das Managen von Investitionen mit dem Ziel, überdurchschnittliche Erträge zu erzielen und unsere Kunden zu beraten.« Wie und wo die Milliarden investiert werden, erfahren nur die Geldgeber selbst. Wer als Privatperson dazu zählen möchte, muss mindestens fünf Millionen Dollar einbringen, institutionelle Anleger mindestens zehn. Selbst dann wird jeder Neueinsteiger handverlesen, denn die GMO-Manager »sind stolz, global einigen der prestigeträchtigsten und anspruchsvollsten Investoren dienen zu dürfen«.[2]

James Montier ist der schillerndste Akteur unter ihnen. Am 3. Juni 2017 saß er nicht mehr an seinem Schreibtisch im zwölften Stock, als kurz nach 22 Uhr mitten auf der London Bridge drei Attentäter in einem weißen Lieferwagen auf den Gehsteig rasten, drei Passanten töteten und gegenüber dem Building No. 1 in einen Lichtmast krachten. Er hätte aus seinem Fenster mitverfolgen können, wie die Angreifer weiterliefen und mit ihren Messern wahllos auf Menschen einstachen. Weitere fünf starben, 48 wurden teils schwer verletzt. Der islamische Terror hatte den Krieg wieder einmal in die britische Metropole zurückgebracht.

Für Montier sind solche Anschläge noch weit entfernt von jenen fundamentalen gesellschaftlichen Veränderungen, die ihn inzwischen alarmieren. Ausgerechnet dieser vielfach gerühmte Finanzstratege benennt das ökonomische Modell, das so viele seiner Kunden und auch ihn reich gemacht hat, als Ursache für die großen politischen Verwerfungen der Gegenwart. In seinem sorgfältig gesicherten Computer kann Montier ein Grundsatzpapier aufrufen, das er gemeinsam mit einem Kollegen für seine Anleger verfasst hat und das keinen Zweifel lässt. »Der Neoliberalismus ist ein Projekt, das man so buchstabieren sollte: D. E. S. A. S. T. E. R« lautet eine fettgedruckte Überschrift.[3]

Niemand dürfe sich wundern, dass »die Bürger verschiedenster Länder rund um die Welt nach und nach aufgewacht sind und rebellieren«, so Montier. Es sei nachvollziehbar, dass »Menschen sich auf das Problem der Migration konzentrieren, um ihre Frustration mit dem gesamten System zum Ausdruck zu bringen«. Doch die wahre Ursache »ist ein kaputtes System von ökonomischen Vorgaben, eben der Neoliberalismus«. Er »kam Mitte der 1970er-Jahre auf, und vier wesentliche ökonomische Strategien kennzeichneten ihn: der Verzicht auf Vollbeschäftigung als ein wünschenswertes politisches Ziel und stattdessen Inflationssteuerung; eine verstärkte Globalisierung bei der Mobilität von Menschen, Kapital und beim Handel; die Maximierung des Shareholder Value statt neuer Investitionen und Wachstum; schließlich das Streben nach flexiblen Arbeitsmärkten und die Schwächung der Gewerkschaften.«

Doch die Bilanz dieser wirtschaftlichen Strömung, die seit der US-Präsidentschaft Ronald Reagans und des Falls des Eisernen Vorhangs in zahllosen Staaten die intellektuelle und später auch politische Vorherrschaft übernahm, fällt für den so erfolgreichen Finanzspekulanten verheerend aus: »Der Neoliberalismus ist ein politisches und ökonomisches Projekt, das buchstäblich für Politik und Wirtschaft nicht schlechter hätte sein können. Die Rezepte, die er vorschreibt, sind hochgradig unpopulär und unzweckmäßig. Bürger geraten wegen des Verlustes von Arbeitsplätzen und früherer Stabilität sowie ihrer bescheidenen Einkommen ins Straucheln, während die Gesamtwirtschaft in die Instabilität und in die Stagnation kippt.«

Als ob der Vorsitzende der britischen Labour-Partei Jeremy Corbyn in die Tasten seines GMO-Computers getippt hätte, fährt Montier fort: »Es ist auch ein Projekt, das nur wenigen auf Kosten der vielen nutzt. Es führt nicht nur zu einer verwöhnten Gesellschaftsschicht von High Income Individuals, also einzelnen Personen mit hohem Einkommen, sondern auch zu einer Schicht von abgehobenen Technokraten. Diese Abgehobenheit erlaubt ihnen, ihre törichten Grundsätze weiter zu verfolgen, die aber die Wirtschaft ins Chaos stürzen. Während dies geschieht, trösten sie sich mit der Behaglichkeit von ökonomischen Theorien, die der Wirklichkeit widersprechen.«

Dann wendet sich der in Investorenkreisen vielfach preisgekrönte Montier direkt an die Lebenswirklichkeit seiner Kunden:

»Wenn im Establishment jetzt viele Menschen ihre Köpfe kratzen und fragen, warum sie in Ungnade gefallen sind«, so müsse klar sein, dass »die wachsende Ungleichheit mit jenen verknüpft ist, die von den steigenden Aktienkursen profitieren. In den USA besitzt das reichste Prozent der Bevölkerung fast 40 Prozent aller Aktien, die privaten Haushalten gehören, die obersten zehn Prozent sogar 80 Prozent. Sie sind die Nutznießer der Shareholder-Value-Maximierung.«

Das Problem ist aber keineswegs nur »dieser Affront gegen jeden Sinn von Fairness«, so Montier, der auch an verschiedenen englischen Universitäten lehrt. »Die verbleibenden 90 Prozent haben eine viel größere Kauflust. Sie sparen praktisch nichts. Da sich aber Einkommen und Vermögen in den Händen von immer weniger Menschen konzentrieren, ist es auch wahrscheinlich, dass sich das Wirtschaftswachstum signifikant abschwächt, denn dieses eine Prozent legt 40 Prozent seines Einkommens zur Seite.«

Die Eigendynamik erfasst auch die Politik. »Populismus ist eine Antwort auf den Neoliberalismus. Es dauerte 40 Jahre, bis dessen wahre Auswirkungen sichtbar wurden. Aber jetzt, da sie sichtbar sind, sind sie dramatisch. Die meisten entwickelten Volkswirtschaften sind ausgehöhlt und nur noch leere Hülsen. Sie verzeichnen enorme Handelsbilanzdefizite und produzieren immer weniger Güter, welche die Menschen tatsächlich konsumieren. Dafür produzieren sie arbeitslose Arbeiter und unzufriedene Bürger.«

Derzeit durchlebten wir »unsere kränkelnde Breschnew-Ära«, setzt Montier den »gegenwärtigen Sumpf« mit den letzten Lebensjahren des 1982 verstorbenen Sowjetführers Leonid Iljitsch Breschnew gleich. »Ohne einen kalten Wasserstrahl wird unser System bis zu seinem Zusammenbruch durchmarschieren – ähnlich wie seinerzeit die Sowjetunion.«

Ein kapitalismuskritischer Ökonom könnte es kaum drastischer formulieren. Doch wird der Ruf des britischen Finanzberaters, der nicht nur für die Schweizer Fachzeitung »Finanz und

Wirtschaft« »zu den angesehensten Value-Investoren der Gegenwart zählt«, in den eigenen Reihen gehört?

Ab in die Arche Noah

Ja, etwa von Herrschern über Metadaten im Silicon Valley südlich von San Francisco. Die Herren des neuen Goldes, zu deren Selbstverständnis es zählt, Entwicklungen zu Ende zu denken, wissen, dass acht Milliardäre so viel Vermögen angehäuft haben wie die Hälfte der Menschheit. Sie wissen, dass sich seit der Zeit des Eisenbahnkönigs Cornelius Vanderbilt, des Stahlbarons Andrew Carnegie und des Ölmagnaten John D. Rockefeller nicht mehr so viel Reichtum in so wenigen Händen konzentriert hat.[4] Und sie wissen, dass es nach Zählung des »Forbes«-Magazins derzeit weltweit nur 2075 Milliardäre gibt.[5]

Manche der neuen Internetbeherrscher zählen dazu oder machen zumindest Geschäfte mit ihnen. Und sie ahnen, dass 25 Finanzmanager aus der Hedgefonds-Branche in den Vereinigten Staaten von Amerika jedes Jahr so viel verdienen wie alle US-Kindergärtnerinnen und Kindergärtner gemeinsam.

Antonio García Martínez, ein früherer Manager bei Facebook, sorgt sich um die »giftige Spaltung« der Gesellschaft, »wir bewegen uns gerade auf sehr dünnem Eis«. Er hat sich auf einer Insel im Nordwesten Amerikas einige Hektar bewaldetes Land gekauft, dazu Stromgeneratoren, Solarpanels und tausende Ladungen Munition. Dahin will er sich zurückziehen, wenn »Chaos ausbricht« und sich mit einer »kleinen Militia« schützen. Goldmünzen gehören auch zum Vorrat. In einer privaten Facebook-Gruppe kann sich García Martínez mit Gleichgesinnten austauschen. Ein Mitglied, der Chef einer Investmentfirma, hält einen stets startbereiten Helikopter bereit und ließ sich einen unterirdischen Bunker bauen.

Steve Huffman, Mitbegründer der Internetplattform Reddit, die zum Beispiel die SPD für ihren jüngsten Bundestagswahlkampf nutzte, hat sich wie viele seiner Freunde in der Bay Area zumindest einige Motorräder und zahlreiche Gewehre zugelegt, um sich durchzukämpfen, »wenn unsere Regierung zeitweise kollabieren sollte«.[6] Den Zeitpunkt, wann es zu umfangreichen Unruhen kommen sollte, glaubt er gut abschätzen zu können. So konnte er auf vielen Diskussionssträngen auf Reddit beobachten, wie fundierte Warnungen zunahmen, bevor die Finanzkrise ab 2007 in die Schlagzeilen der herkömmlichen Medien geriet. Huffman, der an der natürlichen Erdbebenlinie der San-Andreas-Verwerfung lebt, nutzt so seine Internetzugänge als Seismographen gesellschaftlicher Brüche.

13 Flugstunden entfernt entwickelte sich Neuseeland in den vergangenen Jahren zur Arche Noah für zahllose besorgte Schwerreiche, die Privatjets besitzen. Das Land ist hoch entwickelt und bietet, was im Westen immer seltener wird: soziale Stabilität. Uneinsehbare Grundstücke mit Hubschrauberlandeplatz sind besonders gefragt. Mehr als 1000 Ausländer, die jeweils mindestens eine Million Dollar im Land investierten und sich zumindest 1350 Tage in fünf Jahren dort aufhielten, bekamen in jüngster Zeit die Staatsbürgerschaft verliehen. Peter Thiel, einer der ersten, die in Facebook investierten und Mitgründer des Online-Bezahldienstes Paypal, schaffte das in zwölf Tagen. Nicht einmal zur Überreichung der Urkunde musste er nach Auckland fliegen, er erhielt sie 2011 bei einer privaten Zeremonie im kalifornischen Santa Monica. Thiel, so die Begründung des damaligen Innenministers Nathan Guy, sei ein »großartiger Botschafter Neuseelands und ein großartiger Verkäufer«.[7] Thiel kaufte Filetgrundstücke und Luxushäuser, doch es ist nicht bekannt, dass er je in der Öffentlichkeit auf seine neuseeländische Staatsbürgerschaft hingewiesen hätte, ehe heimische Medien sie im Jahr 2017 aufdeckten. In jedem Fall ist Thiel, einer der engen Berater des US-Präsidenten Donald Trump, nun wie manche seiner Hedgefonds-Managerfreunde gut gehedgt, zu Deutsch: abgesichert.

Auch bei Treffen in der exklusiven Lounge im »Soho House« in Los Angeles, bei Verkostungen rarer Weine nahe der Wall

Street in Manhattan und in East Hampton auf Long Island, wo beim Szenebäcker »Carissa« ein Dutzend Frühstücksbrötchen, dazu ein halbes Kilo Schwarzbrot, ein Weißbrot und vier kleine Lunch-Sandwiches 125 US-Dollar kosten, ist die Vorbereitung auf die rechtzeitige Flucht vor dem Zusammenbruch ein häufiges Gesprächsthema.[8] Da diskutieren keine realitätsfernen Apokalyptiker oder Sektengründer, wie sie seit der Inbesitznahme Nordamerikas durch den weißen Mann seit Jahrhunderten in den USA agitieren. Auch Katastrophenfilme wie Roland Emmerichs »The Day After Tomorrow« oder »2012« mögen allenfalls die Fantasie angeregt haben.

Die Internetboomer, Investoren und Investmentmanager wägen nüchtern das Risiko ab. Der 11. September 2001 mit dem Einsturz der Zwillingstürme des World Trade Centers stimmte schon nachdenklich, Klimawandel und Nordkoreas Drohungen ließen es ansteigen. Als größter Unsicherheitsfaktor gelten wachsende gesellschaftliche Spannungen: der wieder öffentlich sichtbare Rassenhass und die Frage, wie wohl Millionen US-Amerikaner auf fehlende soziale Sicherheit und Krankenversicherung reagieren werden, wenn gleichzeitig auch noch die Folgen von Digitalisierung und Automatisierung durchschlagen.

Reid Hoffman, Mitgründer des weltweit größten beruflichen Internetnetzwerks LinkedIn, schätzt, dass mehr als die Hälfte seiner Milliardärskollegen im Silicon Valley eine »Apokalypse-Versicherung« abgeschlossen haben, in Form eines abgelegenen Rückzugsortes in Nordamerika oder Übersee.

In den Wohlstandsländern Europas schaffen sich ebenfalls mehr und mehr Vermögende ihre Refugien, ob weiterhin in den Schweizer oder österreichischen Alpen, in bewachten und umzäunten Wohnanlagen am Mittelmeer oder in der Karibik. Auch daraus speist sich die Preisexplosion in exklusiven Ferienorten, fernab von Straßenschlachten und möglichen Aufständen.

Der österreichische Immobilieninvestor René Benko, der sich in Wien auf ehemalige Adelspalais spezialisierte, über seine Signa Holding Warenhausketten wie Karstadt und Edelkaufhäuser wie das Berliner KaDeWe kontrolliert und derzeit an einer neuen Hochhausikone in Hamburg bastelt, schuf sich etwa in Oberlech am Arlberg sein »Chalet N«. Er kaufte die angejahrte Frühstückspension »Schlössle« samt Grund für knapp zehn Millionen Euro, der Neubau einer holzverkleideten Trutzburg, die er mit sechs Hotelsternen zieren ließ, kostete 43 Millionen. Für den gebürtigen Innsbrucker, der im Immobilienbereich Donald Trump nacheifert, sind solche Beträge vernachlässigbar, sie können ja auch der persönlichen Risikoabsicherung dienen. Offiziell ist die Nobelherberge mit 22 Betten und Panzerglasfenstern beständig »ausgebucht«. Wo Benko derzeit ab und zu Geschäftsfreunde bewirtet, wäre er im Fall der Fälle hoch oben in den Bergen fernab vom Schuss.

Nur wenige hundert Höhenmeter tiefer kommt Francesco Ramon in Fahrt. Er entstammt väterlicher- und mütterlicherseits alten europäischen Adelsfamilien, sein Großvater kreierte Weine, die weltweit für Staunen sorgen. Ramon gehört zu jenen Erben, die über ihre Privilegien kritisch reflektieren. »Ich bin mit einem riesigen Vorsprung ins Leben gestartet«, erläutert er im Gespräch im gediegensten Hotel am Arlberg, im »Almhof Schneider«. »Wenn du anfängst, bin ich schon fast beim Touchdown«, vergleicht er seine Lebenschancen mit dem Verlauf eines amerikanischen Footballspiels. »Und wenn wir über unseren Tellerrand hinausschauen, dann sehen wir die Sklaven der großen Unternehmen. Sie können das Studium ihrer Kinder nicht mehr bezahlen, tun sich extrem schwer mit der Miete und bekommen kaum eine Rente. Wir hingegen verfügen über die besten Anwälte, die alles, wirklich alles, für uns regeln, wir haben massiven Einfluss auf die Steuergesetzgebung, sehr effiziente Lobbyisten und viel Geld für die Medien.« Sein Resümee: »Die Lage ist furchteinflößend.«

Man lebe in seinen Kreisen »wie in der Belle Époque«, voller Genuss und Sorglosigkeit wie im feinen Paris bis zum Ausbruch des Ersten Weltkriegs. Ramon empört sich ehrlich über das Verhalten derjenigen, »die alles hatten: gute Schulen, eine hervorragende

Infrastruktur, hohe Gewinne. Und dann gehen sie nach Australien oder Neuseeland, um noch weniger Steuern zu zahlen.« Er selbst verstehe sich trotz seiner Familiengeschichte als Self-Made-Man und ernähre auf seinem Weingut zumindest 19 Familien und zahle deren Schulgeld. Am folgenden Abend setzt er nach: »Fast niemand da draußen weiß, wie wir wirklich leben und wie gut es uns wirklich geht. Ansonsten gäbe es eine Revolution.«[9]

Tatsächlich wird in der Öffentlichkeit der Reichtum der ganz Reichen oft noch unterschätzt, weil ihre Vermögensangaben auf Freiwilligkeit beruhen. Die Redewendung von den »Oberen Zehntausend« beschreibt nur noch Vergangenheit. Eine erste realistische Studie des Deutschen Instituts für Wirtschaftsforschung (DIW), die 2018 veröffentlicht wurde, zeigt, dass allein 45 Haushalte in Deutschland im Durchschnitt 4,8 Milliarden Euro besitzen, in Summe so viel wie die gesamte ärmere Hälfte der Bevölkerung, nämlich 214 Milliarden Euro. Den obersten zehn Prozent werden sechs Billionen Euro an Vermögen zugerechnet, knapp 30 Mal mehr als den unteren 50 Prozent. 8,2 Millionen Menschen sind somit in Deutschland 30 Mal reicher als 41 Millionen Einwohner gemeinsam. In Frankreich und Spanien hingegen sind die Unterschiede weit geringer.[10]

In Österreich, das auf jede Erbschafts- oder Vermögenssteuer verzichtet, regiert allerdings außergewöhnliche Ungleichheit. Die zehn reichsten Familien besitzen in Summe 170 Milliarden Euro, vorneweg der Porsche- und Piëch-Clan 37,7 Milliarden.[11] Den Red-Bull-Unternehmer Dietrich Mateschitz schätzte »Forbes« in seiner »Real-Time-List«, die nach jedem Börsentag aktualisiert wird, zuletzt auf 24,6 Milliarden Dollar.[12] Allein im Jahr 2017 wuchs das Vermögen der Milliardäre rund um den Erdball um 17 Prozent.[13] US-Großinvestor Warren Buffett näherte sich einem ihm anvertrauten Barvermögen von 100 Milliarden Dollar. Er wollte es anlegen, fand aber keinen Bereich, den er noch für lohnenswert hielt.[14] So ergeht es vielen extrem Reichen und Fonds. Sie haben so viel Geld, dass sie ernsthaft nicht mehr wissen, wohin damit.

Den Chef des weltweit größten Anlageverwalters Blackrock, Laurence »Larry« Fink, erfasst inzwischen Unruhe. Er kontrolliert sechs Billionen Dollar (in Zahlen: 6 000 000 000 000, das entspricht etwa dem Doppelten des deutschen Bruttoinlandproduktes, also des Wertes aller Waren und Dienstleistungen eines Jahres).[15] Blackrock ist der größte Einzelaktionär bei zahllosen börsennotierten Konzernen. Am 16. Januar 2018 übermittelte Fink den Verantwortlichen dieser Unternehmen einen unerwartet offenherzigen Brief. »Seit der Finanzkrise«, nahm er Bezug auf das vergangene Jahrzehnt, »haben diejenigen, die über Kapital verfügen, enorme Gewinne eingeheimst. Gleichzeitig sind viele Individuen rund um die Welt mit einer Kombination aus niedrigen Zinsen, einem langsamen Anstieg ihrer Löhne und einem unzulänglichen Rentensystem konfrontiert. Viele haben gar nicht die finanziellen Mittel und die Kompetenz, um sich etwas anzusparen. Für Millionen Menschen schwindet die Aussicht auf eine sichere Rente. Ich glaube, diese Trends sind eine wichtige Ursache für die Angst und Polarisierung, die wir heute in der Welt beobachten können.«[16] Howgh.

Auch Eric Weinstein, Geschäftsführer von Thiel Capital, der Investmentfirma von Peter Thiel, bläst neuerdings ins gleiche Horn: »Ich denke, dass die größte Gefahr von den wirklich Reichen ausgeht, und damit meine ich die mit einem neun- oder zehnstelligen Vermögen. Denn sie haben sich immer weiter vom Leben des Restes entfernt und sind damit weitgehend unempfänglich für die Anliegen derjenigen geworden, die noch nach Arbeitsstunden bezahlt werden. Als Preis für diese Gleichgültigkeit werden wir die Anfänge einer Revolution erleben.«[17]

Was für eine Welt. Täter und Profiteure der großen Spaltung wollen und werden sich in Sicherheit bringen, sobald die Opfer ernsthaft rebellieren. Und dies nicht in und aus Diktaturen in Afrika, sondern im so lange gepriesenen Westen. Besonders Reiche investieren, um sich vor ihren eigenen Landsleuten in den reichen Staaten wegsperren zu können.

Das sind die wahrhaft problematischen Flüchtlinge, so wie die vermögenden globalen Steuerflüchtlinge, nicht selten sind sie es in Personalunion. Auch darum handelt dieses Buch nicht so sehr über Flüchtlinge, die aus Afghanistan, dem Nahen Osten und Afrika nach Europa drängen. Sondern über vieles andere.

Die Global-Revolution

Längst geht es nicht nur um »heraufziehende Gefahren«, die es zu bekämpfen gilt. Es geht um die – im Vergleich zum linken Aufbruch in den vergangenen Jahrzehnten – bereits massiv veränderte Gegenwart und um die absehbare Wirklichkeit der Zukunft. Um Gewissheiten und Wahrscheinlichkeiten. Das Ende der Zehnerjahre dieses Jahrhunderts ist nicht mehr geprägt von beliebig interpretierbarer Schwarzmalerei oder Schönfärberei der Automatisierung, der Finanzmärkte, des Klimawandels, der Bürgerüberwachung, der Alterspyramide oder von Pandemien. Die Zukunft ist längst da. Es geht nicht mehr um »Es könnte sein«, immer weniger um ein »Es wird«, es muss schon viel öfter heißen: »Es ist schlechter geworden.« Und es wird noch viel schlechter werden.

Die bürgerlichen Demokratien im Europa des 20. Jahrhunderts entstanden nach den Verheerungen des Ersten Weltkriegs durch ein Zurückweichen der damaligen Eliten, allen voran des abdankenden Adels, unter dem Druck revoltierender Arbeiter und Bürger. Und immer ging es auch um eine Abwehr des Bolschewismus.

Jetzt versagen die Eliten erneut, dieses Mal nicht in Kaiserreichen und im Kolonialismus, sondern in den Demokratien von San Francisco bis Helsinki. Selbstbezogenes Parteiengezänk wie im Sommer 2018 zwischen den deutschen Regierungsparteien CDU und CSU und zuvor jahrelang unter den Spitzenpolitikern der Großen Koalition in Österreich wirken zersetzend. Seit dem Fall des Eisernen Vorhangs 1989 nahmen die Hyperglobalisierung und der jeweils interessengeleitete Freihandel beständig an

Fahrt auf. Die derzeitige Parteien- und Mediendemokratie steht dieser Entwicklung nun im Wege, da immer mehr aufgebrachte Bürgerinnen und Bürger ihr Heil im Neonationalismus und in der Abschottung suchen, dysfunktional zu den Interessen der grenzüberschreitend tätigen Wirtschafts- und Finanzführer. Die Verunsicherung ist omnipräsent. Politisch, wirtschaftlich und kulturell. Gesellschaftlicher Abstieg wird real. Die Arroganz der Sieger und Salonlinken kränkt. Die bisherige Lebensweise oder eine Erinnerung an frühere Zeiten wird zum Anker. Die ständige Anforderung, sich dem Wandel zu stellen, macht Angst. Oft zu Recht.

Schon die bisherige ökonomische und soziale Ungleichheit birgt hochpolitischen Sprengstoff. Doch die Lage wird in den kommenden Jahren noch viel explosiver werden.

Die wirtschaftlichen Parallelen zwischen der gegenwärtigen digitalen Revolution und dem Aufbruch ins Industriezeitalter vor bald 200 Jahren sind leicht zu ziehen. Automatisierte Fertigungsstraßen und Industrieroboter sind mit mechanischen Webstühlen und Dampflokomotiven vergleichbar, das Internet wirkt wie die technische Nutzung des elektrischen Stroms, das Smartphone verändert Kommunikation und Wirklichkeitswahrnehmung noch eindringlicher als Telegrafie und Fotografie im 19. Jahrhundert. Wie damals Eisenbahnschienen durchziehen immer mehr hochleistungsfähige Glasfaserkabel die entwickelten Länder, statt Waren und Menschen transportieren sie Daten.

Selbstfahrende Lkw und bald auch fahrerlose Pkw werden das Leben verändern wie einst die industrielle Massenfertigung von Gütern. Das Internet der Dinge und der großflächige Einsatz Künstlicher Intelligenz (KI) wird die Weltgesellschaft in beispiellose Sphären schieben.

Derzeit ist lediglich die Frühphase dieser revolutionären digitalen Entwicklungen durchschritten, die neuen Technologien nehmen erst ihren Anlauf in den Alltag von Milliarden Menschen. Wie seit Jahrhunderten wird moderne Technik und Wissenschaft den Lebensstandard für viele in bisher auch ungeahnter Weise verbessern, doch eben nur für viele.

Der schwedische Ökonom Carl Benedikt Frey und der Informatiker Michael Osborne, beide Forscher an der Universität von Oxford, preschten 2013 mit einem Thesenpapier vor, wonach 47 Prozent aller Arbeitsplätze in den USA binnen zehn oder zwanzig Jahren automatisiert werden könnten.[18] Übertragen auf Deutschland wären es 42 Prozent. Die Volkswirte der Bank ING-DiBa kommen gar auf 59 Prozent.[19] Dabei wurde auf Berufe abgestellt, betroffen sind aber vor allem konkrete Tätigkeiten, die innerhalb einer Berufsgruppe recht unterschiedlich sein können. So gerechnet, ermittelte das Mannheimer Zentrum für Wirtschaftsforschung, »weisen in den USA neun Prozent der Arbeitsplätze eine hohe Automatisierungswahrscheinlichkeit auf, in Deutschland 12 Prozent«.[20]

Das Nürnberger Institut für Arbeitsmarkt- und Berufsforschung geht wiederum davon aus, dass 15 Prozent aller derzeit sozialversicherungspflichtig Beschäftigten in Deutschland in ihren Jobs durch Computer ersetzt werden können und neun Prozent der Berufe in OECD-Ländern, also der Organisation von weltweit 35 entwickelten Staaten, automatisierbar sind.[21]

Je nach Berechnung wären damit allein in Deutschland bis zu 20 Millionen Erwerbstätige betroffen, in Österreich und in der Schweiz jeweils bis zu zwei Millionen. Niemand kann abschätzen, wie viele dieser Menschen in welchen Bereichen neue Jobs finden werden. Bislang gut verdienende Mitarbeiter in Versicherungen, Banken, Rechtsanwaltskanzleien, Steuerbüros oder Medienunternehmen werden jedenfalls in großer Zahl überflüssig. Eine europäische Großbank fragte bereits den indischen IT-Spezialisten Infosys nach einem Weg, wie sie ihre Verwaltung von 50000 auf 500 Angestellte zusammenkürzen könnte. In Worten: fünfhundert.[22] Erst recht droht Lagerarbeitern oder Lkw-Fahrern, Buchhalterinnen oder Kassiererinnen im Supermarkt massenhaft der Absturz in das Lumpenproletariat der Digitalisierung, sofern sie sich nicht ganz neu qualifizieren. Aber wie viele können das schon, wie viele können Weiterbildungen überhaupt finanzieren?

Gegenwärtig kommt es durch die neuen Technologien wie seinerzeit zu enormen gesellschaftlichen Umbrüchen, die damals so drängende Soziale Frage stellt sich erneut. Und der anhaltende Klimawandel verstärkt sie noch, da er sich keineswegs neutral auswirkt, sondern sozial ungerecht. Hitzeabwehrende Klimaanlagen verzehren teuren Strom, murengesicherte Straßen und Dämme gegen Überflutungen verschlingen Unsummen. Ökonomisch besser gestellte Regionen können sich besser schützen als zurückgebliebene Randgebiete, auch innerhalb eines Staates.

Gleichzeitig wird der Menschheitstraum, durch neue Therapien und Medikamente länger in Gesundheit zu altern, immer erfüllbarer – solange man ihn sich leisten kann. Schon jetzt erfreuen sich Einkommensbezieher, die in den USA zum obersten Prozent gehören, im Durchschnitt einer 15 Jahre längeren Lebenserwartung als ihre armen Landsleute, deren Lebenserwartung damit so hoch ist wie die eines Durchschnittsbürgers im Sudan oder in Pakistan.[23]

In der globalisierten Welt kann sich eine einzige ansteckende Krankheit wie Ebola in weniger als sechs Wochen um den Erdball verbreiten. Und die wachsende Resistenz gegen Antibiotika »ist eine der größten Bedrohungen für die Menschheit«, warnt die Weltgesundheitsorganisation seit langem. Neue wirksame Arzneimittel sind zusehends auch für Krankenkassen in den bisherigen Wohlstandsländern nicht finanzierbar. Statt der bestehenden Zweiklassenmedizin bewegt sich auch Mitteleuropa in Richtung einer Gesundheitsversorgung, die umfassend nur noch den »Happy Few«, dem erlesenen Kreis, zugänglich sein wird.

In Großbritannien erforschte die Health Foundation, eine unabhängige Stiftung, dass die Millennials, also die ab 1980 Geborenen, vermutlich weniger gesund sein werden als ihre Eltern. Sie stehen mit ihren vergleichsweise geringen Löhnen, ihrer Arbeitsplatzsituation und ihren großen Problemen, bezahlbare Wohnungen zu finden, unter intensivem Stress. Hinzu kommt, dass sie wesentlich häufiger unter chronischer Einsamkeit leiden und leiden werden. Das trägt zu einem höheren Risiko bei, später an Krebs, Diabetes oder am Herzen zu erkranken. Ihre Lebensqualität ist schlechter als die ihrer Eltern, als diese selbst noch jung waren. Und die Millennials sind eine Generation, die in fast allen Schichten über weniger Einkommen verfügt als ihre Vorfahren, trotz des allgemeinen Wirtschaftswachstums.[24] Das ist kein Einzelbefund. In den meisten Staaten des Westens erleben die jungen Menschen Ähnliches, vor allem in den USA.

All dies ereignet sich im Rahmen einer Weltfinanzarchitektur, deren Fundament auch nach der großen Finanzkrise des vergangenen Jahrzehnts instabil bleibt. Zehn Jahre nach dem Zusammenbruch der US-Investmentbank Lehman Brothers steht auch die Eurowährung weiterhin auf wackeligen Beinen, die Schulden der Staaten, Unternehmen und Privathaushalte steigen weiter, Italiens Finanzlage und die Spekulation mit Kryptowährungen wie Bitcoin wirken wie Pulverfässer, deren Lunten glimmen.

Als dieses Buch im August 2018 in Druck ging, steuerten die führenden Volkswirtschaften auf heimtückische Handelskriege zu. US-Präsident Donald Trump und EU-Kommissionspräsident Jean-Claude Juncker hatten sich zwar in Washington auf neue Verhandlungen geeinigt, dennoch ist zwischen den USA, China und der EU ein verhängnisvoller Mechanismus in Gang gesetzt worden. Er kann mit der Ausbreitung von Krebszellen verglichen werden: Zuerst werden einzelne Zölle erhoben, danach kommt es zu Gegenmaßnahmen. In einer globalisierten Ökonomie trifft dies nicht nur einzelne Produkte, sondern Fertigungsketten. Importierte Waren verteuern sich, auch Investitionen werden zurückgehalten. Dies wiederum führt zum Abbau von Arbeitsplätzen. Überschüssige Produkte landen zu Dumpingpreisen auf dem Weltmarkt. Als Tochtergeschwulst kommt es leicht zu Währungskriegen. Die Auswirkungen spüren die betroffenen Konsumenten rund um den Erdball oft erst nach Monaten oder gar Jahren. Eine Heilbehandlung wird immer schwieriger. (siehe Kapitel »Die unheilvollen Handelskriege« S. 305).

Zeitgleich fuhr Präsident Trump gegen die iranische Regierung immer schwerere argumentative Geschütze auf. Sie soll destabilisiert werden, aber stets geht es nicht nur um Dominanz im militärischen Bereich, sondern auch wie gehabt um Öl und die Macht des US-Dollars. So werden blutige Kriege befeuert.

China und Indien wiederum bleiben auf dem Vormarsch. Sie werden bei anhaltend hohen Wachstumsraten bei Waren und Dienstleistungen im kommenden Jahrzehnt wieder einen Weltmarktanteil von 50 Prozent erreichen, wie schon 1820. In den 1970er-Jahren lag er bei fünf Prozent.

Nach dem imperialen 19. Jahrhundert Großbritanniens folgte das US-amerikanische 20. Jahrhundert. Das 21. Jahrhundert wird sichtbar zum chinesischen.

Über die erste industrielle Revolution, in deren Folge China und Indien im Weltvergleich so zurückfielen, schrieb der Unternehmer und Kommunist Friedrich Engels 1845, dass »die Weltgeschichte kaum ein Ereignis kennt, welches in dem kurzen Zeitraum weniger Menschenalter so außerordentliche Veränderungen hervorgebracht, so gewaltsam in die Schicksale der gebildeten Völker eingegriffen hat und noch eingreifen wird«.[25]

Jetzt erleben wir ein vergleichbares Ereignis. Karl Marx und Friedrich Engels beschworen damals die Weltrevolution, die kommen werde – und nach der Diktatur des Proletariats die große Freiheit für alle. Ihre Prophezeiung erfüllte sich nicht. Doch jetzt ist es eine Global-Revolution. Ökonomisch, sozial, ökologisch, kulturell und politisch. Sie attackiert frontal die Errungenschaften der bürgerlichen Demokratien, ideologisch fundiert und wohlmeinend finanziert.

Die London Bridge mit ihrer exemplarischen Geschichte wird damit zum Symbol. Statt die Köpfe von hingerichteten Rebellen zu präsentieren, wird es andere Abschreckungsformen geben, vielleicht durch die Macht permanenter Angst.

Keine Kalenderwoche zieht mehr ohne Schreckensmeldungen von unabsehbarer Sprengkraft ins Land. Das liegt einerseits an der veränderten Medienlandschaft mit ihren Instant-Nachrichten und dem Mechanismus, ständig neue Schlagzeilen produzieren zu müssen, um online von möglichst vielen Menschen wahrgenommen zu werden.

Doch die Bedrohlichkeit der Berichte entspricht oft ihrer möglichen Wirkkraft. Politisch und wirtschaftlich leben wir weltumspannend in einem dauerhaften Krisenmodus: In Mitteleuropa beherrschen Migration und Staatsschuldenkrise wiederkehrend die Debatte, in Großbritannien der Rückzug aus der Europäischen Union, stets befeuert von der Unzufriedenheit der Wählermehrheiten über die Gegenwart und von deren Sorge um eine sichere Zukunft.

In der Südsee bereiten sich die Bewohner auf »Land unter« vor, weil der Meeresspiegel steigt. In Russland herrscht ein neuer Richelieu, auch bei Wladimir Putin heiligt der Zweck die Mittel. Die Stellvertreterkriege im Nahen Osten bleiben endlos. Überall erweitert die chinesische Führung ihre Einflusssphären. Neue Waffen erleichtern neue Waffengänge. US-Präsident Donald Trump zerlegt im Wochenrhythmus, was in jahrzehntelangem Klein-Klein rund um den Erdball in mühevollen Verhandlungen zusammengezimmert wurde. Immer wieder thematisiert der systematische Zerstörer aber auch, was Abermillionen Wählerinnen und Wählern unter den Nägeln brennt. Trumps Erfolg bei seinen Anhängern lässt Klone wie Pilze wachsen.

Es sind so viele ökonomische Verwerfungen und brodelnde politische Vulkane. Die Risiken ballen sich. Doch alle sind von Menschenhand gemacht und eben keine Naturkatastrophen. Vielleicht ist das die wirkliche Katastrophe. Bei der schieren Menge an gleichzeitigen Krisenherden, bei den so zahlreichen Schwierigkeiten und Dilemmas in so vielen Bereichen, kann niemand vorhersagen, wann welches Problem zu einem großen

Knall führt. Doch die Lage ist hochexplosiv – und es gibt kein Entrinnen. Es muss und wird knallen. So viel systemisches Gift an so vielen Schauplätzen ist nicht beherrschbar.

Der Wunsch nach Anerkennung treibt fast alle Menschen an. Wer sie bekommt, hält die härteste aller Währungen in Händen. Doch in der neuen Weltunordnung steht nicht mehr die Belohnung für Bemühungen um sozialen Ausgleich und Frieden hoch im Kurs. Vielmehr eilt das Ressentiment von Sieg zu Sieg, mithin der »Groll«, eine Abneigung, die sich aus einer zumindest unbewussten Abneigung, aus Vorurteilen und einem Unterlegenheitsgefühl speist. Familie um Familie, Partei um Partei, Land um Land werden von ihm zerfressen. Jetzt zollen sich nimmersatte Ressentimentiker untereinander Respekt. Der Groll gegen die anderen verbindet sie. Die Eliten revoltieren gegen die Masse der Mitbürger, die Bürgermehrheit gegen »das Establishment«. Applaus, Applaus. Die offene Gesellschaft erleben viel zu viele Menschen als Kränkungsgesellschaft: ungerecht, unfair, ausgrenzend. Dass ihre persönliche Vorstellung von Fairness oft sehr subjektiv ist und andere abwertet, geht unter.

Thymos ist das Thema, die zornige Gemütslage, verbunden mit dem Bedürfnis nach dem Geschätztwerden und Selbstachtung. Die Liberalen haben die Macht der Gefühle schwer unterschätzt. Denn sooft »die Märkte«, womit vor allem die Finanzmärkte gemeint sind, nicht rational agieren, sooft agieren auch der Homo oeconomicus und erst recht der Homo politicus nicht nur aufgeklärt »vernünftig«.

Inzwischen bespielt das »Ehrgefühl« als handlungsprägendes Element wieder die großen politischen Bühnen. Radikale Islamisten beziehen sich darauf. Sie erreichen damit heimatlose Muslime, verschaffen ihnen so eine stolze Identität und wieder ein Gefühl von Würde. Das Irre dabei: Auch bei so vielen Bürgerinnen und Bürgern, deren Familien seit Generationen in den altindustrialisierten Gesellschaften leben, nun aber unter der wachsenden Ungleichheit und sozialen Geringschätzung leiden, kommt es zu ähnlichen Prozessen, bisweilen spiegelgleich. Weil sie sich fremd im eigenen Land fühlen und gegen den politischen Islam stemmen, überantworteten sie die politische Verantwortung zu Hause bereits neuen ungarischen, polnischen, tschechischen, US-amerikanischen, österreichischen oder italienischen Nationalisten. Auch in Holland und Deutschland machen die Neonationalisten weiter mobil. Die chauvinistischen Schwedendemokraten hatten bei den Wahlen im Jahr 2014 ihren nationalen Wähleranteil auf elf Prozent fast verdoppelt, im Sommer 2018 lagen sie in Umfragen sogar bei 23 Prozent, gleichauf mit den regierenden Sozialdemokraten.[26] Auch in Brasilien greifen unter wachsamer Beobachtung der Militärs die Rechtsnationalisten nach der Macht. Und wie werden sich in Europa die Separatisten entwickeln, von Katalonien bis Schottland?

Die jeweils gemeinsame »kulturelle Identität« wird getrimmt und pompös gefeiert. Ehre trifft nun auf Ehre, Stolz auf Stolz, nicht mehr nur spielerisch auf dem Fußballfeld, sondern in der Disco, im Stadtviertel. Das Match wird immer großflächiger: Aus der Südsicht der Lega des Matteo Salvini kämpfen die verlachten Italiener gegen die arroganten Deutschen, aus der Nordsicht der Lega von Alexander Gauland und seinen Nachahmern die fleißigen Deutschen gegen die verschuldeten Italiener, wenngleich derzeit noch in einer Achse verbunden gegen unerwünschte Mitspieler in ihren jeweiligen Nationalstadien. Wladimir Putin folgt längst einem Matchplan, der seine Fans zusammenschweißt: Das nach dem Kalten Krieg gedemütigte Russland stellt sich gegen die NATO-dominierte EU. Die logische Folge einer solchen Kränkungsgesellschaft ist die Kriegsgesellschaft. Schon jetzt bleiben viele bisherige Demokratien auf der Strecke.

Revolutionsopfer Demokratie

Wie eine Tunnelbohrmaschine auf Autopilot frisst sich die Zerstörung der liberalen Gesellschaft ihren Weg. Wo sie den Durchbruch geschafft hat, blenden die Scheinwerfer des Autoritären.

2017 stieg in Deutschland die Wahlbeteiligung erstmals seit 1972 wieder deutlich an. Seinerzeit verhalfen die Neuwähler dem SPD-Kanzler Willy Brandt zum unerwarteten Sieg, dieses Mal profitierte vor allem die »Alternative für Deutschland«, die AfD.

87 Prozent aller Österreicherinnen und Österreicher hatten im Oktober 2017 »wenig bis gar kein Vertrauen in die Politik«, 2014 waren es noch 70 Prozent. In Politiker setzten 93 Prozent nur »wenig bis gar kein Vertrauen«, die Hälfte davon gab einen »völligen Vertrauensverlust« zu Protokoll.[27] Wenige Tage nach dieser repräsentativen Umfrage und noch vor deren Veröffentlichung wurde in Österreich ein neues Parlament gewählt. Die nach rechts gerückte Österreichische Volkspartei ÖVP und die Rechtsaußen der Freiheitlichen Partei FPÖ erhielten gemeinsam 57,5 Prozent der gültigen Stimmen. Seit 1945 hatte die Wahlbeteiligung im Vergleich zur vorigen Wahl noch nie so stark zugelegt.[28] Auch in den USA gingen 2016, als Donald Trump ins Amt kam, mehr Menschen wählen als beim Urnengang 2012 bei der Wahl von Barack Obama.[29] Ungarns Ministerpräsident Viktor Orbán konnte 2018 eine noch nie erreichte Zahl an Wählern mobilisieren, bei insgesamt gestiegener Wahlbeteiligung, insbesondere in den Dörfern.[30]

Was lange nur Soziologen, Politologen und nachdenkliche Publizisten beschäftigte, manifestiert sich jetzt an den Urnen: Aus Wutbürgern sind aktive Wähler geworden. Der nächste große Showdown mit dem bisherigen Partei-Establishment steht bei den Wahlen zum Europäischen Parlament im Mai 2019 an.

Professionell neonational

In keinem Land des Westens ist den politisch Verantwortlichen und den Journalisten bislang ein souveräner, überzeugender Umgang mit den immer deutlicheren Sticheleien und Positionierungen der neuen rechtsnationalen Bewegungen geglückt. Die

Provokation, der Normbruch produziert die Schlagzeilen, der Eklat die Aufmerksamkeit. Auf das »Man wird doch noch sagen dürfen« am realen Stammtisch in der Dorfkneipe und dem virtuellen auf Facebook fehlen Antworten. Die so lange gepflegte »Political Correctness« zielt ins Leere. Das muss nicht unbedingt schlecht sein, sofern dadurch vernachlässigte und tabuisierte Themen wieder in den allgemeinen politischen Diskurs zurückkehren. Und ist es nicht verständlich und vielleicht sogar gesellschaftlich hilfreich, dass sich enttäuschte Wählerinnen und Wähler wieder auf die Überschaubarkeit von Tradition, Region, Heimat und oft des Nationalstaates berufen, zusehends auch auf ihre Religion?

Es sind die rechten Neonationalen, die Geschichten erzählen können, welche die Fantasien junger Menschen beflügeln und älteren Bürgern die Seelen wärmen. Es sind oft Geschichten von vermeintlichen Heldentaten, und immer stiften sie ein Gemeinschaftsgefühl, ein »Wir« – zumeist jedoch in scharfer Abgrenzung zu den anderen.

So entwickelte sich auch das europäische Einigungsprojekt zum Dilemma. Die immer wiederkehrende Migrationsfrage steht zwar medial im Vordergrund, doch die inneren Widersprüche und Unzulänglichkeiten stellen die Europäische Union vor immer neue Zerreißproben. Auch eine von Flüchtlingen abgeschottete europäische Festung würde keinen inneren Frieden finden.

Kommt es etwa nicht zur EU-weiten Einlagenhaftung der Banken und einer erheblichen Erhöhung des EU-Budgets, wird die ökonomische Lage in Frankreich noch brenzliger und die Le Pens werden triumphieren. Italien hält weiterhin Kurs auf neue Schuldenrekorde, die nächste Eurokrise kann die letzte der Gemeinschaftswährung sein. »Scheitert der Euro, dann scheitert Europa«, sagte Deutschlands Bundeskanzlerin Angela Merkel 2010 im Bundestag.[31] Lenkt die deutsche Regierung bei der unbewältigten Staatsschulden- und Bankenkrise ein, kann die AfD neben dem Thema Migration auch in den europäischen Fragen des Euros und der Verfasstheit der Europäischen Union erheblich punkten.

Bereits jetzt stimmen Gewerkschaftsmitglieder in Deutschland bei Wahlen überproportional häufig für die Partei von Alexander Gauland und Alice Weidel. Eine geschickt auftretende rechte Alternativbewegung kann ein Drittel der Wählerinnen und Wähler zwischen Ost- und Bodensee erreichen (siehe das Kapitel »Deutschlands neue Volksbewegung«, Seite 195).

Die Demokratiemüdigkeit der Elite

Die Demokratiemüdigkeit kennt kaum noch soziale Schranken, sie greift überall um sich. In der Breite der Bevölkerung, aber auch ganz oben.

In einer Vielzahl von Hintergrundgesprächen in den USA, in Europa, Singapur und China kritisierten US-Milliardäre, europäische Banker, aber auch Führungskräfte von westlichen, an den Börsen gelisteten Industrieunternehmen und erfolgreiche Mittelständler die gegenwärtigen repräsentativen Demokratien vehement. Zitate wurden für dieses Buch jedoch (noch) kaum freigegeben.

Die Argumente sind wiederkehrend. Die Regierungen, egal, ob in den USA, der EU oder in Australien, seien träge, ineffizient, heillos überregulierend, nicht lösungsorientiert, ja überhaupt ziellos, sie ließen die wesentlichen Fragen außer Acht, rekrutierten falsches bis hochgradig inkompetentes Führungspersonal, und Parteiinteressen setzten sich überall durch. Und sie erwiesen sich auch noch als unfähig, die allerorten emporkommenden Neonationalisten in die Schranken zu weisen.

In Brüssel und beim Brexit, bei der unendlichen Koalitionsfindung und dem Streit der Schwesterparteien CDU/CSU in Berlin und der Lega-Fünf-Sterne-Regierung in Italien, beim Scheitern transnationaler Abkommen, überall werden Versagen und Versager verortet.

Der New Yorker Bauunternehmer Igor Goshchinsky beobachtet, wie sich die Einstellung jüdischer Immigranten wandelt, die es selbst zu Besitz und Ansehen gebracht haben: »Vor zwanzig Jahren waren noch fast alle sehr demokratisch eingestellt, jetzt befürworten sie autoritäres Durchgreifen und setzen zumindest auf Leute wie Donald Trump.«[32] Die Anwältin Deanna Ballesteros, Absolventin des prestigeträchtigen New Yorker Barnard College, erlebt ähnliche Veränderungen in Los Angeles. Im Großraum dieser Metropole leben fast eine halbe Million Menschen mit iranischen Wurzeln, mehr als irgendwo sonst außerhalb Irans. »Die iranische Elite ist an autoritäres Regieren gewohnt. Sie ist der Meinung, dass man den Menschen sagen muss, was sie zu tun haben.«[33] Schien es einst selbstverständlich, als Einwanderer die USA als demokratisch freies, offenes Land zu schätzen, hat sich die Stimmung nun vielfach gedreht.

Yascha Mounk von der Harvard-Universität und sein australischer Kollege Roberto Stefan Foa aus Melbourne können die Abkehr der Wohlhabenden und Einflussreichen von der Demokratie bereits in Zahlen fassen. In den 1990er-Jahren waren die oberen 20 Prozent der Einkommensbezieher im Westen noch die größten Gegner von nicht demokratischen Regierungen, die unteren 50 Prozent hingegen eher für ein dominantes Militär zu gewinnen. Seither haben sich die Einstellungen auf den Kopf gestellt. »In fast jeder Region«, so Mounk und Foa, »neigen die Reichen jetzt eher zur Zustimmung zu Militärregierungen als die Armen.«[34] In den USA stieg die Zustimmung unter den Wohlhabenden von fünf auf 16, in Lateinamerika von 21 auf 33 Prozent. Und statt 19 Prozent ist seit einigen Jahren ein Drittel der US-amerikanischen Oberschicht der Meinung, dass es gut oder sehr gut wäre, einen »starken Anführer« zu haben, der sich nicht um »Wahlen oder das Parlament zu kümmern braucht«. Wer Donald Trumps Erfolg also nur den gebeutelten Bewohnern des Mittleren Westens oder älteren weißen Wählern zuschreibt, unterliegt einer Fehleinschätzung.

Besonders stark ist der Trend zu undemokratischen Alternativen bei US-Bürgern, die beides sind: reich und jung. 1995 waren nur sechs Prozent der jungen Reichen für eine Machtergreifung der Armee, heute sind es 35 Prozent. Dies ist kein Sonderfall. Auch in den EU-Staaten können 17 Prozent der jungen, wohlhabenden Europäer einer Militärregierung etwas abgewinnen, drei Mal mehr als vor zwei Jahrzehnten. »Das ist ein frappierendes Ergebnis«, erklären Mounk und Foa in einer für Wissenschaftler ungewöhnlichen Deutlichkeit. »Illiberale Politik wird immer mehr von den Jungen, Reichen und Privilegierten unterstützt.«[35]

Doch, so die Forscher, »mit der Ausnahme einer kurzen Periode im späten 20. Jahrhundert wurde Demokratie üblicherweise mit den Umverteilungsforderungen der Armen in Verbindung gebracht und stieß deshalb auf die Skepsis der Eliten. Der neue Widerwille unter reichen Bürgern im Westen gegenüber demokratischen Institutionen mag nicht mehr sein als eine Rückkehr zur historischen Norm.«

Jetzt, da inmitten der Globalisierung eine neue soziale Gerechtigkeit unverzichtbar wäre, streben immer mehr Profiteure nach der Abschaffung der Demokratie. Und sie treffen sich dabei mit den Ärmeren, die in ihrem Aufbegehren in autoritären Lösungen die Lösung sehen. Ein Zangengriff, dem sich die bisherigen Demokratien nicht entwinden können.

Fortschritt ohne Demokratie

Kishore Mahbubani liefert der Oberschicht in West und Ost ideologisches Futter. Bis Ende der Nullerjahre galt der Politikprofessor aus Singapur als Außenseiter, seither hält ihn unter anderem die »Financial Times« für einen der weltweit führenden Zukunftsdenker. Der ehemalige Diplomat formuliert undiplomatisch: »Die größte Einbildung, die sich in den Köpfen vieler westlicher Intellektueller entwickelte, war der Glaube, dass andere Gesellschaften im Zuge ihrer Modernisierung zwangsläufig zu intellektuellen und moralischen Klonen des Westens würden.«[36]

Sein Essayband »Can Asians Think?« entwickelte sich parallel zum kometenhaften ökonomischen Aufstieg Chinas, Indiens und anderer asiatischer Staaten zum Bestseller. Neuauflage für Neuauflage versieht Mahbubani mit einem immer selbstbewussteren Vorwort. Er distanziert sich ausdrücklich von der »global dominanten westlichen ›Weltanschauung‹« und verwendet dafür im englischen Originaltext gezielt den deutschen Ausdruck. Statt »German Angst« jetzt also die »Western Weltanschauung«. »Asien«, hebt er hervor, »ist zurück und wird wieder die Hauptbühne einnehmen, die es jahrtausendelang besetzt hatte.«

Der Vordenker greift an: »Dass der Westen Demokratie, Menschenrechte und Pressefreiheit gegenüber der Dritten Welt aggressiv forcierte und forciert, ist ein kolossaler Fehler.«[37] Es komme immer auf die jeweiligen Umstände an. Todesstrafe und Folter, je nachdem. Der Westen solle endlich Toleranz lernen und »andere Gesellschaften akzeptieren«. Entscheidend sei die Verbesserung der ökonomischen Lebensbedingungen. Die besten »geopolitischen Diskussionen« könne man zwar in der US-Hauptstadt Washington führen, die beste »geopolitische Leistung« liefere aber die Volksrepublik China ab.

853 Millionen Menschen wurden im Riesenreich seit den 1980er-Jahren aus extremer Armut geführt, atemberaubende Wachstumsraten erzielt.[38] Es fand ein wirtschaftlicher Aufbruch statt wie früher nur in Mahbubanis überschaubarer Heimat Singapur. Peter Wolf, leitender Angestellter in einem noch deutschen Weltkonzern, spricht aus, was so viele Wirtschaftstreibende denken und womit so viele so positive Erfahrungen gemacht haben: »China fasziniert, weil sich dort so viel bewegt, die Menschen haben sich an Veränderungen ohne große Diskussionen im Nachhinein gewöhnt.«[39] Entscheidungen fallen zwar intransparent, aber zügig und werden in höchstem Tempo umgesetzt. Neue Städte, Flughäfen, Bahnhöfe, Bahnstrecken, alles wird in Rekordgeschwindigkeit gebaut, ohne aufwendige Verfahren und Bürgerproteste. Der Kapitalismus boomt ohne Demokratie. Trifft gar zu: gerade deshalb?

Vermeintliche Gesetzmäßigkeiten gelten nicht mehr. Eine prosperierende Wirtschaft braucht keine Demokratie, selbst wenn sie hoch entwickelt ist. Und selbst eine größere Anzahl von gebildeten Bürgern, die es zu Wohlstand gebracht haben, erzwingt mitnichten Demokratie.

Die meisten Innovationen bedürfen auch keiner umfassenden Meinungsfreiheit. Was als ein Grundgesetz der Moderne galt, erweist sich nur als ein Glaubenssatz. Die »Gleichheit« der Menschen ist ein Wert, aber keine Conditio sine qua non für wirtschaftlichen Fortschritt.

Erfolgreicher Kapitalismus bedarf nicht zwangsläufig der repräsentativen, liberalen Demokratie, historisch umwälzende Wohlstandszuwächse für viele sind auch in gelenkten Wirtschaften und demokratiebefreit möglich. Eine technikaffine Meritokratie, eine Herrschaftsordnung, die sich auf Leistung und besondere Verdienste von Einzelnen stützt, kann sogar überlegen sein. Demokratie und Fortschritt, Wirtschaftswachstum und Massenwohlstand sind eben nicht automatisch miteinander verbunden. Singapur, Hongkong und immer größere Teile der Volksrepublik China legen davon Zeugnis ab.

Und Demokratie ist nicht Kapitalismus. Auch dies ist eine alte und falsche Denkschablone.[40] Füllt eine offene, liberale Demokratie damit nur ein kleines Zeitfenster im Haus der Geschichte? So ist der Ausblick.

Die Versprengten in der Kränkungsgesellschaft

Volkswirtschaftlich insgesamt reicher, aber politisch immer unfreier, so präsentiert sich die Weltgesellschaft am Ende der Zehnerjahre des 21. Jahrhunderts. Sie steuert nicht auf eine neue, andere Zivilisation zu, wie es nach dem Fall des Eisernen Vorhangs von Weltenlenkern und Wirtschaftsführern etwa bei einer aufwühlenden Tagung in San Francisco erwartet worden war,[41] sondern auf altbekannte, autoritär beherrschte Gesellschaften. Hinein in die Globalisierungsfalle.

Da sind keine Naturkräfte am Werk und schon gar keine

Weltverschwörer. Vielmehr kam eine Dynamik in Gang, die durch eine Fülle von politischen Entscheidungen verursacht wurde, Gesetz um Gesetz, Verordnung um Verordnung, Vertrag für Vertrag. Es geht nicht nur um den Abstieg des Westens, wie der ehemalige grüne deutsche Außenminister und nunmehrige Berater von BMW und Siemens Joschka Fischer meint, sondern um das Abdanken des Westens.

Viele Forschungsergebnisse belegen, dass in Wohlfahrtsstaaten mit einem breiten Massenwohlstand wesentlich mehr Bereitschaft vorhanden ist, sich zu öffnen und tolerant zu sein. Der Ausweg wäre also ein faires, soziales Teilen der anhaltenden wirtschaftlichen Erfolge der Globalisierung und eine ernsthafte Teilhabe aller Bevölkerungskreise und Schichten am politischen Willensbildungsprozess. In glaubwürdiger Form. Der Westen müsste leben, was er predigt.

Doch das stößt auf den gekoppelten Widerstand vieler Shareholder in Wirtschaft und Politik. Bei Unternehmen und Konzernen geht es um deren Gewinne, im Politikbetrieb um einträgliche Jobs im Regierungsbetrieb und in der Beamtenwelt. Da hat sich seit den Regierungsjahren von Ronald Reagan und Margaret Thatcher eine unheilige Allianz gebildet.

Und ein kraftvoller Widerstand gegen die immer größere Ungleichheit aus der Breite der Bevölkerung heraus? Mit einem flammenden »Empört Euch!« überschrieb der französische Résistancekämpfer Stéphane Hessel seinen letzten Bestseller-Essay im Jahr 2010. Auch dieser Appell verhallte in einer überschaubaren politischen Blase. Das herausfordernde Lächeln der schwarzweißen Masken des Guy Fawkes ist aus dem Straßenbild verschwunden. Occupy Wall Street, quo vadis? Demokratien erodieren, doch wer fühlt sich angegriffen? Aus den glühenden Demokraten der Nachkriegszeit wurden die Versprengten in der Kränkungsgesellschaft. Dazu zählen verstörte moderate Konservative ebenso wie Liberale, Grüne und Linke. Der postmoderne Biedermeier flieht ins Idyll und ins Private.

»Unsere Revolution« lautet der Titel des aktuellen Buches des links orientierten früheren US-Präsidentschaftsbewerbers Bernie Sanders. Schon in der politischen Theorie ist das schwierig: Wer wäre zu Beginn des 21. Jahrhunderts das revolutionäre Subjekt? Um welche Bewegung geht es? Die Arbeiterklasse ist es nicht mehr. Wenn die Sozialdemokratie der industriellen Revolution zu einem menschlichen Antlitz verhalf, wer kann das in Zeiten der digitalen, ja der multifaktoriellen globalen Revolution? Wer mobilisiert wen wie?

Great Gatsby's Dominosteine

Statt zurückweichen zu müssen, erobern autoritäre Kräfte und Rechtsnationale derzeit Einflusssphäre um Einflusssphäre, Regierungssitz um Regierungssitz. Im Jahr 2012 präsentierte Alan Krueger, Professor an der US-Universität Princeton, erstmals eine Grafik, die er die »Great-Gatsby-Kurve« nannte – eine Anspielung auf den jungen Aufsteiger im Roman »Der große Gatsby«.[42] Krueger war damals Vorsitzender des »Council of Economic Advisers«, des Rates der Wirtschaftsberater des damaligen US-Präsidenten Barack Obama. Der Wirtschaftswissenschaftler verband die verfügbaren Zahlen zur wirtschaftlichen Ungleichheit einzelner Staaten mit den Statistiken zur Einkommensmobilität über eine Menschengeneration hinweg (siehe Grafik). Mit Einkommensmobilität ist der wirtschaftliche Auf- oder gar Abstieg von einer zur nächsten Generation gemeint. Schaffen es also viele Kinder aus einem wirtschaftlich schwierigen Umfeld, deutlich mehr zu verdienen als ihre Eltern, bleibt das Land im unteren Bereich der Tabelle. Sind die Einkommensunterschiede innerhalb eines Landes generell nicht besonders groß, landet es links. Negative Spitzenreiter in den altindustrialisierten Staaten sind folglich Großbritannien und die USA. Die Briten lebten stets in großer Ungleichheit und bieten sehr geringe finanzielle Verbesserungsmöglichkeiten für die große Mehrheit einer nachfolgenden Generation im Verhältnis zu den bereits Wohlhabenden.

In den USA war dies lange anders, doch inzwischen ist der US-amerikanische Traum vom Aufstieg für viele geplatzt.

Bei der Aktualisierung der Grafik für dieses Buch fiel mir eine neue Perspektive auf: Bisher liberale Demokratien, die besonders schlecht auf der Gatsby-Kurve abschneiden, werden politisch inzwischen von Neonationalen bestimmt. 2016 erfolgte die Brexit-Abstimmung in Großbritannien, danach die Wahl Donald Trumps in den USA, 2017 die der Rechts-Rechtsaußen in Österreich, im Mai 2018 bildeten die Fünf Sterne mit der Lega eine Regierung in Italien.

Bei dieser zeitlichen Reihenfolge drängt sich ein Vergleich mit der historischen Domino-Theorie des US-Präsidenten Dwight D. Eisenhower auf. »Man sollte umfassendere Überlegungen anstellen, die dem folgen, was man das Prinzip der ›fallenden Dominosteine‹ nennen könnte. Wenn man eine Reihe von Dominosteinen aufstellt und den ersten umstößt, wird auch der letzte mit Sicherheit umfallen«, sagte er 1954, als Frankreich dabei war, den Krieg in Vietnam zu verlieren.[43]

Eisenhower sorgte sich damals, die Staaten Indochinas würden in die Hände der Kommunisten fallen. Heutzutage geht es um offene Gesellschaften, die von Neonationalen in die Illiberalität gesteuert werden. Welcher Dominostein purzelt als Nächstes? Wird die junge, extrem anziehende Marion Maréchal, eine Enkelin von Jean-Marie Le Pen und eine Nichte von Marine Le Pen, im Jahr 2022 in Frankreich bei der nächsten Präsidentenwahl siegen? Oder vorher neue nationale Kräfte in Spanien? Fallen auch diese Länder, wird es für Deutschland kaum noch ein Halten geben. Und die Europäische Union wäre tot.

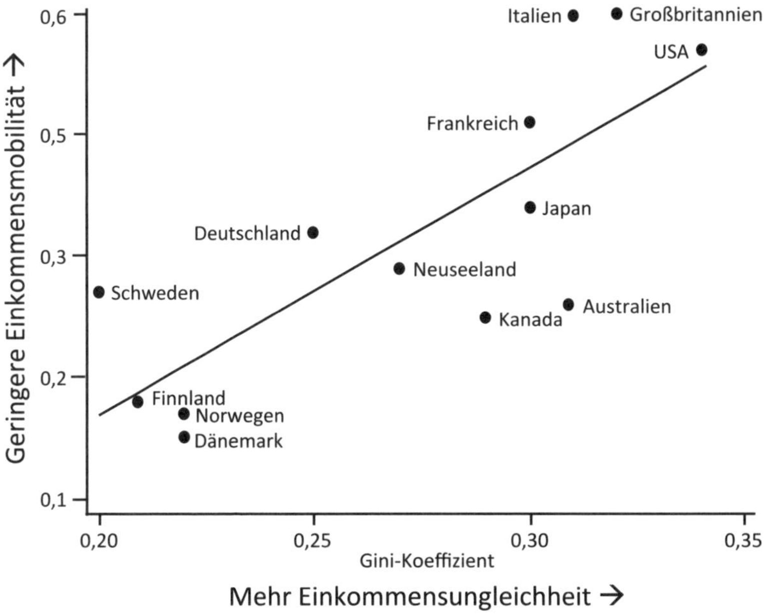

Quelle: Miles Corak, Income Inequality, Equality of Opportunity, and Intergenerational Mobility, 2013. Grafik MKM.

Europas sieben Zwickmühlen

In der gegenwärtigen globalen Krisensituation ist der europäische Kontinent mit sieben Zwickmühlen konfrontiert:

- *Das Robotik-Export-Dilemma*: Die Digitalisierung und Robotisierung macht viele Arbeitsplätze überflüssig und setzt Millionen Arbeitnehmer zusätzlich unter Druck. Gleichzeitig müssten die Löhne vor allem in Deutschland steigen, um die Binnennachfrage anzukurbeln und die Wirtschaft damit weniger exportabhängig zu machen, was aber wiederum die Produkte im Export verteuern würde.
- *Das Macron-Merkel-Dilemma:* Frankreich und andere EU-Staaten brauchen unbedingt eine gemeinsame EU-Wirtschaftspolitik und Bankenunion. Ansonsten haben die Rechtsnationalen bei den nächsten Präsidentschaftswahlen 2022 beste Chancen, die Macht zu übernehmen. Lässt sich die deutsche CDU-SPD-Koalition jedoch auf die Forderungen ein, profitiert davon die AfD. Dies gilt auch für neue, kostenintensive Flüchtlingsabkommen oder gar einen Schuldennachlass gegenüber Italien. Der absehbare Wirtschaftsabschwung in Deutschland kann sich für die Neonationalen sogar zum Turbo entwickeln.
- *Das Dollar-Euro-Dilemma:* Ohne Euro als weltweit wichtige Reservewährung können sich die EU-Staaten nicht gegen die Dollar- und Sanktionsmacht der USA behaupten, weder im Verhältnis zu Russland noch gegenüber dem Iran. Mit dem Euro wachsen aber die Probleme mit Ländern wie Italien, die ihre Schulden kaum mehr abtragen, da sie nicht abwerten können.
- *Das China-USA-Dilemma:* China verfolgt unter der Flagge des Freihandels nahezu ausschließlich den eigenen Vorteil. Die US-Administration will im Handelskonflikt mit dem Reich der Mitte die EU-Staaten auf seiner Seite sehen. Folgt Brüssel dem Drängen Washingtons, wird Peking in verschiedenster Form massiv reagieren, auch durch Druck auf europäische

Unternehmen und Investoren. Hält sich die EU zurück, wird die US-Regierung noch mehr auf Einfuhrzölle für Waren aus Europa setzen.

- *Das China-Ja/Nein-Dilemma:* Würde China wegen seiner Handelspraktiken oder gar Menschenrechtsverletzungen isoliert und käme in wirtschaftliche Schwierigkeiten, würde Deutschlands größter Handelspartner wegbrechen. Es käme weltweit zu heftigen Börsenbeben, Rezessionen und politischen Veränderungen. Sollten sich hingegen Pekings kapitalistische Überwachungskommunisten weiterhin mit ihrer globalen ökonomisch-politischen Expansionsstrategie durchsetzen, wird das für demokratische Freiheiten elementare Konsequenzen haben – überall.
- *Das Europa-und-der-Rest-der-Welt-Dilemma*: Europas Völker wollen zusammen sein, aber nur irgendwie. Jedenfalls nicht in Vereinigten Staaten von Europa. Die Außengrenzen sollen geschützt, aber keine ernsthafte gemeinsame Außenpolitik betrieben werden. Freizügigkeit für die jeweils eigenen Bürger eines Staates ist erwünscht, aber nicht für die anderen. Ein Sozialstaat ja, aber keine Sozialtransfers in andere Länder. Sichere Banken unbedingt, aber keine Bankenunion. Gleichzeitig verliert der alte Kontinent gegenüber dem Rest der Welt immer mehr an Bedeutung – wirtschaftlich, demografisch und politisch – und könnte sich doch nur geeint behaupten.
- *Das Dilemma Sicherheit-Überwachung:* Mehr Sicherheit vor Terroranschlägen führt zu immer mehr Überwachung und ermöglicht illiberalen Politikern und Beamten eine immer größere Kontrolle über das Leben jedes einzelnen Bürgers.

Es ist dieses siebte Dilemma, das besondere Tücken in sich birgt. Denn ausgerechnet der unbeschränkte Informationszugang und das Internet, das Kommunikation so sehr veränderte wie der Buchdruck zu Beginn der Neuzeit und zunächst als Befreiungsinstrument im Sinne der Aufklärung gefeiert wurde, erweisen sich in den neuen politischen Zeiten als Bumerang.

Nicht nur hasserfüllte Verleumdungen und Falschinformationen lassen sich über soziale Medien leicht massenwirksam verbreiten, das Internet vergisst auch nichts. Alles, was ihm je anvertraut wurde, lässt sich speichern – und im Zweifelsfall gegen jeden einzelnen Urheber verwenden. Jede E-Mail, jede WhatsApp-Nachricht, jede Twitter-Meldung, jede SMS, alles kann ausspioniert werden. Allein web.archive.org bietet mit seiner »Wayback-Maschine« mehr als 310 Milliarden Internetseiten zur Einsicht an. 310 Milliarden. Statistisch bedeutet dies 41 Seiten je Erdenbürger. Auch vermeintlich längst gelöschte oder korrigierte Einträge lassen sich wieder aufrufen, jederzeit, für jede Frau und jeden Mann. Selbstverständlich auch für Kinder.

Die so weitverbreitete Einschätzung »Ich habe nichts zu verbergen«, mit der sich so viele Menschen in Sicherheit wiegen, wird sich als fatal erweisen. Alles, was an Daten erfasst wird, kann auch ausgewertet werden.

Selbst wenn kein schuldhaftes Verhalten vorliegt: Die über fast jeden Menschen vorhandenen Informationen genügen, um im Bedarfsfall zumindest den glaubwürdigen Anschein eines strafwürdigen Fehlverhaltens erwecken zu können. Wer sich in einer Bürgerinitiative oder gar in einer neuen politischen Bewegung engagiert, muss mit der Durchleuchtung seines lebenslangen Tatenregisters rechnen. Verdächtig kann schon werden, wer sich kein Smartphone leistet.

Statt gläsernen Staaten existieren inzwischen Milliarden von gläsernen Menschen. Wer Zugang zu diesen Daten hat, hat die Macht: ökonomisch und politisch.

Die Terrorbekämpfung wird dabei zum Komplizen der Bürgerüberwachung. »Alles, was irgendwie technisch möglich ist, wird eines Tages unter diesem Druck, Sicherheit herzustellen, die gar nicht herzustellen ist, gemacht werden«, warnt der langjährige liberale Innenminister Deutschlands Gerhard Baum seit Jahren.[44] Vergeblich.

Es ist nur eine Frage der Zeit, bis persönliche Daten in den Rechenzentren der Konzerne mit jenen der Staaten verknüpft und gezielt gegen aufmüpfige Bürgerinnen und Bürger verwendet werden. Aus einem privaten Drohnen-Voyeur wird in einer zugespitzten Situation spielerisch ein politischer Denunziant. In Demokratien ist Gegenwehr noch irgendwie möglich. In autoritären Regimen nicht.

Längst kooperieren die »Big Four« – Amazon, Apple, Facebook und Google – mit den Regenten der Volksrepublik China. Der Arabische Frühling 2011, als Texte auf Twitter und Einträge auf Facebook die Revolutionen in Tunesien und in Ägypten vorantrieben, datiert aus dem technologischen Mittelalter des Internets. In Peking und anderswo werden immer ausgeklügeltere Werkzeuge zur Unterbindung unliebsamer Nachrichten, aber auch zur Identifizierung von ungewünschten Kritikern entwickelt. Entscheidungsträger auf allen politischen und ökonomischen Ebenen sind dadurch erpressbar. Gut aufbereitete Datensätze können als Waffe gegen missliebige Freigeister jederzeit genutzt werden, auch gegen Menschenmassen.

Historiker dokumentierten, wie besorgt die Alliierten gegen Ende des Zweiten Weltkriegs waren, dass die deutsche Wehrmacht noch eine einsatzfähige Atombombe in die Schlacht werfen könnte. Und die perfekt einsatzfähige Datenwaffe? Hätten das Naziregime Hitlers, die Machthaber in der Sowjetunion oder in der DDR über solche technischen Möglichkeiten wie heute verfügt, statt auf ineffiziente Spitzel und Bunker voller unübersehbarer Karteikästen angewiesen zu sein – die Welt wäre dem Totalitarismus im 20. Jahrhundert vermutlich nie entkommen.

Die entscheidende Frage lautet doch: Wer kontrolliert die Daten? Die Überwachungspraxis in George Orwells Klassiker »1984« wirkt inzwischen geradezu plump. Ein paar Kameras und Tonbänder, na und? In der Gegenwart wird viel subtiler überwacht, aber technisch ungleich wirkmächtiger. Und so vielen Wählerinnen und Wählern ist dies nicht einmal bewusst. Es fehlt auch der handlungsbestimmende Leidensdruck. Was ist denn bislang schon passiert? Doch wir sitzen alle wie Frösche in einem Topf, der sich beständig erwärmt.

Der Kampf um Datenhoheit und Datensicherheit wird so nicht nur zum Kampf um die Rückgewinnung der Privatsphäre, sondern um die Demokratie. Doch ehe er überhaupt ernsthaft geführt wird, zieht sich die Schlinge der neuen Autoritären immer enger zu. Wer wird sich in Zukunft überhaupt noch wie wehren können?

Die Herstellung der Datenbeherrschbarkeit auch für einzelne Bürger wird zu einer zentralen Aufgabe der Politik. Die neue Datenschutz-Grundverordnung der Europäischen Union kann nur der Einstieg sein. Freiheitliche Grundrechte, was für ein altmodischer Begriff, müssen die Debatte dominieren. Das kalifornische Oligopol der Silicon-Valley-Barone muss durchbrochen, die weitere Ausbreitung des chinesischen Überwachungskapitalismus verhindert werden. Gleichzeitig muss Europa Auswege aus seinen vielfältigen Zwickmühlen finden.

Doch die Machtfragen werden bisher nicht ernsthaft gestellt. Weder von den Hauptverantwortlichen in der Europäischen Union noch von einzelnen Regierungen. Warum nicht? Können sie sie überhaupt noch stellen? Warum versagen christlich-sozial-liberal-grüne Parteien auch dort, wo sie noch über Mehrheiten verfügen? In den Händen der Neonationalen und Autoritären wird der allumfassende Datenzugang zum idealen Instrument der Herrschaftsabsicherung. Die Datenschlinge zieht sich zu. Anhaltender Ungleichheit und einschüchterndem Machtmissbrauch sind Tür und Tor geöffnet. Die Volksrepublik China schreitet voran. Der Weg in die Daten-Demokratur wird eines Tages unumkehrbar und mündet in die Kriegsspirale.

Die Globalisierungsfalle ist zugeschnappt. Game over. Freispiel ungewiss.

Die Wirklichkeiten der Zukunft

Gewissheiten und Unsicherheiten

»Gibt es eine Diktatur, dann weiß man genau, wer der Feind ist. Aber ich habe das Gefühl, im Moment weiß man nicht so recht genau, wer wofür zuständig ist. Es existiert eine komische Angst in der Welt. Niemand weiß, wohin sie führen wird, nicht in der Ökonomie und nicht in der Umwelt.«

Die deutsche Opern- und Theaterregisseurin Andrea Breth im Sommer 2017[45]

Die gegenwärtigen Ereignisse in Deutschland und Österreich führen zu enormen Veränderungen, erfüllen aber nicht die Kriterien einer politischen Revolution. Ein grundlegender Umbruch des Herrschaftssystems wurde bislang nicht vollzogen – ebenso wenig wie zuletzt in Italien, Frankreich, Ungarn, Polen, Schweden, in den Niederlanden oder in den USA.

Eine politische Revolution mündet binnen kurzer Zeit in einem allseits wahrnehmbaren neuen politischen System oder zumindest in einem abrupten Machtwechsel. Technische, wirtschaftliche und gesellschaftliche Revolutionen hingegen benötigen oft einen längeren Zeitraum, ehe sich radikale Wirkung entfaltet. So verhielt es sich bei der industriellen Revolution im 19. Jahrhundert, die sich über Jahrzehnte hinzog, und so ist es bei der digitalen Revolution, in der wir uns seit Anfang der 1980er-Jahre befinden. Der US-amerikanische Physiker und Informatiker Neil Gershenfeld, der am Massachusetts Institute of Technology (MIT) das »Center for Bits und Atoms« leitet, spricht neuerdings bereits von der »dritten digitalen Revolution«, meint damit aber nur eine weitere Phase. Nach der Zählweise des Autors Martin Ford, der sich auf Automatisierungsfragen spezialisiert hat, befinden wir uns schon in der »vierten industriellen Revolution«.[46] Werden zwei, drei oder zehn folgen, und wenn, wie schnell?

Über welchen Zeitraum sich die derzeitigen tief greifenden Umwälzungen fortsetzen, kann niemand vorhersehen. Megatrends hingegen sind erkennbar, nicht nur im technologischen und medizinischen Bereich, sondern auch beim Weltklima, bei der Bevölkerungsentwicklung und in der Geopolitik.

Der Reichtum der Datenkraken

Was verbindet die Internetsuchmaschine Google mit dem Handelskonzern REWE Group und dem Unternehmensverbund Edeka, dessen Leitmotiv lautet: »Wir lieben Lebensmittel«? Das Interesse an Staubsaugern.

Welchen Wunsch verfolgen das kalifornische Telekommunikationsunternehmen Cisco, zu Beginn dieses Jahrtausends kurzzeitig die teuerste Aktiengesellschaft der Welt, aber keineswegs ein Leuchtenhersteller, und der Beleuchtungsspezialist Osram immer beharrlicher?[47] Städtischen Kommunen oder dem Überseehafen Hamburg die Straßenbeleuchtung zu schenken.

Warum streitet sich Europas größter Versicherer Allianz mit den Autoherstellern über den Hergang von Verkehrsunfällen und nicht nur mit den Fahrzeuginhabern? Weil die Allianz hofft, sich auch selbst abzusichern.

Stets geht es um die Datengewinnung. Die Unternehmen wollen sie aus allen Quellen anhäufen, auch aus Bewegungsmeldern und aus Kameraaufnahmen. Wer tut was wann und wie oft? Wohl alle namhaften Unternehmen weltweit verbindet inzwischen die Einschätzung, dass diese Informationen das Öl des 21. Jahrhunderts sind. Selbst Google erkannte lange den wahren Wert nicht. Die erfassten Daten dienten lediglich der Verfeinerung der Werbeangebote an die User. Doch mit dem Durchbruch der Künstlichen Intelligenz selbstlernender Maschinen ist alles anders, sie sind die Verbrennungsmotoren im digitalen Zeitalter.

Google, Facebook, Amazon und Apple, die »großen Vier«, sitzen auf Datenvorkommen wie Saudi-Arabien, Iran, Irak und Kuwait auf Erdölreserven. Während die Menschheit mit 7,5 Milliarden Mobilfunkanschlüssen, 3,6 Milliarden Internetnutzern und 2,2 Milliarden Facebook-Profilen schon verlässliche Rückschlüsse auf ihr allgemeines Verhalten und ihre Konsumwünsche zulässt, gibt es immer noch weiße Flächen bei der Erforschung des globalen Lebensraumes des Homo sapiens.[48] Die eigenen privaten vier Wände wollen von den Datenkraken noch vollständig erobert werden. Darum interessieren sie sich so für Staubsauger, sofern sie Roboter sind und Daten weiterleiten. Mit ihrer sauberkeitsorientierten Genauigkeit können diese Geräte auch den letzten Winkel einer Wohnung vermessen und erkunden, wo welche Möbel stehen, aber auch, welche Gegenstände wie etwa Weinflaschen und wie lange. Aktive Lautsprechersysteme von Sonos oder sprachgesteuerte Assistenten wie Alexa ergänzen in Millionen von Haushalten die Raumerfassung. Eine computergesteuerte Straßenbeleuchtung wiederum liefert nächtliche Bewegungsprofile, vernetzte Fahrzeuge können im Schadensfall unvoreingenommen Auskunft geben, wer für einen Unfall verantwortlich ist.[49]

Das smarte Haus, in dem sich prestigeträchtig per App Heizung, Beleuchtung, Musik oder Staubsauger steuern lassen, wird ebenso zum Informationsherd der Datenköche wie die GPS-Verortung von Telefonen, Fahrzeugen und deren Navigationssystem. Den Segen des »Internets der Dinge« werden noch viele verfluchen, denn auch dadurch wird das Profil einer Einzelperson in unzähligen Facetten sichtbar. Privatsphäre – das war einmal. Digitale Türschlösser können für Hacker spielerisch zur Sicherheitslücke werden. Der smarte Kühlschrank, beworben als neuer »Familienmanager«, lässt sich unbemerkt zum Datenlieferanten für gesetzliche Krankenversicherungen umfunktionieren, etwa als Auskunftsstelle über den Konsum allzu fett- oder zuckerhaltiger Nahrungsmittel, ebenso ein Fitness-Armband, dessen Daten bei einem Internetkonzern landen. Wer wann wo welche

Internetseiten aufrief, wer als Jugendlicher welchen Unfug trieb, wer wann wo was online suchte oder kaufte, wer wann wohin fuhr – alles wird und ist registriert. In Serverfarmen analysieren Algorithmen Spracheingaben an Netzwerklautsprecher, etwa von Amazon Echo. Mehr als 3000 Videoaufnahmen werden von jedem Durchschnittstouristen in London gemacht. Täglich.

60 000 Gigabyte an Daten werden derzeit jede Sekunde im Internet geteilt.[50] Das entspricht dem Aufruf von 60 Millionen Webseiten. Bis zum Jahr 2025 soll sich die Menge verzehnfachen, der durchschnittlich vernetzte Mensch dürfte dann pro Tag 4800-mal mit vernetzten Geräten interagieren, in welcher Form auch immer, vor allem durch das »Internet der Dinge«.[51] Big Data. Für die Rechte der Surfer interessierten sich jahrzehntelang fast nur besorgte Datenschützer. Durch den Missbrauch bei Facebook, der jüngst auch einer breiten Öffentlichkeit bewusst wurde, und das Inkrafttreten der Datenschutz-Grundverordnung in der Europäischen Union im Mai 2018 hat sich das etwas geändert. Die Skandale um Hasspostings und politische Manipulation mit Hilfe des Datenanalyse-Unternehmens Cambridge Analytica führten bei den Plattformbetreibern zu Sorgenfalten, ihr Geschäftsmodell steht im Scheinwerferlicht. Umso wertvoller wird der bereits vorhandene und noch ohne allzu große Einschränkungen erweiterbare Datenschatz. Es gilt zu sammeln, auf Teufel komm raus, solange das noch so leicht geht.

»Unternehmen wie Google verfügen über Rechenleistung und vor allem viele tolle Daten, die wir schlicht nicht haben«, erklärt Gerhard Lakemeyer, Informatikprofessor in Aachen und Präsident der europäischen Forschervereinigung für Künstliche Intelligenz, Artificial Intelligence, EurAI, die Lage an den Universitäten.[52]

Google verkörpert, was »intangible investments« genannt wird, unsichtbare Investitionen wie Kundendaten, Patente oder Markenrechte. Sie sind im Digitalzeitalter oft kostbarer als Fabriken und Maschinen. So erklärt sich auch der Konflikt zwischen Autoherstellern und Versicherungen, ebenso wie manche verzweifelt wirkenden Bemühungen bislang internetferner Unternehmen um

Geschäfte in der Welt der Informationen. Vor allem mittelständische Betriebe drohen, im Datenstrom unterzugehen, ihnen fehlen die technischen Möglichkeiten und ein wettbewerbsfähiger Datenstock. Selbst etablierte Telekommunikationsunternehmen tun sich schwer. Sie bieten mit ihren Netzen die Infrastruktur, doch Google und Facebook verdienen das Geld.

Um doch ein wenig mitzunaschen, bot Österreichs größter Mobilfunkanbieter im Jahr 2009 sämtliche Bewegungsdaten der Besitzer seiner damals 4,7 Millionen SIM-Karten für Marketingzwecke zum Kauf an.[53] Die Beschwichtigung, dass die Angaben nur anonymisiert weitergegeben würden, war nicht viel wert. Jeder einzelne Telefonnutzer erzeugt ein einzigartiges Profil, das sich durch Datenbankanfragen auf eine konkrete Person zurückführen lässt. Auch die Deutsche Telekom und die in Deutschland tätige Telefónica versilberten gerne ihr Wissen um die Mobilität ihrer Kunden.[54] Dies gilt ebenso für Nutzer von Leihfahrrädern (siehe Grafik »Der kontrollierte Bürger«). Die Deutsche Post wiederum ist seit dem Jahr 2005 mit politischen Parteien zwecks gezielter Wahlkampfwerbung im Geschäft.[55] Angeboten werden Angaben zu Kaufkraft, Bankverhalten, Geschlecht, Alter, Bildung, Wohnsituation, Familienstruktur, Wohnumfeld und Personenwagen-Besitz.[56] In den USA veräußern Branchenriesen wie AT&T, Sprint und T-Mobile die ermittelten Standortdaten in Echtzeit an andere Unternehmen. Käufer wie Securus kooperieren dann direkt mit der Polizei, die sich damit richterliche Genehmigungen zur Telefonüberwachung erspart.[57]

Google hat sich im Suchmaschinenmarkt fast ein Monopol erarbeitet, ähnlich wie Facebook und Amazon in ihren Bereichen. Der Aufbau von Konkurrenzunternehmen wird unter den derzeitigen Bedingungen zu einem Investitionsabenteuer, das auch Risikokapitalgeber scheuen, zumal die Internetgiganten mögliche Mitbewerber wie etwa WhatsApp mit Rekordsummen aufkaufen. Der Börsenwert der beiden Unternehmen Amazon und der Google-Holding Alphabet übersteigt inzwischen alle 30 Konzerne, die im Dax-Index vertreten sind.[58]

Drei der großen Internet-Vier – Facebook, Google und Amazon – sind nicht einmal richtige Marktteilnehmer, die sich um Anteile am Gesamtgeschäft streiten. Sie verkörpern zusehends den Markt selbst, der den Großteil der Infrastruktur, mithin die »Plattformen«, für die digitale Ökonomie zur Verfügung stellt. Ihre hohen Marktkapitalisierungen spiegeln die Erwartungen der Aktienbesitzer wieder, dass sich ihre Größe im kommenden Jahrzehnt zumindest noch verdoppeln wird.[59]

Die Entwicklungen gleichen verblüffend dem »Gilded Age«, jener vergoldeten Zeit im späten 19. Jahrhundert, als Andrew Carnegie, John D. Rockefeller und Cornelius Vanderbilt sowie John Pierpont Morgan zu den Wirtschaftstycoons der Vereinigten Staaten von Amerika aufstiegen. Es dauerte Jahrzehnte, bis ihre jeweiligen Monopole geknackt wurden. Mark Zuckerberg, Jeff Bezos, Larry Page und Bill Gates haben aus der Geschichte gelernt. Sie sind mit Lobbyisten in Washington bestens vertreten.[60]

Europas Internetfirmen hinken den US-Titanen abgeschlagen hinterher. Chinas Riesen wie die Suchmaschine Baidu, der Internethändler Alibaba und der Branchenprimus Tencent holen auf. Doch noch verfügen die USA über die digitale Hegemonie, eine weltumspannende Vorherrschaft. Washingtons Regierungsstrategen schmiedeten damit in Verbindung mit ihrer Macht über den US-Dollar und ihrem Zugang zu Bankdaten eine geräuschlose, aber ungemein schlagkräftige geopolitische Waffe.

Daten als ruinöse Waffe

Der Angriff startete mit einer Unterschrift. Am 17. März 2014 unterzeichnete der damalige US-Präsident Barack Obama die Executive Order 13661, eines jener machtvollen Dekrete, die im Rahmen der US-Verfassung keine parlamentarische Ermächtigung benötigen. Die Anordnung richtete sich gegen »Aktionen und Vorgehen der Regierung der Russischen Föderation in

Bezug auf die Ukraine«, wurde aber schon bald als »wichtige legale Basis für weitere wirtschaftliche Sanktionen gegen Russland« ausgelegt. Wenige Tage danach wurden in einem Nachfolgedekret eigens die Bereiche »Energie, Metalle und Bergbau« angeführt.[61] Vier Jahre später, am 6. April 2018, kurz nach dem Giftgasanschlag auf den ehemaligen russischen Spion Sergej Skripal in Großbritannien, nahm das US-Finanzministerium auf der Grundlage der E.O. 13661 völlig überraschend den russischen Oligarchen Oleg Deripaska ins Visier.[62] Deripaska steht dem russischen Präsidenten Wladimir Putin kaum so nahe wie Deutschlands Ex-Kanzler Gerhard Schröder, doch als er auf die US-Sanktionsliste kam, kontrollierte er über seine Holding Basowoi Element unter anderem Rusal, den zweitgrößten Aluminiumhersteller weltweit. Rusals Geschäftsverbindungen mit den USA sind überschaubar, der Konzern arbeitet kaum mit US-Banken zusammen und notiert an den Börsen in Hongkong und Moskau. Bis vor einigen Jahren hätten der Oligarch und sein Aluminiumproduzent den US-Boykott gelassen hinnehmen können.

Die Sanktionswaffe erreicht ihr Ziel jedoch mit Präzision, seit Bankdaten weltweit systematisch gespeichert werden und sich die US-Regierung dazu den Zugang verschafft hat. Herzstück ist dabei die Genossenschaft SWIFT, die von Belgien aus den Zahlungsverkehr in mehr als 200 Länder abwickelt. Verschiedene Abkommen, die den Zugriff der US-Behörden auf terrorrelevante Informationen beschränken sollten, werden umgangen, im Bedarfsfall auch mit Hilfe der NSA, wie der ehemalige US-Agent Edward Snowden enthüllte.[63] So erfüllte sich die Drohung des US-Finanzministeriums, alle Marktteilnehmer zu bestrafen, die mit Deripaska oder Rusal noch Geschäfte machten, wie von selbst. Internationale Investoren verkauften umgehend ihre Rusal-Anteile, der Konzern lief Gefahr, seine Schulden nicht mehr refinanzieren zu können. Der größte Einzelkunde, der in der Schweiz registrierte Rohstoffhändler Glencore, berief sich auf »höhere Gewalt« und trat von seinen Verträgen zurück. Weltmarktführer Maersk entschied, keine Rusal-Container mehr zu verschiffen. Der Börsenwert des Aluminiumriesens brach um 56 Prozent ein. Oleg Deripaska wurde über Nacht wie ein hochansteckender Patient behandelt. Sein Vermögen verringerte sich um mehr als drei Milliarden Dollar, seine drei Privatjets wurden zum Verkauf angeboten. Sie werden nicht mehr gebraucht.[64]

Die Finanzdatenwaffe wurde so »zum ersten Mal gegen ein großes, wichtiges Unternehmen eingesetzt«, zog die britische Wirtschaftszeitung »The Economist« Bilanz, »die Ergebnisse sind verheerend – und alarmierend«. Der Kommentator rieb sich die Augen: »Zap! Amerikanische Beamte können ausländische Firmen wie Gremlins, wie kleine Monster, bei einem Videospiel auf einem Bildschirm abschießen.«[65]

Darum warnte Russlands Ministerpräsident Dmitrij Medwedew im August 2018 vor einem »Wirtschaftskrieg«. Hastig eingerichtete Steueroasen in Kaliningrad und auf einer Insel nahe Wladiwostok sind Verteidigungsversuche. Mit den neuen Sanktionen gegen den Iran geraten auch Tausende Firmen aus dem Westen, sofern sie sich nicht im Rahmen der Europäischen Union widersetzen, in die Fänge des derzeitigen US-Präsidenten. Per Dekret.

Wer die Daten hat, hat die Macht.

Spione am Arbeitsplatz

Wie wertvoll Daten sind, weiß auch jeder Arbeitgeber. Die neuesten technischen Produkte verschaffen außergewöhnliche Kontrollmöglichkeiten. Das deutsche Bundesarbeitsgericht hat zwar entschieden, dass keine Softwareprogramme zur Überwachung von Mitarbeitern an einem dienstlichen Computer eingesetzt werden dürfen. Damit sind sogenannte »Keylogger«, die alle Tastatureingaben an einem Rechner heimlich protokollieren und Bildschirmfotos schießen, bis auf wenige Ausnahmen unzulässig.[66]

Doch das ist Schnee von gestern. Zulieferer, Lkw- und Taxifahrer wissen um die Nebenwirkungen, wenn ihr Chef ins Fahrzeug eine unscheinbare Blackbox einbauen lässt, die alle 30 Sekunden

den Standort an die Zentrale durchgibt.[67] Der globale Online-Versandhändler Amazon ließ ein Armband patentieren, das die Handbewegungen von Lagerhausarbeitern exakt registriert und anfeuernd vibriert, wenn der Arbeitselan nachlässt. Das Software-Unternehmen Humanyze aus Boston liefert »People Analytics«, Analysen über Menschen. Es verkauft intelligente Werksausweise, so groß wie eine Kreditkarte und dick wie eine Streichholzschachtel. Jede Bewegung im Büro wird registriert, ein Mikrophon nimmt auf, wer mit welchem Arbeitskollegen wie lange spricht oder zuhört. Verknüpft mit den Daten der E-Mails und des Kalenders erschließt sich der gläserne Arbeitnehmer. Durch die gesammelten Informationen können Firmenchefs etwa herausfiltern, welches Führungsteam welche Abteilungen kommunikativ bevorzugt oder benachteiligt.[68]

Slack, ein US-amerikanischer Messaging-Dienst, hilft Vorgesetzten, systematisch einzuschätzen, wie schnell ihre Mitarbeiter bestimmte Aufgaben lösen. Die chinesische Firma JD.com, einer der 500 größten Global Player, experimentiert mit Algorithmen, die nicht nur die Effizienz der Beschäftigten berechnen, sondern bei Büroangestellten auf Basis der über einen längeren Zeitraum gespeicherten Leistungen auch Abnützungserscheinungen vorhersagen sollen. Das kalifornische Software-Unternehmen Workday fokussiert sich auf 60 Faktoren, aus denen sich ableiten lässt, welche Mitarbeiter wohl bald kündigen wollen. Unternehmen werden auch noch viel besser erfassen können, wer mal im Büro einnickt, aber auch, wer bei Abrechnungen schummelt. Mit spezifischen Computerprogrammen lassen sich unpassende Belege viel schneller herausfiltern als durch manuelle Buchhaltung.

Nicht wenige Beschäftigte, vor allem in schlecht bezahlten Jobs, werden somit entscheiden müssen: Werde ich wie ein Roboter behandelt oder durch einen Roboter ersetzt?

Immerhin können Algorithmen auch unterschiedliche Bezahlungen je nach Geschlecht oder Hinweise auf sexuelle Belästigung sichtbar machen. Das US-Unternehmen Cogito hingegen spezialisiert sich auf Künstliche Intelligenz, welche die telefonische

Beantwortung von Kundenanfragen beurteilen kann, je nach gezeigtem Mitgefühl, der Geschwindigkeit und der Fähigkeit des Mitarbeiters, Beschwerden zufriedenstellend zu bearbeiten.[69]

In den deutschsprachigen Ländern sind diese Praktiken bislang nicht Alltag. Es fragt sich, wie lange noch.

Algorithmen an die Macht

LinkedIn-Mitgründer Reid Hoffman bastelt bereits an politischen Interventionen mit Hilfe seiner Internetwerkzeuge. Gemeinsam mit dem Unternehmer Mark Pincus stellte er am 4. Juli 2017, dem US-Nationalfeiertag, die Plattform »Win the Future« ins Netz, kurz WTF. Sie definiert sich als »erste Lobby des Volkes, wobei Mitglieder das Programm bestimmen«. Leben da die Ideale der Piratenpartei wieder auf? Nein. Es ist laut Eigendefinition eine »virtuelle Partei«.[70] Die Entscheidung, wer mitmachen darf, treffen die Betreiber der Plattform. »Die Entrepreneure aus dem Silicon Valley wollen politische Prozesse nicht demokratischer, sondern programmierbar machen. Ist das System erst mal unter Kontrolle, kann die Festplatte der Politik viel leichter mit ihren Inhalten überschrieben werden«, urteilt der Internetexperte Adrian Lobe.[71] LinkedIn, das 2016 an Microsoft verkauft wurde, ist für einen besonders rücksichtslosen Umgang mit den ihm überlassenen Daten bekannt, vor allem auch durch die Weitergabe an andere Interessenten, von denen der Nutzer nichts weiß.

Und wer nicht nur über die persönlichen Daten seiner Nutzer verfügt, sondern auch über deren politische Einstellungen im Detail Bescheid weiß, kann seine Einflussmöglichkeiten immer weiter verfeinern.

So ist auch das neue politische Engagement von Hoffman und Pincus interessengeleitet. Jede Spende für »Win the Future« wollen die beiden verdoppeln, machen der Initiative aber zur Vorgabe, nicht nur »proplanetarisch und prosozial«, sondern »pro Business und wirtschaftsfreundlich« aufzutreten. »Mir ist bange«, so Pincus, »dass sich die Demokratische Partei schon zu weit nach links bewegt.«[72] Da erscheint stimmig, dass im Jahr 2017 Google mit 14,6 Millionen Euro erstmals mehr Geld für Lobbyarbeit in Washington ausgab als alle anderen Unternehmen. Auch Facebook, Amazon und Apple stockten massiv auf, stets mit Blick auf Einwanderungsfragen, um weiterhin hoch qualifizierte Mitarbeiter aus aller Welt in den USA beschäftigen zu können. Vor allem aber verschafften sie sich bei der Steuerreform Gehör – und beim Kartellrecht.[73]

Gegenüber dem US-amerikanischen Technikblog »Recode« verglich Pincus die US-Gesetzesmaschinerie mit »unnötig komplexen Videospielen«. So wie er 2007 als Gründer des Spielebetreibers Zynga mit FarmVille, Mafia Wars und CityVille den Markt der Gamer aufmischte, kann er sich auch in Washington viel effizientere Abläufe vorstellen. Wie wäre es mit ein paar Spielern, die an ihren Controllern die Übersicht behalten?

Solche Fantasien werden von der steigenden Attraktivität technokratischer Modelle befeuert. Parag Khanna, geopolitischer Experte beim globalen Nachrichtensender CNN, propagiert etwa den »Infostaat«, ein extrem schlankes Gebilde, gestützt auf technologische Innovationen. »Regieren darf nicht der Herrschaft der Ideologie zum Opfer fallen«, so Khanna, »die Technokraten als auch die Bürger wollen das Beste für ihr Land.« Singapur sei etwa »weit demokratischer, als man denkt«. Die Lösung sei eine »direkte Technokratie«, mithin Experten, die Entscheidungen aufbereiten und zu Abstimmungen vorlegen.[74]

Zeitgleich zur Datenflut verkümmert bei vielen Menschen der Zugang zu seriösen Informationen. Qualitätszeitungen müssen Stellen abbauen, profunde Recherche wird zum Luxus. »Overnewsed«, aber »underinformed« gilt mehr denn je, man wird mit zu vielen Nachrichten eingedeckt, ist aber zu wenig informiert. Ohne Verständnis für die Konsequenzen laden sich Smartphone-Bürger massenhaft Raubkopien von detailreichen Büchern auf ihre Geräte, auch dies ein Schuss ins eigene Knie. Sie bezahlen kaum etwas, erfahren immer weniger und bemerken es nicht einmal.

»Propublica Illinois«, ein unabhängiges Nachrichtenportal mit Sitz in Chicago, verblüffte seine zumeist jungen Nutzer mit der Rechnung, dass ein lediglich 4000 Wörter langer Bericht über die Bewertung von Gewerbegrundstücken 291 Fakten enthielt, die vor Veröffentlichung zweimal überprüft wurden, und verband dies mit einem Spendenaufruf. Das Ergebnis: eine Handvoll US-Dollar.[75]

Ganz anders die digitalen Riesen. Sie stützen ihre Milliardengewinne auf Informationen. Ihnen diente das Sammeln von Daten bis in die Nullerjahre vor allem der Verbesserung ihrer Geschäftsangebote. Erst im Laufe der Zeit begriffen sie, dass sich die inzwischen technisch mögliche massenhafte und globale Anhäufung der Daten in einen Goldschatz verwandelt hat. Daten sind der Rohstoff für die Fortschritte bei der Nutzung Künstlicher Intelligenz.

Je mehr Bilder, Videos und Textnachrichten verknüpft werden, desto leichter lassen sich selbstfahrende Autos steuern oder Gesichter erkennen, aber auch Krankheiten in einem frühen Stadium. Viel zu wenige Internetnutzer haben bislang verstanden, dass sie mit Informationen, die sie von sich preisgeben, einen hohen Preis für vermeintlich kostenlose Zugänge und Dienste bezahlen.

Vielen Silicon-Valley-Baronen ergeht es nunmehr wie dem Zauberlehrling, der die gerufenen Geister nicht mehr loswird. Mark Zuckerberg hat die Webcam an seinem Computer überklebt und seine Facebookseite abgeschottet, auch keine andere zentrale Führungskraft verhält sich wie ein übliches Facebook-Mitglied. Sie lassen ihre Profile nicht über »Freundschaftsanfragen« vernetzen, sie posten selten Mitteilungen, die der Öffentlichkeit zugänglich sind, und geben auch die Anzahl ihrer Freunde nicht preis, obwohl dies in den Standardeinstellungen so vorgesehen ist. Beim Kurznachrichtendienst Twitter wiederum melden sich nur vier der neun wichtigsten Manager mehr als einmal täglich zu Wort. Mitgründer Jack Dorsey antwortet Unbekannten fast nie und vermeidet fast jede Diskussion via Tweets.

Facebook-Gründungspräsident Sean Parker bekannte im Oktober 2017, dass er »so etwas wie ein Kriegsdienstverweigerer« von sozialen Medien sei, und verwies auf die absichtsvoll suchtbildenden Aspekte von Facebook und Co.[76] Apples Vorstandsvorsitzender Tim Cook erklärte im Januar 2018 verdutzten Studenten des englischen Harlowe College, das einst auch Musiker Mark Knopfler ausgebildet hatte: »Ich habe kein Kind, aber einen Neffen. Da gibt es einige Dinge, die ich ihm nicht erlaube. Ich will nicht, dass er sich in ein soziales Netzwerk hineinbegibt.«[77]

Die öffentlichen Bedenken von Größen des Internets über die Auswirkungen ihrer Produkte auf soziale Beziehungsgeflechte sind für den deutschen Telekommunikationsunternehmer Emil Konrad nur ein Teil des Problems. Persönliche Erlebnisse ließen ihn hellhörig werden. Kurz nach der Jahrtausendwende erhielt seine mittelständische Firma in München einen Großauftrag, um ein nicht mehr benötigtes Fernmeldeamt abzuwickeln. Für jeden Tag Verzögerung drohte eine Strafzahlung von 68 000 Euro. Doch ein Raum blieb stets verschlossen. Als die Zeit knapp wurde und er drängte, Zugang zu erhalten, meinte der Verantwortliche: »Wennst frech wirst: Was willst du über dich hören?«

Die Deutsche Telekom oder auch Vodafone, beobachtet Konrad, »interessiert oft weniger ihr Kerngeschäft, sondern die Daten«. Konzerne wie Daimler bestehen bei der Anbindung von externen Betriebsgebäuden neuerdings auf viel teurere interne Kabelverbindungen, statt bereits vorhandene öffentliche Glasfaserkabelstränge zu nutzen. Konrad selbst versendet keinerlei Auftragspläne auf elektronischem Weg und vermeidet jede E-Mail: »Da kann ich ja gleich alles in die Auslage geben.«[78]

In den großen Wintersportgebieten in den Alpen und in den USA wird jede Liftfahrt des Besitzers auf einer personalisierten Mehrtageskarte gespeichert, zumindest eine Saison lang.[79] Falls die in der Skihütte konsumierten alkoholischen Getränke mit Kreditkarte bezahlt wurden, lässt sich betrunkenes Fahren leicht nachvollziehen, auch nach dem Après-Ski. Der österreichische

Journalist Kurt Kuch konnte die Abbuchungen von Kreditkarten einsehen, die in der Alpenrepublik registriert waren, auch wenn sie zwei Jahrzehnte zurücklagen. Dazu benötigte er nur den Namen und die Nummer des Nutzers, nicht einmal den auf der Kartenrückseite aufgedruckten Sicherheitscode.

Mit Sicherheit Überwachung

»Wenn man nichts zu verbergen hat, hat man auch nichts zu befürchten.«
Der Buchhändler Hans Peter Willi aus Tübingen[80]

»Was man mit meinen Daten macht, ist mir egal. Ich habe nichts zu verstecken.«
Der Kellermeister Mike Muff aus Gols im Burgenland[81]

»Was soll da schon passieren?«
Der Vermögensberater Peter Klober aus Frankfurt[82]

Die Überwachungsgesellschaft ist kein Gespenst mehr, sondern ein gefräßiges, agiles Lebewesen, das von der Datenflut üppig genährt wird. Sie gedeiht mit den rasant wachsenden Speicherkapazitäten in den Rechenzentren und der Schnelligkeit, die Informationen zielgerichtet zu verarbeiten. Als Dünger dient der weitverbreitete Wunsch so vieler Bürger nach mehr Sicherheit im Umfeld ihrer Ungewissheiten. So vieles wirkt bedrohlich – Fremdes und Fremde, Kriminalität und Terrorismus.

Es ist widersinnig: Das Vertrauen in Politiker, Bürokratie und die Elite insgesamt nimmt ab, doch die Forderung nach immer neuen Sicherheits- und Überwachungsgesetzen ist populär. Die verschärften Vorschriften werden aber von jenen Politikern und jener Bürokratie beschlossen und umgesetzt, denen so viele

Bürger – oft mit gutem Grund – misstrauen. Die Mehrheit der Politiker in den bisher liberalen Demokratien wiederum glaubt, dass sie mit härterem staatlichen Durchgreifen wieder an Zustimmung gewinnt – und sie weiß auch, dass sie mit mehr Überwachung in jedem Fall das Leben der Bürger viel genauer denn je kontrollieren kann. Millionen von Wählerinnen und Wähler haben sich so selbst in eine Falle begeben. Der Speck ist das Versprechen für mehr Ordnung und Sicherheit inmitten einer hyperglobalisierten Welt.

So verständlich der Wunsch nach Übersichtlichkeit und Verlässlichkeit ist, es fehlt dabei zumeist das historische Verständnis, wie verheerend sich »Law and Order«-Staaten ins Leben auch völlig unschuldiger Menschen einmischen, sobald die Regierenden von Grundprinzipien der Demokratie abweichen. Und immer neue Überwachungsbefugnisse ebnen gleichzeitig den Weg in den Überwachungsstaat. »Vertrauen ist gut, Kontrolle ist besser« lautet die Redewendung.[83] Doch statt die Mächtigen richtig zu kontrollieren, wird jetzt den Mächtigen vertraut, nur die Richtigen zu kontrollieren.

Das neue bayerische Polizeiaufgabengesetz »ist von Sicherheitswahn geprägt«, warnt Gerhart Baum, der sich seit seiner Zeit als Innenminister als Anwalt für Bürgerrechte einsetzt.[84] »Das Bedenklichste an dem Gesetz ist die Verlagerung von präventivpolizeilichen Befugnissen in ein Vorfeld drohender Gefahr, in dem es nur um Wahrscheinlichkeiten geht und nicht um eine konkrete Tatsachenbasis. Dies war bisher nur bei der Bekämpfung von Terrorismus zugelassen. Jetzt soll diese Schwelle für normale Kriminalität gesenkt werden. Das heißt, der unbescholtene Bürger gerät ins Visier der Polizei.«[85]

Schon bei »drohender Gefahr« kann dies zum Abfangen von E-Mails und Briefen führen und zum Löschen von privaten Daten in der Cloud. Bodycams, kleine Kameras am Körper von Polizisten, dürfen bei Wohnungsdurchsuchungen ohne spätere richterliche Kontrolle filmen, Drohnen gestochen scharfe Bilder liefern, keineswegs nur beim Einsatz gegen Terrorverdächtige[86] – für all dies entschieden sich die Abgeordneten der CSU mit ihrer absoluten Mehrheit trotz ungewöhnlich zahlreicher Proteste, in der Hoffnung, damit den politischen Konkurrenten der AfD vor der Landtagswahl im Oktober 2018 zu schaden. Geht die Rechnung auf, festigen die CSU-Politiker ihre Macht, falls nicht, die Staatsmacht.

In Österreich stand ebenfalls kurz vor dem jüngsten Urnengang ein »Sicherheitspaket« zur Debatte, das weitreichende Eingriffe in die Privatsphäre vorsah. Die Gemüter erregte es kaum. Für nur 16 Prozent der Wählerinnen und Wähler war die »Überwachung durch den Staat« ein »sehr häufig diskutiertes Wahlkampfthema«, bei deklarierten Wählern der Rechtsaußenpartei FPÖ nur für elf Prozent.[87] Ganz anders verhielt es sich bei den FPÖ-Wählern bei den Fragen »Asyl und Integration« (88 Prozent), »Sicherheit« (69 Prozent) und »Sozialleistungen« (60 Prozent).[88]

Kaum war die neue Rechts-Rechtsaußen-Regierung im Amt, beschloss sie den sogenannten »Bundestrojaner«, eine Spionagesoftware, mit der verschlüsselte Messenger-Kommunikation etwa über WhatsApp, Signal oder Skype sowie andere kryptografisch abgesicherte Nachrichten direkt an der Quelle abgegriffen und abgehört werden können. Erlaubt ist der Einsatz beim Verdacht auf jedwedes Verbrechen mit einer Strafobergrenze von mehr als zehn Jahren. Bei Terrorverdacht genügen fünf.[89]

Auch die hessische Polizei rüstet auf. Selbstbewusst verkündete ihr Sprecher im Frühjahr 2018 die Anschaffung einer neuen »Analyseplattform zur effektiven Bekämpfung des islamistischen Terrorismus und der schweren und Organisierten Kriminalität«. Lieferant ist die US-Firma Palantir, die enge Kontakte mit verschiedenen US-Geheimdiensten pflegt und zu deren Gründern der deutsche Großinvestor Peter Thiel zählt. »Gotham« nennt sich die in Frankfurt eingesetzte Software, wohl kaum zufällig namensgleich mit der Krimiserie des rechten US-TV-Senders Fox. Gotham setzt auf umfangreiche Datenmustererkennung, sogenanntes »Data-Mining«, und wird von Palantir-Mitarbeitern gewartet. Dadurch könnten sensible Daten abgeschöpft werden und in die USA gelangen, mahnen IT-Experten der Polizei.[90]

In Sekundenbruchteilen werden alle zugänglichen Datenpools ausgewertet, keineswegs nur das Polizeifahndungssystem Polas, sondern auch soziale Netzwerke wie Facebook und die Geodaten von Mobiltelefonen oder GPS-Angaben von Fahrzeugen. Rasend schnell fügt Gotham dann alle Erkenntnisse über einen Verdächtigen zusammen. Was früher mühsam gesucht werden musste, ist sofort abrufbar. Das Spektrum der Zielpersonen ist leicht zu erweitern, jeden Bürger kann es treffen. In New Orleans bot Palantir dem Bürgermeister bereits eine kostenlose Zusammenarbeit an, um die höchst umstrittene *Vorhersage* von Straftaten zu testen. So gelangte die Firma offenbar an Millionen Daten, darunter »öffentliche Unterlagen, Gerichtsakten, Urkunden, Adressen, Telefonnummern und Daten aus sozialen Medien«, berichtete das US-Technikportal »The Verge« im Februar 2018.[91]

Ein ähnliches Ziel verfolgt das Verbundprojekt »X-Sonar«, das auch vom deutschen Bildungsministerium gefördert wird. »Wir schaffen Schnittstellen zu sozialen Netzwerken im Internet. Wer etwa eine bestimmte Twitter-Meldung kommentiert oder eine gewisse Facebook-Seite aufruft, kommt in die Beobachtung. Es geht da auch um die emotionelle Seite«, erklärt ein Sprecher.[92] Gegenwärtig wird untersucht, anhand welcher Kriterien sich Radikalisierung zeigen kann. »Onlineradikalisierung und die Eskalation von Gewalt im Internet sind nicht nur strafrechtlich relevant, sondern fordern auch neue Wege der Früherkennung und die Entwicklung geeigneter Präventionsmaßnahmen«, so die Rechtfertigung.[93]

Damit wird, fernab vom Gesetzgeber oder von Ermittlungsbehörden, erforscht, wer wann wie umfassend erfasst werden kann. Doch was bedeutet »radikal«? Die Kriterien können sich ändern. In illiberalen Demokratien kann es da auch unvermittelt Oppositionelle treffen.

Der Online-Riese Amazon bewirbt wiederum offensiv sein »Amazon Rekognition«, ein systematisches Gesichtserkennungssystem, das sich auf die immense firmeneigene Web Cloud stützt und Personen aufgrund ihrer Statur und Bewegungen auch von hinten erkennen kann. Der TV-Sender Sky News nutzte es bei der jüngsten königlichen Hochzeit in Windsor erstmals als blitzschnelles Who's who, um prominente Gäste sofort verorten und beschreiben zu können.[94] Das Rechnernetz, in dem Firmen und Privatpersonen weltweit ihre Aufnahmen und Videos außerhalb ihres Smartphones oder ihres Computers speichern, unterstützt auch die Exekutive bei der Verbrechersuche. Das Polizeidepartment von Orlando in Florida prüfte im Frühsommer 2018 die Möglichkeit, die Amazon-Daten mit den Bildern von allgemeinen Überwachungskameras, polizeilichen Bodycams und Drohnen zu kombinieren. Sergeant Eduardo Bernal sieht sich als Vorreiter. »Wir bemühen uns immer um neue Lösungen, um unsere Fähigkeiten zu steigern, dass die Bewohner und Besucher Orlandos sicher sind.« Klar. Sicher. Das bedeutet mit Sicherheit Überwachung.

Vergeblich protestieren Bürgerrechtler, dass damit jede Person ohne Anlass, aber auch unliebsame Demonstranten leicht identifizierbar sind.[95]

Wohin das führen kann, illustriert ein Blick in das Reich der Mitte.

Himmlische Selbstkontrolle

Auf dem Platz des Himmlischen Friedens in Peking, dem Tian'anmen, sind am 4. Juni 1989 vermutlich keine Menschen erschossen oder von Panzern niedergewalzt worden. Das geschah in den angrenzenden Straßen. Von einem »Tian'anmen-Massaker« zu sprechen ist also falsch. Richtig, so lernen es alle Chinesen, heißt das »Zwischenfall vom 4. Juni«.

Wer diese offizielle Sprachregelung nicht internalisiert und versucht, die Dinge beim Namen zu nennen oder gar die Hintergründe zu beleuchten, bekommt Probleme mit chinesischen Behörden. Denn am 4. Juni 1989 starben nicht nur ungezählt viele Personen im Zentrum Pekings, sondern auch die Aussicht auf Demokratie und Meinungsfreiheit. Zunächst nur in China.

Dafür wird jetzt endlich der gute Mensch gezüchtet, von dem die Kommunisten stets träumten. Und der noch bessere. Es liegt eben wirklich nur an den Verhältnissen.

Chinas Strategen schufen dafür drei Voraussetzungen: eine klare Definition von Gut und Böse, eine fast lückenlose, zusehends digitale Überwachung jedes Bürgers und ein funktionierendes System an Sanktionen. Gleichzeitig darf die wirtschaftliche Dynamik nicht wie in früheren kommunistischen Staaten gelähmt, sondern soll sogar noch befeuert werden. All dies ermöglicht das neue chinesische »Sozialkreditsystem«.

Derzeit wird es in unterschiedlicher Intensität in 43 Pilotprojekten getestet, von der Inneren Mongolei bis nach Guangzhou.[96] Ab dem Jahr 2020 soll Schritt für Schritt für 1,4 Milliarden Menschen ein verbindliches digitales Punktekonto eingeführt werden, welches das jeweilige »sozialverantwortliche Verhalten« bewertet. Da soll alles einfließen: Wer eine Plastikflasche achtlos auf die Straße wirft, wer sich wie intensiv um seine Eltern kümmert, wer sich wie lange im Internet mit Videospielen aufhält, wer wann seine Miete und Schulden bezahlt, und natürlich wer sich wo ungebührlich beschwert oder gar in Chatrooms Kritik an Obrigkeiten äußert.

Jeder Bürger startet etwa im staatlichen Testsystem in Rongcheng am Gelben Meer mit 1000 Punkten, dem Maßstab für »sozialverantwortliches Verhalten«. Fast 100 Regierungsstellen trugen knapp 3000 Kriterien zusammen. Mit Hilfe von Gesichtserkennungssoftware und blitzschneller Datenabgleichung findet sich nunmehr ein Fußgänger sofort mit Bild und Namen auf Videowänden wieder, wenn er bei Rot noch eine Kreuzung überquert. Gleichzeitig erfolgt ein Punkteabzug.

Wer betrunken Auto fährt, fällt automatisch unter die Marke von 859 Punkten. Der Kauf von Flug- oder Zugtickets wird da schwierig. Unter 600 Punkten wird es schwerer, überhaupt eine Arbeitsstelle zu finden, an eine berufliche Beförderung ist nicht zu denken. Eltern können den Kontostand ihres künftigen Schwiegersohns ebenso prüfen wie Banken vor einer Kreditvergabe. Auch Unternehmen werden erfasst. Wer sich um öffentliche Aufträge bewirbt, muss den Punktestand vorlegen. Alibabas kommerzielles System »Zhima Credit« beurteilt sogar die sozialen Kontakte, Freundschaften mit Hochpunkt-Menschen erhöhen das Vertrauen.

Noch pflegen die Internetgiganten Alibaba und Tencent mit ihren Datensätzen ihre eigenen Bewertungssysteme, ebenso wie Banken und Behörden. Die Regierung wird entscheiden, wann alle Daten miteinander verknüpft werden. Die Losung ist jedenfalls ausgegeben: »Wer in einem Bereich an Vertrauen verliert, wird überall mit Einschränkungen konfrontiert (一处失信，处处受限).«[97]

Trotz dieser Perfektionierung eines Big-Brother-Systems, das jede Fantasie sprengt, regt sich kaum Widerstand. Die immer feingliedrigere Zensur und die kulturellen Traditionen reichen dafür nicht als Erklärung. Vielmehr überzeugt viele Chinesen die Chance, sich über das Punktesammeln auch nach oben arbeiten zu können. Bei 1300 Punkten etwa winken Ermäßigungen bei Heiz- und Wasserrechnungen und mehr Sozialprestige. Als »vertrauenswürdig« zu gelten ist für viele äußerst erstrebenswert. Und, so zeigen die Erfahrungen, das Verhalten vieler Menschen ändert sich. »Es zügelt die Menschen, sodass sich ihr Benehmen verbessert«, sagt eine Frau einem Reporter in Rongcheng, wo derzeit 760 000 Einwohner vom Sozialkreditamt überwacht werden.[98]

Durch das Punktesystem entwickelt sich, scheinbar fernab vom Einfluss der Machthaber in Peking, eine Art Selbstorganisation. Jeder ist seines Glückes Punkteschmied. »Autonomes Nervensystem« nennt Samantha Hoffman, Politologin und Sinologin bei der Berliner Denkfabrik MERICS, diese Automatisierung von Herrschaft.[99] Das Verhalten jeder Person wird beim Sozialkreditsystem mit der Funktionstüchtigkeit des Ganzen in Beziehung gesetzt und reguliert sich daher fortlaufend selbst. Eine smarte Diktatur im mehrfachen Wortsinn.

Setzt sich dieses chinesische Modell durch, verkörpert es die beängstigendste Wirklichkeit der Zukunft. Es eignet sich als Exportschlager und wird sich ausbreiten, auch außerhalb der Landesgrenzen, Zug um Zug die Seidenstraße entlang, Flughafen für Flughafen in Afrika, Aufkauf für Aufkauf in Europa.

»Privatheit ist nicht länger eine soziale Norm«, sagte … Facebook-Gründer Mark Zuckerberg … im Jahr 2010.[100] Ein Visionär.

Aufwachen.

Die Intelligenz der Roboterkräfte

Roboter sind ein Segen. Roboter sind ein Fluch. Ein entscheidender Wandel vollzieht sich, weil sie inzwischen selbst lernen und sich ihre Regeln selbst schreiben können. Allein in den USA wird erwartet, dass Unternehmen in den kommenden zehn Jahren acht Billionen US-Dollar in die Automatisierung ihrer Arbeitsabläufe investieren werden.[101] Das entspricht dem Elffachen des Rekordbudgets für das US-Militär im Jahr 2018.[102]

Wer die Roboter wozu in den kommenden Jahren unter wessen Kontrolle nutzt, wird entscheiden, ob sie wie die Maschinen des Zeitalters der industriellen Revolution das Leben von Milliarden Menschen erleichtern oder als neues Herrschaftsinstrument missbraucht werden. Gelingt es den Gesellschaften, Roboter als hilfreiche Untertanen einzusetzen – oder dienen sie zur Degradierung von Menschen zu Untertanen? Das ist eine der zentralen Fragen der Zukunftsgestaltung. Je nachdem, wer die Oberhand behält, wird dies Demokraten oder autoritäre politische Kräfte stärken. »Füllet die Erde und machet sie euch untertan«, dieses Bibelwort aus dem ersten Buch der Heiligen Schrift der Juden und Christen, ist Wirklichkeit geworden. »Machet euch den Roboter untertan« noch lange nicht.

Der Roboter, dein Freund

Die berechtigte Freude auf die neue Zeit mit intelligenten Robotern wächst. Wie Wasch- und Spülmaschinen das Waschbrett und den Abwasch per Hand verdrängten, leisten nunmehr Staubsaugroboter und smarte Temperaturregler Dienste, die Menschen im Haushalt und im Garten entlasten.

Science-Fiction ist schon nahe Zukunft. Sogenannte »emotionale Roboter« werden als programmierte Pflegehilfen kranken und älteren Menschen das längere Leben in ihren eigenen vier Wänden ermöglichen. Er – oder »sie« – wird einen Namen haben und seinen Eigentümer buchstäblich auf Händen tragen, ihm bei der Körperwäsche behilflich und im Haushalt nützlich sein. Der viel beschworene Pflegenotstand, mithin der eklatante Personalmangel, kann so eingedämmt werden. Ein technisch ausgereifter Pflegeroboter wird Einkaufslisten führen, an die Medikamenteneinnahme erinnern, sie kontrollieren und Pakete in Empfang nehmen. Er wird je nach Wunsch und Intensität freundlich sein, den Eigentümer und alle Bekannten an ihrer Stimme erkennen, je nach Wunsch Konversation pflegen und ständig dazulernen, aber nie aufbegehren – eine Maschine als perfekter Sklave. Vor allem aber wird dein Freund, der Roboter, nie etwas vergessen. Über die Einhaltung der Schweigepflicht entscheidet sein Hersteller.

In Krankenhäusern transportieren jetzt schon autonome Logistikautomaten in den endlosen Kellergängen Wäsche, Lebensmittel und Medikamente. Reinigungsroboter funktionieren wie programmierte Rasenmäher, Geräte in der Rehabilitation sind hochkomplexe Maschinen. Roboter in Operationssälen zittern nicht, wenn sie ein Endoskop halten, sie sind stets ausgeschlafen und werden nie müde. Auch erfahrene Chirurgen brauchen die sprichwörtliche menschliche Schrecksekunde, um auf einen Schnittfehler zu reagieren, Roboter können das Operationsgerät viel schneller stoppen.[103] Wissenschaftler an der Eidgenössischen Technischen Hochschule ETH in Zürich arbeiten an Nanorobotern, die sich im Blutkreislauf bewegen und gezielt Medikamente platzieren werden. Insgesamt soll die Nanotech-Branche im Jahr 2020 bereits 68 Milliarden Euro Umsatz machen.[104]

Zuspruch finden neuerdings auch sogenannte »Chatbots« für Psychotherapie, mit denen ein Hilfesuchender sprechen kann. Die Firmen werden meist mit Risikokapital in Kalifornien gestartet und nennen sich »7Cups« oder »Woebot«, ihre Produkte werden angepriesen als »dein charmanter Roboterfreund, der bereit ist, dir zuzuhören, 24 Stunden am Tag, sieben Tage die Woche. Keine Couch, keine Medikamente, kein Kindheitszeugs.«[105] Wie menschliche Therapeuten sind Psychoroboter geduldig, stellen viele Fragen, urteilen nicht, ermutigen, aber die Gespräche kosten viel weniger. Auch da wird die digitalisierte Zukunft absehbar: Internet und Smartphones haben die Kommunikation nachhaltig verändert, mündliche Gespräche mit einem anderen Menschen bekamen einen anderen Stellenwert, die Interaktion mit technischen Geräten ohne direkten Kontakt zu anderen Personen verselbstständigt sich und wird selbstverständlich. Der meinungsbildende Dialog Mensch–Maschine hat politische Konsequenzen, führt aber auch eine Logik der technischen Moderne fort: Als die Vollmotorisierung begann, die Pendlerstrecken zu verstopfen, und alle Haushalte mit TV-Geräten versorgt waren, setzte die Absetzbewegung ein. Es gehört seither zum neuen Luxus, kein Auto besitzen zu müssen, in parknahen Innenstadtlagen zu wohnen und ein spannendes Leben zu führen, das den Verzicht auf die flimmernde TV-Scheinwelt leichtmacht.

Ab den 20er-Jahren des 21. Jahrhunderts wird derjenige beneidet werden, der nicht nur im Wohlstand lebt, sondern auch von Menschen aus Fleisch und Blut betreut wird. Wer es sich leisten kann, wird weiterhin von Menschen therapiert werden, wer nicht, von standardisierten Chatbots oder gar nicht.

In Deutschland wird es noch etwa ein Jahrzehnt dauern, bis Maschinenmenschen Patienten unmittelbar in Krankenhäusern, Seniorenheimen und zu Hause betreuen, erwarten die Autoren der bislang größten einschlägigen Studie.[106] In Japan bewähren sich etwa im Rehazentrum »Hohoemi« in Hirakawa Geh- und Aufstehhilfen sowie artifizielle Kuschelrobben schon seit Jahren.[107]

Das Land der aufgehenden Sonne glänzt auch in anderen Bereichen. 2015 eröffnete das erste roboterbetriebene Hotel in Sasebo. Rezeptionisten, die keine Fremdsprache beherrschen, oder kranke Gepäckträger gehören da zur Vergangenheit, aber auch kleine Schummeleien oder Flirts. Roboter reinigen die Fenster und mixen Drinks, Sensoren steuern die Beleuchtung und Klimaanlage. In einem Nachfolgemodell, dem »Henn na« nahe Tokio, betreuen 140 Roboter 100 Zimmer, sieben Angestellte kümmern sich vor Ort noch um Notfälle und Systemversagen. Der Eigentümer Hideo Sawada will das »effizienteste Hotel der Welt« führen, 100 weitere sind in Planung.[108] »Warum sollen wir zwischen Maschine und Person unterscheiden?«, fragt der japanische Robotiker Hiroshi Ishiguro, dessen selbstgeschaffener Doppelgänger »Geminoid« bereits Vorlesungen für ihn hält.[109] Im Jahr 2020, rund um die Olympischen Sommerspiele in Tokio, werden Besucher und Berichterstatter die japanischen Alltagsroboter weltweit popularisieren.

Überall in entwickelten Ländern werden Verwaltungsabläufe automatisiert, und »Bürger werden in Behörden künftig auch von Chatbots und virtuellen Beratern bedient«, erwartet die erste deutsche Fachzeitschrift zum Thema E-Government, die »Kommune21«.[110] Vieles wird da verschwinden, etwa Akten, die auch bei Routineanliegen lange Zeit unbearbeitet blieben, und missmutige Beamte, die beschwerderesistent ihr Auslangen fanden.

In Fabriken und Lagerhäuser sind Roboter schon lange eingezogen. Schwere körperliche Arbeit stirbt in diesen Bereichen aus, alles wird mit allem vernetzt, immer mehr Unternehmen setzen auf weitestgehend selbstorganisierte Produktionen getreu der Hightechstrategie »Industrie 4.0«.

Forscher wie Neil Gershenfeld vom MIT in Cambridge gehen noch weiter. Sie konzipieren »Fablabs«, die aus Computern, Lasercuttern, Fräsmaschinen und 3D-Druckern bestehen. Statt als Arbeitnehmer in Betrieben Dinge herzustellen, die man gar nicht brauche, um mit dem Einkommen das Nötige einzukaufen, könnten Menschen gleich produzieren, was sie wollten, schwärmt Gershenfeld.[111] Alle 18 Monate verdoppelt sich die Zahl solcher Minifabriken, derzeit sind es mehr als 1000, davon 40 in Deutschland und zehn in Österreich. Bleibt es bei solchen Steigerungsraten, gäbe es in 15 Jahren schon eine Million. Entfremdete Arbeit im Sinne von Karl Marx ließe sich so enorm verringern.

Auch ohne Fablabs nähert sich ein Menschheitstraum der Realisierung. Mit Hilfe selbstlernender Roboter und smarter Fabriken werden immer mehr Güter immer leichter produzierbar und

Dienstleistungen per Tastendruck oder Sprachbefehl abrufbar. Ein selbstbestimmtes Leben wird so für immer mehr Menschen greifbar. Das Verhältnis zur Arbeit definiert sich neu. Und umso intensiver stellt sich die Frage: Was ist noch Arbeit? Und: Wozu noch arbeiten?

Der Roboter, dein Feind

Die Antwort ist für den Großteil der Erdenbürger banal: Es wird gearbeitet, weil davon die materielle Existenz abhängt. Und damit ist die berechtigte Sorge vor der neuen Zeit mit intelligenten Robotern überfällig.

Maschinenmenschen, verbunden mit digitalen Abläufen und Künstlicher Intelligenz, sparen allüberall Arbeitsplätze ein, Erwerbsmöglichkeiten brechen in unzähligen Bereichen und Regionen in großem Stil weg. Das übertrifft Strukturwandel, wie sie in Industrie- und Dienstleistungsstaaten üblich sind, bei weitem. Kaufhäuser sind weltweit unter Druck, Online-Bestellungen werden mit viel weniger Personal und computergesteuert bearbeitet. Handelsketten wie Macy's oder Sears schlossen im Jahr 2017 in den USA 9000 Filialen, 2018 sollen es 12 000 sein.[112] Der Spielwarenhändler Toys »R« Us rutschte im März 2018 in den USA in die Insolvenz, 30 000 Mitarbeiter waren betroffen.[113] Auch die 100 britischen Filialen sperrten zu. Zeitgleich übernahm Amazon-Chef Jeff Bezos die Position des reichsten Erdenbürgers von Microsoft-Gründer Bill Gates. Wer lieber auf Amazon.com Spielsachen bestellt, statt sie in einem Ladengeschäft persönlich auszusuchen, hat dazu seinen Beitrag geleistet.

Die noch effizientere Auslieferung von Waren fordert immer neue Jobopfer. Nach 30 Jahren wickelt derzeit etwa der Modekonzern C&A sein mitteleuropäisches Logistikzentrum nahe Linz ab. 215 Beschäftigte, vor allem Frauen, verlieren ihren Arbeitsplatz. Der Stand der Technik sei nicht mehr zeitgemäß, erklärte C&A-Manager Norbert Scheele.[114] Ein Investor errichtet nun in Trnava in der Slowakei ein neues, digital geprägtes Zentrallager, das C&A mieten wird. Von dort aus sollen in neun Staaten, von Polen bis nach Rumänien, über Nacht alle Modeartikel zugestellt werden, die Kunden am Vortag erst geordert haben. Selbstredend werden dazu viel weniger Mitarbeiter benötigt.

Künstliche Intelligenz erobert auch Bereiche, in denen menschliche Intelligenz bis vor kurzem noch unersetzbar war. Aviva, eine der ältesten Versicherungsgesellschaften der Welt mit 33 Millionen Kunden in 16 Ländern, arbeitet in ihrer Londoner »Digital Garage« an der Zukunft des Unternehmens. Mitarbeiter, die Versicherungspolicen abschließen und Schadensfälle bearbeiten, sollen fast zur Gänze von Computern ersetzt werden. Eine neue, reine Online-Versicherungsabteilung von Aviva betreut bereits eine Million Kunden und zählt nur 25 Beschäftigte.[115]

Versicherungskonzerne betonen regelmäßig, dass sie unter den jahrelangen Niedrigzinsen leiden. Der Branchenriese Allianz wies in den vergangenen Jahren allerdings konstant hohe Milliardengewinne aus, 2016 lag der operative Gewinn sogar überraschend bei 10,8 Milliarden Euro.[116] Doch kurz nach der Veröffentlichung dieser Zahlen sickerte durch, dass das Unternehmen bis 2020 allein in Deutschland 700 Vollzeitstellen abbaut. Da viele Mitarbeiter nur in Teilzeit arbeiten, wird es wohl wesentlich mehr Beschäftigte treffen. »Weitere 570 Stellen sollen bereits durch entsprechende Altersteilzeit-Verträge weggefallen sein«, meldete der Online-Dienst »Versicherungswirtschaft heute«.[117] Es hätten nach internen Berechnungen auch 2170 sein können, da viele menschliche Tätigkeiten überflüssig werden, etwa bei der Regulierung und Bearbeitung bestimmter Haftpflicht- oder Kfz-Schäden. Allianz-Deutschland-Vorstand Ruedi Kubat begründete die Entscheidung in einem Intranetbeitrag des Konzerns: »Wir automatisieren und digitalisieren Prozesse nicht als Selbstzweck, sondern um Nutzen für unsere Kunden zu erzeugen.«[118] Doch stimmt das? Wurde das je getestet? Lassen sich Kunden wirklich lieber von Maschinen bedienen? Und wird da nicht wieder ein vermeintlicher Sachzwang genutzt, um ganz andere Ziele voranzutreiben?

»Ein wesentlicher Teil der Kostensenkung bei der Allianz kommt nicht den Kunden durch niedrigere Preise zugute, sondern den Aktionären. Konzernchef Oliver Bäte hat den Anteilseignern hohe Gewinne und steigende Dividenden versprochen«, kommentierte die durchaus wirtschaftsfreundliche »Süddeutsche Zeitung«, die wie die Allianz in München ihren Sitz hat.[119] In vielen anderen Versicherungsunternehmen stehen noch größere Kahlschläge bevor. Vorstandsmitglieder bekannter Unternehmen im deutschsprachigen Raum halten ihre Verwaltungen für 30 bis 50 Prozent »überbesetzt«.

»Wir beschäftigen 97 000 Leute. Die meisten großen Wettbewerber haben eher halb so viele«, erklärte der Chef der Deutschen Bank, John Cyran, im November 2017.[120] »Wir machen zu viel Handarbeit, was uns fehleranfällig und ineffizient macht.« Vor allem durch das maschinelle Lernen werde die Bank noch deutlich effizienter werden. Der gegenwärtige Abbau von 9000 Stellen ist erst ein Anfang, zumal die Konkurrenz durch erfindungsreiche Fintech-Unternehmen steigt. Sie setzen nicht nur auf traditionelle Bankdienstleistungen und Bonitätsprüfungen, sondern auch auf Crowdinvesting oder Crowdlending. Statt einer Bank oder einem großen Investor beteiligen sich dabei zahlreiche Personen mit jeweils geringen Beträgen an Projekten oder Kreditvergaben.

Während in Deutschland insgesamt ein Fachkräftemangel beklagt wird, sank die Zahl der Arbeitsplätze in den Banken im vergangenen Jahrzehnt um zehn Prozent, 65 000 Jobs gingen verloren. Zuerst schlossen die Filialen auf dem Land, jetzt wird in den Zentralen aussortiert. Die Commerzbank will bis 2020 mit 9600 Beschäftigten weniger auskommen, weil sie 80 Prozent ihrer Geschäftsprozesse digitalisiert. Im Vergleich zur Postbank arbeiten bei der ING-DiBa, die allein über das Internet und das Telefon kontaktierbar ist, nur ein Viertel der Mitarbeiter.[121] Der erwartete Zuwachs an Bankenjobs in Deutschland durch den EU-Austritt Großbritanniens Ende März 2019 wird Bankkaufleuten, die zuletzt in der Provinz ihren Arbeitsplatz verloren, kaum helfen. Klassische Berater und Sachbearbeiter werden überall durch digital vernetzte Rechner ersetzt, nur Computerfachleute und Spezialisten, die auf die Einhaltung aller juristischen Regeln achten, sind gefragter denn je.

In Österreich herrscht hingegen noch eine trügerische Ruhe: 92 Prozent aller im Bank- und Versicherungssektor befragten Beschäftigten glaubten 2017, »dass ihr Job in zehn Jahren noch existiert«.[122]

Die neue Arbeitswelt, in der intelligentes Verhalten automatisierbar ist, setzt auch juristischen Berufen existentiell zu. Die Rechtskundigen müssen sich mit Maschinen messen, Computer setzen selbstständig Verträge auf, zumindest ein Fünftel der Tätigkeit von Anwälten und ein Drittel der Arbeit von Rechtshelfern können auch Maschinen erledigen.

Der Autor dieses Buches möchte an dieser Stelle eine Wette anbieten: Spätestens im Jahr 2030 werden Banken und Versicherungen, wohl aber auch Anwaltskanzleien Zuschläge erheben, wenn ein Kunde oder Klient bei Routinefragen mit einem menschlichen Wesen persönlich vor Ort sprechen will, so wie das bei Bahnfahrern etwa in Österreich schon üblich ist, die ihre Karte am Schalter und nicht im Internet oder am Automaten kaufen wollen.

Auch IT-Giganten rationalisieren weiter. 30 000 IBM-Angestellte sind internen Plänen zufolge im Jahr 2018 weltweit von Umstrukturierungen betroffen. 10 000 erhalten neue Aufgaben, ein weiteres Drittel soll beim Ausscheiden nicht mehr ersetzt werden, einem Drittel steht die Kündigung ins Haus.[123] Schulungspapiere bei Weltmarktführern erklären unmissverständlich: »Digitalisierung betrifft alle Unternehmensfunktionen und alle Tätigkeiten.«

Die britische Ideenschmiede »Future Advocacy« liefert eine besondere Überraschung. Laut ihren Analysen wird in Großbritannien das prosperierende London von der Automatisierung am meisten betroffen sein, und zwar der Westen der Stadt, da die Umgebung des Heathrow Airport eine Vielzahl an Lagerhäusern beherbergt. 40 Prozent aller Jobs seien trotz des zunehmenden Luftverkehrs ernsthaft gefährdet.[124] Im Süden Frankfurts ist rund um den Großflughafen auch damit zu rechnen.

Die Betreiber der Internetsuchmaschine »Joblift« recherchierten im Jahr 2016, wie viele der Arbeitsplätze, die in Deutschland durch digitalisierte Prozesse derzeit wegfallen, in den kommenden zehn Jahren durch neue Stellen im Bereich der Künstlichen Intelligenz und Robotik ersetzt werden könnten. Sie kamen auf lediglich fünf Prozent. Die Hälfte davon ist im wirtschaftlich ohnehin starken Süddeutschland zu erwarten, gesucht sind vor allem Fachkräfte für Softwareentwicklung und Automatisierungstechnik.[125] Zusätzlich werden sich aus der Dynamik der Roboterisierung heraus noch bislang unbekannte Jobs entwickeln. Wer ahnte denn vor 170 Jahren, dass sich im Zuge der Hochindustrialisierung in der Montan- und Stahlindustrie auch durch neue Produktionsverfahren die Arbeitsplätze bis 1913 verzehnfachen würden?

Solange das Einkommen der meisten Menschen sowie ein wichtiger Teil ihres Selbstwertgefühls von traditioneller Erwerbsarbeit abhängen, wird jedoch für immer mehr von ihnen gelten: der Roboter, dein Feind. Als im 19. Jahrhundert die Textilproduktion mechanisiert wurde, zerstörten vor allem Weber und Spinner die neuen Maschinen und steckten Fabriken in Brand. Zumeist gut ausgebildete Handwerker bangten um ihre Lebensgrundlage oder sorgten sich zumindest um ihren bisherigen Schutz und sozialen Status. Die Maschinenstürmer im 21. Jahrhundert werden ihre Wut und Verzweiflung wohl kaum gegen Roboter und Produktionsstätten richten, die heutzutage oft wie Gefängnisse überwacht werden. Das Ziel wird der Wahlzettel sein – solange er noch zählt.

Das Robotikunternehmen Boston Dynamics dokumentiert fortlaufend in knappen Videos die Fortschritte seines menschenähnlichen Roboters »Atlas«.[126] 2015 kommt er noch ungelenk daher, 2016 bewegt er sich schon geschmeidig über den verschneiten Boden im Waldgestrüpp nahe dem Firmengelände, 2017 springt er von Betonblock zu Betonblock und schlägt wie zum Spaß einen Salto. Das Modell »Handle« wiederum rast wie ein menschlicher Laufbote auf Skateboards durch die Halle und kann 45 Kilo schwere Pakete heben. Der Vorstandsvorsitzende und Gründer von Boston Dynamics, Marc Raibert, will »Roboter entwickeln, die alles tun können, was Menschen und Tiere tun können«.

Mit Leichtigkeit kann Atlas auch Gegenstände aufnehmen und bewegen, etwa Bohrmaschinen und selbstverständlich auch Waffen. Wie bei den Anfängen des Internets engagiert sich das US-Verteidigungsministerium mit Großaufträgen. »Atlas kann sich jederzeit in der US-Armee einschreiben, wenn sie will«, warnt der erfahrene US-Blogger Matt Novak auf Giszmodo.com und ordnet die Maschine provokant dem weiblichen Geschlecht zu.[127] Militärroboter sollen nicht nur Minen entschärfen und menschliche Verwundete aus Kampfgebieten retten, sondern auch als bewaffnete Einheiten in den Krieg ziehen. Drohnenschwärme sind nur die technische Vorhut. Robotiker und Informatiker transformieren zusehends gewaltreiche Animationsfilme aus den Hollywoodstudios in die Wirklichkeit, der Fantasie folgt die Realität.

Je mehr Künstliche Intelligenz dabei ins Spiel kommt, desto komplexer, aber auch problematischer wird es. Die Absicht ist unzweifelhaft: Maschinen sollen Gedanken lesen können und, in einem weiteren Schritt, sogar Gedanken entwickeln und kommunizieren, bevor sie ein Mensch selbst hat.

Diese Ziele galten bis vor kurzem als utopisch. Jetzt sind sie es nicht mehr. Renommierte Fachzeitschriften und genau recherchierende Publikationen wie die britische Wochenzeitung »The

Economist« beschreiben nunmehr »Durchbrüche«. Künstliche neuronale Netze nehmen dabei eine Schlüsselfunktion ein, etwa beim Erkennen von Gesichtern, Stimmen und Handschriften. Die Systeme werden nicht mehr programmiert, sondern ähnlich dem menschlichen Gehirn mit Daten geschult. Der Computer schreibt den Algorithmus praktisch selbst, die neuronalen Netze ermöglichen verschiedene Arten maschinellen Lernens, die alle auf Mustererkennung beruhen.

Wissenschaftlern gelingt es, bestimmte Aspekte des Gehirns in einem Computermodell nachzubilden. In Freiburg entwickelten sie etwa eine Software, mit der per Hirnsignal ein Roboter gesteuert werden kann. Menschen müssen nicht sprechen oder sich bewegen, nur in Gedanken die Maschine steuern, etwa mit dem Wunsch, ein Glas Wasser von einem anderen Tisch zu bringen. Der Freiburger Roboter kann sogar erkennen, wo im Raum sich das Glas Wasser befindet. Er ist zwar noch sehr langsam, für schwer gelähmte, sprachunfähige Personen aber unbezahlbar. In wenigen Jahren, vermutet der Forschungsleiter Tonio Ball, werden die Ideen seines Teams in der Medizin Anwendung finden.[128]

Möglich wird dies alles durch die explosionsartige Zunahme der Rechnerleistung. Seit 50 Jahren werden die Computerchips immer kleiner, günstiger und vor allem leistungsfähiger. Die Künstliche Intelligenz siegt in immer mehr Wettbewerben. Monat für Monat publizieren Universitäten gegenwärtig Studien, wonach die Treffsicherheit von Diagnosen in der Medizin höher und die juristische Analyse von Akten schneller und genauer ist als bei ihren menschlichen Konkurrenten, also Ärzten und Anwälten.[129] Maschinen übersetzen Fremdsprachen immer präziser. Humanoide Roboter spielen längst ansehnlich Fußball und versenken Basketbälle sicherer im Netz als Profisportler. Nur emotionale und soziale Intelligenz haben Roboter (noch) nicht auf dem Lehrplan.

Der Astrophysiker Stephen Hawking, der sich jahrzehntelang nur mit Hilfe eines eigens für ihn entwickelten Sprachcomputers verständlich machen konnte, warnte bereits im Jahr 2014, dass

Künstliche Intelligenz »uns alle überlisten« und in der »nicht allzu fernen Zukunft zu einer realen Gefahr für das Überleben der Menschheit werden könnte«.[130] Es war eine seiner vier großen Befürchtungen, neben dem Klimawandel, gentechnisch veränderten Viren und einem plötzlichen Atomkrieg. Eine »Superintelligenz«, also eine Maschine, die den Menschen in ihrer Intelligenz in vielen oder allen Gebieten überlegen ist, ist noch nicht in Sicht, wohl aber »Killer-Roboter«, die, »einmal erfunden, bewaffnete Konflikte in einem nie dagewesenen Ausmaß erlauben könnten, und schneller, als Menschen sie begreifen können«, wie 116 Unternehmer und Forscher im Sommer 2017 in einem Brandbrief an die Vereinten Nationen formulierten.[131]

Viele Mahner sind besonders glaubwürdig, weil sie sich um eine Entwicklung sorgen, von der sie in hohem Maße selbst profitieren. Dazu zählt Mustafa Suleyman vom Unternehmen »Deepmind«, das sich auf Künstliche Intelligenz spezialisiert hat, bereits das bahnbrechende Computerprogramm AlphaGo entwickelte und wie Google nunmehr zum Alphabet-Konzern gehört. Mitverfasser sind auch Elon Musk, der an KI-Unternehmen beteiligt und als Chef von Tesla bekannt ist, und der deutsche KI-Experte Jürgen Schmidhuber. Die Weltgemeinschaft habe nicht viel Zeit, um zu handeln, schreiben sie. »Wenn diese Büchse der Pandora geöffnet ist, wird es sehr schwer werden, sie wieder zu schließen. Das können Waffen des Terrors sein, Waffen, die Despoten und Terroristen gegen die unschuldige Bevölkerung einsetzen, und Waffen, die gehackt werden könnten, um sich in einer unerwünschten Art und Weise zu verhalten.«

Nein, diese Zeilen stammen aus keinem Filmdrehbuch. Ebenso wenig wie die Nachrichten, dass die Regierungen der USA, Russlands und Chinas seit diesem Appell massive zusätzliche Investitionen in die Entwicklung Künstlicher Intelligenz und ihres Militärarsenals eingeplant haben.[132]

Bindende Kontrollvereinbarungen zwischen den Staaten würden zu den vordringlichsten Aufgaben der Weltgemeinschaft gehören, ähnlich wie einst die Ächtung der chemischen Waffen und die atomare Abrüstung. Doch wo sind die verantwortungsbewussten Staatenlenker, die zumindest in Gespräche einsteigen? Wo protestieren Menschen in Massen, bevor die ersten Roboterarmeen in fremde Länder einmarschieren und womöglich nur noch sich selbst gehorchen?

Das Genfer Protokoll, das völkerrechtlich den Gebrauch chemischer und biologischer Waffen verbietet, wurde 1925 unterzeichnet, zehn Jahre nach ihrem ersten großflächigen Einsatz im Ersten Weltkrieg. Der Atomwaffensperrvertrag trat erst 1970 in Kraft, 25 Jahre nach den Bombenabwürfen auf Hiroshima und Nagasaki am Ende des Zweiten Weltkriegs. Bleibt es bei solchen historischen Abfolgen, kommt es zum finalen Game over.

Mobil statt nur Automobil

»Die weltweite Nachfrage nach Kraftfahrzeugen wird eine Million nicht überschreiten – allein schon aus Mangel an verfügbaren Chauffeuren.«
Der deutsche Ingenieur und Autopionier Gottlieb Wilhelm Daimler

»Das Auto ist eine vorübergehende Erscheinung. Ich glaube an das Pferd.«
Wilhelm II., der letzte deutsche Kaiser

Ab dem Jahr 2020 wird sich die Art und Weise, wie Menschen sich fortbewegen, in Riesenschritten verändern, zumindest im Zentrum Europas, in US-amerikanischen Ballungsgebieten und in den Metropolen Chinas. Keine futuristischen Zeitungsartikel werden die Bürgerinnen und Bürger antreiben, auch nicht mehr vorrangig der Wunsch nach dem eigenen Auto neuester Bauart. Vielmehr wird eine Kombination aus Fahrrädern und Taxis, aus Schienenfahrzeugen und dem jeweils passenden Automobil die

Gangart bestimmen. Und dafür sorgt allen voran die Automobilindustrie, unterstützt und hoch subventioniert durch die Regierungen in Deutschland, Österreich oder auch in Frankreich. Wie immer. Denn als Wirtschaftsmotoren sind Großkonzerne wie VW, Daimler, BMW oder die französische Groupe PSA viel zu bedeutsam, als dass sie sich in der neuen Fortbewegungsgesellschaft selbst überlassen blieben. Solange es geht, können diese Wirtschaftsmotoren auf wohlgesonnene Politiker zählen, auch wenn der Besitz eines eigenen Pkw immer mehr an Gewicht verliert.

Die Fahrzeughersteller haben inzwischen den Zeitgeist verstanden. Dieselabgase verschleiern, innerstädtische Fahrverbote bekämpfen – das sind Abwehrschlachten auf dem Rückzug aus dem Zeitalter der kollektiven Verbrennungsmotorenbesessenheit. Keineswegs nur in Berlin, das längst nicht mehr arm, aber weiterhin sexy ist, setzte sich bei Bürgern die Erkenntnis durch, dass Privatautos teuer und nicht mehr sexy sind. Es ist eine Ironie der Geschichte, dass sich im Automekka Deutschland das Auto selbst im Weg steht. Die Straßen der Städte bleiben verstopft, 23 von 24 Stunden steht statt fährt ein übliches Auto hierzulande im Durchschnitt, es besetzt kostbaren Parkraum und verpestet trotz aller technischer Bemühungen die Luft und verbrennt kostbare fossile Energieträger. Mit Hochdruck arbeiten die Autounternehmen deshalb an der Zukunft der Mobilität.

Systematisch investieren sie in Mobilitätsdienste, deren Potential sie zunächst unterschätzt hatten. Mit Zukäufen und Beteiligungen wollen sie wieder auf die Überholspur kommen. Die Vergleichs-App Moovel, das Carsharing Car2Go oder der Taxidienst Mytaxi sind Teil des Daimler-Konzerns, BMW entwickelte eine komplett neue Infrastruktur für E-Bikes. Der Wettbewerbssieger wird eine einfache Smartphone-App anbieten, die alles in einem erschließt: die Wegstrecke, die unterschiedlichen Transporthilfen, den Preis und die Abbuchung, am besten vom Konto der Firmenbank, alternativ von einem unternehmenskontrollierten Zahlungssystem.

Anfang der 2020er-Jahre wird in Daimlers neuer »Factory 56« in Sindelfingen das erste Robotaxi vom Band rollen. Vom Band? Das Werk »wird digitaler als jede Fertigungsstätte vorher, flexibel und grün«, sagt der zuständige Mercedes-Vorstand Markus Schäfer.[133] Es werde »die modernste Automobilproduktion der Welt, als Erfinder des Automobils erfinden wir die Produktion neu«.[134] Robotaxis sind selbstfahrende Autos, die über Internetplattformen individuell bestellt werden können. Google kreuzt mit seinem Waymo schon zu Testzwecken durch die Straßen Cupertinos im Silicon Valley, General Motors will 2019 Robotertaxis bis zur Produktionsreife bringen. Die Konkurrenz hat damit ihre Sensoren vorn.

Eine ursprünglich ins Auge gefasste Kooperation von Daimler mit Google kam nicht zustande, weil das Autounternehmen fürchtete, mit seinen Fahrzeugen zum bloßen Hardwarezulieferer zu werden und damit ein Schicksal zu erleiden wie das IT-Urgestein IBM, das die Entwicklung in Richtung Personal Computer und hin zur Software von Microsoft verpasste. Google und Apple gegen BMW und Daimler, das ist jetzt das globale Match um die Industriezukunft, das sichtbar mit Versuchsfahrzeugen auf beiden Seiten des Großen Teichs ausgetragen wird. Das Ergebnis steht nicht fest, zumal sich auch die Ingenieure in China mit ihren Prototypen bei Byton zusehends ins Rennen einmischen.

Umso ausschlaggebender sind noch effizientere Produktionsabläufe als je zuvor. Die Factory 56 wurde zu 100 Prozent digital geplant, während der Fahrzeugherstellung wird die gesamte Wertschöpfungskette digital abgebildet, Fehler lassen sich so viel leichter beheben. Der CO_2-Ausstoß wird im Vergleich zur bisherigen Fertigung um 75 Prozent gesenkt. Daimler-Chef Dieter Zetsche lässt sich beglückwünschen, weil mehr als die Hälfte aller Konzerninvestitionen in Deutschland getätigt werden, während nur noch rund ein Zehntel des Umsatzes zwischen Flensburg und Friedrichshafen erzielt wird. Allein im Jahr 2017 steckte der Autobauer weltweit 6,7 Milliarden Euro in Sachanlagen und 8,7 Milliarden Euro in Forschung und Entwicklung.

Solche Summen machen nachvollziehbar, warum sich die Koalitionsverhandler von CDU und SPD im Februar 2018 ohne Widerstand auf die steuerliche Absetzbarkeit der Forschungsförderung einigten. Sie sei im europäischen Ausland üblich und gerade für kleine und mittlere Unternehmen wichtig, wurde argumentiert. Doch Autogigant Daimler wird zu den größten Profiteuren zählen. Sei's drum, mag man sich trösten, damit werden doch die Arbeitsplätze am Standort Deutschland gesichert.

Je nachdem. »Durch die Factory 56 werden keine Gabelstapler mehr fahren«, erklärt der Daimler-Verantwortliche Schäfer. Bislang sind im Werk Sindelfingen 25 000 Mitarbeiter beschäftigt. Nach dem Endausbau der futuristischen neuen Factory werden es viel, viel weniger sein.

Wieder einmal zwickt die Globalisierungsfalle. Die transnationalen Konzerne befeuern selbst den weltweiten Wettlauf um höhere Effizienz, nützen die jeweils niedrigsten nationalen Steuersätze aus und erwarten möglichst niedrige Löhne. Diejenigen, die sich als Getriebene darstellen, sind fast immer auch Täter. Digitalisierte Kommunikation, weiterhin absurd niedrige, nicht an ökologischer Kostenwahrheit orientierte Transportkosten und ein grenzenloser Freihandel bieten das Spielfeld, auf dem sich die Multis matchen. Die Wirtschaftsführer und ihre Berater bedienen sich dabei hoch bezahlter Lobbyisten, um die gewählten Volksvertreter dieser Erde, die eigentlich die Regeln vorgeben und den Spielverlauf kontrollieren müssten, zu Zuschauern zu degradieren. Es ist, als ob im Fußball die Schiedsrichter auf der Tribüne säßen und Vereinschefs die Abseitsregel situationsbedingt definieren oder Fouls nach Belieben übersehen würden. Die großen Gewinner sind die Investoren und Aktionäre – das wiederum entspricht der Realität im Profifußball.

In Deutschland und einigen anderen Staaten gelingt es Arbeitnehmervertretern immerhin (noch), das Schlimmste abzuwenden. Entgegen der globalen Unternehmenslogik konnten sie etwa erreichen, dass das Daimler-Stammwerk in Untertürkheim mit seinen 10 000 Beschäftigten bis auf weiteres erhalten bleibt, trotz permanentem Feinstaubalarm und absehbaren Fahrverboten, trotz Rekordstaus im Berufsverkehr und vergleichsweise hohen Löhnen. Sindelfingen wiederum kann mit besonderer Präzision und Expertise seiner Mitarbeiter in den Fertigungsstraßen der S-Klasse punkten. Daimler, BMW und Audi mögen die gefragtesten Fahrzeuge im sogenannten »Premiumsegment« konstruieren und auch noch Rekordgewinne einfahren. Die Zukunft steht aber in den Sternen und hängt auch nicht mehr an den Ringen von Ingolstadt.

Von den insgesamt mehr als vier Millionen Beschäftigten, die sich in Deutschland aus der Automobilindustrie speisen, werden sehr viele unter die Räder kommen.[135] Ein Siebtel aller Arbeitsplätze steht auf dem Prüfstand, in Österreich ein Neuntel, und auch in der Schweiz werden unzählige Jobs hinfällig. Die Kompetenz, die sich Daimler und Co. über mehr als ein Jahrhundert aufgebaut haben, wird gerade entwertet. Bei hochkomplexen, vollkommen autonom fahrenden Autos, die zunächst nur von Spezialisten gebaut werden können, bedarf es einer anderen Logik und Logistik. »Wir müssen die Ingenieure, die Benzin im Blut haben, umschulen, dass Daten durch ihre Adern fließen«, beschreibt eine Managerin in Stuttgart die Herausforderung. Das wird gelingen, doch sobald die Kameras koordiniert und den Daten die passenden Algorithmen verpasst sind, kann ein Autoauto überall zusammengesetzt werden.

Fahrerlose Lkw werden bald auf Autobahnen alltäglich, Robotaxis in abgegrenzten städtischen Bereichen keine Selfie-Attraktion mehr sein. Das Industrieunternehmen Bosch, weltweit größter Autozulieferer, präsentiert bereits eine Suchmaschine, die für jeden Autofahrer einen freien Parkplatz ausfindig macht und selbstständig einparkt.[136] Private, nur noch selbstfahrende Pkw werden jedoch trotz der gegenwärtigen medialen Aufmerksamkeit noch etwas auf sich warten lassen. Zu komplex sind bislang einige technische und vor allem ethische sowie juristische Fragen, auch wenn neueste Forschungen erwarten lassen, dass die fahrerlosen Mobile in der Zukunft dank Lasertechnik anders als das menschliche Auge schon vorausschauend um Straßenecken blicken und damit etwa rechtzeitig auf ballspielende Kinder reagieren werden.[137]

Bevor künstliche Sinnesorgane neue Sicherheit in Autoautos vermitteln können, werden zumindest Elektroautos in den nächsten Jahren das Straßenbild prägen. Sie sind allerdings ungleich einfacher zu fertigen als Fahrzeuge mit komplexen Verbrennungsmotoren und benötigen um 80 Prozent weniger Einzelteile.[138] Die Deutsche Post baut sie in Eigenregie, weil vor Jahren kein Partner gefunden wurde, der batteriebetriebene Zustellautos liefern wollte. Der Aachener Universitätsprofessor und Unternehmer Günther Schuh entwickelte mit seinen Studenten das Elektroauto Ego Life zur Serienreife, als »kostengünstiges Nischenfahrzeug«.[139] Der unorthodoxe Staubsaugerhersteller Dyson wird ebenfalls in diesen weltumspannenden Zukunftsmarkt einsteigen, auch Tüftler aus Österreich rechnen sich Chancen aus.[140] Und so weiter und so fort.

Welchen Mehrwert liefert da ein Stern oder ein BMW-Emblem auf der Kühlerhaube, die ohnehin keine mehr sein wird? Prestige? Ja, aber auch das verblasst bei Alltagsfahrzeugen zusehends. Man könnte argumentieren, dass Gottlieb Daimler und Kaiser Wilhelm II. in ihren Einschätzungen doch nicht so falsch lagen, wenn man an chauffeurlose Fahrzeuge und Batterien statt Pferde denkt.

»Wir bringen 2018 die ersten kleineren Flotten an Robotaxis in deutsche Städte«, verkündete Gerhard Steiger, Manager bei Bosch, das in diesem Bereich mit Daimler kooperiert. Ende der 2020er-Jahre dürften für autonome Pkw nur noch Mehrkosten von 1000 bis 1700 Euro anfallen. Da öffnet sich ein Massenmarkt. Von 250 000 Taxifahrern in Deutschland[141] und 20 000 in Österreich werden viele in die Arbeitslosigkeit abgleiten.

Bain & Company, eine weltweit erfolgreiche Unternehmensberatungsfirma, hat das »automotive Endspiel« ausgerufen.[142] In internen Studien beziehen maßgebliche Autoproduzenten ein weitreichendes Szenario mit ein: Einerseits dürften in etwa

15 Jahren fast völlig autonome Produktionssysteme vor allem standardisierte Fahrzeuge wie »Robot Cars« herstellen, andererseits wird für wohlhabende Käufer das Auto zu einem Arbeits- und Lebensraum, den der Kunde nach seinen Bedürfnissen persönlich gestaltet. »Hochindividuelle Produkte zu konkurrenzfähigen Preisen sind möglich«, wenn »für die Prozessorganisation zu großen Teilen künstliche Intelligenzen verantwortlich sind. Sie sind in der Lage, Kundenanfragen und Produktänderungen in Echtzeit zu verarbeiten und daraufhin den Produktionsprozess anzupassen«, heißt es da. Dies bedeutet, dass selbst bei aufwändigen Einzelanfertigungen kaum noch Menschen benötigt werden. Den wenigen verbliebenen Facharbeitern bleibt die Rolle als »Dirigent des maschinellen Orchesters«, die Geiger und Trompeter sind wie alle anderen Sinfoniker selbstlernende Maschinen.

Noch melden die deutschen Autohersteller im Verbund mit der Volksrepublik China Rekordumsätze, Daimler erwirtschaftet derzeit die Hälfte seines gesamten operativen Konzerngewinns im Reich der Mitte. Schon allein dies mag den beispiellosen Kotau erklären, den Konzernchef Dieter Zetsche vollzog, als ein PR-Mitarbeiter Anfang Februar 2018 arglos ein Zitat des Dalai Lama ausgewählt hatte, um auf Instagram ein weißes Mercedes-Coupé Cabrio unter dem Hashtag #MondayMotivation zu bewerben: »Betrachte eine Situation von allen Seiten, und du wirst offener werden.«[143]

Obwohl das Fotonetzwerk in China durch die Zensurbehörden geblockt ist, setzte binnen Stunden ein umsatzgefährdender Shitstorm ein. Daimler löschte den Eintrag und entschuldigte sich »aufrichtig« auf der chinesischen Variante von Twitter, dem Kurznachrichtendienst Weibo.

Am Tag danach verbeugte sich Zetsche persönlich noch tiefer. Daimler habe »keine Absicht, in irgendeiner Weise Chinas Souveränität und territoriale Integrität in Frage zu stellen oder anzuzweifeln«, schrieb er an Chinas Botschafter in Berlin, Shi Mingde.[144] Der Konzern liefere »keine Unterstützung oder

Hilfe« an Menschen, welche die chinesischen Gebietsansprüche »vorsätzlich untergraben« oder dies beabsichtigten, und »Daimler bereut zutiefst das Leid und den Kummer, den der fahrlässige und unsensible Fehler über das chinesische Volk gebracht hat«. Das Unternehmen erkenne »voll und ohne Einschränkung« die »Ernsthaftigkeit der Situation«.

Der Vorstandsvorsitzende einer deutschen Industrie-Ikone glaubt, sich wegen eines belanglosen Satzes des geistlichen Oberhaupts der Tibeter, das sich bereits 2011 aus der Exilregierung zurückgezogen hatte, so verhalten zu müssen? Es klingt wie die zerstörerische Selbstkritik von Systemabweichlern zu Zeiten der chinesischen Kulturrevolution. Das ist die Wirklichkeit der Gegenwart, und so wird es bleiben.

Zetsche dürfte wohl schon geahnt haben, dass kurz nach seinem Unterwerfungsbrief ein Großaktionär aus dem Land der Morgenröte die Konzernzentrale heimsuchen würde. Es war wieder ein Montagmorgen, aber ohne Hashtag-Motivation. Li Shufu, unter anderem Chef des chinesischen Autobauers Geely und Eigner der schwedischen Traditionsmarke Volvo Cars, hatte sich binnen weniger Wochen über eine Investmentgesellschaft 9,69 Prozent der Daimler-Aktien gesichert. »Die Autoindustrie«, erklärte Li, »durchlebt gerade einen gigantischen Wandel.«[145] Er geht davon aus, dass nur zwei bis drei klassische Hersteller den Wettkampf mit den neuen Rivalen wie Google, Apple oder Tesla überleben werden. Li will dazugehören.

»Es ist ein Paukenschlag gewesen, der nicht hätte sein dürfen«, kommentierte die wirtschaftsnahe »Frankfurter Allgemeine Zeitung«, »keiner hat davor etwas bemerkt, obwohl ein Investor schon von drei Prozent an seine Stimmrechte bei einer Aktiengesellschaft bekanntgeben muss. Wer sich aber mit den Meldeschwellen und ihrer Wirkungsweise näher befasst, stellt schnell fest, dass diese leicht umgangen werden können.«[146]

In ihrem derzeitigen Zehnjahresplan legte die politische Führung in China auch fest, bis 2025 global eine führende Stellung in der Elektromobilität einzunehmen. In Hongkong grassieren schon die Überlegungen, dass Geely sein Aktienpaket bis auf 25 Prozent erhöhen wird. Jedenfalls, so die Analysten von GF Securities, will Li »Zugang zu Daimlers Elektroautobatterien-Expertise«.[147]

So vermengt sich einiges. Autos haben bei jüngeren Menschen vor allem in Städten ihren Status eingebüßt. Parkplatzkosten und Stauzeiten nehmen Autofahrern Lust. Das Damoklesschwert von Fahrverboten für die meisten Dieselfahrzeuge hängt über 60 deutschen Innenstädten, in Hamburg kam es bereits zu ersten Sperren. Elektroautos erfordern je Fahrzeug viel weniger Arbeitsstunden und Qualifikation. Eine digitalisierte Produktion ist in vielen Ländern realisierbar. Einem zahlungskräftigen Investor aus China gelingt eine feindliche Attacke auf den Topkonzern. Gilt somit: Autoland Deutschland ade?

Wo und wie steuern Regierungspolitiker den öffentlichen Diskurs über diese Zukunftsfrage? Wie wecken sie Verständnis für die Veränderungen und sichern sich die Themenhoheit, ehe Neonationalisten danach greifen? Gelingt der Umbau zu einem »neuen Silicon Valley«, wie ihn Politiker und Unternehmer beschwören? Was geschieht, wenn trotz aller Bemühungen die bisherigen Zentren der deutschen Automobilindustrie mit ihren zigtausend Zulieferbetrieben auch in Österreich doch eher zu neuen Detroits werden, also zu Regionen ohne Perspektiven für weniger qualifizierte Arbeitskräfte? Diese Gebiete der deindustrialisierten Hoffnungslosigkeit trugen in den USA erheblich dazu bei, Donald Trump ins Weiße Haus zu befördern.

Die (Ohn-)Macht der Senioren

Martin Kummer zählt zum Rückgrat der deutschen Industriegesellschaft. 47 Jahre lang war er in der Metallbranche tätig, arbeitete sich vom gelernten Former zum Gießereitechniker hoch. In den 1970er-Jahren machte ihn die Stahlkrise in Siegen in Nordrhein-Westfalen zwei Monate lang arbeitslos, sofort fand er in

Baden-Württemberg eine neue Stelle. In Zang auf der Ostalb in der Nähe zu Nirgendwo baute er mit seiner Frau ein Häuschen, zog mit ihr drei Kinder groß und wählte klassenbewusst stets SPD. Jetzt erhalten er und seine Ehefrau zusammen 2330 Euro Rente im Monat. Es reicht gut zum Leben, aber auch zu einem unverständigen Kopfschütteln.

»Im Betrieb haben die Leute mit immer neuen Vorschlägen die modernen Maschinen und Roboter entwickelt«, erinnert er sich.[148] »Früher waren Maschinen ein Handwerkszeug, heutzutage können sie ein Produkt selbst fertigmachen, Schweißroboter zum Beispiel können Maschinen ganz zusammenschweißen. Aber das hat nur der Wirtschaft etwas gebracht und dem Kapital. Das ist ungerecht, und das geht nicht.«

Der Produktivitätszuwachs machte sich bei den Löhnen nur bescheiden bemerkbar, noch gravierender wirkt er sich aber auf die Rentenkassen aus, ist Kummer bekümmert. »Durch die Rationalisierung verringert sich die Zahl der Beitragszahler, und wir älteren Menschen werden immer mehr.« Darum wünscht sich der vierfache Großvater die weitgehende Abkehr vom Umlageverfahren hin zu Renten, die noch viel stärker aus der Staatskasse und durch eine Maschinensteuer finanziert werden, »damit auch das Kapital etwas beisteuert«. Falsch?

Mehr als ein Drittel der Deutschen im Alter von 40 bis 55 Jahren rechnet damit, im Alter nicht genug Geld zu haben, ergab eine Studie des Sinus-Instituts.[149] Die betrieblichen Pensionskassen werden durch die langen Niedrigzinszeiten besonders gebeutelt.[150] Immer mehr Menschen arbeiten in Deutschland bis ins hohe Alter, binnen eines Jahrzehnts verdoppelte sich der Anteil der Erwerbstätigen im Alter von 65 bis 74 Jahren von fünf auf elf Prozent, für gut ein Drittel von ihnen war ihre Arbeit die Hautquelle ihres Lebensunterhalts.[151] In den kommenden zwei Jahrzehnten dürften die Altersarmut trotzdem drastisch ansteigen und die bisherigen Reformpläne der Regierung kaum Abhilfe schaffen. Ein wichtiger Grund sind die sinkenden Renten durch eine alternde Gesellschaft.[152] In der Schweiz wird die

Entwicklung durch ein Dreisäulenmodell Staat-Betrieb-Privat abgefedert, in Österreich verläuft die Entwicklung ähnlich wie beim großen deutschen Nachbarn.

Eine beschämende Menge armer, ohnmächtiger Rentner quer durch Westeuropa? Finanziell eher ja, politisch nicht. Ihre Macht speist sich aus ihrer großen Zahl und ihrem politischen Bewusstsein.

Schon längst hat sich die vertraute Alterspyramide in den Staaten des Westens in einen Pilz verwandelt. Die Babyboomer brachten vergleichsweise viel weniger Kinder zur Welt, gleichzeitig stieg die Lebenserwartung. Durch diesen demografischen Wandel nahm der Anteil der mehr als 60-Jährigen erheblich zu. 2017 stellten sie mit 36,1 Prozent erstmals in der Geschichte der Bundesrepublik bei einer Bundestagswahl die größte Gruppe unter den Wahlberechtigten. 40 bis 59 Jahre alt waren 34,7 Prozent, unter 40 lediglich 29,3 Prozent.[153] Auch Österreichs Wahlberechtigte sind zu fast einem Drittel 60 plus und damit wahlentscheidend.[154] Jahr für Jahr verschieben sich so die Kräfteverhältnisse zwischen den Generationen, zumal die Älteren bislang wesentlich häufiger wählen gehen.

80 Prozent der deutschen Senioren ließen sich zuletzt die Chance nicht entgehen, beim nationalen Urnengang ihr Kreuz zu machen, bei den 21- bis 25-Jährigen waren es nur 60 Prozent.[155] Die SPD kommt in aktuellen Umfragen nur noch bei Wählern über 65 auf mehr als 20 Prozent der Stimmen.[156] Immerhin.

In Deutschland kamen 2015 auf 100 Personen im Alter zwischen 20 und 64 Jahren bereits 35 Menschen über 65 Jahre, in Österreich und in der Schweiz 30.[157] Seither hat die große Zahl an neuen Flüchtlingen diesen sogenannten »Altenquotienten« etwas verschoben, aber auch das Wahlverhalten.

In Italien liegt der Altenquotient sogar bei 38, der Wahlsieg der neonationalen Parteien in Italien im Frühjahr 2018 stützte sich auf wahlbewusste Senioren. Im Gegenzug sicherten die Gewinner die Absenkung des Renteneintrittsalters auf 65 zu und nehmen auch damit eine zusätzliche, erhebliche Erhöhung der

Staatsschulden in Kauf. Auch Österreichs neue Sozialministerin Beate Hartinger-Klein von der Rechtsaußenpartei FPÖ erklärte unverzüglich, eine Erhöhung des Pensionsantrittsalters sei nicht vorgesehen.[158]

Ältere und alte Menschen prägen so die politische Agenda mit erheblichen Zukunftsfolgen. Rentensicherung statt eine sozial ausgewogen gesteuerte Digitalisierung, bessere Pflege für Senioren statt günstiger Wohnraum für Jungfamilien – warum sollte die größte Bevölkerungsgruppe nicht vor allem an sich selbst denken? Die lieben Enkerl allein machen aus Senioren keine zukunftsorientierten Altruisten.

Oder andersherum: Wenn immer mehr Roboter die Arbeit erledigen, warum wird dann die Rentenformel nicht angepasst? Warum ist die Besteuerung des Maschinengewinns kein beherrschendes Thema in der politischen Debatte? 2008 warnte der damalige Bundespräsident Roman Herzog vor einer »Rentnerdemokratie«.[159] Das ist lange her. Wie wäre es mit einer Diskussion über eine »Roboterdemokratiezerstörung«?

»Nach mir die Sintflut« muss doch nicht das generationenübergreifende Handlungsmotiv sein. Zumindest bei der größten Zukunftsfrage, beim Weltklima, ist es allerdings wirkmächtig.

Klimaverwandelt: heiß, stürmischer, getrieben

Der Psychoanalytiker Sigmund Freud hätte seine Freude mit dem Großteil aller Bürgerinnen und Bürger, die für sich in Anspruch nehmen, vom Geiste der Aufklärung geprägt zu sein. Die meisten verdrängen die Klimaveränderungen, der fast einhelligen Erkenntnis der Wissenschaft zum Trotz und im Widerspruch zu einer erdrückenden Faktenlage, und flüchten sich vor den zwingenden Schlussfolgerungen in ein bisweilen zwanghaftes Wegsehen.

Die meisten Regierenden wiederum handeln in dieser Frage genau so, wie sie es den sogenannten »Populisten« generell vorwerfen: gnadenlos opportunistisch. Dabei sind wiederum die Neonationalen, die den Klimawandel schlichtweg leugnen, womöglich die größten Profiteure seiner Folgen.

Doch der Reihe nach: »Auf dem Wirtschaftsgipfel in Paris standen erstmals Umweltprobleme und die drohende Klimakatastrophe auf der Tagesordnung – Signal für ein Umdenken auch bei den Mächtigen? Wenn es gelingen soll, gegenzusteuern, müssen endlich Rüstungsmilliarden für Entwicklungsprogramme umgewidmet, Wahnideen von endlosem Wirtschaftswachstum durch weltweite Umverteilung und einen radikalen Energiesparkurs der Industrienationen ersetzt werden.« So begann 1989 die Titelgeschichte »Der geschundene Planet« im Nachrichtenmagazin »Der Spiegel«.[160] »Die Weltpolitik tritt in ein neues Zeitalter: Nach der sozialen Frage und den Kämpfen um die politische Vormacht erhält nun der Kampf gegen den ökologischen Kollaps des Planeten höchste Priorität. ›Es ist keine Übertreibung‹, meint der Physiker Michael Oppenheimer, ›zu behaupten, dass das globale Umweltproblem in den nächsten 40 Jahren das alles bestimmende Thema sein wird.‹«

Schön wäre es gewesen. Keine vier Monate später fiel die Berliner Mauer, die Staatenlenker und Milliarden Erdenbürger beschäftigte nach dem Kollaps des Weltkommunismus der Aufbruch in die Globalisierung. Der ökologische Preis dafür ist enorm hoch.

Studien und Analysen über den Klimawandel füllen seither Universitätsbibliotheken, Bücher die Regale besorgter Bürger, die sich dadurch ihre persönliche Mobilität und Weltreisen nicht vermiesen ließen. Die Festplattenspeicher rund um den blauen Planeten sind reichlich versorgt mit Daten und Handlungsanweisungen. Das Wissen ist für jedermann nur einen Handgriff oder Mausklick entfernt, sofern es nicht, wie unter der Trump-Administration, auf der offiziellen Internetseite der US-amerikanischen Umweltschutzbehörde EPA gezielt versteckt wird.[161]

Unter den immer heftigeren Hieben der zunehmenden Klimaextreme – anhaltende Hitzerekorde, Rekorddürren, Rekordregenfälle,

Rekordgletscherschmelzen, Rekordhurrikane – bewegte sich die Weltgesellschaft wie ein störrischer Esel hin zur Unterzeichnung des Pariser Klimaabkommens im Dezember 2015, fast eine Menschengeneration nachdem das Thema so vielversprechend 1989 erstmals ein Treffen der Staats- und Regierungschefs der sieben führenden Wirtschaftsnationen geprägt hatte. Wenigstens etwas, vielleicht sogar einiges schien damit erreicht. Im Jahr 2018 melden die hochsensiblen Messstellen zu Wasser, am Boden und in der Luft neue Rekorde, und es wird noch unabsehbar lange so weitergehen. Mit der Ankündigung des US-Präsidenten Donald Trump, aus dem Klimavertrag auszusteigen, den alle Staaten der Welt mit Ausnahme Syriens unterzeichnet hatten, trumpften die Lobbyisten der Kohle- und Erdölindustrie wieder auf. Extreme sind die neue Normalität, in der Natur wie in der Politik. Auch die Hitze und Trockenheit im Sommer 2018 zählen dazu.

»Obwohl wir die erste Generation der Menschheit sind, die eine relativ gute Vorstellung von den Folgen ihres Handelns hat, tun wir nicht viel. Leider zeigt sich da, dass wir genauso klug sind wie die Menschen im 17. Jahrhundert«, resümiert der deutsche Historiker und Schriftsteller Philip Blom, der in seinem Buch »Die Welt aus den Angeln« die Geschichte des Klimas aufgearbeitet hat.[162]

Forscher schwanken zwischen einer nüchternen Darstellung von Fakten und Verzweiflung. Das Ziel von Paris, die globale Erwärmung auf 1,5 Grad zu begrenzen, »halte ich für äußerst unwahrscheinlich«, erklärt Stefan Rahmstorf, Wissenschaftler am Potsdam-Institut für Klimafolgenforschung.[163] »Fast alle haben versagt, muss man ehrlicherweise sagen. Auch die deutsche Bundesregierung, die ja einmal Vorreiter im Bereich Klimaschutz war.« Mit mindestens zwei Grad wird zu rechnen sein. Ein halbes Grad weniger Erwärmung würde der Weltwirtschaft bis Ende des 21. Jahrhunderts 20 Billionen Dollar sparen, so die gegenwärtigen Berechnungen.[164] 90 Prozent der Weltbevölkerung würden davon profitieren. Die Anpassungsökonomie an die veränderten Bedingungen wird jedenfalls äußerst kostspielig.

»Aus den von Klimaextremen besonders betroffenen Weltregionen wird sich eine neue Völkerwanderung in Bewegung setzen: Millionen Umweltflüchtlinge werden sich auf die Suche nach einer neuen Heimat machen. Wer wird sie aufnehmen, wer wird sie abweisen, werden sie sich abweisen lassen?«, schrieben wir 1989 im »Spiegel«.

2017 wurde die Weltbank in Washington konkret: Mehr als 140 Millionen Klimaflüchtlinge könnten sich bis zum Jahr 2050 auf den Weg machen, allein in Subsahara-Afrika dürften 86 Millionen Menschen vor den Auswirkungen der klimatischen Veränderungen flüchten wollen.[165]

Im Kontrast zu solchen Prognosen hat sich eine Internationale der politisch motivierten Klimawandel-Skeptiker formiert, vorneweg Donald Trump. Auch der Hauptagitator des britischen EU-Austritts, Nigel Farage, und im Prinzip auch Österreichs Vizekanzler auf rechts außen, der FPÖ-Chef Heinz-Christian Strache, ziehen ins argumentative Feld. Die Konsequenzen sind brutal. Je weniger die Klimaveränderungen begrenzt werden, desto mehr Flüchtlinge werden nach Europa drängen, desto mehr können Rechtsnationalisten vor dem Ansturm warnen und darauf bestehen, alle Fluchtrouten zu schließen.

Wie bitter: Nach dem gefeierten Fall des Eisernen Vorhangs wurde die Zeit nicht für den Klimaschutz genutzt. Das befeuert jetzt die neue Festung Europa. Afrika einheizen und die politische Dividende der Angst und Ablehnung vor den Zuwanderern in den EU-Staaten einkassieren. Was ist die Steigerung von »zynisch«?

Migration: Die große Flucht

Der US-Amerikaner Steven Smith leitete zwölf Jahre lang die Afrika-Abteilung der linksliberalen französischen Tageszeitung »Libération«, fünf Jahre lang war er beim ebenso links orientierten »Le Monde«, seit 2007 lehrt er an der Duke University in North Carolina als Professor für afrikanische Studien.

»Afrika taucht auf«, schreibt er in seinem neuen Buch »Ansturm auf Europa. Das junge Afrika auf dem Weg zum Alten Kontinent«.[166] Binnen einer Generation, also bis zum Jahr 2050, wird die Bevölkerung dort um eine weitere Milliarde auf dann 2,5 Milliarden Menschen ansteigen.

Die Allerärmsten von ihnen werden die Geldmittel nicht aufbringen können, um auch nur in die Nähe Europas zu gelangen. Doch das Auftauchen vieler Menschen aus der extremen Armut in ein bisschen Wohlstand wird die Wanderungsbewegungen dann erst richtig in Schwung bringen, prophezeit Smith. Er rechnet dann mit einer beispiellosen Entwurzelung und einem Exodus, der zwei bis drei Generationen andauern wird. »Es ist das Dilemma, das wir erleben werden: Ab jetzt bedeuten gute ökonomische Nachrichten aus Afrika schlechte Nachrichten für Europa«, so Smith, dessen Mutter aus Deutschland stammt. Denn je mehr Menschen über finanzielle Mittel verfügen, desto eher werden sie sich bemühen, ihrer Tristesse zu entkommen.

Smith kann sich vorstellen, dass 2050 bereits 150 Millionen Europäerinnen und Europäer afrikanischer Herkunft sein werden. Derzeit sind es neun. Akademisch rechnet der Universitätsprofessor vor, dass im Jahr 2015 nach den verfügbaren Daten 0,37 Prozent der Flüchtlinge bei der Überfahrt nach Europa im Mittelmeer ertranken, viermal weniger als die Höhe des Risikos einer werdenden Mutter im Südsudan, bei der Geburt eines Kindes zu sterben. Die oftmals egozentrische EU-Entwicklungshilfe mindert diese Dramen kaum, Chinas Politik schon gar nicht. EU-subventionierter Landraub durch europäische Agrarkonzerne verschärft sie sogar. Die Fluchtursachen wurden bislang kaum ernsthaft bekämpft.

Weitere Millionen Menschen wollen aus Asien nach Europa entkommen, insbesondere aus Syrien, dem Iran und Afghanistan. Weltweit waren im Jahr 2017 mehr als 68 Millionen Menschen auf der Flucht, ermittelte das Flüchtlingshochkommissariat UNHCR. Im Jahr zuvor waren es noch fast drei Millionen weniger.[167] Die Gesamtzahl errechnet sich aus Flüchtlingen, Asylbewerbern und

Binnenvertriebenen. Mehr als die Hälfte davon sind Kinder, viele von ihnen allein unterwegs.

Kriege und Konflikte bleiben die Hauptursachen für die Vertreibung und Flucht. Dabei kommen zwei Drittel aller Flüchtlinge aus nur fünf Staaten: Neben dem Bürgerkriegsland Syrien und dem von der islamistischen Taliban-Miliz terrorisierten Afghanistan sind dies der Südsudan, Myanmar (das frühere Burma) und Somalia. Die Hauptaufnahmeländer sind die Türkei, Pakistan und Uganda. Im Verhältnis zur eigenen Bevölkerung beherbergt der Libanon die meisten Schutzsuchenden, jeder sechste Bewohner des kleinen Landes am Mittelmeer ist ein syrischer Flüchtling.

Die Sehnsuchtsländer sind neben den wohlhabenden Staaten der Europäischen Union sowie Norwegen vor allem die USA, Kanada und Australien. Doch 85 Prozent aller 68 Millionen Fliehenden wurden in Schwellen- und Entwicklungsländern aufgenommen, die Armen und Vertriebenen zogen zu den nicht ganz so Armen. 2,6 Millionen fanden den Weg nach Europa, 198 300 davon stellten im Jahr 2017 in Deutschland einen Asylantrag, 22 471 in Österreich. 2016 waren es in der Alpenrepublik noch fast doppelt so viele. Ende 2017 lebten in Deutschland insgesamt 970 000 anerkannte Flüchtlinge, wobei bei dieser Berechnung der Zeitpunkt ihrer Einreise nicht berücksichtigt wird.[168]

Massenmigration hat Geschichte. Zwischen 1821 und 1924 wanderten 55 Millionen Menschen aus Europa nach Übersee aus, vor allem aus Armutsgründen, aber auch aus religiösen.[169] Millionen Vertriebene und Flüchtlinge kamen bis zum Ende der 1940er-Jahre aus dem Osten Europas in den Westen und waren keineswegs immer willkommen. Gleichzeitig blieb Europa bis 1960 ein Auswanderungskontinent.[170] Als die Volkswirtschaft in der Bundesrepublik Deutschland zu brummen begann, wurde 1955 der erste Anwerbevertrag mit Italien geschlossen. Als 1973 rund um die Ölkrise ein Anwerbestopp beschlossen wurde, lebten bereits knapp vier Millionen Ausländer im Westen Deutschlands, das damals insgesamt 61 Millionen Einwohner zählte.[171]

Nach 1990 wuchs die Zahl der Migranten international schlagartig. Nach dem Fall des Eisernen Vorhangs zogen mehr als 2,5 Millionen Spätaussiedler in das wiedervereinigte Deutschland, der Großteil davon aus der ehemaligen Sowjetunion. Bis zum Jahr 2000 übersiedelten allein aus der Bürgerkriegsregion Ex-Jugoslawien weitere 1,6 Millionen Menschen in Europas größte Volkswirtschaft.[172] Von Januar 2015 bis zum Juni 2018 wurden beim deutschen Bundesamt für Migration und Flüchtlinge BAMF 1,5 Millionen neue Asylanträge gestellt, vor allem von Menschen aus Syrien und Afghanistan. Die Zahl der positiven Bescheide lag dabei zwischen 43 und 62 Prozent je Jahr.[173] In Österreich waren es im selben Zeitraum 162 000 Anträge.[174] Derzeit leben 82,5 Millionen Menschen in Deutschland, 12,5 Prozent davon besitzen nicht die deutsche Staatsbürgerschaft.[175] In Österreich liegt der Ausländeranteil an der Gesamtbevölkerung mit 15,8 Prozent etwas höher.[176]

Seit dem Flüchtlingsherbst 2015 mit seinen offenen Grenzen ist die Migrationsfrage in weiten Teilen Europas wieder in den Mittelpunkt der politischen Auseinandersetzung gerückt. Die Anzahl der Ankommenden ist dabei ein wichtiger Faktor, aber auch die kulturellen und religiösen Unterschiede vieler Flüchtlinge im Vergleich zu national und regional vorherrschenden Traditionen. Der Zuzug betrifft dabei die verschiedenen sozialen Schichten und Milieus sehr unterschiedlich. Wer in ökonomisch gesicherten Verhältnissen und im Wohlstandsviertel lebt, zeigt sich viel weniger besorgt. Die Unfähigkeit zahlreicher Verantwortlicher, Asylanträge effizient und dennoch rechtsstaatskonform zu bearbeiten, ergänzt durch eine vielfach nicht nachvollziehbare Abschiebepraxis, verschärft die Spannungen erheblich. Islamistische Terroranschläge und Sexualstraftaten von Asylbewerbern wirken dann noch wie prall gefüllte Ölkanister im Feuer.

Die hitzigen Diskussionen speisen sich oft noch zusätzlich aus der Enttäuschung über die nicht gelungene Integration von Immigranten, die teilweise schon seit Generationen in Frankreich, Deutschland oder in anderen westlichen EU-Staaten leben. Grundsätzlich unterschiedliche Auffassungen, aber auch verdeckte politische Interessen spielen dabei eine herausragende Rolle.

Dieses Buch wurde auch deshalb geschrieben, um den Hintergründen und Ursachen dieser Entwicklungen nachzugehen. Fast in jedem Kapitel finden sich Antworten, etwa über die Auswirkungen der Hyperglobalisierung, über das Versagen der Eliten und warum sich jetzt so viele Menschen fremd im eigenen Land fühlen. Und natürlich, wer von alledem wie profitiert, von politischen Bewegungen über Immobilieninvestoren bis zur Rüstungsindustrie.

Die Welt – ein China

Während die politisch Verantwortlichen in der Europäischen Union quälend lange um Flüchtlingsquoten ringen, strotzen die Machthaber der Volksrepublik China vor langfristig durchdachten Antworten. Und handeln.

China ist der einzige Staat, der einen globalen geostrategischen Plan konsequent umsetzt. Pekings Regenten beherrschen die gesamte Klaviatur, von Soft Power über Sharp Power bis Hard Power, mit schmeichelhafter Diplomatie und Wirtschaftshilfe, mit rücksichtslosen Geschäftspraktiken und Handelsstreit, mit repressiver Machtpolitik und militärischer Aufrüstung.

Der Natur und dem Klima will die politische Führung mit Geoengineering nachhelfen, mithin den Planeten ändern. Auf Wüsten soll es regnen, verkarstete Berge werden bewaldet, die Versauerung der Weltmeere soll zumindest abgebremst werden. Massive Eingriffe in die Natur? Um Gottes willen. Ach Gott. »Die Frage nach dem Schaden und Nutzen sollte nicht pauschal gestellt werden«, sagt Shi Jun, Leiter des Instituts für Klimawandel und -politik der Universität Nanjing und Buchautor zu ethischen Fragen des Geoengineerings. »Es kommt letztlich darauf an, dem Menschen zu nützen.«[177]

Die Vorhaben sind so gigantisch wie radikal. Zum Thema

»Wer rettet die Erde?« soll es eine ähnliche Antwort geben wie auf die Frage »Wem gehört die Erde?«: China. Jedenfalls zu einem beträchtlichen Teil.

Nur noch wenige Jahre bleiben bis zum selbstgewählten Zeitpunkt, zu dem das Riesenreich wirtschaftlich, politisch und in der Wissenschaft weltführend sein will: 2025 soll »Made in China« in allem Vorbild sein. Es gibt kaum noch etwas, das die Herrscher in Peking davon abhalten könnte, in die Fußstapfen alter chinesischer Kaiserdynastien zu treten.

Dabei folgt die chinesische Führung einem kompromisslosen, genial erfolgreichen Muster. Zunächst stieg sie ab 1978 in die Produktionsweisen und die Warenwelt des späten 20. Jahrhunderts ein, verbunden mit einer historisch einmaligen Verringerung der extremen Armut. Fast alles konnten Unternehmen aus kapitalistischen Ländern damals im Reich der Mitte billig produzieren lassen, die Gewinne waren astronomisch.

Die politischen Lenker im Westen glaubten, ihr chinesisches Gegenüber durch die Mitgliedschaft in der Welthandelsorganisation WTO ab 2001 in ein Korsett kontrollierbarer Regeln einbinden zu können.[178] Eine Marktwirtschaft sollte entstehen, ohne massive staatliche Eingriffe, in der Folge eine offene Gesellschaft. Das war naiv, wenn nicht gar fahrlässig, jedenfalls ein historischer Irrtum. Europäische und US-amerikanische Politiker sowie Konzernlenker taumelten mehr als ein Jahrzehnt lang im Siegesrausch des Mauerfalls durch die Weltgeschichte und wollten nicht wahrhaben, dass ihnen die erzielbaren Profite und neuen Absatzmärkte nur wie Karotten vor die Nase gehalten wurden. Da wurde auch der Zwang zu Joint Ventures geschluckt, systematische Betriebsspionage bagatellisiert und darüber hinweggesehen, dass zentrale Wirtschaftsbereiche wie Banken, Versicherungen oder Verkehr ausländischen Mitbewerbern versperrt blieben. Ein Klassiker war die Vorgehensweise bei Kreditkarten. Da erhielten ausländische Unternehmen erst einen Marktzugang, als die Bezahlung über Smartphones den Wert einer Plastikgeldkarte bereits sehr dezimiert hatte.

Der Weg in den Massenkonsum führte in der Volksrepublik jedoch keineswegs auf den Pfad der Demokratie, die kommunistischen Kader behielten die uneingeschränkte Macht, pflegten aber ihr Image als Underdog und als nicht aggressives Entwicklungsland, den weltrevolutionären Ambitionen des früheren Parteiführers Mao Zedong wurde abgeschworen. Inzwischen findet sich das Riesenreich auf Augenhöhe mit den anderen Großmächten wieder und betreibt emsig seine geopolitischen Interessen. Statt sich in die erwartete Richtung eines verfassungstreuen Rechtsstaats zu entwickeln, verfolgt Xi Jinping, seit März 2018 Staatspräsident ohne Amtszeitbegrenzung, einen Kurs mit noch mehr Repression, staatlicher Kontrolle und Konfrontation.

US-Präsident Donald Trump erwies sich dabei als bester Agent Chinas. Mit den ausdrucksstark gesprochenen Worten »I won« bemühte sich der noch mächtigste Mann der Welt auch Monate nach seiner Amtseinführung um Eindruck bei seinen Gästen. »China won« wäre genauso richtig. Trumps Politik des Rückzugs aus mühsam ausgehandelten internationalen Abkommen und sein plumpes »Dealen« kontern Pekings Strategen gekonnt aus und stoßen in immer neue Lücken vor, die der narzisstische Spieler Trump und seine verblendeten Unterstützer zulassen.

Mit so einer Taktik und solchen Fehlern beschleunigen die USA ihren Abstieg. Der Abschied vom »Washington Consenus«, einem neoliberalen Wirtschaftsprogramm, das vom Internationalen Währungsfonds und der Weltbank propagiert wurde, vollzieht sich – und kaum jemand will es wahrhaben. Doch an die Stelle vom freien Markt und dem Dogma der Privatisierung und des Abbaus sozialstaatlicher Regelungen tritt immer häufiger ein »Beijing Consensus«, mithin gezielte staatliche Subventionen, ein zeitlich ausgeklügelter Schutz vor Konkurrenz und massenwirksame Armutsbekämpfung.

Vorbei sind die Zeiten, als Chinas Führung im eigenen Interesse das Prinzip der Nichteinmischung über alles stellte und glauben machte, sich damit zufriedenzugeben, dass jedes Land nach seiner eigenen Facon glücklich werden solle und könne.

Mit dem ökonomischen Aufstieg im Rücken und einer Machtbasis, die durch eine technisch perfektionierte Volksüberwachung abgesichert ist, propagiert Chinas politische Elite ihr autoritäres System immer offensiver als alternatives Modell zum Konzept der westlichen Demokratie. Xi Jinping verkündete beim 19. Parteitag der Kommunistischen Partei im Oktober 2017 nicht nur einen visionären 30-Jahres-Plan, an dessen Ende seine hoch technisierte Nation allen anderen überlegen sein soll. Xi betonte auch, dass die Volksrepublik nunmehr »anderen Ländern eine neue Option anbietet«, gestützt auf »chinesische Weisheit und eine chinesische Herangehensweise, um die Probleme zu lösen, mit denen die Menschheit konfrontiert ist«.[179]

Wie wenig Parteitagsrhetorik Xis Rede prägte, stellte Außenminister Wang Yi klar: »In den vergangenen fünf Jahren hat China in beispielloser Form sein Recht verstärkt, die internationale Agenda zu bestimmen«, und »bemerkenswert sein Recht vergrößert, internationale Regeln zu erstellen.«[180] Ohne Pathos fuhr er fort, dass »mehr und mehr Länder in der Welt Chinas sozialistischen Weg mit chinesischer Prägung verstehen. Mehr und mehr internationale Freunde stimmen mit der Idee der Kommunistischen Partei Chinas von ›staatlicher Steuerung und Regierungsführung‹ überein.« Wang versprach neben »chinesischer Weisheit« vor allem ein »besseres Sozialsystem für die ganze Menschheit« im Rahmen eines »neuen Weges der Modernisierung für alle Entwicklungsländer«.

Den großen Worten des Vorsitzenden und seines Außenministers sind längst Taten vorangegangen. Nur wenige Staaten Afrikas profitieren nicht von Chinas Investitionen, im Gegenzug sichert sich das Reich der Mitte vor allem die Rechte an Ackerflächen und Rohstoffen, gezielt auch für Batterien für Elektroautos, Smartphones und Computer. Gleichzeitig können wenig geschulte chinesische Arbeiter, die zu Hause schon nicht mehr gebraucht werden, in vielen ehemaligen Kolonien des alten Kontinents Straßen bauen und Schienen legen. Europas Afrika ist längst Chinas Afrika (siehe Grafik »Die Chinesen in Afrika«).

In die neuen Seidenstraßen mit ihren Eisenbahnstrecken, Pipelines, Kraftwerken, Straßen und Häfen quer über den asiatischen Kontinent investiert China mehr als die USA in das Konjunkturprogramm des Marshallplans nach dem Zweiten Weltkrieg. Das Projekt festigt die Supermacht, auch weil es sich vielfach als Schuldenfalle entpuppt.[181] Zunächst erhalten fast alle Interessenten unkompliziert Kredite. Pakistan etwa, als westlicher Nachbar zu Chinas Gegenspieler Indien für Peking von besonderer Bedeutung, ist aber bereits hoch verschuldet. Sollte das Land durch die Straßenbauten und einen neuen Großhafen in Zahlungsschwierigkeiten kommen, erhöht sich die Abhängigkeit – von China, nicht vom IWF.

Indien wird im Osten durch einen weiteren Arm der Seidenstraße, der durch Bangladesch verläuft, eingekesselt. Denn zu Wasser haben sich chinesische Investoren die Malediven gesichert, aus chinesischer Perspektive weniger ein Tauch-Eldorado als ein wertvoller Standort vor Indiens Haustür. Und weit im Westen, in Dschibuti, am Horn von Afrika, entsteht unter Chinas Leitung die größte Freihandelszone des Kontinents. Die erste chinesische Militärbasis außerhalb Asiens ist bereits eingeweiht. Bei allen Projekten, auch der sogenannten »maritimen Seidenstraße«, handelt es sich nach Pekinger Diktion stets um »Partnerschaften«, um eine »Vertiefung der Freundschaft« und »Harmonie«. George Orwellscher »Neusprech« auf Chinesisch.

Die Seidenstraßen-Initiative läuft »der EU-Agenda für die Liberalisierung des Handels entgegen und verschiebt das Kräfteverhältnis zugunsten subventionierter chinesischer Unternehmen«, warnten jüngst 27 von 28 EU-Botschaftern in Peking in einer ungewöhnlich deutlichen gemeinsamen Stellungnahme.[182] Nur der ungarische Diplomat wollte nicht unterschreiben, ein unmissverständliches Zeichen für die bereits weitreichende chinesische Einflussnahme in die Politik des EU-Mitglieds. Bereits im Jahr 2012 etablierten Chinas Geopolitiker die Plattform 16+1, in der sie mit Osteuropas Staaten von Albanien bis Estland kooperieren.[183] Das Puztaland entwickelte sich dabei zusehends zu einem Außen- und Horchposten des Reichs der Mitte mitten in der EU. Den Widerspruch zwischen dem lautstarken Neonationalismus von Viktor Orbán und der Regierungspraxis strafen die Wähler nicht ab, nicht zuletzt, weil sie in den zumeist regierungsnahen nationalen Medien kaum noch davon erfahren. »Ein beträchtlicher Teil der Welt will nicht von den westlichen Industrienationen über Menschenrechte und Marktwirtschaft belehrt werden«, sagte in Peking kein chinesischer Spitzenpolitiker, sondern Orbán bei seinem Besuch im Mai 2017.

Im folgenden Monat verwässerte der Europäische Rat, also das Gremium der Staats- und Regierungschefs in der EU, sein Gipfeldokument, mit dem eine schärfere Kontrolle von chinesischen Investitionen in der Europäischen Union in Gang gebracht werden sollte – unter maßgeblichem Druck von Tschechien und Griechenland, wo chinesische Investoren seit der großen Schuldenkrise geräuschlos aushelfen und die chinesische Reederei Cisco seit 2016 die Mehrheit am Hafen in Piräus hält. Die griechische Regierung macht nunmehr Chinas Mächtigen in Menschenrechtsfragen international die Mauer.[184]

Weiter nördlich soll auch der arme Balkanstaat Montenegro mit einem Faden an die Seidenstraße angebunden werden. Gleichzeitig erwartet das Land einen baldigen EU-Beitritt, vor allem Österreichs Rechtsregierung setzt sich dafür ein und fördert Wien als Umschlagplatz von der Breitspur aus Fernost in die Schmalspur Westeuropas – wohl nicht nur bei der Schienenbreite der Güterzüge. Chinesische Luxustouristen, die eines Tages in Luxuswagons von der Welthauptstadt des 21. Jahrhunderts in eine der wenigen Weltstädte der vorvergangenen Jahrhundertwende reisen, von einer Peking-Oper in die Wiener Staatsoper zu einem Werk von Wolfgang Amadeus Mozart, der in der Volksrepublik besonders verehrt wird – stimmiger können sich viele Österreicher eine ertragreiche Zukunft in aller Bequemlichkeit nicht vorstellen. Wien oder auch München, Salzburg und Heidelberg als Museumsinseln für gestresste Chinesen, die Alpen im Original.

Teheran liegt ebenfalls auf der Linie von Peking nach Budapest und Wien. Seit Trumps Ankündigungen von Sanktionen gegen den Iran drängt sich Chinas Führung noch vehementer als verlässlicher Handelspartner auf. Im Asien-Machtindex des australischen Lowy-Instituts nimmt China im Bereich Diplomatie 2018 erstmals die Spitzenposition ein, in der Ökonomie sowieso.[185] Das eindimensionale »America first« beschleunigt in Wirklichkeit »China first«. Mit allen Konsequenzen.

Jedes sichtbare Auftrumpfen liegt Xi dabei fern. Doch er muss die jüngsten Besuche aus Deutschland und Österreich genossen haben. In der Zwickmühle zwischen den Zolldrohungen aus Washington und den neuen Vorgaben aus Peking, wonach deutsche Unternehmen in China gesammelte Daten auf Servern vor Ort speichern müssen, traten Bundeskanzlerin Angela Merkel und ihre Wirtschaftsdelegation im Mai 2018 wie Bittsteller auf die ausgerollten Teppiche in Chinas Hauptstadt. Im Monat zuvor war aus Wien Bundespräsident Alexander van der Bellen gemeinsam mit Bundeskanzler Sebastian Kurz sowie vier Ministern »zum größten Staatsbesuch aller Zeiten« angereist, wie Österreichs größte Tageszeitung, das dominierende Massenblatt »Kronenzeitung«, schrieb. Der Titel des Berichts lautete: »Wie Österreich das große China erobern will«.[186] Aber ja doch. Solche Schlagzeilen, selbst wenn sie halbironisch gemeint sind, verstärken eine verzerrte Realitätswahrnehmung bei den viel zitierten Durchschnittslesern, ganz im Sinne der Neonationalisten.

Der Historiker Michael Wolffsohn, der in der israelischen Armee gedient und drei Jahrzehnte lang an der Universität der deutschen Bundeswehr in München gelehrt hat, nennt das Verhalten gegenüber der Volksrepublik China eine »selbstverschuldete Dummheit, denn einem faktischen Konkurrenten gibt man sein Knowhow nicht preis«.[187] Für viele Konzernmanager wurde es freilich zur Voraussetzung, dass der Tisch für Aktionäre und sie selbst reichlich gedeckt ist. Keineswegs nur der Autokonzern Daimler erwirtschaftet mehr als 50 Prozent seines weltweiten operativen Gewinns, also vor Steuern und Zinsen, im

Chinageschäft. »Das wissen bei uns auch die Betriebsräte, dass es da auch um die Höhe der Jahresprämien für die Belegschaft geht«, heißt es intern, wenn Kritik aufkommt. Achselzuckend werden Parteikaderspitzel in den Führungsetagen der Fertigungsstätten quer durch China akzeptiert.

Bei der heftig umstrittenen Übernahme des Augsburger Roboterherstellers Kuka durch die chinesische Midea-Gruppe Ende 2016 soll auch Siemens-Chef Joe Kaeser am Kauf interessiert gewesen sein. »Nach einem Wink, dass dies dem Siemens-Geschäft in China nicht zuträglich wäre, seien die Deutschen eingeknickt«, berichtete das deutsche Magazin »Wirtschaftswoche« unter Berufung auf Finanzkreise.[188]

Seit 2010 ist die Volkswirtschaft Chinas nun schon die zweitgrößte der Welt, seit Jahren steuert sie mehr als 30 Prozent zum gesamten weltweiten Wirtschaftswachstum bei.[189] Experten der US-amerikanischen Notenbank Fed diskutieren bereits, ob die Volksrepublik nicht schon technisch innovativer ist als die USA.[190]

Die kommunistische Staatsmacht kümmert sich als neue Weltmacht neben den wirtschaftlichen Einflusssphären intensiv wie nie um die ideologische Kontrolle innerhalb und außerhalb seiner geografischen Grenzen. Facebooks Manager und Hollywoods Filmemacher flirten mit der Maxime »Self-censorship is simply good business«. Selbstzensur ist gut fürs Geschäft, urteilt der China-Experte Nick Frisch in der »New York Times«.[191] »Ein Film wie ›Sieben Jahre in Tibet‹, der 1997 in die Kinos kam, würde heute niemals mehr grünes Licht bekommen.« Bei aufwendigen Hollywoodproduktionen sind Drehbuchautoren längst angehalten, stets auch den chinesischen Markt im Auge zu behalten, betont Harald Kloser, unter anderem Produzent des global erfolgreichen Katastrophenfilms »2012«.[192] Was nicht chinatauglich ist, wird so auch dem Rest der Welt immer weniger im großen Stil präsentiert.

Schon unter Mao kümmerte sich die »Vereinigte Arbeitsfront« als Agentur unter der Anordnung des Zentralkomitees der Kommunistischen Partei Chinas um Organisationen und Einzelpersonen, die wichtig, aber keine Parteimitglieder waren. Xi erweiterte ihre Zuständigkeit auf die »Supervision«, die Beaufsichtigung, von 50 Millionen Chinesen, die außerhalb des Riesenreiches leben, vor allem Studenten und Unternehmen, aber auch alle Personen, die das Land seit 1979 verlassen haben.[193] Die »Arbeitsfront« soll möglichst viele von ihnen auf die Parteiversion von Chinas Geschichte, Politik und Gesellschaft einschwören. An führenden US-Universitäten, aber auch an Londons renommierter School of Economics LSE oder in Cambridge werden Landsleute instruiert, »falschen« Sichtweisen entgegenzutreten und Kritiker in Verruf zu bringen, insbesondere international unabhängige Professoren.[194]

Auch einfache Hotelangestellte kann es treffen. Als ein Mitarbeiter der Marriott-Kette in den USA zu Jahresbeginn 2018 eine Twitter-Nachricht weiterleitete, welche die Selbstständigkeit Tibets unterstützte, wurde er entlassen, obwohl Twitter in China gar nicht verfügbar ist. Um ein Exempel zu statuieren, blockierten die Zensoren eine Woche lang jede Möglichkeit, in China oder von China aus ein Marriott-Zimmer zu buchen.[195]

Zu Zeiten des Kalten Krieges jagten die USA und ihre Verbündeten Kommunisten. Jetzt stellt China Antikommunisten nach. Auch so ordnet sich die Weltgesellschaft neu. Und die Parteitreuen werden angehalten, die »chinesische Sicht der Dinge« öffentlich zu vertreten. Dazu zählen auch die Menschenrechte.

Außenminister Wang Li liefert die Argumente. »China ist weithin als Vorbild für die Umsetzung vieler Menschenrechtsabkommen anerkannt«, schreibt er im Vorwort des Buches »Neue Erfolge bei Menschenrechten in China 2012–2017«.[196]

Lüge, Irreführung, Augenwischerei? Nein, denn Wang bezieht sich auf »den Internationalen Pakt über wirtschaftliche, soziale und kulturelle Rechte [kurz UN-Sozialpakt, Anm. d. A.], die UN-Kinderrechtskonvention, die Behindertenrechtskonvention und die UN-Konvention zur Beseitigung jeder Form von Diskriminierung der Frau«.

So definieren Chinas Herrscher das relevante Spektrum. Die UN-Menschenrechtscharta von 1948 mit ihrem Folterverbot und dem Recht auf Meinungsfreiheit sowie dem Anspruch, universell zu gelten, zählt nicht dazu. Und das hat System.

Der Autor dieses Buches konnte zehn Jahre lang als Mitglied der »Europaparlamentarischen Delegation zur Volksrepublik China« beobachten, wie sich die Gewichte graduell, aber stetig verschoben haben. Schauplatz war stets das Gebäude des Nationalen Volkskongresses, das auch in seiner geschmacklosen Monstrosität zu beeindrucken weiß. 2008 wurde im Schanghai-Saal am Platz des Himmlischen Friedens noch freizügig detailliert über die Lage der individuellen Menschenrechte in China diskutiert, bei den zelebrierten Empfängen in den angrenzenden luxuriös-kitschigen Speisesälen hielten die Debatten an. Betont aufmerksam gingen die handverlesenen Abgeordneten des Volkskongresses auf die Argumente ein. Nach den Olympischen Sommerspielen in Peking erlahmte das Interesse jäh, 2010 fand das Thema nur noch unter dem Titel »Harmonische Gesellschaft« seinen Platz auf der Tagesordnung. Die chinesischen Gesprächspartner hörten allenfalls höflich zu, manche lächelten süffisant. 2012 erwiderte der neue chinesische Ko-Vorsitzende der Tagung die Wortmeldungen, die ohnehin nur noch generell die Menschenrechte ansprachen, mit lautstarker Gegenrede. 2013 fehlte offiziell die Zeit für jede Erörterung. Die Versuche, einen Protest unter den EU-Kollegen zu organisieren, scheiterten. Man müsse doch Rücksicht nehmen.

Und so läuft der Diskurs in zahlreichen Bereichen, auch in Handelsfragen. Während sich Russlands Autoritäten zumindest um eine schlüssige Strategie bemühen und in den USA die maßgeblichen Politiker drohend mäandern, gleichen die Vertreter der Europäischen Union einem Wollknäuel. Viele politisch kunstvoll gesponnene Fäden, schön bunt, aber eine Soft Power ohne harten Kern, die in der zunehmenden geopolitischen Aggression kaum eine ernsthafte Rolle spielen kann.

Dabei war es Ende der 1990er-Jahre noch zu »einer geheimen,

massiven, internen Debatte innerhalb der Kommunistischen Partei gekommen, ob das große Spiel nicht verloren sei«, verriet im Frühjahr 2018 der China-Experte und ehemalige australische Premierminister Kevin Rudd in einem Gespräch. Die Fragen, die man sich damals laut Rudd stellte: »Haben wir das Ende der Geschichte erreicht, wie es Francis Fukuyama vorhergesagt hat? Müssen wir den Übergang der Kommunistischen Partei in eine sozialdemokratische Partei einleiten, bevor wir uns eines Tages einer gewaltsamen Revolution aussetzen müssen?«

Die chinesische Führung »kam zur Einschätzung: Nein, wir werden unsere eigene Geschichte schreiben, und unser eigenes ›Ende der Geschichte‹ wird nicht durch den Westen definiert werden«.

Pekings Machthaber erarbeiteten hingegen eine Antwort auf die so weitverbreitete Entwicklung zum Wohlstand für wenige, der Demokratie für niemanden und dem Nationalismus für alle. Sie lautet: erheblich wachsender Wohlstand für sehr viele, Demokratie für niemanden und ein alles dominierender Nationalstaat: China.

Die Volksrepublik liefert. Sie ist seit Jahrzehnten in zentralen Bereichen der fortschrittsorientierteste Staat der Welt. Die Regierenden verbinden Wirtschaftswachstum, Technikfreundlichkeit, Großmachtstreben und die Perfektionierung der Bürgerüberwachung besser als jedes andere Land auf dem Erdball. Das zieht immer mehr Menschen in ihren Bann, freiwillig oder unter Druck.

Selbstverständlich kann es auch im Riesenreich zu ernsthaften Rückschlägen kommen – vor allem zu einem Finanzcrash, aber auch zu Umweltkatastrophen in neuen Dimensionen. Eine politische Revolte von Unterdrückten und Unzufriedenen ist hingegen auf absehbare Zeit wenig wahrscheinlich.

So schlittern vor allem die so wenig geeinigten Staaten der Europäischen Union in ein Dilemma: Scheitert China, käme es weltweit zu heftigen wirtschaftlichen Beben und politischen Veränderungen. Die Beziehungen mit Deutschlands größtem Handelspartner würden einbrechen, die Weltbörsen wanken.

Sollten sich Pekings kapitalistische Überwachungskommunisten aber weiterhin mit ihrer globalen Strategie und ihrer so konkret erfolgreichen Vorgehensweise durchsetzen, wird das für demokratische Freiheiten überall Konsequenzen haben, die von Athen bis Stockholm noch kaum jemand ins Kalkül zieht.

Die neue Weltmacht kann jedenfalls aus dem Vollen schöpfen. Selbst wenn der Westen aus politischen und/oder wirtschaftlichen Gründen China boykottieren würde, könnte sich das Riesenreich auch alleine weiter entfalten, zumal viele Staaten Sanktionen nicht mittragen könnten oder wollten. 1,4 Milliarden Menschen bilden schon für sich genommen einen großen Markt, militärisch-ökonomisch steht Tibet ebenso unter der Kontrolle Pekings wie politisch-strategisch das international isolierte Taiwan, das von der Volksrepublik China als »abtrünnige Provinz« eingestuft wird. »Nicht ein Zentimeter unseres Landes kann von China abgegeben werden«, betonte Staats- und Parteichef Xi im März 2018.[197] »Strafen von historischem Ausmaß« würden den erwarten, der das ins Auge fasst. Das verstand auch Donald Trump, der zu Beginn seiner Amtszeit noch mit einer Aufwertung Taiwans geliebäugelt hatte. Kaum jemand stellt noch dieses Ein-China-Prinzip in Frage.

»Nichts kann uns stoppen, den ›chinesischen Traum‹ vom Wiederaufstieg Chinas in der Welt zu verwirklichen«, so Xi. »Wir haben starke Fähigkeiten, unseren rechtmäßigen Platz in der Welt einzunehmen.« China werde »in der neuen Ära« unter seiner Führung den Aufbau moderner Streitkräfte »von Weltklasse« beschleunigen. Und: »Wir sind entschlossen, den blutigen Kampf gegen unsere Feinde zu kämpfen.«[198]

Vieles spricht für eine ganz neue Vision: Die Welt – ein China. Oder wer es diplomatisch eleganter will: Die Welt – alles nur Volksrepubliken à la Chine.

Der Triumph des Hochmuts

Der unheimliche Sieg der Hyperglobalisierung

»Als der Zweite Weltkrieg vorbei war
und obwohl nie reiner Tisch gemacht wurde,
hätten wir Leichen fleddern können.
Wir hätten frei sein können,
aber wir entschieden, uns an den Überfluss zu klammern,
wir entschieden uns für den amerikanischen Traum.
Und oh, Geliebte Freiheit,
wie sehr haben wir dich verlassen.«

Roger Waters in seinem Lied »Broken Bones« auf seinem jüngsten Album »Is This The Life We Really Want«, 2017

Die Sozialdemokratie hat den Kapitalismus vor und nach dem Ersten Weltkrieg gerettet. Die Ideale des Urchristentums und des Kommunismus wurden nie verwirklicht. Nach dem Zweiten Weltkrieg bewahrten die Erfolge des New Deal und die soziale Marktwirtschaft den Westen vor dem Stalinismus und dem realen Sozialismus der Sowjetunion und ihrer Satelliten. Im Wettkampf der Systeme konnten die kommunistischen Machthaber bis 1961 noch in vielen Bereichen mithalten, sie sandten den ersten Menschen in den Weltraum. Im Westen aber siegte ein sozial gebändigter Kapitalismus, Schweden und Dänemark wurden zu bestaunten Vorbildern.

Ausgerechnet Deng Xiaoping sprengte die Fesseln. »Bereichert euch!«, rief er 1978 den chinesischen Bauern zu. Das Geldsystem von Bretton-Woods mit festen Wechselkursen war schon 1973 endgültig aufgegeben worden. Mit US-Präsident Ronald Reagan wurde der Neoliberalismus zur neuen dominierenden Heilsdoktrin. Das vom Politikwissenschaftler Francis Fukuyama

1992 ausgerufene »Ende der Geschichte«, wonach sich Marktwirtschaft und Demokratie gegen alle anderen Staats- und Wirtschaftssysteme durchgesetzt hätten, erwies sich jedoch als grundfalsch.

Im November 2017 trafen sich weltweit bekannte Wirtschaftswissenschaftler und Politikbeeinflusser, um sich ernüchtert einer großen Frage der Gegenwart zu stellen: »How to Deal with the Globalization Backlash?«, wie kann man mit dem Rückschlag bei der Globalisierung umgehen? Der Tagungsort strotzte vor Symbolkraft. Die Diskutanten trafen sich vor ausgewähltem Publikum im »Kaufleuten«, dem edel sanierten historischen Verbandssitz des Kaufmännischen Vereins nahe der Züricher Bahnhofsstraße, dem Herzen des »Finanzplatz Schweiz«.[199] Dani Rodrik, Professor an der Harvard-Universität, erläuterte das nach ihm benannte »Rodrik-Trilemma«: Wirtschaftliche Globalisierung, nationale Souveränität und Demokratie sind demnach nicht gleichzeitig erzielbar. Von den drei Elementen seien nur zwei möglich: Wer die Globalisierung fortführt, muss entweder den Nationalstaat oder die Demokratie aufgeben. Wer an der Demokratie festhalte, habe zwischen Nationalstaat und ökonomischer Integration zu wählen. Und wer am Nationalstaat hänge, müsse zwischen vertiefter Demokratie und stärkerer Globalisierung entscheiden.

Auf die Europäische Union übertragen, trifft man auf das Spannungsfeld von EU-Binnenmarkt, den Nationalstaaten und ihren jeweiligen Parlamenten. Die Briten haben sich gegen den Binnenmarkt entschieden, in Polen, Ungarn und auch in Tschechien ist die Demokratie auf dem Rückzug. Der Euro zeigt, dass eine Wirtschafts- und Währungsunion nur unter Aufgabe von nationaler Eigenständigkeit funktionieren kann, was wiederum in den meisten EU-Mitgliedsländern auf Widerstand trifft. Dabei wird die Krise der gemeinsamen Währung nicht als Problem einer fehlenden politischen Union verstanden, sondern moralisiert. So finden sich die fleißigen und sparsamen Deutschen im Gegensatz zu den nicht so fleißigen und nicht so sparsamen Südländern. In

Zeiten des Neonationalismus, der mehr und mehr Wähler überzeugt, gilt der möglichst eigenständige Nationalstaat als nicht mehr verhandelbar. Da bleibt dann die Demokratie auf der Strecke oder die Globalisierung. In diesem Umfeld spitzt es sich nun zu, von den Finanzmärkten über die Arbeitsbedingungen bis zu Steuern und Freihandel.

Der verlässliche neue Finanzcrash

Im Jahre 10 nach dem Zusammenbruch der US-Bank Lehman Brothers am 15. September 2008 in New York war der Boden satt gedüngt für eine neue große Finanzkrise, vergleichbar mit dem Börsenkrach vom 24. Oktober 1929, dem »Black Thursday«, dem Schwarzen Donnerstag, als der Dow-Jones-Index an der Wall Street an einem Tag um 22,6 Prozent abgestürzt war.

Seit dem Winter 2017 häuften sich an allen wichtigen Finanzplätzen die Mahner, die keineswegs zu den chronischen Crash-Propheten zählen. Sie nahmen zu wie bei älteren Menschen die Todesfälle im Kreis gleichaltriger Freunde und Bekannten. Die Experten wussten um das Teuflische der Entwicklung. Denn die Verwobenheit der globalen Märkte und Finanzprodukte ist so groß, dass schon ein einzelnes, oft unscheinbares und unerwartetes Ereignis ausreicht, weltweite Schockwellen auszulösen. Es ist wie in einem nicht gepflegten Wald, in dem das Unterholz beständig nachwächst und Trockenheit auftritt. Schon ein Funke kann da zu einem Großbrand führen. Unerheblich ist, in welchem Teil des Waldes das Feuer ausbricht, auch, ob es durch eine achtlos weggeworfene Zigarettenkippe, ein glimmendes Streichholz, einen Blitzeinschlag oder gar durch Brandstiftung verursacht wird. Kommt Wind auf, ist die Feuersbrunst unabwendbar.

Lehman Brothers etwa war schon Jahre vor seiner Pleite durch einen besonders leichtfertigen Umgang mit Währungsspekulationen aufgefallen. Ein knapper Hinweis eines Laien an einen Händler, eine kurze Einschätzung durch zwei Vorgesetzte – und schon wurden beispielsweise hohe Millionenbeträge auf den Fall des brasilianischen Real gewettet.[200] Der Wildwuchs im Unterholz gedieh.

Doch wie seriöse Warner im Boom vor dem letzten Börsenkrach überhört wurden, erging es zuletzt auch Claudio Borio, dem Leiter der Währungs- und Wirtschaftsabteilung bei der Bank für Internationalen Zahlungsausgleich (BIZ). Die BIZ gilt als »Zentralbank der Notenbanken« und verwaltet unter anderem die Währungsreserven vieler Staaten und Finanzinstitutionen. Fast unbemerkt schrieb Borio in seinem Quartalsbericht in der Adventszeit 2017 von einem »Straffungsparadox«.[201] Gemeint ist damit, dass zwar die Beschaffung von Geld durch gestiegene Zinssätze der Notenbanken teurer wird, aber dennoch die Börsenkurse weiter steigen und die Anleiherenditen auf einem niedrigen Niveau bleiben. All dies führte dazu, dass in den USA trotz wiederholter Anhebung der Leitzinssätze durch die US-Notenbank Fed die Finanzierungsbedingungen den Standards des »National Financial Conditions Index« zufolge so locker waren wie noch nie in den vergangenen 24 Jahren.[202] Damit wurden immer riskantere Kredite vergeben, bei denen die Gefahr stieg, dass sie nie wieder zurückgezahlt werden. Im Sommer 2018 befanden sich die US-Börsen im zehnten Jahr ihres ununterbrochenen Höhenflugs.

Bis in den Sommer 2018 erinnerte vieles in der Debatte an die Zeiten vor dem Platzen der Dotcom-Blase im Jahr 2000 und der Finanz- und Wirtschaftskrise, die 2007 begann und zu Bankenpleiten und einer globalen Rezession führte. Viele Entwicklungen konnten Finanzwissenschaftler damals wie heute nicht mehr erklären, das Lehrbuchwissen lieferte ihnen keinen stimmigen Erklärungszusammenhang.

Noch schwerer wiegt, dass im vergangenen Jahrzehnt vor allem innerhalb der Europäischen Union völlig unzureichende Konsequenzen gezogen wurden. »Kontrollverlust« und »Flucht: Wie der Staat die Kontrolle verlor« lauteten die Titel der Bestseller in Deutschland und Österreich über den Zustrom von

Flüchtlingen im Spätsommer 2015. Sie könnten auch das politische Versagen im Umgang mit den Finanzmärkten und Banken seit 2007 charakterisieren.

Die beschlossenen Regulierungen bieten keinen ausreichenden Schutz gegen neue Desaster. Lobbyisten aus den großen Finanzzentren und Bankhäusern haben dies diskret verhindert. Flüchtlingsströme wurden in der EU viel massiver eingegrenzt als die volkswirtschaftlich wesentlich kostspieligeren Finanzflüsse und Geschäfte von Offshore-Firmen, Schattenbanken oder hochriskant operierenden Hedgefonds.[203]

Wie wenig die neuen Abwicklungsregeln der EU für nicht überlebensfähige Banken wert sind, zeigte sich im Sommer 2017 in Italien, als sich wieder die maßgeblichen Politiker für die Gläubiger einsetzten und erneut der Staat einsprang. Auch das vorgeschriebene Eigenkapital, also der Verlustpuffer für ausgefallene Kredite, liegt bei nur drei Prozent der Bilanzsumme – im Ernstfall reicht das selten aus.[204]

Tag für Tag werden weltweit weiterhin Devisen im Wert von fünf Billionen US-Dollar gehandelt, und das von wenigen Akteuren. In gerade vier Tagen eines Jahres könnte so der gesamte Warenhandel rund um den Erdball abgewickelt werden. Statistisch betrachtet, wird also an 361 Tagen Spekulationsgeld hin und her geschoben, angeblich, um Wechselkurse effizient bestimmen zu können. Ähnliches gilt für Derivatgeschäfte, bei denen Banken weiterhin mit geringem Eigenkapital enorme Risiken eingehen können.[205] Ihr Volumen liegt zwischen 600 und 700 Billionen US-Dollar, mehr als das Zehnfache des globalen Bruttoinlandsprodukts, also des Werts aller Waren und Dienstleistungen, die während eines Jahres auf allen Kontinenten hergestellt werden.[206]

Die Finanzwirtschaft hat sich damit von der Realwirtschaft immer weiter abgekoppelt. 1980 lagen die Produktion, der Vertrieb und der Konsum von Waren und Dienstleistungen gegenüber der Finanzwirtschaft im Verhältnis von 2:1 voraus, inzwischen hat sich das Verhältnis mehr als umgekehrt, auf 1:3,5.[207]

Das bedeutet, dass Kapital im Überfluss vorhanden ist und es somit viel leichter zu spekulativen Blasen kommen kann.

Die Investition in noch so fragwürdige Finanzprodukte verspricht weiterhin höhere Gewinne als der Bau neuer Fabriken, Büros oder neuer Infrastruktur. Wenn es schiefgeht, wird kaum einer der Finanzzauberer je zur Rechenschaft gezogen oder gar abgewählt. Weiterhin gilt der Leitsatz des »too big to fail«, wer zu groß ist, wird nicht fallengelassen, sondern gerettet. Mit dieser Gewissheit im Rücken treiben die Jongleure auf dem Finanzmarkt weiterhin die Regierungen vor sich her und steigern auch so die Demokratieverdrossenheit bei der großen Mehrheit der Wählerinnen und Wähler.

»Einen weiteren Crash werden uns die Bürger nicht verzeihen«, warnte Mario Draghis Vorgänger als EZB-Chef, der Franzose Jean-Claude Trichet, im Jahr 2011 im Wirtschafts- und Währungsausschuss des Europäischen Parlaments.[208] Doch entgegen allen Versprechungen sind weder die USA noch die Europäische Union fit. Die nächsten Pleiten sind vorprogrammiert, mit unabsehbaren Folgen für Börsen und Banken. Wer Geld in Aktien, Pensionskassen oder Lebensversicherungen angelegt hat, wird nicht entkommen. Kaum vorstellbar, dass sich aber erneut alle Steuerzahler zur Kasse bitten lassen werden.

Im Sommer 2018 bot sich mindestens ein Dutzend Kandidaten für den »Game Changer« an, jenen Faktor, der den Börsenkrach auslöst und sich im schlimmsten Fall zur wirtschaftlichen Feuersbrunst rund um den Erdball entwickeln kann:

Die Konjunktur

109 Monate lang erlebten die USA bis zum August 2018 keine Rezession mehr, bei 120 Monaten liegt der historische Rekord.[209] Die deutsche Wirtschaft wächst seit mehr als 15 Jahren, 2008 unterbrach die Finanzkrise diese Entwicklung nur kurz. Doch »die im Moment guten Zeiten werden nicht lange halten«, warnte Maurice Obstfeld, der Chefvolkswirt des Internationalen Währungsfonds, vor dessen Frühjahrstagung 2018 in Washington.[210]

Die OECD rechnete vor, dass alle wichtigen Wirtschafträume im Westen im Jahr 2018 den Zustand der konjunkturellen Überhitzung erreicht haben.[211]

Im April 2018 platzte die Auftragsblase in der deutschen Industrie.[212] Die konjunkturelle Gesamtlage verschlechterte sich.[213] Sie ist am Ende die entscheidende Basis der Börsenentwicklung. Seit Ende 2017 gingen Geschäftsklima- und Einkaufsmanagerindikatoren weltweit zurück. Während öffentlich weiter gejubelt wurde, machten rückläufiges Geldmengenwachstum, steigende Zinsen und steigende Rohstoffpreise sowie ein stärkerer Inflationsdruck den Wirtschaftsführern bereits zu schaffen.[214] Immer mehr professionelle Investoren warnten im Frühjahr 2018 vor den viel zu hohen Aktienbewertungen, insbesondere in den USA. Nicht wenige verkauften Teile ihrer Bestände und legten Bargeldmilliarden auf die hohe Kante.[215]

Die Zinswende

Ein deutliches Anheben des sogenannten »Leitzinssatzes« durch die Notenbanken gilt als wahrscheinlichster Auslöser eines großen Abschwungs. In den USA ist die Phase der extremen Niedrigzinsen bereits beendet. Steigt die Inflation, wären die Notenbanken laut Lehrbuch geradezu gezwungen, die Zinsen eher noch schneller anzuheben. Die Europäische Zentralbank EZB befindet sich aber in einer unangenehmen Zwickmühle. Das billige Geld fördert spekulative Blasen in vielen Bereichen. Steigen jedoch die Zinsen, wird es für Staaten wie Italien eng, die mit 131 Prozent ihrer Jahreswirtschaftsleistung verschuldet sind, wie auch für nicht solide finanzierte Unternehmen und Banken. »Ein abrupter Zinsanstieg könnte die Solvenz des Bankensystems bedrohen, es wäre mit einem Einbruch der Preise von Anleihen, Aktien und Immobilien zu rechnen«, so Isabel Schnabel, eine der fünf »Wirtschaftsweisen« im deutschen »Sachverständigenrat«.[216] Die Verantwortlichen in der EZB wissen um ihren Zwang zu einem sensiblen Balanceakt und handelten in den vergangenen Jahren umsichtig. Auch alle wichtigen Finanzakteure haben dieses Problem seit langem in ihre Überlegungen »eingepreist«, wie es im Branchenjargon heißt. Da kann es kommen wie mit angekündigten Revolutionen: Sie finden oft nicht statt.

Das globale Schuldenwachstum

Von 2008 bis 2018 wuchsen die Schulden der entwickelten Staaten von 25 auf 45 Billionen Dollar. Ein historischer Höchststand, wie die OECD im Februar 2018 feststellte.[217] Die Dollar-Kredite an Nichtbanken außerhalb der Vereinigten Staaten wiederum stiegen zwischen 2009 und 2016 um rund 50 Prozent auf 10,5 Billionen Dollar. Davon entfielen auf Schwellenländer 3,6 Billionen Dollar, mehr als das Doppelte wie noch Anfang 2009.[218] Derzeit nimmt die US-Regierung so viel Geld auf wie nie zuvor, um ihre Steuerreform und ihr neues Ausgabenprogramm samt dem deutlich erhöhten Militärbudget zu finanzieren. 2017 gab sie noch Anleihen in Höhe von einer Billion Dollar aus, 2018 werden es wohl 1,5 Billionen und 2019 rund 2,3 Billionen Dollar sein.[219] Knapp die Hälfte der Investoren kommt üblicherweise aus dem Ausland, vor allem aus China, Japan und aus der Steueroase der Caymaninseln, einem britischen Überseegebiet.[220] Wer wird nun die US-Schuldentitel zu welchen Bedingungen kaufen? »Kreditblasen sind eine der größten Gefahren für die Finanzstabilität«, warnte Hugo Bänziger, promovierter Wirtschaftshistoriker und Teilhaber am Schweizer Bankhaus Lombard Odier, und fragte: »Wann kommt es zu einem Klippen-Event, an dem uns die Schulden nach unten reißen?«[221]

Das Zurückschrauben von Regulierungen

Im Mai 2018 brachte der US-Kongress die Verwässerung des Dodd-Frank-Gesetzes auf den Weg, das nach der Finanzkrise im Jahr 2010 beschlossen worden war und die Zahl künftiger Zusammenbrüche von Banken verringern oder zumindest ihre Folgen mildern sollte. Mit der Re-Regulierung werden die Vorschriften für 25 der 38 Großbanken erheblich abgeschwächt. Auch Abgeordnete der Demokraten bewiesen mit ihrer Zustimmung, wie sehr sie von der Finanzindustrie beeinflusst sind, trotz ihres Arguments, dass mit der Reform auch kleineren Genossenschaftsbanken geholfen werde.[222] Eine Büchse der Pandora ist wieder weit geöffnet.

Die Unternehmensanleihen

Im Windschatten der weiterhin wachsenden Staatsverschuldung und der billigen Kredite nahmen auch Unternehmen immer mehr Geld auf, insbesondere in aufstrebenden Schwellenländern. Im Jahr 2017 waren 37 Prozent aller transnational agierenden Unternehmen hoch verschuldet.[223] Banken gingen im Gegenzug immer höhere Risiken ein, meist auf der Basis des US-Dollars. Steigt dessen Wert, wird es schnell eng – für Schuldner und Gläubiger gleichermaßen.

Die Immobilienblase

Hauskredite machen weltweit zwei Drittel der Bankbilanzen aus. Mit den Preisexplosionen bei Wohnungen und Grundstücken steigt die Gefahr, dass Kredite bei Zinserhöhungen nicht mehr zurückgezahlt werden können. Sobald die Immobilienpreise deutlich fallen, müssen viele Banken erneut ums Überleben kämpfen.[224]

Kryptowährungen wie Bitcoin

Wie jedes Kartenhaus müssen sie zusammenbrechen. Kryptowährungen leben wie Pyramidenspiele davon, dass es immer noch jemanden gibt, der noch mehr dafür bezahlt. Der US-Investor Warren Buffett nennt sie »Rattengift hoch zwei«.[225] Ohne eindeutigen Wert und gehandelt in einem unregulierten Markt, untermalt mit einer größenwahnsinnigen Geschichte, repräsentieren sie den Prototyp einer Blase. Fallen die Kurse, kann es auch klassische Währungen treffen.

Neue private US-Schuldenberge

Auch lange Zeit unterschätzte private Kreditrisiken können zum entscheidenden, jähen Vertrauensverlust an den Börsen führen. In den USA knabbern 44 Millionen Absolventen von höheren Schulen an einem Studiendarlehen, die offene Summe liegt bei 1,3 Billionen Dollar. Der Prozentsatz der ehemaligen Studenten, die mit ihren Rückzahlungen in Verzug geraten sind, ist mit zwölf Prozent höher als 2007 bei den Hausbesitzern, deren Zahlungsunfähigkeit die letzte Finanz- und Wirtschaftskrise auslöste.[226] Ebenfalls 1,2 Billionen Dollar an unbezahlten Krediten bremsen die US-Autobesitzer, 70 Prozent mehr als noch im Jahr 2010. Das sind zehn Prozent der gesamten Schulden der US-Haushalte. Die Zahlungsausfälle häufen sich, und Gebrauchtwagen verlieren immer mehr an Wert. Im Hintergrund wurde über immer riskantere Kredite ein verschachteltes Finanzierungssystem entwickelt, das auf verblüffende Weise jenem ähnelt, welches die Risiken bei der Immobilienblase vor einem Jahrzehnt verschleierte.[227]

Doch nicht nur Airbags platzen, auch College-Kreditblasen und unhaltbare Autofinanzierungen.

Die Schattenbanken

Um Kontrollen, gerade im Rahmen der sogenannten »Stresstests«, besser zu bestehen, haben viele Banken in den vergangenen Jahren Risikopapiere an sogenannte »Schattenbanken« ausgelagert oder verkauft. In dem weitgehend unregulierten Bereich von Investmentfonds wie Hedgefonds oder Geldmarktfonds und spezieller Börsenhandelsgeschäfte werden mehr als 45 Billionen US-Dollar verwaltet, zehn Prozent davon über das Steuerparadies der Caymaninseln und sieben Prozent von Luxemburg aus.[228] Eine Krise kann das Geschäftsbankensystem unverzüglich anstecken.

Das chinesische Risiko

Im Februar 2018 stellte Chinas Regierung den chinesischen Versicherungsriesen Anbang unter Zwangsverwaltung, der zuvor weltweit shoppen war, zum größten Anteilseigner der Deutschen Bank wurde und etwa den New Yorker Hotelklassiker Waldorf Astoria gekauft hatte. Riskante kurzzeitige Vermögensanlageprodukte dienten als brüchige Finanzierungsbasis, Börsenexperten sprechen von einem »Lehman-Déjà-vu«.[229] Zahlreiche Unternehmen sind sehr hoch verschuldet.[230] Auch der Schattenbankbereich des Riesenreiches ist jederzeit für einen Megacrash gut. Der Handelskonflikt zwischen den USA und Peking erhöht das Risiko.

Eine große militärische Krise

Hauptkandidat bei der Drucklegung dieses Buches war der Nahe Osten, allen voran die Konfrontation der USA und Saudi-Arabiens mit dem Iran. Auch ernsthafte Cyberkonflikte können sich ökonomisch schnell großflächig auswirken. (Siehe Kapitel »Die Kriegsspirale«, Seite 303.)

Das Risiko des Schwarzen Schwans

Die größte Gefahr geht von etwas aus, das man weder ahnt noch weiß. Der endgültige Kickoff zu einem Börsenkrach ergab sich zumeist aus Anlässen, die zuvor fast niemand im Auge hatte. Tulpen in Holland, faule Hypothekenkredite in den USA, irgendwo türmen sich Risiken auf, die für beherrschbar gehalten werden. Doch dann. Ist es das nächste Mal die »Kohlenstoffblase« der Ölmulti-Investoren oder sind es die Folgen eines Machtwechsels in Mexiko oder in Brasilien? Was wird nach dem Währungsabsturz aus der Türkei? Welche versteckten Risiken auf den Finanzmärkten sind damit verbunden? Durch die wachsenden Handelsstreitigkeiten mit den USA und heraufziehende Währungsturbulenzen in Relation zum US-Dollar gelten ohnehin Schwellenländer als mehr und mehr gefährdet.

Und dann? Beim neuen Crash ist es nicht anders als bei der

Finanz- und Wirtschaftskrise ab 2008. Die zentrale Ursache ist die Ungleichheit.[231] Und ein Brandbeschleuniger dafür ist die Politik der EZB.

In der Eurofalle

Im Frankfurter Bankenviertel ist das Staunen ungebrochen. Auch zur Sommersonnenwende 2018 kritzeln Spitzenmanager in Restaurants beim vertrauten Abendessen liebevoll Milchmädchenrechnungen auf Notizzettel. EZB-Chef Mario Draghi, argumentieren sie, »hat alle reich gemacht, die Zugang zum Geld der Europäischen Zentralbank haben«.[232] Da, so ist das mit wenigen Zahlen belegbar, genügte ein spottbilliger Kredit für einen Wohnungskauf bei einer Bank, die sich dann wiederum Geld zum Nulltarif bei der EZB verschaffte.

Wer also vor zehn Jahren eine Immobilie günstig kaufte, musste zunächst noch vier bis fünf Prozent Zinsen für das Hypothekardarlehen bezahlen. Entsprechend mager fiel die Rendite aus, wenn etwa die gekaufte Wohnung vermietet wurde. Inzwischen sanken die Zinsen auch für Privatkunden auf ein bis zwei Prozent, gleichzeitig stiegen die Preise für Betongold und auch die Mieten. Je mehr sich deshalb jemand verschuldete, desto höher war und ist sein möglicher Gewinn. Mit der Ankündigung der EZB im Juni 2018, auch 2019 die Zentralbankzinsen noch am Boden zu halten, bleibt das Märchen von der fast anstrengungslosen Geldvermehrung eine Lebenswirklichkeit für alle – ja alle, die eben Zugang zu EZB-Geld haben.

Pech haben jene, die in Folge der Finanzkrise ab 2008 zu Opfern strengerer Kriterien bei der Kreditvergabe wurden, mithin Kleinverdiener, welche die inzwischen oft notwendigen 20 Prozent an Eigenmitteln nicht aufbringen konnten oder zu spät kamen, weil zum Zeitpunkt ihres Kaufinteresses die Wohnungspreise bereits für sie unfinanzierbare Höhen erreicht hatten. Das trifft auch Millionen junge, ambitionierte Menschen quer über den Kontinent, es ist ein Fluch ihrer späten Geburt. Blöd gelaufen, kann man sagen. Oder auch wütend werden, in Bozen ebenso wie in Bratislava oder Brandenburg.

»Alles, was passiert, ist rational erklärbar«, sagt einer der Topmanager in abendlicher Runde unter europäischen Bankern in Frankfurt, »aber so etwas hat es noch nie gegeben.« Als die EZB die Märkte mit Geld geflutet und fast zwei Billionen Euro in den Aufkauf von Staats- und Unternehmensanleihen investiert hatte, sollten damit Engpässe bei der Kreditvergabe vermieden, Investitionen erleichtert und das Wirtschaftswachstum angekurbelt werden. Der Erfolg war mäßig, doch kaum jemand hatte damit gerechnet, dass die Euro-Billionen aus der Hinterhand die offizielle Inflationsrate jahrelang kaum beeinflussen würden. Die traditionelle finanzpolitische Grundregel lautet doch: Steigt die verfügbare Geldmenge, steigen auch die Preise und damit die Inflation.

Im Euroland war das aber im vergangenen Jahrzehnt anders. Deutlich sichtbar wurde nur eine Vermögenspreisinflation. Immobilien und Luxusgüter fanden Käufer, und gleich wieder neue Käufer. Die höchsten Preiszuwächse verzeichneten Oldtimer mit 360 und ohnehin schon teure, seltene Weine mit 230 Prozent.[233] Wer sich in diese Spirale einklinken konnte, war und ist im Geschäft. Draghi machte alle noch reicher, die schon reich waren. Das ist hochgradig unsozial.

Gleichzeitig entwickelten sich die Volkswirtschaften im Euroraum unterschiedlich. Die Regierungen in Italien verstanden es nicht, die Gunst der Jahre vor der Einführung des Euros 2002 zu nutzen, als ihr Land bereits fest im Europäischen Währungssystem EWS verankert war und dadurch die Inflation massiv sank und die Kreditfinanzierungskosten für die italienischen Staatsschulden von zwölf auf fünf Prozent des Bruttoinlandsproduktes (BIP) zurückgingen.[234] Es ist also die politische Führungsschicht der 1990er-Jahre, die für die anhaltende Misere maßgeblich Verantwortung trägt. Das wird gerne vergessen, wenn gegenwärtig so viele Nichtitaliener den Kopf über das aktuelle Wahlverhalten südlich der Alpen schütteln. Doch wie soll es weitergehen?

Ökonomen wie der deutsche Wirtschaftswissenschaftler Heiner Flassbeck, ein ehemaliger Staatssekretär und Chefvolkswirt bei der UNO-Organisation UNCTAD, plädieren für größtmögliche Rücksicht bei den Zahlungsverpflichtungen aus dem Defizit in Höhe von 132 Prozent des BIP und einen Wachstumsschub durch neue Schulden. Dabei wird aber die Ineffizienz der staatlichen Verwaltung in Rom übersehen und die Unlust so vieler Unternehmer und Unternehmen, in Italien zu investieren.

Andererseits wird befürchtet, die Neonationalisten könnten, wie von manchen ihrer Anführer angedroht, bald aus dem Euro aussteigen und somit auch den deutschen und französischen Banken, die italienische Schuldscheine in hohen Milliardenbeträgen in ihren Büchern stehen haben, die lange Nase zeigen. Wer aber solche Szenarien für wahrscheinlich erklärt, wird bei der Refinanzierung der eigenen Schulden sofort mit steigenden Zinsen konfrontiert. Damit sind auch Italiens Nationalisten Gefangene im System: Stellen sie das Bedienen der Staatsschulden in Frage, werden auch sie von den Finanzmärkten in Frage gestellt, und die Aufnahme neuer Schulden zur Finanzierung etwa von neuen Sozialprogrammen wird für sie noch kostspieliger.

Dies alles führt zur Kernfrage in Wirtschaft und Währung: Gibt es Vertrauen? Solange die Zuversicht besteht, dass Verbindlichkeiten irgendwie irgendwann bezahlt werden, kennen Schulden keine Obergrenze. Davon wird auch die Zukunft des Euros abhängen. Wie lange wird es den Euro noch ohne Zusammenbruch geben? Solange es das Vertrauen in diese Währung gibt. Andersherum: Das Eurosystem kann nur deshalb noch funktionieren, weil das kollektive Gedächtnis an frühere Währungszusammenbrüche verloren gegangen ist. Aus historischer Sicht müsste es längst zu einer Währungsreform gekommen sein.

In Gesprächen mit Volkswirten und internationalen Bankern erlebte der Autor immer wieder ein erstauntes Kopfschütteln. So mancher von ihnen rechnete damit, dass es so weit sein müsste:

Mit einer Währungsreform käme ein klarer Schnitt, wohl über Nacht würden neue, unterschiedliche Umrechnungskurse für Bargeld, Guthaben, Forderungen und Schulden beschlossen.

Doch worauf gründet sich Vertrauen, beziehungsweise von wem hängt das Vertrauen ab? Durch die wachsenden Staatsschulden haben sich trotz der Finanzspritzen der EZB die Politiker in der Eurozone im vergangenen Jahrzehnt noch abhängiger von ihren Gläubigern gemacht, also von Banken und globalen Investoren wie Blackrock und anderen Investmentfonds. Mit jedem Prozent höherer Staatsverschuldung wächst die Abhängigkeit. »Ich würde alles daransetzen, nicht in die Hände von Investoren zu geraten«, bilanziert ein europäischer Spitzenmanager aus dem Bankwesen seine Erfahrungen. »Wenn man sich vom Vertrauen abhängig macht, ist das Misstrauen tödlich.« Die Euroländer stecken jetzt durch die so hohe Verschuldung in der Falle. »Europa wird zur Glaubensfrage, nicht zur Substanzfrage. Wenn keiner mehr daran glaubt, ist Europa tot.«

So hat die Politikergeneration, die in den vergangenen Jahrzehnten in der EU regierte, eine historische Schuld auf sich geladen. Was ist das für ein Schmäh: Die EZB half entscheidend mit, dass die Finanzkrise ab 2008 nicht zum großen Zusammenbruch führte. Doch die Investoren und Geldanleger, die sich bis dahin verspekuliert hatten und eigentlich zur Kasse hätten gebeten werden müssen, gehen nun als große Gewinner in die nächste Runde und sorgen sich um die »Unvernunft« der Wähler, etwa in Italien.

Einer der ehrlichsten Erfüllungsgehilfen der hemmungslosen Finanzmarktakteure ist EU-Kommissar Günther Oettinger. In Erwartung von baldigen Neuwahlen meinte er Ende Mai 2018, »dass die nächsten Wochen zeigen, dass die Märkte, dass die Staatsanleihen, dass die wirtschaftliche Entwicklung Italiens so einschneidend sein könnten, dass dies für die Wähler doch ein mögliches Signal ist, nicht Populisten von links und rechts zu wählen«.[235] Oettinger ist in der Kommission in Brüssel für den EU-Haushalt zuständig und außerdem Deutscher. Ein schöneres

Feindbild hätte sich die italienische Rechtsaußenpartei Lega gar nicht malen können.

Frexit, Italexit, Brexit

Wie konzentriert die Akteure an den Börsenplätzen von Tokio bis New York auf politische Verwerfungen lauern, zeigte sich beim jüngsten Präsidentschaftswahlkampf in Frankreich im Frühjahr 2017. In der schweizerischen Großbank UBS wurde die Wahrscheinlichkeit eines Sieges von Marine Le Pen sogar mit 40 Prozent veranschlagt.[236]

Die radikale Französin hatte im Falle eines Wahlsiegs eine Volksabstimmung über einen Austritt aus der Europäischen Union angekündigt, somit prägte ein möglicher Frexit nach dem Brexit die Debatte.[237]

Bereits zu Jahresbeginn trafen sich Spezialisten der UBS mit Spitzenvertretern von Le Pens Front National, um aus erster Hand Details über deren Vorhaben zu erfahren. Auch Blackrock, der weltgrößte Finanzkonzern, ließ sich Termine geben, ebenso Analysten des britischen Finanzunternehmens Barclays. »Die Treffen«, so kommentierte die US-Nachrichtenagentur »Bloomberg«, »zeigen, dass ein Sieg Le Pens als zunehmend realistisch angesehen wird.«[238]

Offiziell wurde allerorten beschwichtigt. Französische Banker betonten, keinen Kontakt zu den Rechtsextremen zu suchen.[239] Doch im Hintergrund entdeckten Finanzexperten sogenannte »tail risks«, versteckte Risiken, und spekulierten darauf.[240]

In Italien kämpfen die jeweiligen Regierungen aufgrund der hohen Staatsverschuldung schon seit jeher mit Refinanzierungsproblemen. So kam es nicht überraschend, dass die Ausgabe frischer Staatsanleihen unter der neuen neonationalistischen Regierung im Frühjahr 2018 einem Spießrutenlauf glich. Die Umschuldung konnte nur erfolgreich abgeschlossen werden, weil die ursprünglich angepeilte Summe kurzfristig verringert wurde.

Seither argwöhnen Regierungsvertreter, dass über den Umweg der Finanzmärkte auf sie als demokratisch gewählte Volksvertreter gezielt Druck ausgeübt würde. Die sogenannte »unsichtbare Hand des Marktes« verorten sie insbesondere im Beziehungsgeflecht von Bankern und Politikern, die mit der US-Investmentbank Goldman Sachs in Verbindung standen oder stehen. Dazu zählen neben Noch-EZB-Chef Mario Draghi auch der langjährige EU-Kommissionspräsident José Manuel Barroso, derzeit bei Goldman Sachs »Präsident ohne Geschäftsbereich«.

Schon bei den Turbulenzen um Griechenland spielte die US-Bank eine zweifelhafte Rolle. Ab Herbst 2018 wollen die Neonationalisten Steuersenkungen, die Absenkung des Renteneintrittsalters und ein Grundeinkommen beschließen. Falls dann, wie zu erwarten, die EU-Kommission in Brüssel und die Akteure an den Finanzmärkten heftig reagieren, wird der Ruf nach einem »Italexit«, einem Austritt aus der EU, wohl unüberhörbar werden. Experten des Internationalen Währungsfonds aus Washington verfassen bereits Strategiepapiere, manche bevorzugen eine Pleite Italiens.

Schalldämpfend mögen die konkreten Erfahrungen mit dem Brexit wirken. Wenn sich schon die Regierung aus London mit den Austrittsbemühungen so schwertut – welche italienischen Vertreter aus Rom sollten da erfolgreicher sein? Was sich aber überall verfestigt, ist eine tiefe Abneigung gegen »die da oben«. Aus Demokraten werden Antidemokraten.

Die Mär von der produktiven Ungleichheit

Wirtschaftliche Ungleichheit ist gesellschaftlich nützlich, auch wenn sie große Ausmaße annimmt. Diese Ansicht wird vielerorts vertreten. Vor allem von Anhängern jenes ökonomischen Konzepts des Neoliberalismus, der die vergangenen Jahrzehnte dominiert hat. Sie setzen auf eine Mischung aus Privatisierungen, eine Verringerung der Staatsquote, eine Entgrenzung des Kapitalmarktes und auf die sogenannten »freien Marktkräfte«. Ungleichheit schaffe positive Anreize, sporne zu mehr Anstrengung bei der Arbeit an und fördere Innovationen. »Die Ungleichverteilung ist die natürliche Folge von Kreativität und Unternehmergeist. Ein Nebeneffekt des Vermögensaufbaus. Wenn ein neuer Kerl oder ein neues Mädel etwas Neues schafft, und es startet durch und macht ihn oder sie so superreich wie Mark Zuckerberg, Steve Jobs oder Elon Musk, hilft das allen und kostet niemanden etwas«, erklärt Ken Fisher,[241] der 1979 in San Francisco sein Unternehmen Fisher Investments gründete und in der »Forbes«-Rangliste unter den 600 reichsten Erdenbürgern aufscheint.[242]

»Weil man so gar nichts mehr anderes hört, als dass auch große Ungleichheit gut sei, glaubt man es dann irgendwann auch«, belegt der österreichische Kleinunternehmer Michael Ludescher den Erfolg jahrzehntelanger Stimmungsmache.[243] Dahinter steckt die Primitivversion der Auffassung, dass jeder Mensch fast zur Gänze selbst für sein ökonomisches Fortkommen verantwortlich sei. Ungleiche Bildungschancen und Startbedingungen werden dabei kleingeredet. Jeder könne es doch schaffen, gemäß dem so lange gehegten amerikanischen Traum des Aufstiegs vom Tellerwäscher zum Millionär, in einer aktuelleren Fassung jener vom Bodybuilder in der Steiermark zum Hollywoodstar und Gouverneur von Kalifornien.

»Das Ausmaß der Vermögensungleichheit, die viele Haushalte heute erleben, ist beträchtlich größer, als es dem Regelfall in den vergangenen 10 000 Jahren entsprach«, hat ein Archäologenteam um Professor Tim Kohler von der US-amerikanischen Washington State University weltweit erforscht.[244] Sie verglichen an 64 Fundstätten rund um den Erdball die unterschiedlichen Größen der Häuser und berechneten daraus die sogenannten »Gini-Koeffizienten«. Nach dieser Messmethode ist bei einem Nullwert der Reichtum in einer Gesellschaft auf alle gleich verteilt, beim Wert 1 verfügt nur eine Person über das gesamte Vermögen.

Die Gesellschaften von Jägern und Sammlern kamen demnach auf einen Gini-Koeffizienten von 0,17, ihre Behausungen, soweit bereits vorhanden, waren ziemlich gleich groß. Je mehr die Menschen sesshaft wurden, desto mehr stieg die Ungleichheit. Agrargesellschaften, in denen es bereits Großbauern gab, kamen schon auf einen Wert von 0,35.

Die ökonomische Spreizung setzte Kohlers Forschergruppe auch in Relation zu den jeweiligen gesellschaftlichen Entwicklungen: »Autokratische Systeme neigen in einem größeren Ausmaß zu Ungleichheit als demokratische.«[245]

Die Erkenntnis klingt banal, wird aber in der Gegenwart auf neue Weise relevant. Denn so viele Wählerinnen und Wähler beantworten die wachsende gesellschaftliche Ungleichheit, die sie selbst ablehnen, mit einem Votum für Parteien und Bewegungen, die sich zu autoritären Lösungen bekennen – in den USA ebenso wie in Italien oder in Österreich. Historisch gesehen, wird dadurch aber die Ungleichheit noch weiter steigen und damit eine verhängnisvolle Spirale befeuert.

Dabei hält sich die ökonomische Ungleichheit schon jetzt in gewagten Höhen. Die OECD, die Organisation von weltweit 35 entwickelten Staaten, errechnete Mitte der 1980er-Jahre bei den Einkommen in Deutschland noch einen Gini-Koeffizienten von 0,25, Österreich kam auf 0,23, war also etwas gleicher.[246] In der jüngsten Erhebung aus dem Jahr 2015 landete Deutschland bei 0,32, Österreich bei 0,31, die USA gar bei 0,42.[247] Vergleicht man statt der Einkommen die Ungleichheit der Vermögen, wird es dramatisch: Deutschland liegt bei 0,79, Österreich bei 0,77, die USA bei 0,86.[248]

Nicht berücksichtigt sind dabei die Rentenansprüche, die vor allem in Österreich und Deutschland das Gesamtvermögen vieler nicht so wohlhabender Haushalte rein rechnerisch anheben. Doch ist all dies volkswirtschaftlich sinnvoll? Klar: Unterschiedliche Einkommen spiegeln zumeist das unterschiedliche Können und verschiedene Leistungsfähigkeiten wieder. Doch sind derartig extreme Differenzen tatsächlich leistungsbedingt und motivierend? Weder noch.

In einer Studie, die in einer der weltweit einflussreichsten Zeitschriften der politischen Wissenschaften erschien, im

»Socio-Economic Review« der Oxford Journals, schreiben die Autoren: »Wir haben herausgefunden, dass eine extreme Einkommenskonzentration an der Spitze ein überwiegend politisches Phänomen ist, nicht das Ergebnis einer gesteigerten Produktivität von Topmanagern in immer größer werdenden Märkten. Topeinkommen sind weitgehend unabhängig von Wirtschaftswachstum, gesteigerter wissensbasierter Produktion, Wettbewerbsfähigkeit beim Export, Kapitalisierung und Vermögensaufbau, wenngleich sie mit der Börsenkapitalisierung zusammenhängen. Stattdessen stehen sie in engem Zusammenhang mit politischen Veränderungen wie Gewerkschaftsdichte und -zentralisierung, rechtsstaatlichen Regelungen, Spitzensteuersätzen und Investitionen in die öffentliche Hochschulbildung.«[249]

Wenn extrem hohe Einkommen nicht auf eigener Leistung, sondern vor allem auf politischer Durchsetzungskraft beruhen, spornen sie wenigstens die große Masse der weniger verdienenden Menschen an, sich selbst besonders anzustrengen, wie es die neoliberalen Theoretiker predigen? Nein.

Verhaltensökonomen haben längst nachgewiesen, dass es von der eigenen wirtschaftlichen Entwicklung abhängt, wie man Einkommenszuwächse von anderen Personen wahrnimmt. Bleibt das eigene Einkommen gleich, steigt die Unzufriedenheit, wenn andere immer mehr verdienen, weil man damit ja vergleichsweise schlechter gestellt ist. Sinkt hingegen das Einkommen allgemein, so wird das leichter hingenommen. Wenn alle arm sind, ist das besser verkraftbar als Armut in Ländern, in denen die Wohlhabenden immer noch reicher werden.[250]

So lässt sich auch besser verstehen, warum trotz guter wirtschaftlicher Gesamtlage immer mehr Deutsche mit ihrem Lohn unzufrieden sind.[251] Viele Einkommensbezieher erleben, dass sie trotz Lohnsteigerungen über eher weniger Geldmittel frei verfügen können, auch weil Abgaben und Gebühren ständig steigen. Gleichzeitig sind Nachrichten über Vermögenszuwächse bei den Reichen fast so alltäglich geworden wie Berichte über Autounfälle.

Forschungen zeigen auch, dass reiche Mitbürger sich umso weniger großzügig verhalten, je größer die ökonomische Ungleichheit in einer Gesellschaft ist.[252] Eine aktuelle Umfrage der Bertelsmann-Stiftung ergab folgerichtig, dass 38 Prozent der Befragten finden, der gesellschaftliche Zusammenhalt in Deutschland insgesamt sei gefährdet, 37 Prozent stimmten dieser Einschätzung zumindest teilweise zu.[253] Das summiert sich auf 75 Prozent besorgte Bürgerinnen und Bürger im europäischen Boomland. Tendenz steigend.

Wachsende Ungleichheit schadet, sie zermürbt auch Anhänger der Demokratie. Dennoch wird ein wirtschaftliches System aufrechterhalten, das sozial ungerecht, ökonomisch unsinnig, aufstiegsbehindernd und demotivierend ist. Es wird von den gesellschaftlich Einflussreichen politisch rücksichtslos durchgesetzt.

Die zwei Warenwelten der 20:80-Gesellschaft

Was war es für eine beklemmende Vision. 20 Prozent der arbeitsfähigen Bevölkerung würden im 21. Jahrhundert ausreichen, um die Weltwirtschaft in Schwung zu halten, hieß es 1995, als der ehemalige Sowjetführer Michail Gorbatschow einen »globalen Braintrust« von 500 Spitzenpolitikern, Wirtschaftslenkern und Wissenschaftlern in San Francisco um sich versammelte.[254] Ein Fünftel aller Arbeitssuchenden werde genügen, um alle Waren zu produzieren und die hochwertigen Dienstleistungen zu erbringen, die sich die Weltgesellschaft leisten könne. Diese 20 Prozent würden damit aktiv am Leben, Verdienen und Konsumieren teilnehmen – egal, in welchem Land. Der Rest müsse mit »Tittytainment« ruhiggestellt werden, einer Kombination aus »Entertainment« und »Tits«, dem amerikanischen Slangwort für Busen. Den Begriff brachte Zbigniew Brzezinski ins Spiel, der nationale Sicherheitsberater des US-Präsidenten Jimmy Carter. Er dachte dabei weniger an Sex als an die Milch, die aus der Brust einer stillenden Mutter strömt, mithin an eine Mischung aus betäubender Unterhaltung und ausreichender Ernährung. »Der Abschied von der Mittelklasse steht bevor, die Einfünftelgesellschaft zieht herauf. Alles maßlos übertrieben?«, schrieben Harald Schumann und der Autor dieses Buches damals.

Im Jahr 2018 ist die 20:80-Gesellschaft die Geschäftsgrundlage für unternehmerische Entscheidungen rund um den Erdball. Früher »entwarfen und vermarkteten konsumentenorientierte Firmen ihre Produkte auf der Basis eines dreistöckigen Haushaltsmodells«, analysierte die global engagierte Unternehmensberatungsfirma Bain & Company zu Jahresbeginn in einer aufwendigen Studie zur »Arbeitswelt 2030«.[255] Oben war »die kleine Schicht der Bezieher hoher Einkommen, unten eine kleine Gruppe mit geringem Einkommen und dazwischen eine breite Mittelschicht«. Doch die wachsende wirtschaftliche Ungleichheit, verbunden mit dem Druck auf die gesellschaftliche Mittelklasse, führt zu einem neuen, »nur noch zweistufigen Geschäftsmodell, wobei die Haushalte mit einem hohen Einkommen 20 Prozent ausmachen und Haushalte mit geringem Einkommen die restlichen 80 Prozent«. Die Wortwahl entspricht dabei der Sichtweise: Die 80 Prozent der Bevölkerung mit bescheidenen ökonomischen Mitteln sind »die restlichen«.

Diese Veränderung wird aber »eine dramatische Umstellung auslösen, wie Unternehmen ihre Märkte für Waren und Dienstleistungen aussuchen und einteilen«, erläutern die Autoren. »Die Fokussierung auf das wohlhabende Segment ist eine weitreichende strategische Option, da diese Gruppe frühzeitig am meisten gewinnen wird, wenn die Automatisierung das Wachstum vorantreibt«.

Die Konsequenzen solcher Strategien sind schwerwiegend: Mit Hilfe von Robotern und kostenreduzierender Digitalisierung werden immer mehr günstige Massenprodukte für die weniger kaufkräftigen Massen hergestellt, die wiederum als Arbeitskräfte zu Opfern dieser anhaltenden Automatisierung werden. Allerdings wird es »Good enough«-Waren geben, gut genug zur jeweiligen Bedürfnisbefriedigung, aber weit entfernt von den qualitativ hochwertigen Markenerzeugnissen. Der mittlere Produktbereich hingegen wird aufgegeben, mangels Kaufkraft. Die Unternehmen stellen sich also mit ihren Produktpaletten und Dienstleistungen auf eine verschwindende Mittelschicht ein und werden durch ihre Produktionsweise selbst zu Treibern dieser gesellschaftlich und politisch verhängnisvollen Entwicklung.

Sprengsatz prekäre Arbeit

Deutschland und Österreich boomen. Alles paletti, so scheint es. Doch im Hintergrund schwelt die Unzufriedenheit. Ständige Flexibilität wird gefordert. Zwar kommt sie, etwa bei Arbeiten in Gleitzeit oder bei der Möglichkeit zum Arbeiten zu Hause, auch vielen Arbeitnehmern zugute. Doch die ständigen Anpassungen an neue Arbeitsformen und vor allem Jobwechsel, oft mit Ortswechsel oder Pendelei verbunden, überfordern viele Menschen, und zu häufig werden Beschäftigte und Kleinunternehmer ausgebeutet. Zur wirtschaftlichen Ungleichheit gesellt sich somit eine Unsicherheit, welche die Unzufriedenheit von Millionen Bürgerinnen und Bürgern immer weiter nährt.

Diese Entwicklung verschärft sich durch ihre öffentliche Nichtbeachtung. Als Verlierer gilt, wer nicht mithalten kann. In Deutschland und in Österreich leben Menschen keineswegs nur in kulturellen und religiösen Parallelwelten, sondern auch in ökonomischen. Die einen verfügen über einen abgesicherten Arbeitsplatz, sind Beamte oder fast unkündbare Mitarbeiter in Großunternehmen, die von Betriebsräten geschützt werden, oder sie sind perspektivreich bei Mittelständlern in unterschiedlichen Marktnischen beschäftigt. Die anderen müssen ständig um ihre Perspektive kämpfen – in der Teilzeit, mit Befristung, als Leiharbeiter oder im – auch akademischen – Prekariat.

In der Blase der Globalisierungsgewinner wird die reale Arbeitswelt schöngefärbt. Dabei häufen sich auch in den reichsten

Gegenden Deutschlands Bilder aus vergangen geglaubten Zeiten. »Ich treffe auf Männer, die in fremden Gärten arbeiten müssen und sich dafür schämen, weil sie schon über 70 Jahre alt sind«, berichtet Regina Kohler, die im Speckgürtel von Stuttgart Haushalt für Haushalt in Ordnung bringt.[256] Eine ihrer Kolleginnen ist schon 78. »Was will man mehr machen, als das ganze Leben lang arbeiten. Aber wenn man in einem Haushalt wegen Krankheit mehr als ein Mal ausfällt, dann können sie gehen.« Auf der Bahnfahrt zur Arbeit als »selbstständige Reinigungskraft« trifft sie auf Erzieher, »die seit 20 Jahren nicht mehr mehr verdienen«. Nominal ist der Lohn zwar gestiegen, doch Krankenkassenbeiträge, Abgaben und Gebühren auch. »Wie soll sich das ausgehen?«

»Drei Millionen Beschäftigte haben nur einen befristeten Arbeitsvertrag,« erklärt Martin Kunzmann, Baden-Württembergs Landeschef des Deutschen Gewerkschaftsbundes DGB.[257] »Arbeitgeber sollten für mehr Sicherheit auf dem Arbeitsmarkt sorgen. Prekäre Beschäftigung ist eine Angriffsfläche.« Themen »mit Sprengstoff« sind auch um Stuttgart die Grundsicherung für Arbeitssuchende, also Hartz IV, Minijobs und die Wohnungsnot. Hinzu kommt, dass die Jobcenter, die Hartz-IV-Beziehern vor allem bei der Arbeitssuche helfen sollen, 62 Prozent ihres Budgets für die Verwaltung und nur 38 Prozent für die Vermittlung ausgeben.[258]

In Deutschland stieg trotz Hochkonjunktur die Zahl der Leiharbeiter weiter an.[259] 1,4 Millionen Kinder mit deutscher Staatsbürgerschaft leben von Hartz IV, hinzu kommen noch 620 000 nicht deutsche Kinder.[260] In Österreich nahm im Jahr 2017 die Zahl der Arbeitsplätze um 50 000 zu, knapp die Hälfte waren aber Teilzeitjobs. 29 Prozent aller Beschäftigten arbeiten bereits in Teilzeit, davon sind wiederum zwei Drittel Frauen.[261] Die Schweiz liegt bei der Teilzeitarbeit im europäischen Vergleich sogar an zweiter Stelle hinter den Niederlanden.[262]

Seit 2012 gelang es mehr als fünf Millionen Menschen, die in einem der 19 Staaten der Eurozone leben, einen neuen

Arbeitsplatz zu finden. Doch der Großteil davon ist schlecht bezahlt, nur befristet oder eine Teilzeitarbeitsstelle.[263] »Die Verbesserung bei der Quantität der Jobs wurde durch die erhebliche Verschlechterung ihrer Qualität aufgehoben«, analysierte Gilles Moec, Europaexperte bei der Bank of America Merrill Lynch.[264] Insgesamt sank die Arbeitslosenrate in der Eurozone seit dem Beginn der Finanzkrise in Jahr 2007 bis Ende 2017 lediglich in drei Ländern – auf Malta, in der Slowakei und in Deutschland.[265] Die Meldungen über neue Beschäftigungsrekorde stehen damit auf tönernen Füßen. In absoluten Zahlen treffen sie zwar zu. Da aber immer mehr Menschen in den Arbeitsmarkt drängen, bleibt auch die Erwerbslosenquote in den meisten Ländern hoch. Und wer eine neue Arbeit findet, kann im Regelfall nur sehr bescheidene Ansprüche stellen.

Prekäre Arbeitsverhältnisse machen jedoch eine Lebensplanung ungemein schwer. Jugendliche können kaum aus der elterlichen Wohnung ausziehen, zumal fast überall die Mieten viel schneller steigen als die Stundenlöhne. Eine Familie zu gründen wird zum Wagnis. Hartnäckig hält sich auch die Annahme, Deutschlands großer Aufschwung seit 2003 sei maßgeblich dem neuen Zwang zur Flexibilität geschuldet, also vor allem der Lockerung des Kündigungsschutzes im Rahmen der rot-grünen »Agenda 2010«. Tatsächlich lässt sich die Stärke deutscher Unternehmen neben der Qualität ihrer Produkte viel mehr darauf zurückführen, dass in der Krise ab 2007 Mitarbeiter eben *nicht* gekündigt wurden. Stattdessen wurde in Verhandlungen mit Betriebsräten und Gewerkschaften innerbetrieblich sehr flexibel reagiert, etwa mit Kurzarbeit und Arbeitszeitkonten. Als die Aufträge wieder sprudelten, konnten erfahrene Mitarbeiter gleich wieder voll in die Produktion einsteigen.[266]

Hinter dem Ruf nach mehr Flexibilität steht also oft das Bestreben, gewerkschaftlich ausgehandelte Kollektivverträge auszuhebeln. In Frankreich wird gegenwärtig genau darum gerungen, allen voran von Emmanuel Macron. Menschen in Unsicherheit suchen aber Sicherheit. Die große Wende Richtung neoliberaler

Politik hat quer durch Europa essentiell zum dramatischen Glaubwürdigkeitsverlust sozialdemokratischer Parteien beigetragen. Dieses Vakuum füllen nunmehr neonationale Bewegungen.

Um nicht nach einem Jahr in der Arbeitslosigkeit auf die niedrige, oft demütigende Grundsicherung von Hartz IV abzustürzen, suchten in Deutschland seit 2005 fraglos viele Personen intensiver nach einem Job als zuvor. Der war in Zeiten der brummenden Konjunktur auch meist zu ergattern, wenngleich oft schlecht bezahlt und weiter weg vom bisherigen Wohnort. Ab Jahresbeginn 2018 zeigten allerdings mehr und mehr Wirtschaftsindikatoren nach unten. Im ökonomischen Abschwung wird es viel schneller als gedacht weniger Arbeitsplätze geben, oder zumindest viel weniger Neueinstellungen. Dann werden unzählige Arbeitnehmer in Deutschland Hartz IV auch mit größten Anstrengungen nicht mehr entkommen. In den Vereinigten Staaten, wo soziale Absicherung ein Fremdwort und die Suche nach irgendeinem Job eine Selbstverständlichkeit ist, versechsfachte sich nach der Finanzkrise ab 2007 die Zahl der Menschen, die mehr als ein halbes Jahr lang keine neue Arbeit fanden. 2016 gaben viele von ihnen darauf die Antwort und stimmten auch deshalb für Donald Trump.

Wo wohnen?

Was dem real existierenden Sozialismus eine gewisse Stabilität verlieh, destabilisiert zusehends den Kapitalismus: bezahlbares Wohnen für die Massen. Das ist auch eine Folge der Hyperglobalisierung.

Wall-Street-Firmen kauften nach der letzten Finanz- und Wirtschaftskrise ab 2008 fast 80 Prozent aller faulen Immobilienkredite in der Europäischen Union auf und gaben dafür 223 Milliarden Euro aus. Später verkauften sie sie mit zumeist hohen Gewinnen weiter – zu Lasten der Wohnungs- und Hausbewohner.[267] Daneben ergaben sich für Geldbesitzer, die ab 2009 schnell wieder weltweit in Aktien und andere Wertpapiere investierten, außerordentliche Gewinnmöglichkeiten. Angeheizt wurde der Anlegerboom durch die niedrigen Zinsen der Zentralbanken, mit denen eine Deflation verhindert und das Wirtschaftswachstum angekurbelt werden sollte. Die Eurokrise schwelte aber ebenso vor sich hin wie die Staatsschulden weiter wuchsen. So wurden Immobilien im Investorenportfolio immer höher gewichtet.

Das bedeutete: Weil sehr wenige Menschen und Fonds über enorme Vermögen verfügen und bei Investitionen in der produzierenden Wirtschaft kaum hohe Erträge winkten, sicherten sie sich über Betongold ab. Gleichzeitig wurden auch der Allgemeinheit günstige Kredite für den Wohnungskauf angeboten, während vergleichsweise wenig gebaut und das Leben in attraktiven Städten wieder populär wurde. So drehte sich die Preisspirale immer schneller, der Abstand zwischen Löhnen und Wohnungspreisen explodierte – für Durchschnittsverdiener, für »die hart arbeitende Mitte«,[268] wurde der Traum von den eigenen vier Wänden zur Illusion. Hinzu kommen die kräftig gestiegenen Betriebs- und Nebenkosten, in Österreich legten sie seit 2008 vielerorts um mehr als 20 Prozent zu.[269] Schlimmer noch: Mehr und mehr Wohnviertel wurden »gentrifiziert«, also aufgemöbelt, vom Frankfurter Gallusviertel bis quer durch Berlin oder Wien, viele bisherige Bewohner mussten weichen.

Viele ballen die Faust in der Tasche, wenn sie an die Faustregel denken, wonach maximal ein Drittel des Nettoeinkommens fürs Wohnen aufgewendet werden sollte. Das waren noch Zeiten. Schon im Jahr 2011 machten die Wohnkosten in Deutschland 28 Prozent eines Durchschnittseinkommens aus, sie sind mit großem Abstand das teuerste Konsumgut, doppelt so viel wie für Nahrungsmittel oder Ausgaben für die persönliche Mobilität. 2015 waren es bereits 36 Prozent im Durchschnitt, Singles und Familien müssen deutlich mehr aufwenden. Ein Europarekord.[270] 17 Prozent aller Haushalte gaben sogar mehr als 40 Prozent ihres monatlich verfügbaren Einkommens allein für Mietkosten aus. In Österreich sind die Zahlen fast identisch.[271]

Während sich vor einer Generation aufstrebende junge Paare fast überall ein zumindest bescheidenes Wohnungseigentum schaffen konnten, benötigen sie dafür heutzutage vermögende Eltern oder müssen reichlich erben. Sozialer Aufstieg wird noch schwerer, die soziale Durchlässigkeit weiter verstopft. Das große Versprechen der Nachkriegszeit, dass es allen immer bessergehen werde, ist geplatzt.

Die gesellschaftlichen Folgen sind fatal: Eine ordentliche Miet- oder Eigentumswohnung wäre vor allem im Angesicht so großer Unsicherheit für Menschen mit bescheidenem Einkommen ein Anker. Ein Rückzugsort zum Kräftesammeln. Stattdessen reiben sich Politagitatoren die Hände, und ein Begriff macht wieder Karriere, der im gezähmten Kapitalismus als verstaubt klassenkämpferisch galt: der Spekulant.

Wer nicht dazu zählt und einen hohen Hypothekenkredit aufgenommen hat, wird spätestens nach dem Zeitablauf der üblicherweise nur zehn Jahre lang garantiert niedrigen Zinsen ächzen, sofern die Wohnungspreise nicht immer weiter steigen. Die Schuldenlast drückt.

Schulden. Welche Schulden?

Schulden, so befremdlich dies klingen mag, sind etwas Relatives. Es kommt auf den Zusammenhang an. Die Schulden des einen sind die Guthaben des anderen. In den Wirtschaftswunderjahren in Deutschland und Österreich nach dem Zweiten Weltkrieg waren die Unternehmen, die massiv investierten, vor allem bei den privaten Sparern in Deutschland und bis 1964 beim deutschen Staat verschuldet. Ausländische Käufer spielten, mit Ausnahme der Zeit des Koreakrieges Anfang der 1950er-Jahre, als Schuldner kaum eine Rolle.

Ab 2001 änderte sich das. Seither gehören Privatpersonen, Staat und auch Unternehmen zu den Sparern und Kreditgebern. Darauf stützt sich auch der Spott, wonach sogar Konzerne wie

Siemens eher »Großbanken mit angeschlossener Warenherstellung« seien.[272] Sie investieren die Gewinne, die nicht gleich an die Aktionäre in Form von Dividenden ausgeschüttet werden, nicht vorrangig in die Produktion, sondern pflegen ihre Bankgeschäfte. »Der Unternehmenssektor hat sich vollständig aus der Rolle des Stabilisators der Nachfrage verabschiedet und ist seit Beginn des Jahrhunderts als Nettosparer selbst zum destabilisierenden Element geworden. Das mag nicht in jedem Fall für den ›Mittelstand‹ gelten, aber die große Tendenz zeigt sich auch dort in stark steigenden Eigenkapitalquoten«, analysiert der deutsche Wirtschaftswissenschaftler Heiner Flassbeck.[273]

Schuldner sind jetzt die Käufer im Ausland. Denn der Export-Vizeweltmeister Deutschland verzeichnet einen gewaltigen Leistungsbilanzüberschuss. 2016 lag er bei fast neun Prozent der gesamten Wirtschaftsleistung.[274] »Deutschland hat sich in eine merkantilistische Ecke manövriert und will fest daran glauben, die Rolle des Schuldners auch weiterhin ausschließlich auf das Ausland abwälzen zu können. Spätestens seit Trumps Handelsdrohungen und der Wahl in Italien im Frühjahr 2018 müsste jedem verständigen Menschen klar sein, dass der deutsche Merkantilismus keine Zukunft hat. Kein Land der Welt, zumal kein großes, kann auf Dauer das dem Sparen inhärente Nachfrageproblem zu Lasten des Auslandes lösen. Denn in den Ländern, die Defizite aufweisen, muss ja der Staat nicht nur gegen die Ersparnisse (also die Ausgabendefizite) der eigenen Haushalte und der eigenen Unternehmen ankämpfen, sondern auch mit dem Nachfrageproblem, das sich daraus ergibt, dass das Ausland im Inland mehr verkauft, als man selbst an das Ausland verkauft,« so Flassbeck. Dabei geht er von der grundsätzlichen Einschätzung aus, dass eine Volkswirtschaft nicht sparen könne.

Deutschlands neuer Wirtschaftsminister Peter Altmaier hingegen »hält es für möglich, dass wir diesen Wachstumspfad noch für mindestens 15 bis 20 Jahre fortsetzen können«.[275] Das kann aber nur funktionieren, wenn in Deutschland wieder viel mehr Waren und Dienstleistungen nachgefragt, also gekauft und konsumiert werden. Dazu wären kräftige Lohnerhöhungen für die breite Masse der Bürgerinnen und Bürger notwendig, die nirgendwo in Sicht sind. Es ist aber eine folgenreiche Selbsttäuschung, anzunehmen, dass die großen Schuldner der Deutschen, also die Käufer deutscher Produkte in der EU, in den USA oder in Asien, ihre Abhängigkeit auf Dauer hinnehmen werden. Sie können es gar nicht. Donald Trumps neue Zollschranken sind da nur ein Anfang. Ohne tief greifende Änderungen werden Deutschland und in Verbindung damit auch Österreich an ihrem eigenen Erfolg ersticken.

Anders betrachtet, steigen die Schulden von allen Marktteilnehmern weltweit immer weiter an. Dies gilt auch nach der Finanzkrise. Die Schuldenquote stieg global von 245 auf 318 Prozent des Bruttoinlandsprodukts (siehe Grafik »Der Schuldenberg«).

Auch das kann nicht gutgehen. Alles läuft auf eine Währungsreform zu, mit vielen Verlierern und wieder nur wenigen Gewinnern.

Ein Sonderfall bleiben die Vereinigten Staaten von Amerika. Durch die große Steuerreform Ende 2017 und die gleichzeitige Erhöhung von Ausgaben, insbesondere im Militäretat, wird das Budgetdefizit nach Berechnungen des »Budget Office« des US-Kongresses auf jährlich eine Billion (sic) Dollar ansteigen. Defizite von mehr als fünf Prozent des Bruttoinlandsproduktes dürften in den USA üblich werden. Für ein Land innerhalb der Eurozone wäre dies ein Horrorwert. Die Zinsen für die Schulden und die Inflation würden schnell ansteigen, private Investoren würden sich noch mehr zurückhalten. So lautete auch die Prognose, als Ronald Reagan in den 1980er-Jahren Ähnliches veranlasste wie nunmehr Donald Trump. Doch schon damals konnte die US-Regierung das wachsende Defizit vergleichsweise leicht finanzieren. Der Zauberstab dafür sind die U.S. Treasuries, also die US-Schatzbriefe, die global als sichere, verlässliche Wertpapiere geschätzt werden. Dahinter steht die politische Macht über den US-Dollar, der weiterhin die große Reservewährung der Welt darstellt. Der Versuch in der EU, mit dem Euro ein ähnliches Werkzeug zu erschaffen, ist nicht geglückt. Von den internationalen Währungsreserven stecken weiterhin etwa zwei Drittel im US-Dollar, nur 22 Prozent im Euro und jeweils vier Prozent im japanischen Yen und im britischen Pfund.[276]

Allerdings stehen die USA ökonomisch nicht mehr auf so kräftigen Beinen wie noch zu Reagans Zeiten. Zum einen steigt, vom US-Präsidenten und dem US-Kongress politisch gewollt, das Gesamtdefizit trotz sinkender Arbeitslosigkeit, zum anderen liegt es im Verhältnis zum BIP nicht mehr bei 25 Prozent wie 1981, sondern bei 75. Hinzu kommen die Verpflichtungen aus den Social Security Trust Funds, die es auf 105 Prozent schrauben. »Das ist ein Hinweis, dass sich die USA in einem möglicherweise weniger nachsichtigen Umfeld befinden als bei früheren Schuldenzuwächsen«, mahnt Justin Fox, viel gelesener Kommentator bei »Bloomberg«, einem der weltweit größten Medienunternehmen.[277] »Wenn das Defizit steigt und steigt, ist es wahrscheinlicher, dass es am Ende nicht zu einem langsamen und anhaltenden Anstieg der Inflation kommen wird, sondern zu einer Krise, in der das verlorene Vertrauen in die Finanzmärkte und das verlorene Vertrauen der Öffentlichkeit drastische Aktionen in Washington erzwingen wird«, warnte Fox im Februar 2018. Üblicherweise kommentiert er sehr zurückhaltend, zumal er vor seinem Wechsel zu »Bloomberg« Chefredakteur des Management-Magazins »Harvard Business Review« war.[278]

Chinas Regierung hat die Währungsrealitäten schon lange erkannt und sich mit US-Schatzbriefen in der Höhe von 1,2 Billionen US-Dollar eingedeckt.[279] Pekings Machthaber sind damit die größten Gläubiger der USA. Würden sie einen erheblichen Teil dieser Anleihen plötzlich auf den Markt bringen, hätten die Vereinigten Staaten und die gesamte Weltwirtschaft ein noch viel größeres Problem als mit den viel beklagten Handelsbilanzdefiziten.

Die wahren Gewinner des Freihandels

Die Verheißungen eines »freien Welthandels« tragen Professoren und Politiker rund um den Erdball wie eine Monstranz vor den Massen an Konsumenten und Berufstätigen her. Und die Volkswirtschaften Deutschlands, Österreichs und der Schweiz profitieren vom Abbau von Zöllen und anderen Handelsschranken seit langer Zeit über Gebühr.

Das brillante Konzept stammt vom britischen Wirtschaftswissenschaftler David Ricardo. Der klassische Nationalökonom entwickelte vor 200 Jahren die Theorie der »komparativen Kostenvorteile«, wonach auch Nationen vom internationalen Austausch profitieren, wenn sie im Vergleich zum Handelspartner weniger produktiv sind. Tatsächlich vergrößert Handel den Wohlstand insgesamt und macht die beteiligten Länder reicher. Allerdings wird keineswegs jeder einzelne Bürger durch Handel automatisch wohlhabender. Je nachdem, wer wo an der Herstellung eines bestimmten Produktes beteiligt ist, zählen in dem einen Staat die hoch qualifizierten Arbeitnehmer zu den Nutznießern. Die weniger gut Ausgebildeten hingegen müssen sogar auf Einkommen verzichten, weil ihre Ware im Staat des Handelspartners billiger hergestellt und ohne Zollschranken importiert wird. Im anderen Land kann es genau umgekehrt sein.

Davor haben die beiden schwedischen Wirtschaftshistoriker Eli Heckscher und Bertil Ohlin schon 1919 gewarnt, doch anders als Ricardo fanden sie kein Gehör. Auch Nobel-Gedächtnispreisträger wie der US-Ökonom Paul Krugman sahen viel zu lange nur die generellen Vorteile, Millionen US-Arbeiter erlebten aber in der unmittelbaren Konkurrenz mit chinesischen Firmen die Nachteile. In Europa ist es ähnlich. Dass auch sozialdemokratische Politiker weltweit Ricardo und Krugman als ökonomische Leitsterne anführten, während die Liberalen Heckscher und Ohlin vergessen wurden, hilft auch, zu verstehen, warum so viele sozial orientierte Entscheidungsträger auf einem ihrer beiden Freihandelsaugen so lange blind waren. Sie erkannten den

Wohlstandszuwachs für die Gesamtgesellschaft auf dem linken, verloren aber die Verluste aus dem rechten Blickfeld. Auch dies erklärt den Wechsel so vieler betroffener Wählerinnen und Wähler von links nach rechts, in den USA, aber auch in Italien oder im Osten Deutschlands. Viele nennen sie Globalisierungsverlierer, sie selbst sehen sich als Betrogene. Intellektuelle könnten argumentieren, dass sie Opfer einer unvollständigen Wirtschaftstheorie wurden. Wirtschaftsführer werfen ihnen oft mangelnde Anpassungsfähigkeit vor.

Doch Anpassung woran? An niedrigere Löhne und Sozialstandards, weil sich ein Fabrikarbeiter nicht ohne weiteres zum Programmierer umschulen kann? Ricardo ging davon aus, dass Kapital und private Unternehmen nicht mobil sind, also im Lande bleiben. Das galt im 19. Jahrhundert für das Lehrbeispiel von Portwein in Portugal und den industriellen Fertigungsanlagen in Großbritannien. Doch die möglichen komparativen Vorteile der Gegenwart stützen sich auf den Forschungs- und Entwicklungsbereich, auf universitäre Ausbildung und auf Kapital, das mit Lichtgeschwindigkeit an jede Ecke des Erdballs transferiert werden kann. Transnationale Unternehmen lassen ihre Produkte dort herstellen, wo Löhne, Sozialabgaben und Umweltkosten am geringsten sind. Damit fällt auch der Preis der Arbeitskraft, und die Macht der grenzüberschreitenden Konzerne nimmt zu.

Zusätzlich »schaden einfache Auslagerungen in Billiglohnländer der wirtschaftlichen Dynamik und dem daraus resultierenden Fortschritt erheblich, da die bisherigen Produktionsmethoden einfach beibehalten werden und kein Anreiz besteht, neue Methoden zu entwickeln. In dieser Hinsicht mag es kein Zufall sein, dass das Produktivitätswachstum seit den 1980er-Jahren in den G-7-Staaten kollektiv zurückgegangen ist«, analysiert Patrick Kaczmarczyk, Forschungsassistent am Sheffield Political Economy Research Institute.[280] Die Europäische Union hat den Standortwettlauf noch mit erheblichen Subventionen gefördert, etwa zwischen Deutschland und Polen oder zwischen Österreich und den Nachbarländern des ehemaligen Ostblocks.

So fallen mehr und mehr Menschen vom Glauben an den unbeschränkten Freihandel ab. Von der Wohlstandsmehrung durch grenzenlose Wirtschaftsfreiheit profitieren zu wenige. Die Verabsolutierung des Nutzens ist ahistorisch und verkennt die sozialen Auswirkungen. Je nach Entwicklungsstand einer Volkswirtschaft können Handelsbeschränkungen, auch in einzelnen Bereichen, bei deren Aufbau helfen oder im Wege stehen. Dabei gibt es kein Schwarz und Weiß zwischen »Protektionismus« und »Freihandel«, kein Entweder-oder. Wer bei Verhandlungen über neue Handelsabkommen wie die Transatlantische Handels- und Investitionspartnerschaft (TTIP) oder mit den Gründungsstaaten des Mercosur in Südamerika für die Absicherung von Landwirten oder für den Schutz von Arbeitnehmern und Umwelt eintritt, ist so wenig ein »Protektionist« wie »Globalisierungskritiker« gleich Gegner internationaler Verflechtungen wären.

»Freihandel ist der Protektionismus der Reichen und Mächtigen«, dreht die bekannte indische Aktivistin Vandana Shiva die Argumentation der Konzernlobbyisten um, die bei multilateralen Handelsverträgen besondere Klagerechte für die transnationalen Unternehmen und die Bindung an internationale Steuerpflichten oder eine weltweite Fusionskontrolle ablehnen.[281]

Eine besondere Rolle spielt die Volksrepublik China. 2001 gelang ihr die Aufnahme in die Welthandelsorganisation WTO, doch die Regierenden verstanden sich stets auf Sonderregeln. Das Dilemma beschreibt der deutsche Fondsmanager Klaus Kaldemorgen von der Vermögensverwaltung DWS: »Donald Trump hat ja richtig beobachtet, dass China unter der Flagge des Freihandels in Wahrheit nahezu ausschließlich den eigenen Vorteil verfolgt hat. Dagegen vorzugehen, finde ich legitim. Aber es bringt Europa in eine unangenehme Situation: Denn der Präsident wird Europa dazu drängen, sich in dem Konflikt auf seine Seite zu schlagen. Wenn wir uns aber mit ihm verbünden, hat dies selbstverständlich Auswirkungen auf die wirtschaftlichen Beziehungen zu China. Und wenn wir ihm die Gefolgschaft verweigern, hat dies Auswirkungen auf unsere wirtschaftlichen Beziehungen zu Amerika. So oder so: Dies sind trübere Aussichten für deutsche Unternehmen, die bekanntlich in beiden Ländern viele Geschäfte machen.«[282]

So wird ein ungerecht organisierter Welthandel zu einem weiteren Fallstrick in der Weltpolitik. Und statt über Freihandel auch mehr politische Freiheiten zu erreichen, trat das Gegenteil ein: Die gegenwärtigen Regelungen haben Diktaturen wie in China und autoritäre Strukturen wie in Russland zusätzlich legitimiert und wirken wie Wahlhelfer von Neonationalisten in den Demokratien.

Wie sehr das Thema unter den Nägeln brennt, zeigte sich im Mai 2018 bei der Online-Debatte der britischen Wochenzeitung »The Economist«, die in Wirtschaftskreisen hohes Ansehen genießt und sich mantrahaft für den Freihandel einsetzt. »Ist das globale Handelssystem kaputt?« lautete die Frage. Experten aus aller Welt diskutierten acht Tage lang, die Leser konnten mit »Ja« oder »Nein« abstimmen. Am Ende stand es 49:51. Knapper geht nicht.[283]

Das verflixte Wachstum

Das weltumspannende kapitalistische System ist vom Wachstum abhängig, auch die staatliche Wirtschafts- und Schuldenpolitik. In diesem Sinne war die EZB in den vergangenen Jahren über alle Maßen bemüht, durch Niedrigstzinsen das Wirtschaftswachstum in der Eurozone anzukurbeln. Wenn konventionelle Arbeitsplätze durch Automatisierung und Künstliche Intelligenz bedroht sind und die Kosten für die Rentenversorgung durch eine immer älter werdende Bevölkerung steigen, würde eine deutliche Zunahme der jährlichen Wirtschaftsleistung Entlastung bringen.

»Schulden an sich sind gut, sonst hätten weder der Habenichts noch der kreative Pionier und damit das Wachstum eine Chance. Zu hohe Schulden aber sind gefährlich, ja irgendwann explosiv«, argumentieren die Wirtschaftsredakteure Rainer Hank und Georg Meck in der »Frankfurter Allgemeinen Sonntagszeitung«.[284]

»Wachstum« lautet deshalb auch das Zauberwort für Italien, um den Schuldenberg abzubauen. Nur die Zauberer fehlen. Einsparungen durch Reformen ließen sich in den vergangenen Jahrzehnten politisch kaum durchsetzen, die neue neonationale Regierung wurde auch deshalb gewählt, weil sie eine Senkung des Renteneintrittsalters versprach.

»Aus diesem System kann man nur noch herauswachsen«, erklären Ökonomen von Rom bis Frankfurt unisono, und »der Euro kommt ebenfalls nur durch Wachstum aus der Misere«.[285]

Ein politischer Handlungsspielraum zur gesellschaftlichen Umverteilung von Wohlstand entsteht realistischer Weise in den westlichen Gesellschaften fast nur, wenn Wachstumsgewinne erwirtschaftet werden, die dann ausgewogener, also sozial verteilt werden können. Nur wenn der gesamte wirtschaftliche Kuchen erheblich wächst, können Politiker, sofern sie dies überhaupt anstreben, ein größeres Stück für den Großteil der Bevölkerung ergattern. Dies gilt erst recht für die Gewerkschaften.

Nach Wachstum drängt, am Wachstum hängt somit alles. Mit der globalen Studie zu den »Grenzen des Wachstums« des Club of Rome rückte seit 1972 die ökologische Problematik ins Blickfeld, die grünen Parteien brachten sie ab den 1980er-Jahren wirkungsvoll auf die politische Agenda. Eine grundsätzliche Kritik am Wachstumsbegriff und möglichen Alternativen blieb jedoch stets ein gesellschaftliches Randthema. Mit der Debatte um die Klimaveränderungen gewann jedoch die Entkoppelung von Wirtschaftswachstum und dem Ausstoß vom Kohlendioxid an Bedeutung. Der Jubel in altindustrialisierten Staaten wie Großbritannien oder Japan, wonach es gelungen sei, als Volkswirtschaft zu wachsen und gleichzeitig weniger Kohlendioxid in die Atmosphäre zu emittieren, beruht allerdings auf einem Trugschluss. Denn bei all diesen Berechnungen wird jeweils nur die nationale Wirtschaftsleistung berücksichtigt, nicht aber Produkte, die mit einem viel höheren Aufwand an fossilen Brennstoffen und einer großen Umweltbelastung in anderen Staaten hergestellt beziehungsweise extrahiert und dann importiert werden wie etwa Metalle.

In einer weit ausladenden Studie untersuchte ein australisches Forscherteam um Professor Thomas Wiedmann den »materiellen Fußabdruck von Nationen«.[286] Nach dem Muster des »ökologischen Fußabdrucks« einer Einzelperson wurden die Herstellung und der Nutzungsort von Waren erfasst. In der Summe aller untersuchten Länder, darunter auch 27 Mitgliedsstaaten der Europäischen Union, stieg zwar das Bruttosozialprodukt seit 1990 deutlich schneller als der Verbrauch an »heimischem Material«. Werden jedoch die internationalen Fertigungsketten der Waren miteinbezogen, wirtschaften die EU-Staaten in Summe keineswegs emissionsärmer als vor einer Generation. Die Klimabelastung wurde schlichtweg exportiert, trotz so mancher »Energiewende« in den nationalen Produktionsanlagen in den reichen Ländern.

So verfestigt sich eine Zwickmühle globalen Ausmaßes: Bleibt Wachstum ohne radikalen weltweiten ökologischen Umbau das Allheilmittel, verändern sich nicht nur hierzulande die Temperaturen, sondern auch die Anzahl der Klimaflüchtlinge wird rasant ansteigen. Bleibt jedoch das Wachstum aus, erhitzt sich das politische Klima. So sind wir Wachstumsjunkies ohne Chance auf Entzug. Wer kann und will da gegensteuern?

Steuern steuern

Zu den wichtigsten Machtinstrumenten in der Politik zählen Steuern. Das wissen vor allem die, die sie zu vermeiden wissen.

Es ist buchstäblich unfassbar: Die wenigen, die zu den Supergewinnern der Globalisierung zählen, jenes 0,1 bis 0,001 Prozent der Bevölkerung, schaffen es, nicht nur monströse, ja obszöne Profite zu generieren, sondern dies auch noch als allgemein gerechtfertigt darzustellen und dafür kaum Steuern zu entrichten.

Die Enthüllungen rund um die Panama und Paradise Papers, über die globalen Steuervermeidungsmodelle en masse, was haben sie gebracht? Wo wurden die großen Vermeider und Hinterzieher zur Rechenschaft gezogen, wo wenigstens die entzogenen Milliarden eingezogen? Welche Regulierung, die keine Schlupflöcher mehr geöffnet lässt, wurde beschlossen?

Kaum eine Entwicklung auf der Welt zeigt die Ohnmacht der großen Bevölkerungsmehrheit deutlicher als die globale Steuervermeidung der »Super Happy Few« und global operierender Konzerne. Oder liegt es nur an den mangelnden Informationen? Jeder Blechschaden ums Eck findet in Regionalzeitungen mehr Beachtung, in nationalen Medien sorgen Waldbrände auf anderen Kontinenten für mehr Schlagzeilen als dieser große, massenhafte Betrug am Gemeinwohl. Und das trifft wohl auf jeden Staat der Erde zu.

Mit Steuern kann man steuern, doch die, die steuern, verstehen es, sich zu verstecken. Die wirklich Wohlhabenden schotten sich ab, und es verbindet sie ein globales Achselzucken. Was ist da nur los? Warum gibt es keine breiten Aufstände? Warum bleiben Medien nicht am Thema dran? Genau.

Wie pharisäerhaft wird da die beharrliche Enttarnung von rechten »Fake News« und Widersprüchen bei Linken, wenn dieses Megathema so offensichtlich ausgeklammert bleibt?

Warum werden keine Dauerserien zur »Forbes«-Liste der wirklich Reichen geschrieben und gedreht? Jeder Staat kann jeden Bürger inzwischen per Datenabfragen sehr genau kontrollieren. Polizeidienststellen berichten beflissen über Geschwindigkeitsüberschreitungen und Führerscheinentzüge. Doch Steuerermittlungen und Steuerstrafverfahren bleiben im Verborgenen. Die Scheinwerfer der Öffentlichkeit zielen systematisch vorbei.

Dabei kann jeder Mann und jede Frau das Reichtums-Ranking von »Forbes« jederzeit im Internet abrufen – unter www.forbes.com/billionaires/list/#version:realtime. Warum wird fast jede Prügelei in einer Flüchtlingsunterkunft zur Meldung, warum nicht das Steuerverhalten im »Forbes«-Heim? Wie wäre es mit einem Einreiseverbot für sehr reiche Personen, die ihre Steuerverhältnisse nicht offenlegen oder wegen ernsthafter Steuervergehen bestraft wurden? Eine Visumspflicht für die 0,1 Prozent für Reisen an ihre bevorzugten Feriendestinationen, zumindest in der Europäischen Union?

Sind die wenigen sehr Vermögenden und die Lenker transnationaler Konzerne tatsächlich so mächtig, dass sie den Fokus von sich so leicht abwenden können, oder sind wir 99,9 Prozent so dumm, einfach nicht hinzusehen?

Wie wäre es mit einem nationalen und globalen Ranking des realen Beitrags zum Gemeinwohl? Ja, es gibt Initiativen wie etwa die »Giving Pledge«, das Versprechen, etwas herzugeben, von Bill Gates und Warren Buffett.[287] Doch in Relation zum Gesamtproblem sind das nur Beruhigungspillen. In Europa mag sich kaum jemand beteiligen. Geschickt meiden etwa die Familien hinter VW und Porsche, hinter Lidl und Aldi die Aufmerksamkeit. Nehmen sie ihre gesellschaftliche Verantwortung wahr?

Die meisten Staaten verlieren mehr Steuereinnahmen auf Grund von Stiftungskonstruktionen ihrer reichen Eliten und dem Verschieben von Milliarden in Steueroasen, als ihre Regierungen für die Flüchtlinge im Land aufwenden. Und während weltweit die reale Steuerbelastung für Unternehmen sinkt, steigt sie bei den einzelnen Bürgern (siehe Grafik »Die braven Steuerzahler und die geschickten Unternehmen«).

In Großbritannien betreiben Lobbyisten gegenwärtig die Transformation des Landes in eine riesige Steueroase, welche die derzeitige Abwanderung von Kapital und Unternehmen rund um den EU-Austritt in eine Zuwanderung umkehren soll.[288] Schon jetzt lässt sich die Freude von Oligarchen an London vor allem durch schillernde Steuerschlupflöcher erklären, die ihnen ermöglichen, das Luxusleben in der Metropole zu führen und dennoch als »Non-doms« zu gelten, als »Nichteinheimische«. So müssen sie nur in Russland bescheidene Steuern zahlen.[289] Unauffällig, aber effizient schützte die britische Regierung in der EU ihre undurchsichtigen Steuerparadiese, insbesondere die Caymaninseln und die Kronländer im Ärmelkanal. Geschätzte drei Billionen Dollar an Vermögen sind in diesem »Königreich der Verschleierung« registriert, das entspricht fast dem gesamten Bruttoninlandsprodukt Deutschlands, also der Summe aller Waren und Dienstleistungen, die innerhalb eines Jahres hergestellt beziehungsweise erbracht werden.[290]

Nun, so der Plan, müsse vor allem die Gewerbesteuer in Großbritannien noch deutlicher gesenkt werden. Dies folgt dem Muster des Steuerwettlaufs in den 1930er-Jahren. Was für ein ruinöses »race to the bottom«, was für eine Abwärtsspirale.

Dabei können die Briten süffisant auf die Union der verbleibenden Mitglieder verweisen. Österreich, Belgien, aber vor allem Luxemburg wehrten sich jahrzehntelang gegen grenzüberschreitende Zugriffe von Steuerbehörden auf Bankkonten. EU-Kommissionspräsident Jean-Claude Juncker hat seine politische Karriere auch darauf aufgebaut, transnationalen Unternehmen in seinem Heimatland eine steuerschonende Oase anzubieten.

Wirtschaftlich werden die anhaltenden Steuergeschenke stets damit gerechtfertigt, dass sie zu mehr Wachstum und damit zu mehr Wohlstand führen würden, der dann allen Bürgern zugutekäme. »Die historische Erfahrung zeigt ziemlich deutlich, dass große Steuersenkungen sich nicht durch Wirtschaftswachstum selbst finanzieren«, bringt jedoch Professor Michael J. Graetz zahlreiche Studienergebnisse auf den Punkt.[291] Graetz ist Spezialist für Fragen der Steuergesetzgebung an der Columbia-Universität in New York und analysierte etwa die wirtschaftspolitischen Maßnahmen unter Ronald Reagan, die jetzt wieder von Donald Trump kopiert werden.

So kann es nur zu einem großen Showdown kommen: Wenn die Steuereinnahmen der Staaten nicht wieder auf eine breite Grundlage gestellt werden, müssen immer mehr staatliche Leistungen eingeschränkt werden, etwa in Ländern, deren Rentensystem stark von staatlichen Zuschüssen abhängig ist wie etwa in Österreich und Deutschland. Um das zu verhindern, stehen die Mächtigen in Wirtschaft und Gesellschaft vor einer historisch wiederkehrenden Alternative: Sie können einen fairen Ausgleich auf den Weg bringen oder unvermeidbare Revolten niederschlagen, wie schon seit den Bauernkriegen im 16. Jahrhundert. Die zeitgemäße Form der Herrschaftsausübung ist die lückenlose Überwachung der Bürger und die Erosion demokratischer Kontrollinstrumente – siehe China.

Pecunia non olet, heißt es, Geld stinkt nicht. In diesem Falle doch. Denn ein »Weiter so« wird in neue Kriegen münden und in die Abschaffung der bisherigen Demokratien.

Aufklärung jetzt: Wurde global alles besser?

»Aufklärung jetzt« lautet der Titel des neuesten Buches von Steven Pinker, Professor für Psychologie an der Harvard-Universität. Microsoft-Gründer Bill Gates bezeichnete es schon vor seinem Erscheinen auf seiner Internetseite als seine »neue ewige Lieblingslektüre«.[292]

Da haben sich zwei besondere Gegenwartsoptimisten gefunden. »Wohlstand, Bildung, Demokratie, Sicherheit, alles entwickelt sich seit langer Zeit zum Besseren«, behauptet Pinker.[293] Schön wär's.

Zweifelsohne kann von vielen Fortschritten der Menschheit berichtet werden, insbesondere bei der medizinischen Versorgung und in der Welt der Technik. Doch reihenweise führt der weltbekannte US-Professor seine Anhänger bei zentralen Themen der Globalisierung zumindest in die Irre.

Beispiel Armut: Beim UNO-Weltgipfel für soziale Entwicklung 1995 in Kopenhagen verabschiedeten 117 Staats- und Regierungschefs ein konkretes Aktionsprogramm zur weltweiten »Beseitigung der Armut«.[294] 1996 wurde beim Welternährungsgipfel in Rom die »Ausrottung der Armut« beschworen.[295] 2015 verkündeten die Vereinten Nationen die Verringerung der Armut von 1,9 Milliarden Menschen auf 836 Millionen.[296] Eine entsprechende Grafik wird weltweit zelebriert, Globalisierungseuphoriker wie der ehemalige polnische Zentralbankchef Leszek Balcerowicz verwenden sie in ihren Vorträgen,[297] Steven Pinker in seinem Buch.[298]

Dabei geht unter, dass der Großteil der Menschen, die in den vergangenen Jahrzehnten der Armut entkamen, in China leben, nämlich 853 Millionen. Ohne den beispiellosen wirtschaftlichen

Aufschwung im Reich der Mitte wäre der gefeierte Erfolg recht bescheiden. Schwerer wiegt noch, dass die Armutsgrenze von 1,90 US-Dollar pro Tag je Person, die den UNO-Berechnungen zugrunde liegt, nur in 31 sogenannten »Ländern mit niedrigem Einkommen« als ernsthafter Maßstab herangezogen werden kann, also etwa in Afghanistan, Sierra Leone, Ruanda oder Haiti.[299]

40 Prozent der Weltbevölkerung leben aber in Ländern wie Vietnam, Indien, Ägypten, Angola oder in der Ukraine, in denen die Armutsgrenze laut Definition der Weltbank bei 3,20 US-Dollar liegt. Demnach verharren noch immer zwei Milliarden Menschen in Armut. Werden Schwellenländer wie Brasilien, Malaysia oder China selbst als Maßstab herangezogen, müsste eine Person mindestens über 5,50 US-Dollar je Tag verfügen können, um nicht arm zu sein. Nach dieser Berechnung lebt sogar weiterhin die Hälfte der Weltbevölkerung, also mehr als drei Milliarden Menschen, in Armut (siehe Grafik »Der vermeintliche Sieg über die Armut«).

Die UNO beschloss auf ihrer Generalversammlung im Jahr 2015, »bis 2030 Armut und Hunger überall auf der Welt zu beenden«.[300] Das ist eine außerordentliche Illusion. Bei den gegenwärtigen Trends wird es ein weiteres Jahrhundert dauern, wenn überhaupt.

Auch das neue, postum veröffentlichte Werk »Factfulness« des populären schwedischen Statistikers Hans Rosling bezieht sich auf die UNO-Zahlen und trägt noch dicker auf als Steven Pinker. Es konzentriert sich vor allem auf die Reduktion der relativen Armut, also auf den Anteil der Armen an der Weltbevölkerung und nicht auf die absoluten Zahlen. So kommen Rosling und seine Kinder, die das Buch nach dem Tod ihres Vaters im Frühjahr 2018 veröffentlichten, zu dem unverantwortlichen Schluss: »Vor 20 Jahren lebten noch 29 Prozent der Weltbevölkerung in extremer Armut. Heute beträgt dieser Anteil neun Prozent. Fast alle Menschen sind dieser Hölle entronnen. Die ursprüngliche Ursache für alles menschliche Leiden wird bald ausgemerzt sein.

Wir sollten eine Feier planen! Eine große Feier! Und wenn ich sage ›wir‹, dann meine ich die Menschheit insgesamt!«[301]

Beispiel Hunger: Ähnlich verhält es sich bei der Frage des weltweiten Hungers. Auch da stützen sich Pinker und andere »neue Optimisten« wie die Rosling-Familie auf Daten, die bei einer genaueren Überprüfung vieles in einem anderen Licht erscheinen lassen. »Die Welt hat die Hungerrate reduziert«, schreibt der Harvard-Professor und druckt dazu eine Tabelle ab, die den prozentualen Rückgang von Unterernährten in Entwicklungsländern von 1970 bis 2015 ausweist.[302] Die Roslings beziehen sich auf dieselbe Grafik.[303]

Dahinter steckt ein mehrfacher Etikettenschwindel. Erstens: Weil nur der Prozentsatz, aber nicht die absoluten Zahlen ausgewiesen werden, »verschwinden« durch die zeitgleiche Bevölkerungszunahme die dramatischen Folgen der Hungersnöte von 2008 bis 2010, als statt 850 Millionen plötzlich mehr als 900 Millionen und im Jahr 2009 sogar mehr als eine Milliarde Menschen hungern mussten – so viele wie nie zuvor.[304] Nach einem Rückgang stieg auch im Jahr 2017 die Zahl der Unterernährten erneut.[305]

Zweitens: Die Verschleierung gelingt auch nur, weil die FAO, die Ernährungs- und Landwirtschaftsorganisation der UNO, im Jahr 2012 ihre Berechnungsmethode geändert hat. Als unterernährt gilt seither nur noch, wer »bei minimaler körperlicher Aktivität« hungern muss. Das ist eine unrealistische Annahme, da gerade in Entwicklungsländern die meisten armen Menschen körperlich hart arbeiten müssen, insbesondere in der Landwirtschaft. »Mit all diesen Tricks gelang es, einen stetig anwachsenden Trend in einen stetig abfallenden zu verwandeln«, urteilt Professor Thomas Pogge, Direktor des Global Justice Program an der US-amerikanischen Yale-Universität.[306] »Kosmetische Mathematik« nennt er das. Es sind Rechentricks der globalen Schönfärber.

Beispiel Ungleichheit: »Es ist ein Klischee über Globalisierung, dass sie Gewinner und Verlierer hervorbringt«, behauptet Pinker. »Die Finanzkrise von 2008«, schreibt er, »hatte eine merkwürdig ausgleichende Wirkung auf die Welt«, denn »die Einkommen der Reichsten der Welt wurden geschmälert, aber die Einkommen der Arbeiter anderswo stiegen an (in China verdoppelten sie sich)«.[307] Dabei bezieht er sich nur auf Einkommensangaben bis ins Jahr 2011, lässt die Entwicklung seither aber außer Acht. So wird aus einer kurzen Crash-Delle, die den weiteren Reichtumszuwachs bei den Reichen kurzzeitig bremste, ein stolzes Argument. Wie falsch (siehe auch die Grafik »Unhaltbare Ungleichheit«).

Auch der »Global Wealth Report« des Research Institute der Schweizer Großbank Credit Suisse, ein jährliches Standardwerk für Geldinteressierte, widerspricht Pinker Ende 2017 diametral. »Das verbliebene negative Erbe der Finanzkrise ist die Vermögensungleichheit, die in allen Teilen der Welt seit 2007 zugenommen hat. Wie die Verfasser des Berichts errechnet haben, startete das oberste Prozent der weltweiten Vermögensbesitzer mit 45,5 Prozent des gesamten Privatvermögens in das neue Jahrtausend, doch mit den Jahren stieg ihr Anteil auf heute 50,1 Prozent.«[308] Der »Vermögensausblick für die nächsten fünf Jahre« ist ebenso eindeutig: »Für das Millionärssegment sind die Aussichten optimistischer als für den unteren Teil der Vermögenspyramide (unter 10 000 Dollar pro Erwachsenem). Während die Zahl der Millionäre bis 2022 um 22 Prozent von heute 36 Millionen auf 44 Millionen steigen dürfte, wird die Zahl der Menschen im untersten Segment der Pyramide wohl nur um 4 Prozent schrumpfen.«

Für sachverständige Wissenschaftler wie den langjährigen Weltbank-Ökonomen Branko Milanović ist es »empirisch leicht zu beweisen: Während der Zeit der rasanten Globalisierung von 1988 bis 2008 gewannen die Menschen in der unteren und oberen Mittelschicht Asiens am meisten. Kein Wunder, denn wir wissen, dass asiatische Länder – insbesondere China, aber in jüngerer Zeit Indien, Indonesien, Thailand und Vietnam – deutlich gewachsen sind, auch während der globalen Rezession. Die zweite Gruppe, die deutlich von der Globalisierung profitiert hat, ist das oberste Prozent, sowohl in den reichen Ländern als auch in anderen Staaten.«[309]

Beispiel Bildung: Zu Recht setzen Pinker und viele andere Wissenschaftler auf den Beitrag von Bildung zur Verringerung von gesellschaftlicher und wirtschaftlicher Ungleichheit. Doch auch diese Entwicklung stößt bei uns und in den hoch entwickelten Gesellschaften an ihre Grenzen – anders als in armen Ländern, in denen die Bildung der Massen, vor allem von Frauen, nach wie vor ein Schlüssel der Armutsbekämpfung ist. Vor allem nach dem Ende des Zweiten Weltkriegs war eine bessere Ausbildung, die fast allen Bürgern in der westlichen Welt ermöglicht wurde, ein wichtiger Faktor. »In nächster Zukunft wird die Ausbildung der Massen bei der Reduktion von Ungleichheit keine große Rolle spielen«, ist jedoch der Ökonom Branko Milanović überzeugt. Sie war »eine Kraft für den Ausgleich, als die reichen Länder von durchschnittlich sechs oder sieben Jahren Bildung auf den heutigen Durchschnitt von 13 Jahren übergingen; aber wir werden keinen massiven Wechsel von 13 auf 20 Jahre Bildung erleben. Deshalb ist die Qualität der Bildung heute wichtiger als die Konzentration auf die Bildung der Massen.«[310]

Beispiel Demokratie: »Anfang der 1990er-Jahre gab es nur 52 Demokratien auf der Welt, heute gibt es 103 davon«, schreibt Pinker. Doch wie steht es um die Entwicklungen in Russland, Ungarn, Polen, aber auch auf den Philippinen, in der Türkei und in den USA? Im Jahr 2017 verzeichnete die »Intelligence Unit« des britischen »Economist« kein einziges Land, das sich auf ihrem Demokratie-Index verbessert hätte. Die »demokratische Rezession«, die der US-Politikprofessor Larry Diamond von der Universität Stanford diagnostiziert hat, hält an. Weniger als fünf Prozent der Weltbevölkerung lebt derzeit in einer »vollständigen Demokratie«, 89 von 167 untersuchten Ländern verschlechterten sich im Demokratie-Ranking.[311]

Sogar hier setzt Pinker auf geradezu blinden Optimismus. Überall sind Antiaufklärer am Werk, Pinker sieht jedoch »Anzeichen, dass ihre Bewegung nicht nachhaltig sein wird. Eines davon ist schlicht, dass ihre Anhänger alt sind. Sowohl Trump als auch der Brexit und die europäischen Populismusparteien werden überwiegend von den Alten getragen, nicht von der Jugend. Die Möglichkeit besteht, dass diese Generationen den Autoritarismus mit ins Grab nehmen werden.« Zahlen sprechen da eine andere Sprache, gerade unter jüngeren und wohlhabenden Menschen steigt die Zustimmung zu starken, antidemokratischen Führern (siehe das Kapitel »Weiter, weiter, immer weiter. Enger, enger, immer enger«, Seite 262).

Beispiele einer ernsthaft kritischen Auseinandersetzung mit den Folgen der Robotik oder der Künstlichen Intelligenz? Bei Pinker eine Fehlanzeige. Sogar Bill Gates meint, der Harvard-Forscher »ist ein wenig zu optimistisch bei Fragen der Künstlichen Intelligenz«. Der Microsoft-Milliardär listet dann aber unter seinen »fünf Lieblingsfakten aus dem Buch« auf: »Krieg ist illegal.«[312] Wow. Great.

»Ich halte eine quantitative, evidenzbasierte Denkweise für ein unerlässliches Fundament der Bildung, des intellektuellen Lebens, übrigens auch des Journalismus«, postuliert Pinker. Und: »Es erfordert Disziplin, sich von Zahlen und Fakten leiten zu lassen im Leben.« Wie wahr.

Pinkers Buch »Aufklärung jetzt« ist getragen von verblendetem Wunschdenken, es wirkt jedoch so angenehm beruhigend in so unruhigen Zeiten. In den USA wurde es sofort zum Bestseller.[313]

Gewollt oder ungewollt: Wer die gegenwärtige Globalisierung so schönredet, besorgt das Geschäft der neoliberalen Geister.

Demokratie? Welche Demokratie?

Wie der freie Westen versagt hat

> *»Alle in den Bundestag gewählten politischen Parteien sind dem Gemeinwohl verpflichtet, sie dienen unserem Land.«*
>
> *Bundespräsident Frank-Walter Steinmeier am 20. November 2017 nach dem Scheitern der »Jamaika«-Sondierungen im Schloss Bellevue in Berlin.*[314] *Von der Wahl bis zur Vereidigung der Großen Koalition am 14. März 2018 vergingen 171 Tage, also fast ein halbes Jahr.*

Die Strahlkraft der Aufklärung, die der Philosoph Immanuel Kant einst als »Ausgang des Menschen aus seiner selbstverschuldeten Unmündigkeit« begriff, verblasst. Der Schutz der individuellen Freiheit durch Bürgerrechte, eine Gewaltenteilung im Sinne des französischen Staatstheoretikers Montesquieu, ein verlässlicher und belastbarer Rechtsstaat, politische Veränderung durch demokratisch legitimierte Institutionen, die Universalität der Menschenrechte, seriöse Informationen, nicht manipulierte Wahlkämpfe, die sich auf grundsätzliche Fragen konzentrieren, das Primat, also der Vorrang der Politik vor Wirtschaftsinteressen, gar minderheitenfreundliche Toleranz – alles Werte im anhaltenden Wertverlust. Oder wurden sie nur nicht konsequent verwirklicht, und ihr Wert bleibt?

Ohnmacht greift jedenfalls um sich, das Vertrauen in die bisherigen Demokratien schwindet schnell, vor allem in ihre Repräsentanten.

»Die Warnsignale blinken rot«, fasst Yascha Mounk, der an der Harvard-Universität lehrt, seine weitläufigen Untersuchungen zusammen.[315] Vorbei ist die »demokratische Konsolidierung«, die ab Mitte der 1970er-Jahre um sich griff, von Lateinamerika bis in den Osten Europas. Bei der Dekonsolidierung wird das Ganze zerlegt, sie zeigt sich zunächst wie ein leichtes Fieber, ehe danach die Grippe voll ausbricht. Ob Venezuela, Ungarn oder Polen, die Anzeichen waren lange vorhanden, dass demokratische Praktiken in diesen Gesellschaften nicht tief wurzelten.

Doch auch in den länger etablierten Demokratien wie in Australien, Großbritannien oder in Schweden glauben inzwischen immer weniger Menschen, dass es »essentiell« sei, in einer Demokratie zu leben. 2014 meinte bereits jeder sechste befragte US-Amerikaner, dass eine Militärherrschaft »gut« oder »sehr gut« sei. 1995 stimmte dem nur jeder Sechzehnte zu.

Vorbei ist die Zeit, da argumentiert werden konnte, in der Distanz zu Parteien und in Wahlkabinen kämen eine stillschweigende Zustimmung zu den jeweils herrschenden Zuständen zum Ausdruck, viele Menschen würden sich ohnehin in Bürgerinitiativen oder Nichtregierungsorganisationen engagieren. Bei den Nachkriegsgeborenen traf und trifft das noch zu, nicht mehr bei den Millennials, also den ab 1980 Geborenen. »Die Generation der Babyboomer hat es nicht geschafft, ihre Neigung zu unkonventionellem Engagement an ihre Kinder und Enkel weiterzuvermitteln«, analysiert Mounk nach der Auswertung der jüngsten Daten des »World Value Survey«.[316]

Ein Viertel der 16 bis 24 Jahre alten US-Bürgerinnen und -Bürger findet, dass ein »demokratisches politisches System« eine »schlechte« oder sogar »sehr schlechte« Form sei, ein Land zu regieren. Während es knapp die Hälfte der älteren US-Amerikaner für unzulässig hält, dass das Militär im Falle einer inkompetenten Regierung die Macht übernimmt, sehen das nur 19 Prozent der Millennials so. Auch in den EU-Staaten gibt es diese Generationenkluft, wenn auch nicht so ausgeprägt. Hier steht es 53:36.

In den bevölkerungsreichsten EU-Staaten ist für ein Viertel der 16- bis 24-Jährigen die Demokratie nicht besser als andere Staatsformen, ermittelte das Meinungsforschungsinstitut YouGov 2017.[317] Die skandinavischen Länder bilden noch die Ausnahme, ansonsten zweifeln immer mehr Bürger am demokratischen System.[318]

In repräsentativen Umfragen vertreten zwei Drittel der Deutschen die Auffassung, dass »die demokratischen Parteien alles zerreden und die Probleme nicht lösen«.[319] 87 Prozent stimmten 2015 der Aussage zu, dass »die Politiker weiter an Zustimmung verlieren werden«, zwei Jahre zuvor waren es erst 77 Prozent. »Viele Bürger wenden sich enttäuscht oder frustriert ab und entziehen ihnen das Vertrauen. Dies führt seit Jahren zu einem hohen Anteil von Nicht- oder auch Protestwählern«, analysierte damals die Hamburger Stiftung für Zukunftsfragen.[320]

Es ist nicht nur ein Zeitgeistgefühl, dass in Westeuropa und in den USA die Dramen des Zweiten Weltkrieges und die zerstörerische Kraft von Diktaturen ihre Wirkung auf politische Grundeinstellungen massiv eingebüßt haben.

Seit in Medien und in der allgemeinen Wahrnehmung »die bösen Deutschen und die fürchterlichen Nazis« wie auch die italienischen oder spanischen »Faschisten« nicht mehr dominieren und stattdessen die »reifen, erfolgreichen und guten Deutschen« das allgemeine Bild prägen, verlieren totalitäre Regime ihren Schrecken. Der Abschied vom Klischee des Nazideutschen vereinfacht seine Rückkehr im Gewand des weißen und angeblich dann auch weisen Führers – von Ungarn bis nach Lateinamerika.

Erstaunlicherweise werden fast alle dieser politischen Entwicklungen bisher nur mit dem Begriff »Populismus« ummantelt. Doch dieser »Rechtspopulismus« zeigt überall einen nationalen und auf autoritäre Strukturen ausgerichteten Kern. Bisweilen sind auch bislang nur als »rechtspopulistisch« beschriebene Parteien und Parteiführer nach politikwissenschaftlicher Definition schlichtweg rechtsradikal. Populisten der Beliebigkeit sind vielfach nur Vorboten, immer mehr Neonationalisten siegen, oft mit dem Ziel, ihre Macht autoritär auszuüben.

Fundamentale Veränderungen haben bereits stattgefunden, manches Fenster, etwa das russische, wurde nicht geöffnet, manche vor ihrer tatsächlichen Öffnung geschlossen wie in der Türkei mit der Wahl von Recep Tayyip Erdoğan im Juni 2018 zum

Die neue Sehnsucht nach dem starken Mann

Anteil der Befragten, die es für »essentiell« halten, in einer Demokratie zu leben – nach Geburtsjahrzehnt

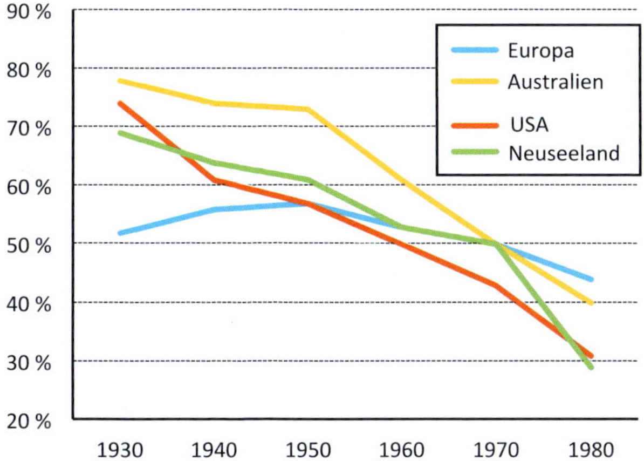

Anteil der Befragten, die eine Demokratie für ein »schlechtes« oder »sehr schlechtes« System halten – nach Alter

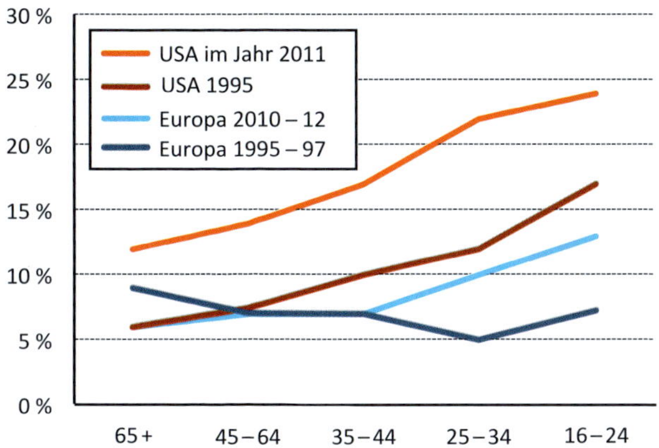

Anmerkung: In Österreich stimmten Ende 2017 bei einer repräsentativen Umfrage 26 Prozent aller Befragten der Aussage zu: »Es sollte einen starken Führer geben, der sich nicht um Parlament und Wahlen kümmern muss.«
Quellen: Foa & Mounk, The Danger of Deconsolidation, Journal of Democracy, 2016; Foa & Mounk, The Signs of Deconsolidation, Journal of Democracy, 2017; World Values Survey Database; SORA, 2018.

Die unhaltbare Ungleichheit

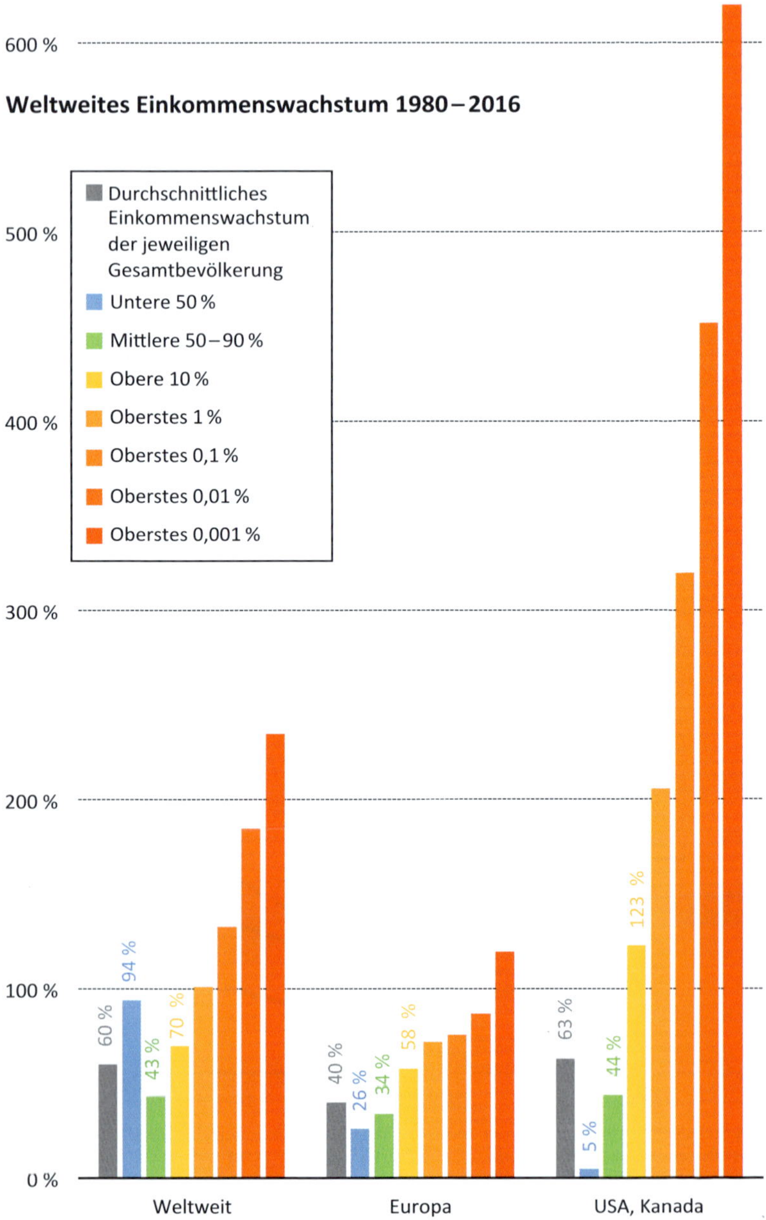

Anmerkungen: Alle Angaben sind inflationsbereinigt. Bei 100 Prozent hat sich das Einkommen verdoppelt, bei 600 Prozent versiebenfacht. Die sehr unterschiedliche Entwicklung in West- und Osteuropa seit 1980 wurde berücksichtigt und entsprechend gewichtet.

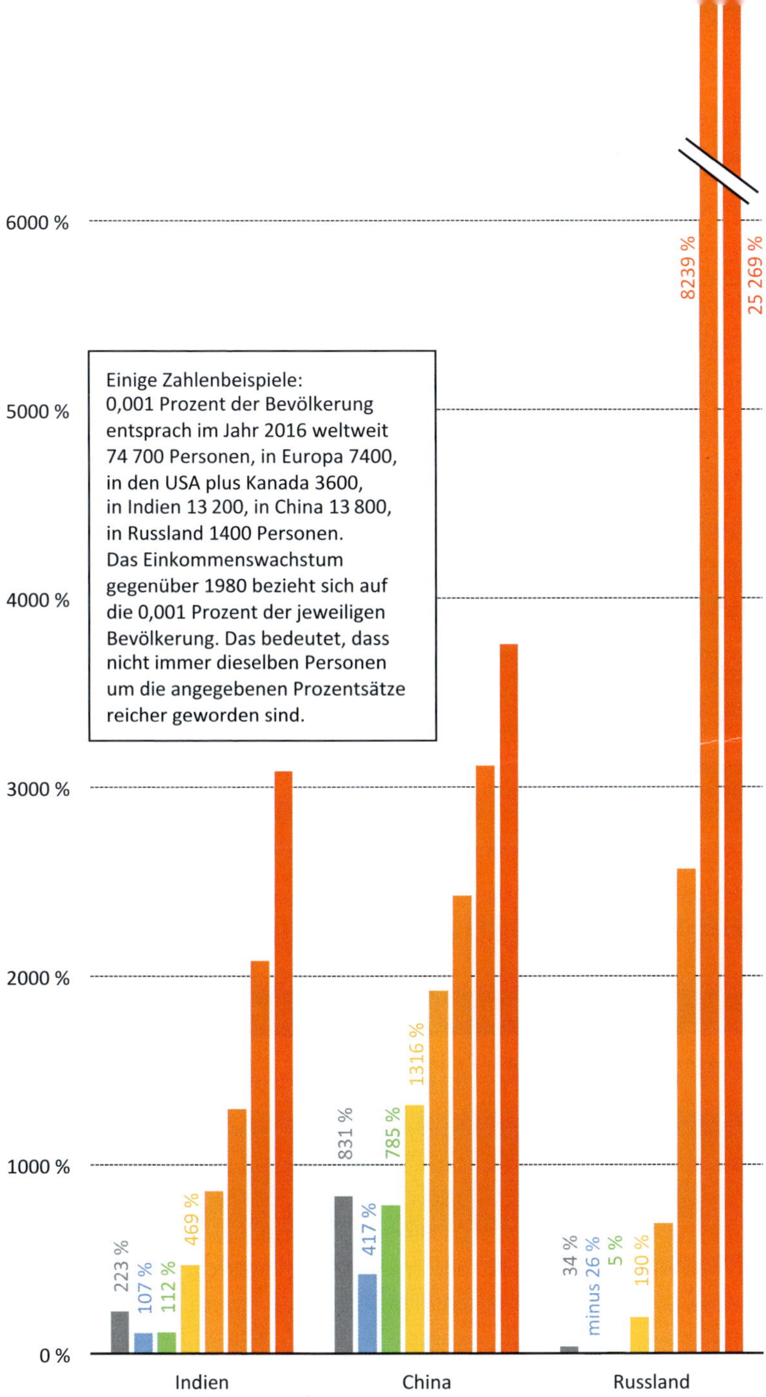

Anmerkungen: Alle Angaben sind inflationsbereinigt. Bei 1000 Prozent ist das Einkommen um das Elffache gestiegen, bei 25 000 Prozent um das Zweihunderteinundfünfzigfache.
Quelle: World Inequality Report 2018. Bearbeitung, Grafiken MKM.

Die wahren Gewinner

Weltweites Einkommenswachstum 1980–2016

Reales Einkommenswachstum je Erwachsenem in Prozent

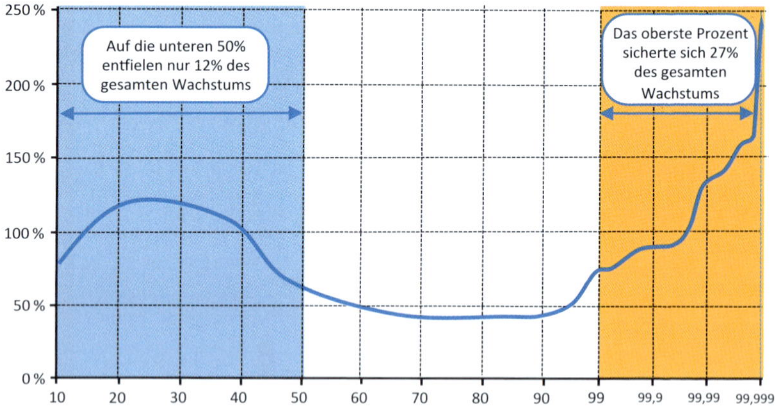

Einkommensgruppen, von der ärmsten bis zur reichsten Gruppe, in Prozent

Anmerkungen: Das oberste ein Prozent weltweit ist rechts im Detail dargestellt. Auch arme Europäer gehören im Weltmaßstab zu den oberen 50 Prozent der Einkommensgruppen. 50 Prozent der Weltbevölkerung entsprach 1980 insgesamt 2,25 Milliarden Menschen, 2016 waren es 3,25 Milliarden

Die verschiedenen Einkommensschichten

	Single	Paar mit zwei Kindern
Einkommensreiche	GER: > € 4400 AUT: > € 4870	GER: > € 9230 AUT: > € 10 230
Obere Mitte	GER: € 2640 bis € 4400 AUT: € 2920 bis € 4870	GER: € 5540 bis € 9230 AUT: € 6140 bis € 10 230
Mitte im engen Sinn	GER: € 1410 bis € 2640 AUT: € 1560 bis € 2920	GER: € 2950 bis € 5540 AUT: € 3275 bis € 6140
Untere Mitte	GER: € 1050 bis € 1410 AUT: € 1170 bis € 1560	GER: € 2220 bis € 2950 AUT: € 2455 bis € 3275
Einkommensarme	GER: < € 1050 AUT: < € 1170	GER: < € 2220 AUT: < € 2455

Anmerkung: Monatliches Nettoeinkommen je Haushalt.
Quellen: World Inequality Report 2018; Institut der deutschen Wirtschaft Köln, 2017, EU-SILC 2016.

Die unerhört teuren Medikamente

Ausgaben für Medikamente in US-Dollar pro Person

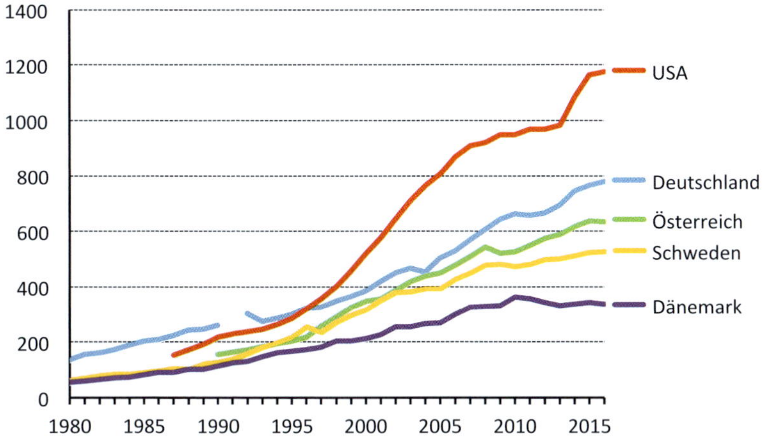

Das unbezahlbare Wohnen

Der für die Miete ausgegebene Einkommensanteil in Prozent, 2015

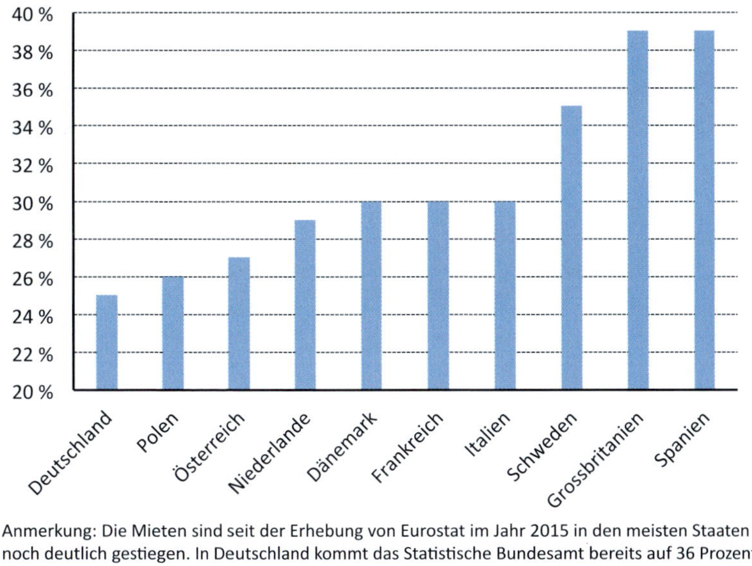

Anmerkung: Die Mieten sind seit der Erhebung von Eurostat im Jahr 2015 in den meisten Staaten noch deutlich gestiegen. In Deutschland kommt das Statistische Bundesamt bereits auf 36 Prozent, 17 Prozent aller Haushalte gaben sogar mehr als 40 Prozent ihres monatlich verfügbaren Einkommens allein für Mietkosten aus. In Österreich sind die Zahlen fast identisch.
Quellen: Pharmaceutical Spending, OECD, 2016; Eurostat Daten. Grafiken MKM.

Die unbelohnte Produktivität

Stundenlöhne und Nettoproduktivität in den USA

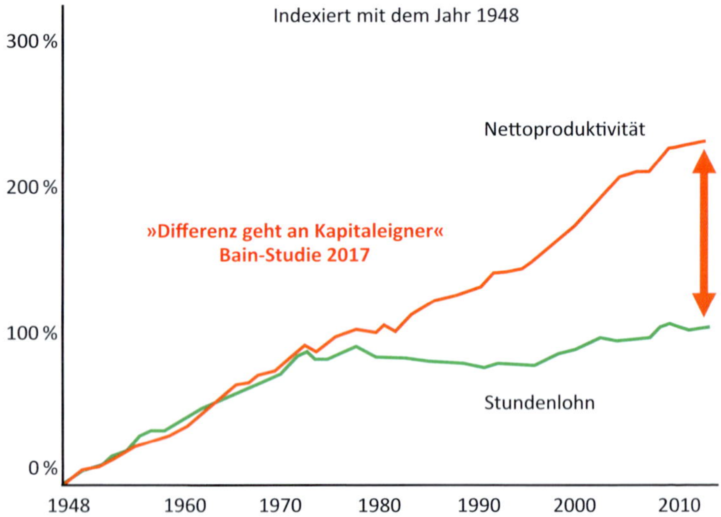

Quelle: Copyright Bain & Company, Labor 2030 Report, Boston, 2018.

Reallöhne und Arbeitsproduktivität in Deutschland

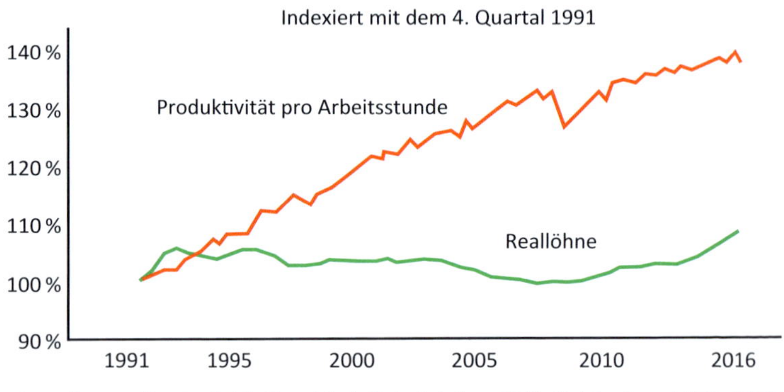

Anmerkungen: Der durch Arbeit erwirtschaftete Anteil am US-Bruttoinlandsprodukt im Fünfjahresdurchschnitt; dieser Anteil schließt den Landwirtschaftssektor nicht ein; die Zahlen beziehen sich auf den durchschnittlichen Stundenlohn der Erwerbstätigen in der Privatwirtschaft und die Nettoproduktivität der Gesamtwirtschaft; die Nettoproduktivität ist das Wachstum der Produktion von Waren und Dienstleistungen abzüglich Abschreibungen pro Arbeitsstunde. Quellen: Grafik USA: Bureau of Labor Statistics; Economic Policy Institute; Bain Macro Trends Group analysis, 2017. Grafik Deutschland: Haver Analytics, in: Financial Times, Why German wages need to rise – and fast, 16.11.2016.

Der unrentable Mensch

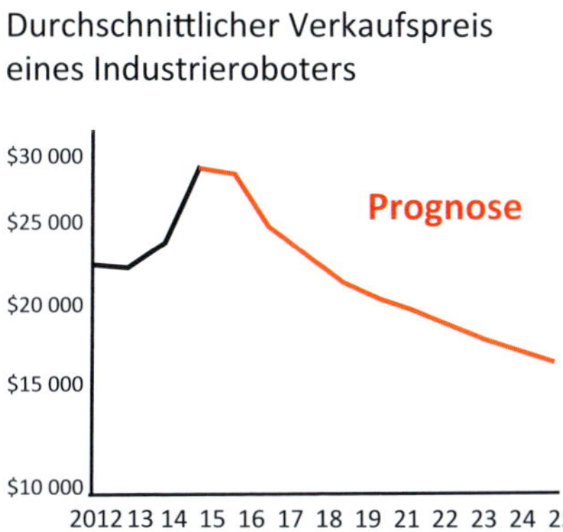

Anmerkungen: Kosten eines Roboters je Stunde, kalkuliert auf der Basis eines Baxter Cobot mit garantierten 6300 Arbeitsstunden in US-Dollar. Daten von China und Indien 2012 und 2011.
Quelle: Copyright Bain & Company, Labor 2030 Report, Boston, 2018

Der Kahlschlag in Boomtown

Von der Automatisierung bedrohte Arbeitsplätze in der Region des Flughafens Heathrow in London und am Flughafen Frankfurt

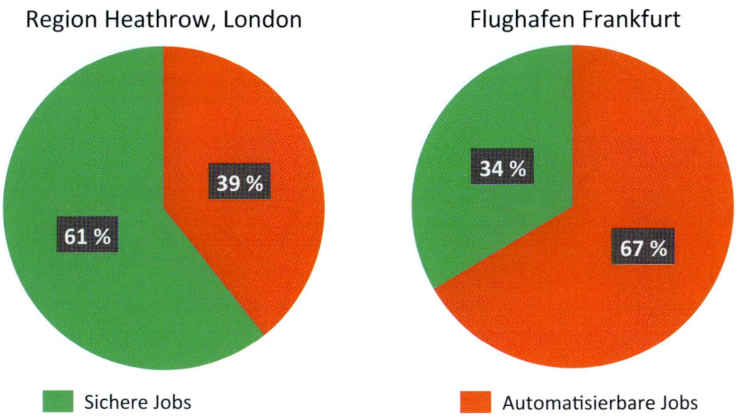

Anmerkung: Der Frankfurter Flughafen beschäftigte zum Erhebungszeitpunkt 80 966 Personen.
Quellen: Barclays Equity Research; Conference Board; Robotworx; Rethink Robotics; Bain Macro Trends Group Analysis, 2017. Boomtown: Future Advocacy, Impact of AI in UK constituencies, 2017. C. B. Frey et al, The Future of Employment: How susceptible are jobs to computerisation, 2013. Fraport, Beschäftigtenerhebung am Flughafen Frankfurt, 2015.

Die braven Steuerzahler und die geschickten Unternehmen

Die Steuerbelastung für Unternehmen sinkt, die Belastung für Bürger steigt

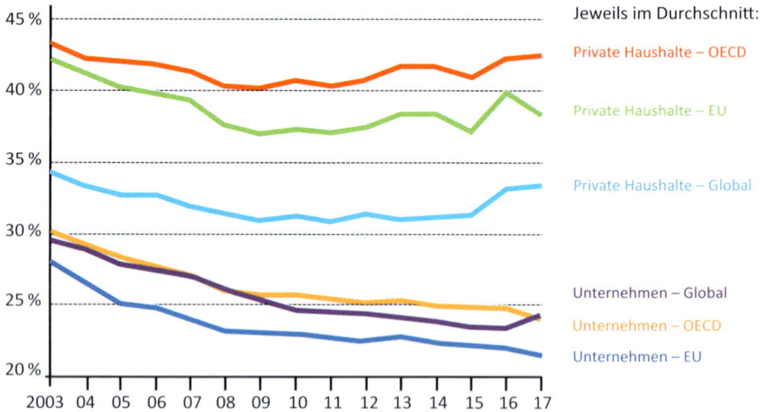

Unternehmen zahlen weniger Steuern, tatsächlicher Steuersatz

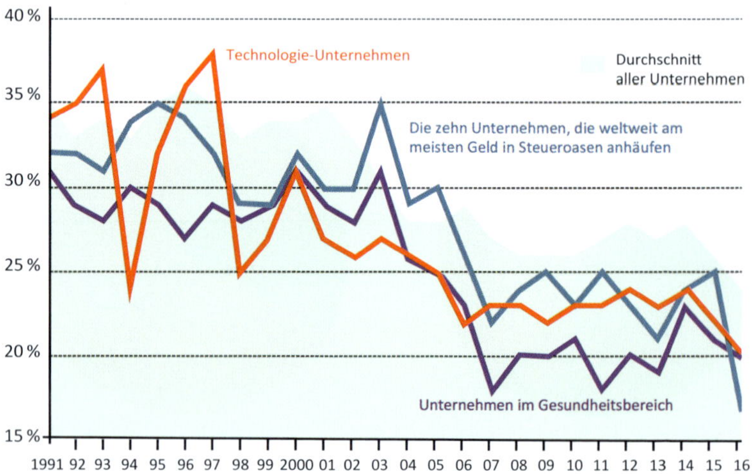

Anmerkungen: Alle Angaben sind inflationsbereinigt. Steuersatz in der oberen Grafik ohne Berücksichtigung von Absetzungsmöglichkeiten, Freibeträgen etc. In der unteren Grafik ist es der effektive, also tatsächliche Steuersatz. Quelle: KPMG, S&P Capital IQ, FT Calculations, in: Multinationals are paying lower taxes than a decade ago, Financial Times, 11.3.2018.

Die Welt der Steueroasen

Verteilung der in Steueroasen angehäuften Vermögen

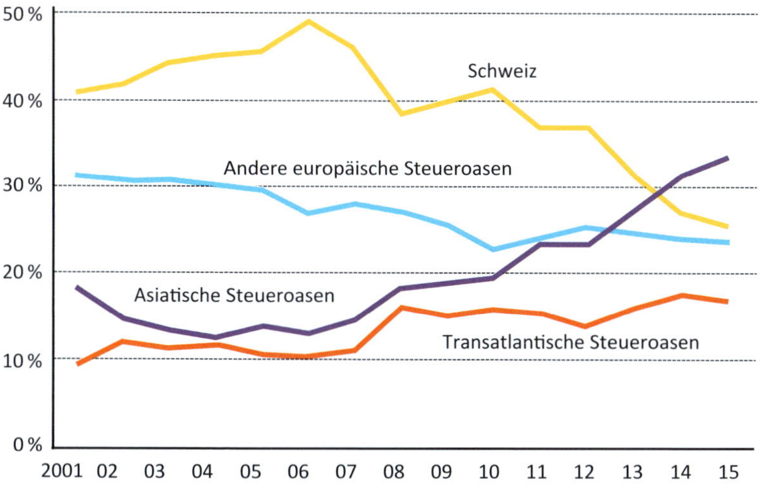

Anmerkungen: »Andere europäische Steueroasen« sind zum Beispiel Zypern, Guernsey, Jersey, Isle of Man, Luxemburg und Großbritannien. »Asiatische Steueroasen« sind zum Beispiel Hongkong, Singapur, Macao, Malaysia, Bahrain, Bahamas, Bermuda und die Niederländischen Antillen. »Transatlantische Steueroasen« sind zum Beispiel die Cayman-Inseln, die USA und Panama.

Der Schuldenberg

Schuldenquote in Prozent des Welt-Bruttoinlandsprodukts

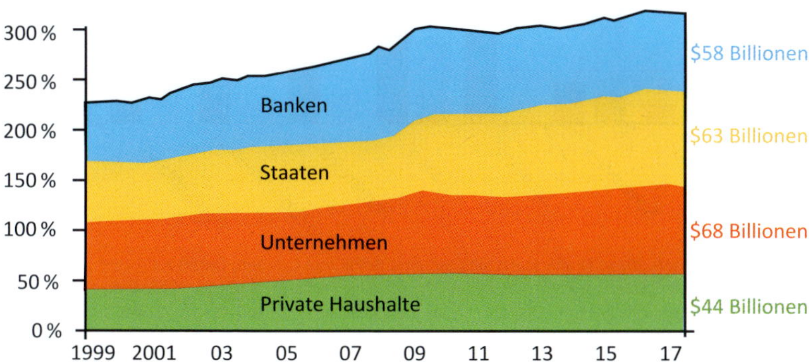

Anmerkung: Schulden ohne Berücksichtigung der jeweils eigenen Forderungen, beispielsweise nehmen Unterehmen Kredite bei Banken auf, haben aber gleichzeitig Forderungen gegenüber Kunden.
Quelle: Gabriel Zucman, »Who Owns the Wealth in Tax Havens? Macro Evidence and Implications for Global Inequality«, 2017; IIF/F.A.Z.-Grafik Brockner, 2018.

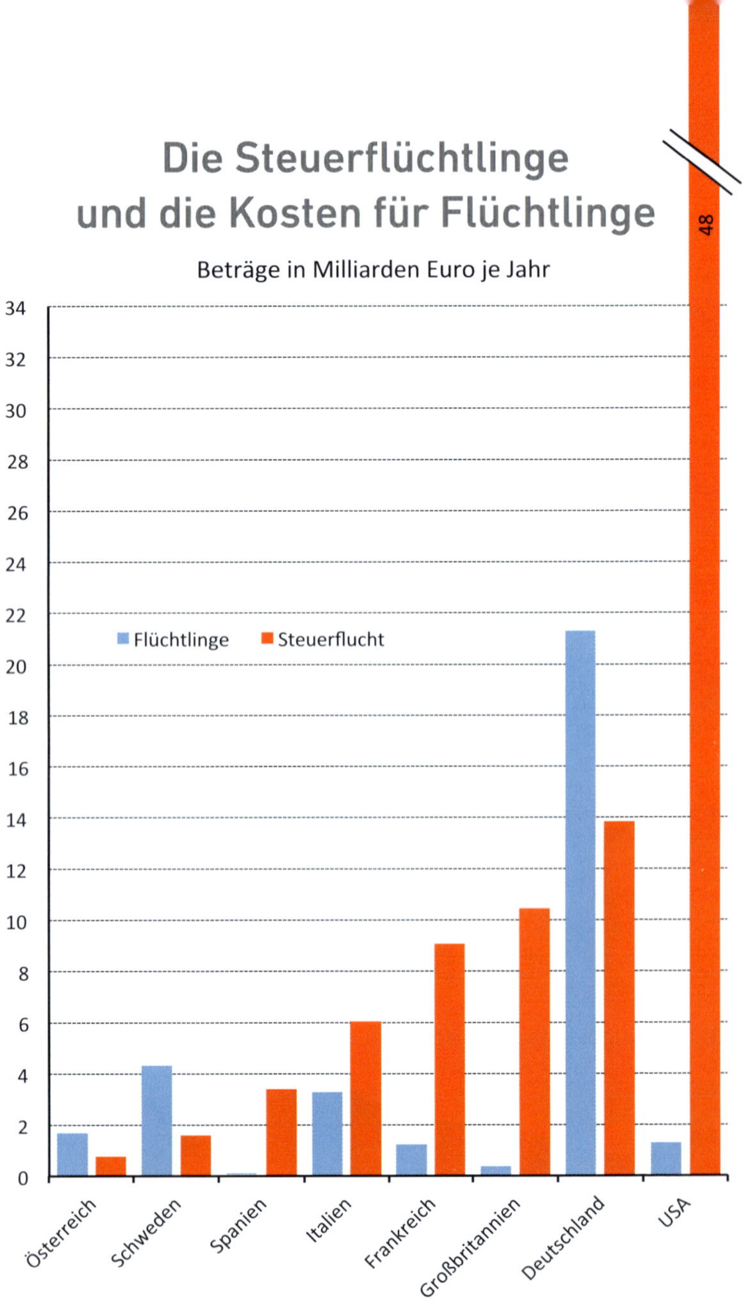

Anmerkungen: Diese Grafik stützt sich auf eine Reihe von Quellen. Daten zur Steuerflucht: Tørsløv & Weir & Zucman, The Missing Profits of Nations, 2018. Die Flüchtlingskosten beziehen sich auf die Jahreshöchstwerte des jeweiligen Landes zwischen 2015 und 2017. Detaillierte Angaben zu allen Zahlen finden sich im Anmerkungsteil am Ende dieses Buches. Grafik MKM.

Der vermeintliche Sieg über die Armut

Die UNO und Optimisten wie Steven Pinker feiern den Erfolg. Der Berechnung liegt aber die Armutsgrenze von 1,90 US-Dollar pro Tag zugrunde, die nur für die ärmsten Länder relevant ist.

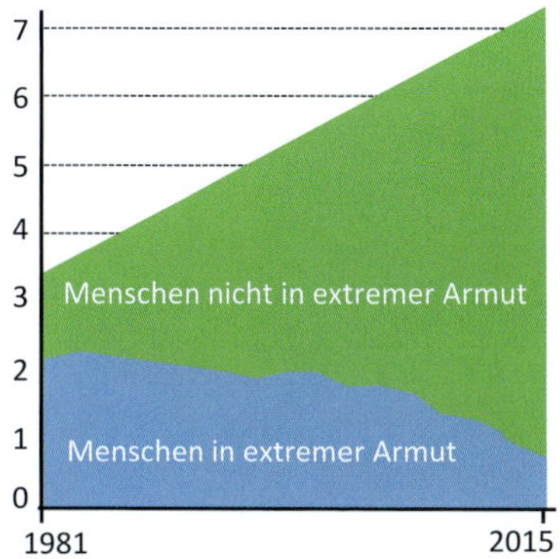

Nach diesem Maßstab sank die Armut seit 1981 um 1,1 Milliarden Menschen. China trug den Löwenanteil dazu bei, dort entkamen 853 Millionen der Armut.

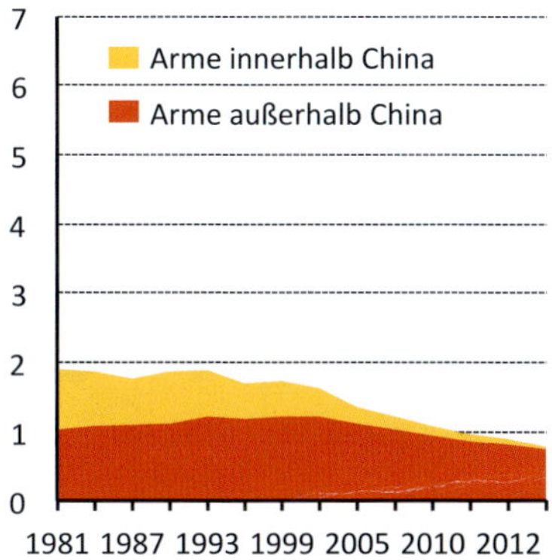

40 Prozent der Weltbevölkerung lebt aber in Ländern, in denen die Armutsgrenze bei 3,20 US-Dollar liegt. Demnach sind noch immer zwei Miliarden Menschen arm. Außerhalb Chinas nahm die Zahl armer Menschen sogar zu.

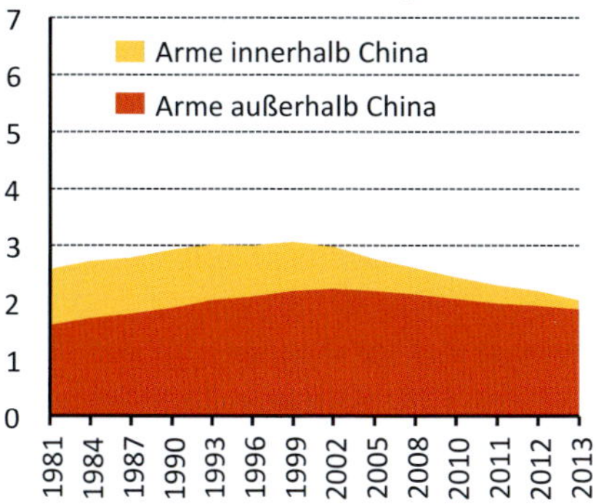

Werden Schwellenländer wie Brasilien, Malaysia oder China selbst zum Maßstab, liegt die Armutsgrenze bei 5,50 US-Dollar. Nach dieser Berechnung lebt weiterhin die Hälfte der Weltbevölkerung in Armut.

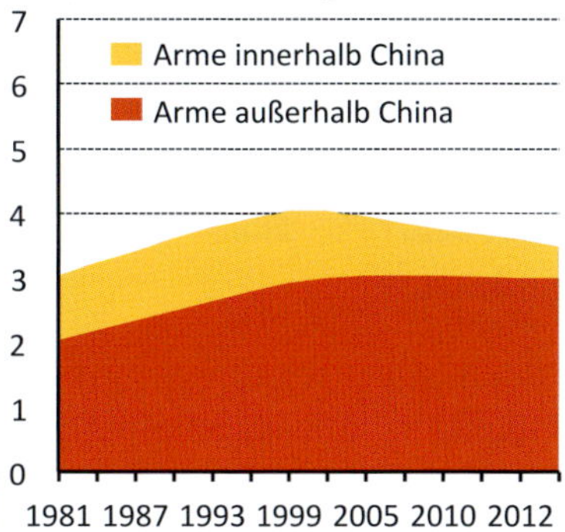

Quellen: Our World in Data, Roser & Ortiz-Ospina 2017, basierend auf Daten von Bourguignon und Morrisson 2002 und Weltbank 2016; Weltbank PovcalNet 2018. Grafiken MKM.

Die Chinesen in Afrika

Chinesische Investitionsangebote auf dem afrikanischen Kontinent allein in den Jahren 2010 bis 2012

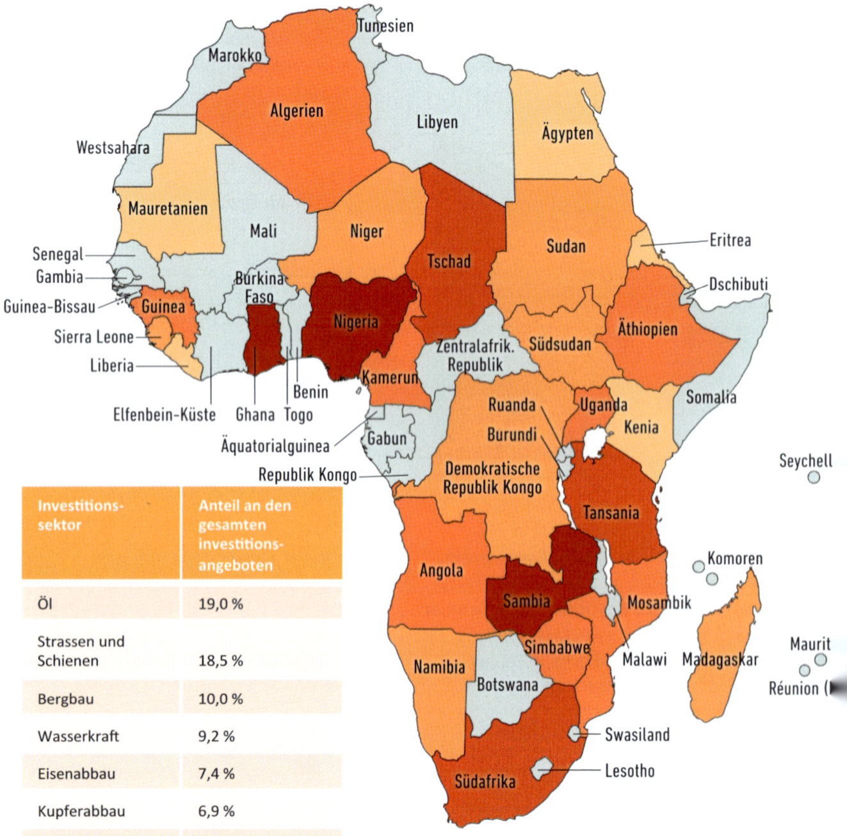

Investitionssektor	Anteil an den gesamten Investitionsangeboten
Öl	19,0 %
Strassen und Schienen	18,5 %
Bergbau	10,0 %
Wasserkraft	9,2 %
Eisenabbau	7,4 %
Kupferabbau	6,9 %
Zivile Bauten	5,9 %
Produktionsanlagen	3,7 %
Uraniumabbau	2,3 %
Flughäfen	2,0 %
Entwicklungshilfe	1,8 %
Andere	13,8 %

- Weniger als $ 500 Millionen
- Zwischen $ 500 Millionen und $ 1 Milliarde
- Zwischen $ 1 Milliarde und $ 5 Milliarden
- Zwischen $ 5 Milliarden und $ 10 Milliarden
- Mehr als $ 10 Milliarden

Quelle: China Business Review. Grafik MKM, mit mapchart.net.

Das Wachstum in Afrika

Erwartete Zunahme der Bevölkerung

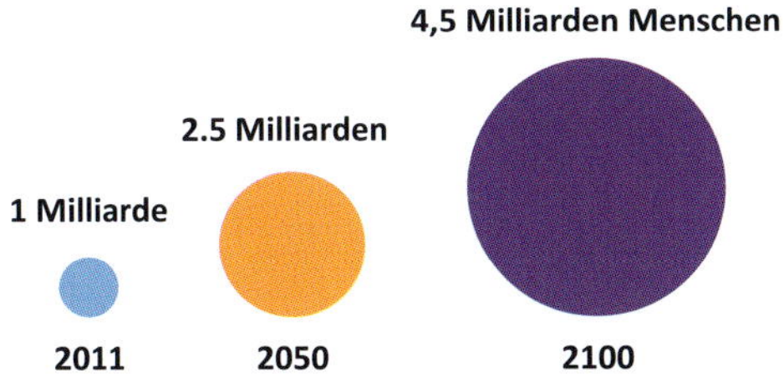

Erwartetes Städtewachstum

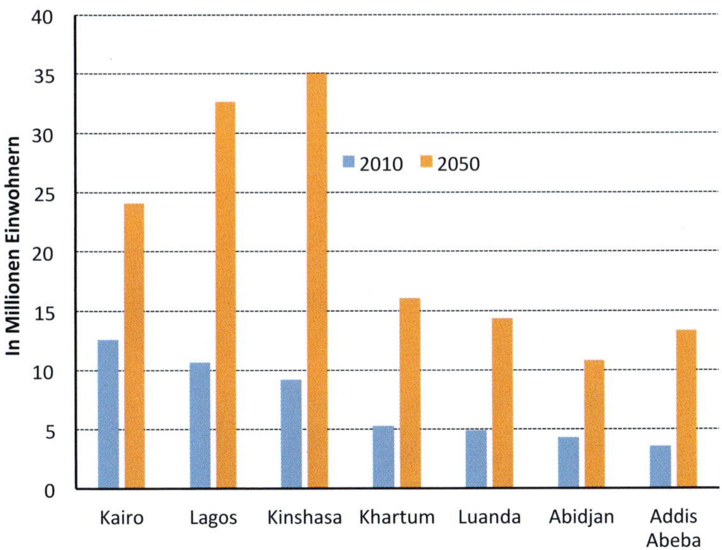

Quelle: Daniel Hoornweg & Kevin Pope, Population predictions for the world's largest cities in the 21st century, International Institute for Environment and Development (IIED), London, 2016; World Population Prospects, UN, 2017. Grafiken MKM.

Der kontrollierte Bürger

Öffentlich zugängliche Daten ermöglichen genaueste Bewegungsprofile einzelner Bürger. Zwei Beispiele aus London: Sie zeigen, wie einzelne Fahrradfahrer ihr Leihrad innerhalb von sechs Monaten nutzen. Wohnort, Arbeitsstelle und private Vorlieben lassen sich daraus einfach ableiten – für jedermann.

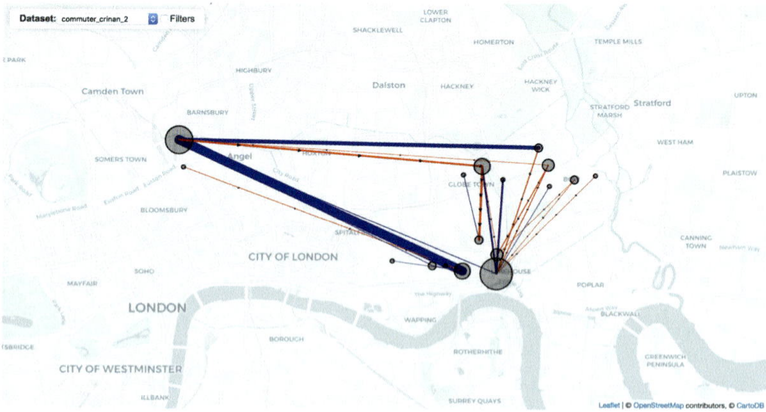

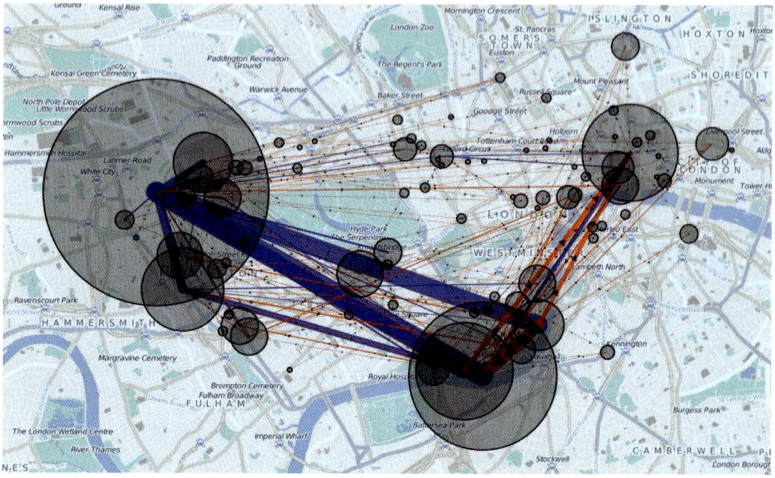

Quelle: James Siddle, I Know Where You Were Last Summer: London's public bike data is telling everyone where you've been, 2014, https://vartree.blogspot.com/2014/04/i-know-where-you-were-last-summer.html.

Das komplett überwachte Heim

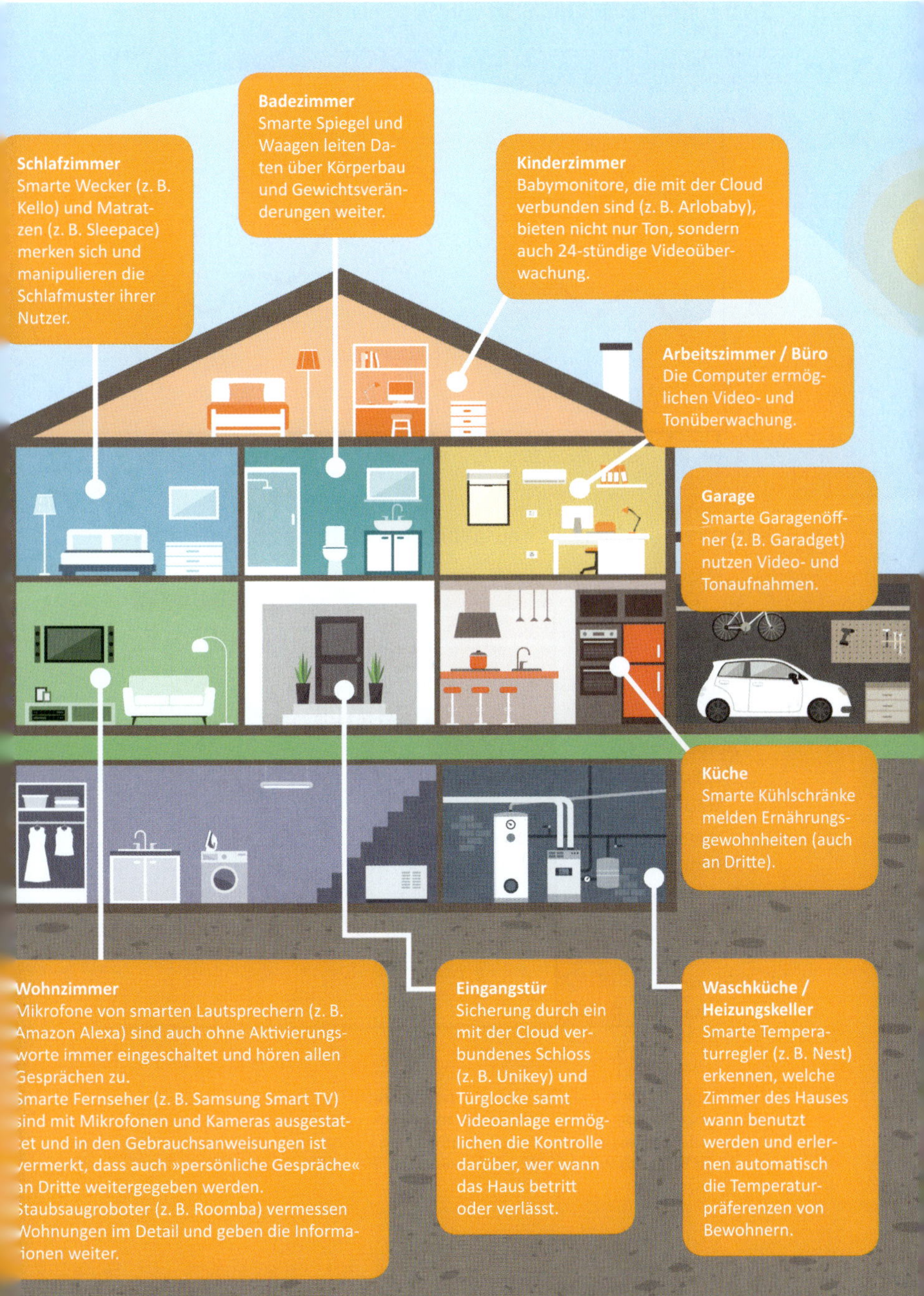

Quelle: Abbildung Shutterstock/SkyPics Studio und elenabsl. Texte MKM.

Die neue Rüstungswelt

Trends beim Waffenhandel von 1950 bis 2017

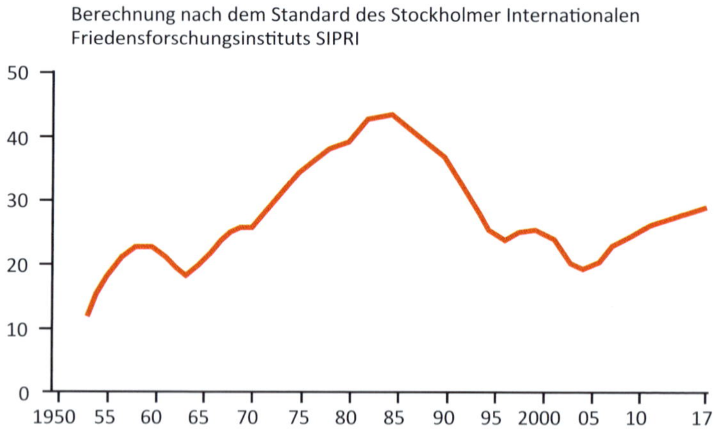

Veränderung der Militärausgaben von 2008 bis 2017 in Prozent

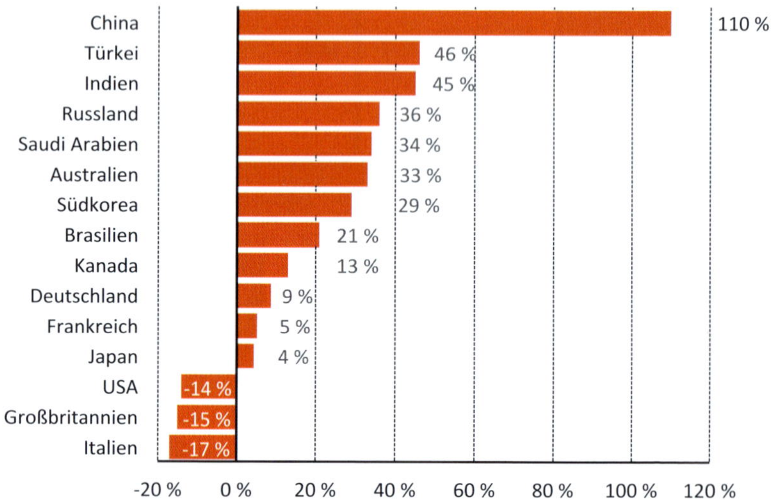

Anmerkung: In den USA gingen unter der Administration von Barack Obama die Militärausgaben von 2009 bis 2017 insgesamt zurück, unter Donald Trump wurde für das Jahr 2018 im US-Kongress eine Erhöhung von 15 Prozent auf 700 Milliarden US-Dollar beschlossen.
Quelle: SIPRI Trends in World Military Expenditure, 2017, SIPRI Yearbook 2018. Grafiken MKM.

ersten Präsidenten nach der neuen türkischen Verfassung, die ihn zum Alleinherrscher kürt.

Wie Demokratien sterben, offenbart sich aktuell auch in Brasilien. Nach jahrzehntelanger Militärdiktatur dürfen die Bewohner des größten südamerikanischen Landes seit 1985 den Präsidenten wieder direkt wählen. Zunächst gelang den alteingesessenen politischen Kräften noch der Machterhalt, ehe 2002 Luiz Inácio Lula da Silva im vierten Anlauf siegte, ein Arbeiterführer, der fernab der systemischen Korruption wahrgenommen wurde. Eine neue Zeit sollte anbrechen, zumal viele seiner Parteikollegen im Partido dos Trabalhadores selbst im Widerstand gegen die Generäle aktiv gewesen waren.

Der Wirtschaftsboom, befeuert durch neu entdeckte Ölvorkommen, bot Brasilien die Leiter auf die Weltbühne, die Ausrichtung der Fußballweltmeisterschaft 2014 und der Olympischen Spiele 2016 sollten den Aufstieg in den Kreis der großen Weltnationen markieren. Die Internationale der Geldanleger erfreute sich am südamerikanischen Riesen, ebenso wie an Indien, China und Russland, den BRIC-Staaten. Jetzt wird in Brasilien gegen 40 Prozent aller Abgeordneten wegen Korruptionsverdachts ermittelt, Lula wurde in zweiter Instanz zu zwölf Jahren Gefängnis verurteilt, seine Nachfolgerin des Amtes enthoben. Amtsinhaber Michel Temer verlor das passive Wahlrecht, zwei Anklagen erwarten ihn. Um die Rezession abzuwenden und Brasiliens Wirtschaftsmagnaten zufriedenzustellen, privatisierte er in neoliberaler Tradition. Unter dem Slogan »Es kann gar nicht mehr schlimmer werden« kandidierte der Berufsclown Tiririca, auf Deutsch »Muffel«, 2010 erstmals fürs nationale Parlament und erhielt mehr Stimmen als jeder andere Kandidat. Doch nun tritt er nicht mehr an. »Nur acht von 513 Abgeordneten besuchen tatsächlich die Sitzung«, klagte er im Dezember 2017, »ich bin einer der acht, und ich bin ein Clown.«[321]

94 Prozent der Brasilianer misstrauen den Parteien, da öffnet sich viel Platz für den Shootingstar Jair Bolsonaro. Er wird von evangelikalen Gemeinden unterstützt, bezeichnet Indigene als

»Tiere« und dankte den verantwortlichen Generälen dafür, dass sie die frühere Präsidentin Dilma Rousseff foltern ließen, als sie noch im Widerstand gegen die Militärs kämpfte.[322]

Die Provokationen verfehlen ihre Wirkung nicht. Wie fast überall. Und wie fast überall bricht ein System in sich zusammen, das nicht stabil war. Von welcher Demokratie ist eigentlich die Rede? »Das kann doch nicht alles gewesen sein, das bisschen Fußball und Führerschein, das war jetzt das donnernde Leben«, singt der deutsch-deutsche Liedermacher Wolf Biermann. Das bisschen Wählen und Talkshows, das ist die donnernde Demokratie? Ist das alles, was aufgeklärte Bürger aufbauen können?

Im Zentrum steht das Machtdreieck Parteien, Medien, Lobbyisten. Wer dient da wem? Nach den großen Sündenfällen schlittert die Europäische Union in ihr Entscheidungsjahr 2019. Die Eliten in den USA und in der EU revoltieren gegen das eigene Volk, versprengte Liberale und Linke pflegen ihre eigene Blase, die schweigende Mehrheit fühlt sich fremd im eigenen Land, die Keulenschläge des Populismus, gar des Nazismus zielen ins Leere. Die Todesstrafe in den Medien-Parteien-Demokratien ist der Rufmord. Und in der Leere bleibt die Frage: Wie können sich nur so viele Menschen politisch ins eigene Knie schießen? Da geht es um Ressentiments und anderes.

Parteien als Selbstzweck

Der Autor ist durch seine 15-jährige Tätigkeit als unabhängiges Mitglied des Europäischen Parlaments in dieser Frage befangen, aber auch erfahren. Niemals hätte ich gedacht, dass leider meistens zutrifft, was sich Herr und Frau Mustermann typischerweise über Politiker denken. Die Entwicklung ist aus dem Ruder gelaufen. In den westlichen Demokratien leisten wir uns ein System, das in hohem Maße systemzerstörerisch wirkt.

Es beginnt mit dem Auswahlprozess. Wer engagiert sich heutzutage noch in Parteien, wer kandidiert für ein Amt? Wer nimmt die Flut an zermürbenden Sitzungen und die unablässigen Intrigen auf sich, ehe eine politische Position erreicht ist, in der relevante Entscheidungen zu treffen sind? Wer beißt sich durch? Und wer schafft es schlussendlich? Verbreitet ist die Wehklage, dass es kaum noch kantige, von Sachverstand und Sinn fürs Gemeinwohl getriebene Politiker gibt. Wie viele kennen Sie?

Da eröffnet sich ein Grundwiderspruch. Wenn jemand tatsächlich kantig ist und eigenständig auftritt, wird ihm von Mitstreitern in der eigenen Partei und in den etablierten Medien sehr schnell vorgeworfen, sich nicht anzupassen. Wer sich hingegen als Neueinsteiger anpasst, muss sich unverzüglich vorhalten lassen, nur an einer Karriere und nicht an Inhalten interessiert zu sein.

Wer sich gar als »idealistisch« bezeichnet, dem schlägt Misstrauen entgegen, er wird verlacht. Wer in Parteikreisen überleben will, muss sich jedenfalls schnell einfügen, anpassen. Häufig muss sich der Neopolitiker dabei verbiegen, er wird auch verbogen und nicht selten gebrochen, ehe er oder sie als Parteivertreter an wichtigen politischen Gestaltungsprozessen teilnehmen darf. Dabei verlieren viele die Selbstachtung, gleichzeitig wächst bei jenen, die durchhalten, die Abhängigkeit von »der Partei«, oft auch die Sucht nach Macht und Insignien. Zur Kompensation von erbrachten »Opfern« und erlittenen Enttäuschungen lockt als Ersatzbefriedigung der übermäßige Konsum von Privilegien.[323]

Im Rahmen einer üblichen Laufbahn als Vollzeitpolitiker auf zumindest nationaler Ebene geht der Bezug zur Lebenswirklichkeit der meisten Wählerinnen und Wähler verloren. Die unablässig angesprochenen »Sorgen und Nöte der einfachen Bürger« verkommen zur durchschaubaren Phrase.

»Ein üblicher Spitzenpolitiker will sich auf Schwierigkeiten gar nicht einlassen. Er trifft daher immer wieder die gleichen 50 Leute aus seiner kleinen Parteiwelt, und das in aller Regelmäßigkeit das ganze Jahr über. Sie sind für ihn wichtig, sie entscheiden über seine Zukunft. Ernsthafte Kontakte zu Menschen, die von den schnellen Veränderungen in Wirtschaft und Gesellschaft wirklich betroffen sind, sind hingegen dramatisch selten. Daher kam weitgehend das Gespür für die Massen abhanden, von denen die großen Parteien ja behaupten, dass sie sie vertreten«, analysiert Dietmar Ecker, ehemaliger Kommunikationschef der Sozialdemokratischen Partei Österreichs.[324]

Über das berufliche Weiterkommen entscheiden in Deutschland und Österreich vor allem die Parteifunktionäre. So führen die meisten Abgeordneten ihre wichtigen Wahlkämpfe bei der Listenerstellung für die jeweiligen Parlamente, auch wenn es um die Nominierung des dann direkt gewählten Spitzenkandidaten in einem Wahlkreis geht. Da kommt es fast immer auf die Delegierten der Partei an, bisweilen auf die Parteimitglieder, aber nicht auf die Allgemeinheit der Wähler. Wer also in den Gremien nicht ankommt, hat kaum eine Chance auf den Verbleib in welcher demokratisch wählbaren Position auch immer. Der deutsche Verfassungsrechtler Hans Herbert von Arnim hat errechnet, dass bei einer Bundestagswahl durchschnittlich lediglich 15 Prozent der Mandate von den Wählern entschieden werden, indem sie einer anderen Partei mehr Stimmen geben als zuletzt. Über 85 Prozent der Sitze entscheiden also Delegierte auf Parteitagen. So verselbstständigt sich eine unheilvolle Funktionärsinzucht.[325]

Hinzu kommt das allerorten zelebrierte »Politikerbashing«, die öffentliche Beschimpfung, nicht nur in Medien und auf der Straße, sondern durch Politiker selbst. Wer einer anderen Partei angehört, darf oft nicht recht haben, weil er einer anderen Gruppierung als der eigenen angehört. Dabei wird kein Mensch als Ideologe oder gar Extremist geboren. Doch statt wenigstens Sachargumente auszutauschen, wird die wechselseitige persönliche Verächtlichmachung gepflegt. Würden die rivalisierenden Konzernchefs von Daimler und den Bayerischen Motoren Werken wechselseitig so abschätzig übereinander und ihre jeweiligen Produkte sprechen wie Spitzenvertreter von Parteien übereinander – wer würde dann noch einen Mercedes oder BMW – oder überhaupt ein Auto – wertschätzen?

Und wie steht es um die tatsächliche Gestaltungsmacht fast aller Politiker? Sie wurde in den Zeiten der Globalisierung durch den zunehmenden Verlust des Primats der Politik wesentlich eingeschränkt. »Ich will, aber ich kann nicht«, so beurteilt der Historiker Michael Wolffsohn die persönliche Einstellung von politischen Entscheidungsträgern und deren realen Handlungsspielraum.[326]

Was bleibt? Eine Unzahl von Politikern stößt nicht mehr nur auf Gleichgültigkeit, sondern auf massive Ablehnung. Die Enttäuschung über die allermeisten demokratisch gewählten Repräsentanten ist in allen westlichen Staaten riesengroß. Auch prominente, öffentlichkeitserfahrene, als besonnen wahrgenommene, eloquente und politisch Gebildete können da sehr deutlich werden. »Eitel, egoistisch, narzisstisch, alle. Alles A…«, sagt einer, ganz nüchtern.[327] »Die wollen sich doch alle nur selbst verwirklichen.«

Kluge, erfahrene, verlässliche, belastbare und integre Menschen sind fast nie mehr so dumm, aktiv in die Politik zu gehen. Das ist eine demokratiepolitische Katastrophe.

Doch wem kann man es verdenken, sich trotz vorhandener Fähigkeiten und ehrlichem Interesse von parteipolitischem Engagement fernzuhalten? Wer es wagt, verliert. Der Unternehmer Jost Stollmann wurde, anders als versprochen, 1998 unter Gerhard Schröder nicht Wirtschaftsminister. Paul Kirchhof, Experte für Steuerrecht, war 2005 Mitglied des Schattenkabinetts von Angela Merkel, wurde aber als »Professor aus Heidelberg« verspottet und nicht Finanzminister. Die »Zeit«-Journalistin Susanne Gaschke blieb als Oberbürgermeisterin von Kiel nur ein knappes Jahr im Amt. Der Ökonom Horst Köhler trat als Bundespräsident nach einer umstrittenen Äußerung zurück. In Österreich hielt sich selbst der frühere Präsident der Tiroler Arbeiterkammer, Fritz Dinkhauser, nur kurz. Und immer wurde den Betroffenen der Vorwurf gemacht, an ihrem Scheitern vor allem selbst schuld zu sein. Wer sich gar auf das »freie Mandat« beruft, gilt unverzüglich als Quertreiber, sehr schnell als Verräter. Zuerst werden solche Personen zu Unpersonen erklärt, dann gerne für »verrückt«, schlussendlich bisweilen auch kriminalisiert.

In Politikzirkeln hat sich eine Festungsmentalität entwickelt, die Seiteneinsteigern fast keine Chance lässt. Wenn Fehler vertuscht werden sollen, lautet die Devise »Korrekt kommunizieren«. Auf Nachfrage übersetzt dies der Bundesgeschäftsführer einer Regierungspartei mit »Drüberlügen«.[328] Wer anders ist, steht auf verlorenem Posten, egal, wie qualifiziert er sein mag. Zumeist mittelmäßige, langgediente Parteifunktionsträger haben das Sagen.

Dabei ist Politik, also die Regelung der Angelegenheiten eines Gemeinwesens, etwas Ernsthaftes, Verantwortungsvolles und Unverzichtbares. Jedes Unternehmen, das so geführt würde wie die politischen Parteien in der westlichen Welt, wäre längst pleite.

So sind die Parteien in ihrer gegenwärtigen Verfasstheit inzwischen politische Dinosaurier im Digitalzeitalter. Je mehr sie an Vertrauen verlieren, desto mehr schotten sie sich ab. Zeitgemäße vernetzte Kommunikation, flache Hierarchien, Entwicklung neuer Themen und Design-Thinking im agilen Schwarm? Kritische Selbstreflexion, gar eine professionelle Analyse und Durchleuchtung der Apparate durch Beratungsprofis? Riesengroße Fehlanzeige. Das widerspräche doch dem Prinzip des frei gewählten Volksvertreters, wird argumentiert. Dabei ist Unabhängigkeit, zumal gelebte, für fast alle im Politikbetrieb ein Fremdwort. Wirklich.

Ach herrje. Wollen täten's schon dürfen.[329] Nur: Mit dem Versagen der Parteien funktioniert ein entscheidendes Scharnier für das Funktionieren einer Demokratie nicht mehr. Dies ist ein niederschmetternder Befund.

Medien als Richter

Vor keinem Buchkapitel haben Freunde mehr gewarnt als vor diesem. Gegen milliardenschwere Hedgefonds-Manager und verantwortungslose Global Player kannst du zu Felde ziehen, aus den noch verbliebenen, freiheitlich geschützten Demokratien heraus Chinas neuen Imperialismus und den wachsenden Überwachungskapitalismus angreifen, auch die mächtigsten Männer dieser Welt, Donald Trump und Xi Jinping, frontal angehen – aber Journalisten ernsthaft kritisieren? Dann kannst du dieses Buch doch gleich vergessen. Egal, ob es dir gelungen sein wird oder nicht, sie werden dich verreißen oder bestenfalls totschweigen, warnten einige.

Wirklich? Warum denken so viele Menschen, die selbst beruflich mit Medien zu tun haben, so? Warum denken so viele Medienkonsumenten, die nur selten mit medialer Berichterstattung direkt in Berührung kommen, über uns so?

Wir sind ungemein mächtig. Wir verkörpern die »Vierte Gewalt«, neben Regierung und Verwaltung, Gesetzgebern und Rechtsprechung. In den verbliebenen Demokratien schützen uns die jeweiligen Verfassungen, in Deutschland ist es das Grundgesetz. »Die Pressefreiheit und die Freiheit der Berichterstattung durch Rundfunk und Film werden gewährleistet. Eine Zensur findet nicht statt«, heißt es im Artikel 5.[330]

Ja, man kann uns wegen unserer Beiträge verklagen, etwa eine Gegendarstellung beantragen. Aber wenn das passiert, habe ich nicht nur einmal gehört und auch selbst gesagt: Den machen wir fertig.

In den Realverfassungen vieler Parteien-Medien-Demokratien verkörpern die Medien die mächtigste Gewalt. Wir Journalisten sind oft die obersten Richter. Das Strafmaß, das uns zur Verfügung steht, ist breit gefächert: Lächerlichmachen an einem Tag, Verhöhnung über Wochen hinweg, Rufmord ohne Chance auf Bewährung. Ein Instanzenzug ist nicht vorgesehen. Ein nachhaltiger Rufmord ist unsere Todesstrafe. Denn in den so öffentlichkeitsorientierten Gesellschaften der Gegenwart kann Rufmord Existenzen auf Dauer ruinieren. Internetnutzer haben diese Bestrafungsmöglichkeiten längst auch entdeckt, doch sie erreichen zumeist noch nicht die Reichweite traditioneller Medien.

Wer sich jedoch mit »der Presse« anlegt, hat fast immer verloren. Jeder Politiker und sonstige Entscheidungsträger weiß das. Und fast jede Bürgerin oder jeder Bürger, die einmal in die Berichterstattung gerieten und sich dabei ungerecht behandelt fühlten, ebenfalls. Auch daraus speist sich Wutbürgertum und der verhängnisvolle Ruf »Lügenpresse«.

Die Journalisten verfassungsmäßig verliehene Macht färbt auf uns ab. In verschiedenster Weise. »Distanz halten, sich nicht gemeinmachen mit einer Sache, auch nicht mit einer guten, cool bleiben, ohne kalt zu sein«, verlangte der legendäre »Tagesthemen«-Moderator Hanns Joachim Friedrichs vor mehr als 20 Jahren von seinen Kollegen, um ein guter Journalist zu sein.[331] In diesem Sinne war ich kein guter Journalist.

Ich glühte, war ehrgeizig und neugierig, wollte ganz nah ran. Und ich war parteiisch. Wie andere Kollegen wollte ich schon als Journalist Politik machen. Bis zu meinem eigenen Einstieg in die Politik verfügte ich über ein klares Freund-Feind-Schema: links gegen rechts, unten gegen oben, Aufgeklärte gegen Altnazis. In der »Spiegel«-Redaktion trug damals Gründer Rudolf Augstein einen imaginären Gürtel. Die Kerben darin repräsentierten Politiker, die sein Magazin erlegt hatte, unter anderem Ministerpräsident Uwe Barschel aus Schleswig-Holstein oder Franz Josef Strauß, dem die »Spiegel«-Affäre eine noch größere Karriere verunmöglichte.

Eine Jagdgesellschaft, der ich als damals jüngster Redakteur mit Begeisterung angehörte. Als wir ein Dokument über den damaligen österreichischen Bundespräsidenten Kurt Waldheim druckten, das dessen Mitwisserschaft bei Kriegsverbrechen belegen sollte, rief mich der damalige Chefredakteur Erich Böhme in sein Büro und schenkte Champagner aus, weil Waldheim soeben öffentlich bestätigt hatte, dass das umstrittene Dokument von ihm stammen könne. Es war plausibel, stellte sich aber als Fälschung heraus.

Der Schock saß tief, meine Parteilichkeit blieb, als gesellschaftlicher Teil des »Guten«, als hoch bezahlter Korrespondent mitten im »Establishment«, oft privilegiert durch Informationsvorsprünge. Selbstbewusstes Auftreten gehörte zum Berufsbild, ein schier unbeschränktes Spesenkonto auch. Überheblichkeit stellte sich ein, auch gegenüber Kollegen in weniger prestigeträchtigen Medien. Sie wurden als »Lohnschreiber« verunglimpft, oder zumindest wurde deren Abhängigkeit von Inserenten oder rechten Medieneigentümern belächelt.

Bei Veranstaltungen zum Buch »Die Globalisierungsfalle« hieß es ab Mitte der 1990er-Jahre immer öfter: So einer wie Sie muss in die Politik. Das schmeichelte und lockte gleichzeitig. Wie mein Mitautor Harald Schumann war ich ein »political animal«, er stand unmittelbar davor, vom Journalismus ins deutsche Finanzministerium zu wechseln. Durch meine Nähe zu österreichischen Politikern öffneten sich die Türen für eine Spitzenkandidatur bei den Wahlen zum Europäischen Parlament, ohne Parteimitglied zu sein.

Fast jeden und alles hatte ich kritisiert, bis ich selbst in die Politik ging und ehemalige Kollegen mich kritisierten. Journalisten in der Politik gelten als besonders dünnhäutig. Zu Recht. Doch auch viele Journalisten reagieren als Journalisten dünnhäutig. »Never argue with a journalist«, lass dich nie auf eine Auseinandersetzung mit einem Journalisten ein, gilt unter Politikern als Grundregel.

In der Politik lernte ich, durch Journalisten »hindurchzukommunizieren«, wie das ein befreundeter Mediencoach nannte. Mit dem Ziel, die eigene Botschaft rüberzubringen. Viele Journalisten, die ihr Handwerk ernst nehmen und beherrschen, wehren sich dagegen. Doch vor allem Jörg Haider, Sebastian Kurz und auch Alexander Gauland zähl(t)en zu den Meistern ihres Fachs. Sie reden durch den Befrager hindurch direkt zu ihren Wählerinnen und Wählern. Als professionell gilt, auf eine gestellte Frage, so unangenehm sie auch sein mag, knapp einzugehen, dann aber das eigene Anliegen zu transportieren. Das kann auch durch den berechnenden Eklat möglich werden.

Was rund um die Revolte von 1968 linke Aktivisten spielerisch schafften, gelingt heute fast nur noch Neonationalen mit Bravour, zuletzt etwa Matteo Salvini von der Lega in Italien.

Warum? Ich weiß es nicht. In solchen Situationen versagt der klassische Journalismus jedenfalls. Trump tobt, die Medien toben über sein Toben, Trump gewinnt.

Millionen Bürger haben die Zuschauerränge bei solchen Debatten verlassen und mischen in den sozialen Medien als Akteure mit. »Jeder hat das Recht, seine Meinung in Wort, Schrift und Bild frei zu äußern und zu verbreiten«, steht auch im deutschen Grundgesetz. Seit dieses Recht technisch problemlos und kostenfrei von jeder Person ausgelebt werden kann, verschiebt sich die Wahrnehmung von »wahr« und »unwahr« noch stärker.

Ein aktuelles Forschungsprojekt der weltgerühmten Graduate School of Journalism der Columbia-Universität in New York trifft mitten ins Selbstverständnis der journalistischen Profis, die durch die wirtschaftlichen Engpässe in der Branche ohnehin angeschlagen sind. »Das verblüffendste Ergebnis ist, dass die Befragten den Unterschied zwischen ›Fake News‹«, also Falschnachrichten, »und wahrem Journalismus nur als graduell ansehen, statt dies klar zu unterscheiden. Während sie Falschnachrichten zwar mit Berichten in Verbindung bringen, die im Internet verbreitet werden, vor allem in sozialen Medien, so legten sie doch das Hauptgewicht darauf, dass es Journalisten und Politiker sind, welche die Falschnachrichten in Umlauf bringen.«[332]

Verschärft wird diese einschneidende Glaubwürdigkeitskrise noch durch Bekenntnisse von Führungspersönlichkeiten bei öffentlich-rechtlichen Medien, die lange ein hohes Ansehen genossen und von vielen Zuschauern und Zuhörern am ehesten als »objektiv« bewertet wurden. »Parteieneinfluss auf öffentlich-rechtliche Sender gab es immer«, erklärt etwa der ehemalige ZDF-Chefredakteur Nikolaus Brender, »Parteien sind gefräßig wie Krokodile. Und wenn sich Journalisten auch noch anbiedern, brauchen sie sich nicht zu wundern, wenn Parteien zupacken.«[333] Er selbst wurde von der CDU/CSU 2010 abgelöst. »Ich passte der Bundeskanzlerin und den Ministerpräsidenten aus Bayern und Hessen nicht. Denen kam entgegen, dass mein Vertrag gerade auslief. Sie sorgten dafür, dass er durch den Verwaltungsrat des

ZDF nicht verlängert wurde, obwohl der Intendant mich zur Verlängerung vorgeschlagen hat.«

In Österreich ist es wiederum wie in Italien, Spanien, Ungarn und Portugal üblich, dass nach einem Regierungswechsel Sendeleitungen neu strukturiert und personell entsprechend umbesetzt werden. Thaddäus Podgorski, ehemaliger Generalintendant des ORF, antwortete im Mai 2018 auf die Frage, wer am häufigsten in den Landesstudios interveniere: Niederösterreichs langjähriger Landeshauptmann. »Erwin Pröll war ein starkes Redaktionsmitglied«, und Wiens Langzeitbürgermeister Helmut Zilk, zuvor selbst ORF-Direktor, »hat wirklich jeden Tag angerufen«, er »hat immer etwas gewusst oder jemandem einen Gefallen machen wollen«.[334] So wird nachvollziehbar, dass sich die öffentliche Empörung in Grenzen hält, wenn gegenwärtig die Rechtsregierung das österreichische mediale Flaggschiff umfärbt.

Demokratien schaufeln mit solchen Praktiken am eigenen Grab, zumal es ihnen (bislang) nicht gelungen ist, im Rahmen der vielfältigen neuen medialen Zugänge, welche die sozialen Medien allen Interessierten öffnen, einen überwiegend konstruktiven Diskurs zu entwickeln. Auch deshalb halten sich die politischen Eliten in Überwachungsstaaten wie China für überlegen – und Lobbyisten nützen die Lücken.

Lobbyisten an der Macht

Neben Medien und Parteien haben sich Lobbyisten in den Demokratien eine zentrale Machtposition im Gefüge der Staatsapparate und in der EU-Zentrale in Brüssel gesichert. Sie sind nur so stark, weil die gewählten Volksvertreter, wie auch viel zu viele Mitglieder von Regierungen und viele Beamtenapparate, so schwach sind. Die Interessenvertreter sind in der Regel hervorragend informiert und wissen alles, doch kaum jemand kennt sie. Sie bieten unablässig Hilfe an, die vor allem ihren Auftraggebern nützt.

Grundsätzlich können sie von gesellschaftlichem Nutzen sein. Sachgerechte, transparente Information für Entscheidungsträger ist oft angebracht. Präzise begründete und nachvollziehbare Anliegen der Wirtschaftstreibenden sind dabei ebenso relevant wie die Interessen der Vertreter von sozial oder ökologisch ausgerichteten Vereinen und Verbänden. Doch seriöses, vertrauenswürdiges Lobbying bleibt der Ausnahmefall, und die Gewichte sind völlig ungleich verteilt. Großunternehmen lassen sich nicht nur über eigene Büros in den Hauptstädten vertreten, sondern haben sich auch in allgemeinen Interessenvertretungen eine beherrschende Rolle gesichert, etwa in Handelskammern.

Ihr Räderwerk wird in den verbliebenen Demokratien kaum durch offensichtliche Korruption in Gang gehalten, sondern durch die systematische »Pflege von Beziehungen«, verbunden mit sozialer Anerkennung und dem stets unterschwellig vorhandenen Angebot an politische Entscheidungsträger, im Bedarfsfall auch die Seiten wechseln zu können, aus den Verstrickungen einer Partei in die Fänge der Wirtschaft.

1427 Geschenke und Angebote im Geldwert von 65 000 Euro erhielt der Autor dieses Buches von Lobbyisten in seiner Zeit als Mitglied des Europäischen Parlaments binnen zweier Jahre. Durchschnittlich waren das mehr als drei Lobbyversuche pro Arbeitstag.[335] Banker, Fondsvertreter oder Versicherer luden permanent zum Essen, zum Empfang oder zu Konzerten ein. Neben 970 Gratisverköstigungen bekam ich per Post und E-Mail auch Reiseeinladungen (von der chinesischen Regierung oder auch nach Aserbaidschan) oder das Angebot eines Internetkonzerns zur Entspannung in einem Massagestuhl, und insbesondere direkte Aufforderungen zu einem bestimmten Abstimmungsverhalten.[336] Als die ARD-Korrespondentin Marion van Haaren für die Sendung »Tagesthemen« darüber einen ausführlichen Bericht gedreht hatte und er ausgestrahlt werden sollte, intervenierte ein SPD-Spitzengenosse, der später kurzzeitig auf vielen Titelseiten glänzte. Bezeichnend, aber von untergeordneter Bedeutung.

Ein Musterbeispiel für eine wirkungsstarke Einflussnahme

von Lobbyisten und parteipolitischen Interventionisten ist die EU-Verordnung REACH, welche die Verwendung zahlreicher Chemikalien in den EU-Mitgliedsstaaten regelt. Als REACH im Europäischen Parlament zur Abstimmung kam, stammten 861 von 1413 überprüften Änderungsanträgen der einzelnen Abgeordneten aus schriftlichen Lobbyquellen, vor allem von Repräsentanten der Chemie- und Papierindustrie.[337] Die Parlamentarier der Liberalen hielten sich bei den von ihnen eingebrachten, aber ursprünglich von Lobbyisten vorgeschlagenen Anträgen zu 98 Prozent an die Wünsche der chemischen Industrie, Abgeordnete der CDU/CSU beziehungsweise der ÖVP aus Österreich zu 79 Prozent, SPD-Abgeordnete zu 64 Prozent. Bei den Mitgliedern des Industrieausschusses des Europaparlaments wurde ein Änderungsvorschlag aus der metallurgischen Industrie wortident gleich acht Mal von verschiedenen Abgeordneten aus unterschiedlichen Fraktionen eingebracht.[338]

Wenn jetzt der Niedergang der Demokratie so lauthals beklagt wird: Was ist das für eine Demokratie, in der Parteien so offensichtlich ihrer Aufgabe nicht genügen, Medien richten oder, falls unter öffentlich-rechtlicher Kontrolle, auf Linie gebracht werden und Lobbyisten als Hintermänner der Macht ausschlaggebenden Einfluss ausüben, ohne je von jemandem gewählt worden zu sein oder jemandem Rechenschaft zu schulden?

Es sind Strukturen, die trotz jahrzehntelanger positiver Kritik allenfalls ungenügend reformiert wurden und in denen viel zu viel Macht auf wenige Personen konzentriert ist, die alle zur gesellschaftlichen Elite zählen.

Die Revolte der Eliten

Lange bevor sich Bürgerinnen und Bürger in schnell wachsender Zahl neonational gegen die Eliten in ihren Ländern stellten, revoltierten die Eliten des Westens gegen die Bürger.

»Beherrschung ist zu ihrer Obsession geworden. In ihrem

Drang, sich gegen Risiken, gegen die unvorhersehbaren Wechselfälle der menschlichen Existenz abzusichern, haben sie sich nicht nur von der gewöhnlichen Welt losgesagt, die sie umgibt, sondern von der Realität selbst«, schrieb der visionäre US-Historiker Christopher Lasch in seinem Buch »The Revolt of the Elites«. Es erschien 1994, in der deutschen Übersetzung heißt es »Die blinde Elite«.[339] Lasch starb kurz nach der Veröffentlichung und konnte nicht mehr erleben, wie viel er schon vorhergesehen hatte. In den Jahren nach 1989 waren die Massen noch geblendet von der rapiden Zunahme an Staaten mit einer demokratischen Verfassung, und sie vertrauten ihren politischen Führern und Weltenlenkern ungleich mehr als heutzutage – von Canberra bis Honolulu, aber nicht nur auf der kurzen Stecke über die Datumsgrenze im Pazifik hinweg, sondern rund um den Erdball.

Das ist Geschichte. In den meisten Regionen hat sich die Oberschicht vom Volk weggesperrt, keineswegs nur diejenigen, die sich auf Inseln verschanzen können oder in abgelegenen Ferienorten ihre Refugien pflegen, mit einem Leben auf der Arche Noah im Blick. Das brasilianische Modell, sich hinter hohen Mauern und Stacheldraht ein künstliches Eldorado zu schaffen, ist Weltwirklichkeit geworden. »Alphaville«, ein streng bewachtes Retortendorf am Rande von São Paulo, wurde zur globalisierten Blaupause.[340] Mit muskulösen »doormen«, Türstehern, omnipräsentem Wachpersonal und Rezeptionisten, die in privaten Wohnhochhäusern alle Besucher registrieren und jeden Lift im Bedarfsfall sofort blockieren können, mit Überwachungskameras in den Fluren und zusehends Gesichtserkennung, ist die Angst der Elite vor der Menge umgeschlagen in Mechanismen, die das Volk in Schach halten. Auch das schlägt sich auf das Vertrauen und die Glaubwürdigkeit gegenüber denjenigen nieder, die sich in Führungspositionen befinden. Wer sich versteckt, hat etwas zu verbergen oder benimmt sich zumindest asozial.

Das Establishment hat sich vielfach losgesagt vom Alltag der anderen und verfügt durch die so ungeheuerliche Vermögenszunahme über gänzlich andere Lebensperspektiven. Wer in der

Gesellschaft oben ist, wohnt in Städten auch oft oben unter dem Dach und mit Weitblick. Die Kinder besuchen bessere Schulen, die Familien leben gesünder und werden, wie schon beschrieben, im Durchschnitt deutlich älter als die nicht so Reichen, insbesondere in den USA.[341] Da gibt es viel zu verlieren.

Zwischen wenigen U-Bahnstationen an der Victoria Line in London verändert sich beispielsweise die Lebenserwartung um mehr als ein Jahrzehnt. Wer im luxuriösen Zentrum in der Nähe der Haltestelle Green Park geboren wird, kann davon ausgehen, 89 Jahre alt zu werden, nur vier Stationen weiter südlich sind es nur noch 78 Jahre.[342]

Die neue Aristokratie der Wohlhabenden bleibt wie jene in vordemokratischen Zeiten am liebsten unter sich. So nimmt die soziale Durchmischung in Städten ab, besser Verdienende leben in attraktiveren Vierteln, Ärmere mit niedrigerem Bildungsniveau stellen in anderen Stadtteilen die Bevölkerungsmehrheit. Solch eine Segregation hat in den USA Tradition, nun entmischen sich auch europäische Hauptstädte wie Stockholm oder Wien, das einst für soziale Wohnbauten in noblen Bezirken für Furore und eine andere Selbstverständlichkeit im Umgang miteinander gesorgt hatte. Wer sich kaum noch sieht, kann schwer kommunizieren. Statt Bekanntheit, wie flüchtig auch immer, wächst Distanz, wechselseitige Vorurteile können ohne Überprüfung an der Realität gepflegt und immer weiter vertieft werden. Auch so lässt sich die Polarisierung bei den aktuellen Wahlergebnissen besser verstehen.[343]

Außerdem sind gesellschaftliche Aufstiege durch eine Heirat »in bessere Kreise« deutlich rückläufig. Eine Krankenschwester heiratet viel seltener einen Arzt als noch vor 20 Jahren, jetzt ehelicht der Steuerberater die Ärztin und die Zahnarzthelferin wieder den Friseur. Die OECD, die Organisation der entwickelten Staaten mit Sitz in Paris, kann diese »Tendenz zur Paarung unter Gleichen« belegen und identifiziert sie als »weiteren Grund für wachsende Ungleichheit in der Gesellschaft«.[344]

»Die westlichen Eliten haben das Gefühl für große Teile der

Bevölkerungen verloren«, stellt Politikprofessor Kishore Mahbubani aus Singapur in seinem jüngsten Buch »Has the West Lost It?« nicht ohne Schadenfreude fest und erklärt auch damit den rapide steigenden Einfluss Asiens in der Welt.[345]

»Die Elite« verkam zum Schimpfwort, und viele, die es in diesem Sinne benutzen, meinen damit alle, die entrückt sind und in ihren Augen etwas zu sagen haben. Doch Eliten gibt es auch im Sport und in der Wissenschaft. Dort zählt nachprüfbare, aktuelle Leistung. In der Politik ist der Begriff weiter gefächert, erst recht, wenn vom »Establishment« die Rede ist. Dazu gehört schon ein Abgeordneter in einem nationalen, regionalen und kommunalen Parlament. Im Bereich der Medien zählen fast alle Mitarbeiter der sogenannten »Mainstream-Presse« dazu. Die ökonomische Elite bilden wohl die reichen Top-10-Prozent einer Gesellschaft. Die allerobersten 0,1 Prozent sind die Superreichen, das Super-Establishment. Nur wenige haben sich diesen maximalen Reichtum selbst erarbeitet wie in den USA etwa Bill Gates oder Jeff Bezos. Fast alle ganz, ganz oben, zumal im Westen Europas, wurden sehr reich geboren, zumindest ihre Eltern zählten bereits zum Geldadel. »Wenn man nach dem Geld sucht, das Wahlergebnisse kaufen kann, dann wird man es nur bei diesen Top-0,1-Prozent finden«, schreibt der US-Autor Matthew Stewart.[346] Die übrigen 9,9 Prozent, so Stewart, seien die neue Aristokratie, nicht selten gegründet auf meritokratische Verdienste, also auf besondere Leistungen.

Nur wenige, die sich in der westlichen Hierarchie oben etabliert haben, üben bislang Selbstkritik wie der »New York Times«-Kolumnist David Brooks: »Das alte Establishment gewann den Zweiten Weltkrieg und schuf das amerikanische Jahrhundert. Wir hingegen kürten Donald Trump. Die wichtigste Errungenschaft der heutigen gebildeten Elite ist, dass sie eine parteiübergreifende Revolte gegen sich selbst hervorgebracht hat«, schreibt Brooks, der sich als Konservativer versteht. »Der wesentliche Punkt ist dieser: Diese dämlichen, aufgeblasenen blauen Blutkörperchen im alten Establishment hatten etwas, das uns als Meritokraten fehlt – ein staatsbürgerliches Bewusstsein, ein Gefühl, dass wir ein Leben eingebettet in Gemeinschaft und Nation führen, dass wir der Gemeinschaft und Nation etwas schulden und dass es zum Wesentlichen eines bewundernswerten Lebens gehört, dass Gemeinschaft mehr zählt als das eigene Selbst.«

US-Autor Steven Brill differenziert das weiter aus. »Die Leistungselite entstand, als die Babyboomer die sogenannte ›Wissensökomomie‹ schufen. Was sich nach einer großartigen Sache anhört. Ihre Wissensökonomie bestand aus Rechts- und Finanzingenieurwesen. Die Schiedsklauseln, welche die Mittelschicht von den Gerichten fernhalten, wenn sie einen Anspruch auf Diskriminierung am Arbeitsplatz haben. Oder, Sie wissen schon, einen Verbraucherrechtsanspruch. Also, die Wissensökonomie endete typischerweise mit liberalen Anwälten, die aus, Sie wissen schon, liberalen juristischen Fakultäten kamen, zu liberalen Anwaltskanzleien gingen und die Rechtstechnik praktizierten, die all die Unzufriedenheit verursachte, die wir heute in der Mittelschicht haben.«[347]

Die Reporterlegende Tiziano Terzani, selbst Absolvent der Columbia-Universität in New York und danach unter anderem »Spiegel«-Korrespondent in Vietnam, klagte oft darüber, dass »die jungen, intelligenten Talente nicht mehr in den Journalismus gehen und aufklären, sondern immer häufiger Investmentbanker werden und nur an sich und ihren künftigen Reichtum denken«.[348]

Die Arroganz der offenen Gesellschaft

Verwoben, wenngleich keineswegs deckungsgleich mit »der Elite« und »dem Establishment« sind die Repräsentanten und Verfechter einer offenen Gesellschaft. Sie sehen sich dem Modell des österreichisch-britischen Philosophen Karl Popper verpflichtet, das vor allem auf Meinungsfreiheit in Demokratien setzt, deren Herrscher gewaltfrei abwählbar sein müssen. Der Geist Poppers wehte bis vor kurzem durch alle ökonomischen Schichten und gesellschaftlichen Milieus von Hawaii über Ungarn bis nach Neuseeland. Akademiker sind dabei im Verhältnis zu ihrem Anteil an der Gesamtbevölkerung weitaus stärker vertreten, und unter Hochschulabsolventen sind wiederum die Anhänger liberaler, sozialliberaler und grüner Parteien und Programme überrepräsentiert.

Seit dem Durchbruch der Liberalen und Linksliberalen als richtungsweisende geistige Kraft nach der kontinentübergreifenden Revolte von 1968 wurde die Annäherung an eine offene Gesellschaft zu einer intellektuellen Selbstverständlichkeit, nicht nur im Westen. Lange lautete gar die Frage: Gibt es überhaupt noch rechte Intellektuelle? Einher ging ein Gefühl der Überlegenheit, gestützt auf die Weltanschauung, welche die Menschenrechte zumindest verbal hoch schätzte und Provinzialität nicht. Wir werden immer mehr und unsere Einstellung wird sich überall durchsetzen, dachten so viele. Das glaubte auch ich.

Dabei unterlagen wir zwei folgenreichen Fehleinschätzungen, eine davon kam wohl eher unbewusst zustande. Ohne sich ausdrücklich auf Francis Fukuyamas Diktum vom »Ende der Geschichte« zu berufen, ging man doch davon aus. Und mit dem Engagement für eine zumindest gedanklich freie Welt verband sich auch die Überzeugung, dass eine erfolgreiche Marktwirtschaft auf Grund des unablässigen Innovationsdrucks und der daraus ableitbaren Notwendigkeit von Erfindungsreichtum zwangsläufig eine offene demokratische Gesellschaft erforderte.

»Werch ein Illtum«, dichtete schon der Österreicher Ernst Jandl. Soziologen und Historiker werden sich noch ausführlich damit beschäftigen, ab welchem Zeitpunkt und aus welchen Gründen das Selbstbewusstsein der Anhänger einer offenen Gesellschaft in Arroganz umschlug. Zusehends war man sich selbst genug, in den gentrifizierten Stadtvierteln von Manhattan ebenso wie in Londons Brixton, in Berlin-Schöneberg oder in Wien-Neubau. Bezeichnend, wie eine im Selbstverständnis »linke« Wirtin im In-Lokal Bane im 1. Wiener Bezirk einen schüchternen jungen Gast abkanzelte, der in einer Anwaltskanzlei arbeitete und sich um

Anerkennung bemühte, aber einige »rechte« Vokabeln benutzte: »Hast du denn Latein gelernt?«[349] Ob er je wiederkam?

Links reden und rechts leben, das ging lange gut. Im schicken Szeneviertel im Altbau unter hohen Decken und auf Parkettböden feiern, gerne auch multikulturell, aber den eigenen Kindern die staatliche Schule ums Eck ersparen. Denn das Ersparte oder Geerbte reichte für Privatschulen und »liberale« Internate, am besten auf der Insel, die ab März 2019 wieder ganz selbstständig sein will. Autor Brooks beschrieb 2001 in New York diese Schicht als »Bobos«, die bourgeoisen Bohemiens.[350] Sie globalisierten sich. Und die anderen, die Nicht-Weltbürger, die Nicht-Kosmopoliten? Die blickten es halt nicht und checkten was nicht. Aber »die« waren und sind nicht nur die überwiegende Mehrheit, sondern wurden, medial kaum beachtet, zusehends verstimmt.

Fremd im eigenen Land

»Was ist, wenn wir unrecht hatten?«, fragte Barack Obama, als er mit Mitarbeitern in seiner gepanzerten Präsidentenlimousine unterwegs war. Er hatte gerade einen Zeitungskommentar gelesen, in dem argumentiert wurde, dass die Liberalen und Linken vergessen hätten, wie wichtig »Identität« für die Menschen sei, und sie stattdessen einen leeren kosmopolitischen Globalismus befördert hätten, der vielen das Gefühl gebe, dass sie zurückgelassen würden. »Vielleicht sind wir zu weit gegangen«, sagte Obama. »Vielleicht wollen Menschen einfach nur in ihre Sippe zurückkehren.«[351]

In der Geschichtsschreibung wird es einmal von Bedeutung sein, dass sich zuerst die Elite von Oregon bis Polen von der Bevölkerungsmehrheit abwendete, ehe diese gegen das Establishment aufbegehrte und neues Selbstbewusstsein und Stärke auch in Begriffen wie »Volk«, »Nation« und »Heimat« suchte.

Je weniger sich die Verantwortungsträger in den Zeiten der Hyperglobalisierung gesamtgesellschaftlich engagierten, umso mehr fühlte sich die große Mehrheit im Stich gelassen. Und ihr Gefühl trog sie ja auch nicht. Sie wurden zu Fremden im eigenen Land, ohne echte Aufstiegschancen und ohne jene Verbundenheit, die sie und ihre Eltern von früher kannten: mit dem Arzt im Dorf, dem Lebensmittelgeschäft und auch dem kleinen Postamt. In der Stadt wurde die Stammkneipe oder das Stammcafé wie ein verlängertes Wohnzimmer empfunden, und ein Leben lang war man mit denselben Freunden unterwegs, auch weil ja kaum einer wegzog.

Ständig wurden neue Anpassungen verlangt, im Namen des technischen Fortschritts und des volkswirtschaftlichen Zuwachses, logisch, aber disruptiv. Und für viele Menschen waren sie nicht im betriebswirtschaftlichen Sinne kreativ störend, sondern zerstörerisch. Der Arbeitgeber wechselte den Namen, fusionierte oder wurde aufgekauft. Sicherheit? Pech gehabt. Flexibilität, immer und überall, das wurde zur Maxime. Das reale Einkommen stagnierte auch im gesamtökonomischen Aufschwung, Karriere machten stattdessen befristete Arbeitsverträge und Leiharbeit. Aus einer konjunkturbedingten Ausnahme wurde der Regelfall für Millionen Arbeitnehmerinnen und Arbeitnehmer.

Jahrzehnt um Jahrzehnt veränderte sich auch die Rolle der Frau in der Gesellschaft, gewohnte Strukturen brachen auf. Wer da seinen Platz nicht fand oder findet, ist schnell auf sich gestellt, als Alleinerzieherin oder Alleinerzieher, als Single ohne stimulierende Perspektive.

Die Bekämpfung der Finanz- und Staatsschuldenkrise mit den schier unbegrenzten Mitteln der Europäischen Zentralbank schob schließlich Sparer, im deutschsprachigen Raum generationenübergreifend das Symbol für Seriosität und Solidität, aufs Abstellgleis. »Sparefrohs« wurden mit Verweis auf die Sachzwänge mit Nullzinsen abgespeist, Aktien und Immobilienfonds wiederum sind nicht jedermanns Sache, doch sie rentierten wie fast nie. Dann schossen auch noch die Mieten und Wohnungspreise in die Höhe. »Wer jetzt kein Haus hat, baut sich keines mehr«, dichtete einst Rainer Maria Rilke.[352]

Die permanente Einengung mit immer neuer Ungleichheit, Unsicherheit und Angst schwelte lange vor sich hin, ehe Fremde aus dem Süden in großer Zahl im bereits verlorenen, vermeintlichen Idyll der mitteleuropäischen Nachkriegsgesellschaft auftauchten und eine weitere, neue Wirklichkeit schufen. »Die Fernsehbilder genügten«, sagte eine Vielzahl von Gesprächspartnern in kleinen, herausgeputzten Ortschaften und Landstrichen des deutschen Südens, in die kaum je Migranten aus Syrien, Afghanistan oder Afrika kamen. Doch gerade dort schenkten bereits im Frühjahr 2016 mehr als 15 Prozent der Wählerinnen und Wähler bei Landtagswahlen der AfD ihr Vertrauen. Im Osten Deutschlands hat dieser Trend nach rechts längst Tradition, so wie in weiten Teilen Österreichs in Bezug auf die FPÖ.[353]

Der Kontrollverlust des Staates paarte sich mit dem über das eigene Leben, und endlich gab es klar benennbar Schuldige: nicht mehr ferne Finanzspekulanten oder die EU-Bürokraten, sondern »die Merkel« und »der Flüchtling«, erst recht, wenn aus ihm ein Straftäter wird. So einfach, so verständlich. Doch im Großen und Ganzen war es nur der letzte Eimer, der das Fass überschwappen ließ. In Italien brachen bei den Wahlen im Frühjahr 2018 schon ganze Dämme.

»Heimat« ist seither der Schlager. Der Schlager der Schlagerwelt war der Begriff schon immer – diese nie wirklich wahre Geschichte von der intakten, sauberen, harmonischen Heimat mit ihren ach so glücklichen Familien. Es existiert kein Dorf und kein Kiez und auch kein Grätzl, in dem nicht heftig gestritten wird, in dem es keine Interessengegensätze gäbe. Der Großbauer ist nicht immer ein guter, auch der Kleinbauer nicht, und auch nicht jede Kellnerin im Gasthaus. Ist Heimat deswegen etwas Verlogenes? Nein. Es gibt sie. In sich selbst vielleicht, in einem bestimmten Umfeld, aber zumeist bleibt sie Sehnsucht, wenngleich stillbar.

Gäbe es mehr Heimat mit weniger Flüchtlingen im Lande? Die Bevölkerungsmehrheit sieht das so. Gäbe es mehr Heimat mit weniger Steuerflüchtlingen im Lande? Die Mehrheit macht sich darüber kaum Gedanken. Warum eigentlich nicht?

Mehr Heimat durch weniger Globalisierung, das wünschen sich immer mehr Menschen, sofern sie nicht unmittelbar vom Export von Waren und Dienstleistungen leben. Dabei übersehen sie oft ihr eigenes Konsumverhalten. Mit großer Selbstverständlichkeit werden die Vorteile billiger Produkte aus aller Welt genutzt. Immer mehr Kaufkraft konzentriert sich auf Amazon und Co. In Österreich erfolgt die Hälfte aller im Interneteinzelhandel getätigten Einkäufe bei ausländischen Firmen. Innerhalb der EU sind nur in Luxemburg und Malta nicht nationale Anbieter noch erfolgreicher.[354] Man könne sich doch sonst gar nichts leisten, lautet die individuell nachvollziehbare Begründung. Gleichzeitig häufen sich die Klagen über fehlende Nahversorger und Tante-Emma-Läden. Warum nur, warum, werden diese Zusammenhänge so oft nicht verstanden?

Der Widerspruch könnte kaum drastischer sein, doch er fällt nicht auf: Ikea rules, aber »das eigene Volk« gilt als immer kostbarer und wird für viele zum Festhaltegriff in der großen globalen Instabilität. Die vielen touristischen Trips nach überall haben den Wunsch der vielen bisherigen Mittelstandsbürger, das eigene, übersichtliche Umfeld besonders herauszustreichen, eher bestärkt. Streben nach weltläufiger Offenheit war gestern.

Jetzt ist neben Heimat auch »Identität« gefragt. Jeder will »Ich« in der »Ich-Gesellschaft« sein, aber nur wenige können sich umfassend selbst verwirklichen. Eine universelle Anerkennung des Einzelnen bleibt abstrakt. In einer überschaubaren Gruppe wird sie aber erlebbar, innerhalb einer Nation, einer Religion oder einer Studentengemeinschaft. Man ist da wer. Tribalismus wird so zum Erfolgsmodell gegen die Überforderung, mithin Stammesgesellschaften mit Stammesdenken. Und die Warlords bringen sich im Hintergrund in Stellung. »Das Volk« ist deren Kriegsbeute.

Ist das nun die allerorts beschriebene Spaltung der Gesellschaft? Gibt es da keine Überschneidungen oder Brücken? Ja, ketzerisch gefragt: Könnte es ein linkes, tolerantes Heimatverständnis geben, einen inklusiven Nationalismus wie in Kanada, der auf Integration ausgerichtet ist statt auf Ausgrenzung? Immerhin sind Nation und Nationalismus auch ein bleibendes Vermächtnis der Aufklärung. In den internationalen Organisationen hat Nationalismus sich in Verbindung mit dem Selbstbestimmungsrecht durchgesetzt. Er könnte, wohlverstanden, »Menschen in Freiheit im Streben nach einem gemeinsamen Guten verbinden«, argumentiert ausgerechnet das liberale Weltblatt »The Economist«. Aber, so lauten schon die nächsten Sätze: »Der Nationalismus kann sie auch mit einer schreckenserregenden Selbstgerechtigkeit zuschütten und Unfrieden und Ungerechtigkeit hervorbringen. Traurigerweise kommt der neue Nationalismus dieser paranoiden, intoleranten Seite seiner Geschichte entgegen.«[355]

Die britische Premierministerin Theresa May schürt jedenfalls den Konflikt: »Wenn du glaubst, dass du ein Weltbürger bist, bist du nirgendwo ein Bürger«, deklamierte sie auf dem Parteitag ihrer Konservativen nach der Brexit-Abstimmung.[356]

David Goodhart, der Gründer des wegweisenden britischen Magazins »Prospect«, unterscheidet zwischen »Anywheres« und »Somewheres«.[357] Die »Überalls« können sich allerorten wohlfühlen, die »Irgendwos« brauchen eine klare örtliche Verwurzelung. Doch sind nicht viele von uns »Irgendwos« und reisen zumindest gerne nach »überall«?

Und merken die »Offenen« denn nicht, dass sie die unprovinziell Verwurzelten brauchen, um die Demokratie doch noch zu retten – und umgekehrt? Hannah Arendt, die große Erforscherin der Elemente und Ursprünge totaler Herrschaft, hat doch die unheilvollen Konsequenzen einer Koalition von entwurzeltem Mob und zynischer Elite anschaulich herausgearbeitet.[358]

Ab wann beginnt die Grenzüberschreitung, die statt zur

Identitätsbestärkung zu neuen Aggressionen gegenüber anderen führt? Wann wird aus begründetem Selbstbewusstsein auf Basis erbrachter Leistungen ein zerstörerischer Chauvinismus? Bislang brechen Kulturkämpfe auf, Revisionisten versus Globalisten, Provinzvertreter gegen Kosmopoliten, wechselseitige Ausgrenzung ist die Folge. Gäbe es noch Chancen für regionale und internationale Wahrheits-Kommissionen wie einst nach dem Ende der Apartheid in Südafrika, um die Vergangenheit umfassend aufzuarbeiten? Auch die des europäischen Kolonialismus?

Dazu bedürfte es der Bereitschaft zum herrschaftsfreien, sachorientierten Dialog von allen Seiten. Während lange Zeit Menschen, die sich persönlich rechts des Mainstreams positionierten, mit Herablassung und gezielter Nichtbeachtung geradezu abgestraft wurden, zielt jetzt der neue Mainstream der Autoritären darauf ab, die eigene Geschichte zu überhöhen, umzudeuten und vor allem zu instrumentalisieren. Während oft Linke auf in ihren Augen provinzlerische Rechte herabblickten, richtet sich die Missachtung vieler Rechter nun auf ganze Bevölkerungsgruppen und teilt Menschen wieder in verschiedene Kategorien ein.

Das folgt einem politischen Konzept. Die ungarische Regierung überhöht die historischen Siege gegen die Türken, die polnischen Machthaber glorifizieren die Unabhängigkeitskämpfer, alles im Namen der eigenen Einzigartigkeit. Alles will »first« sein: America first, Britain first, Italien, Österreich zuerst, selbst das kleine Vorarlberg lässt sich als »schönstes Bundesland der Welt« preisen.[359] Was geschieht, wenn jemand sagt: »Ich bin der wirklich Erste und noch schöner als du! Es kann nur einen König geben!«

Ein aggressiver Nationalstolz macht sich breit. Es kann auch die rücksichtslose Pflege eines lange belächelten Regionalstolzes sein. »Die Zeit des geordneten Multilateralismus ist abgelöst von Ländern, die auch Entscheidungen treffen«, sagte Bayerns neuer Ministerpräsident Markus Söder Mitte Juni 2018.[360] Das klingt für viele Wählerinnen und Wähler zunächst unverständlich, doch es ist eine programmatische Ansage: Nicht mehr in langwierigen Verhandlungen mit verschiedenen Partnern soll es zu gemeinsamen Lösungen kommen, sondern es wird Stärke gezeigt. »Der Respekt vor Deutschland ergibt sich auch daraus, dass wir auch in der Lage sind, unsere Interessen selbst wahrzunehmen«, so Söder. Was wie eine verklausulierte Umschreibung von »Deutschland zuerst« daherkommt, ist in der Realpolitik der Selbstrettungsversuch der bayerischen CSU, möglichst umfassend an der Macht zu bleiben. Wir sind uns selbst die Nächsten. Ist das Populismus?

Populismuskeule, Nazikeule

Der Vorwurf des »Populismus« ist zur gegenwärtigen Allzweckwaffe geworden, er wird von unzähligen Politikern und Journalisten als Totschlagargument benutzt. Der Begriff wird unüberlegt oder gezielt eingesetzt, je nachdem. Er stellt das Auftreten und die Inhalte des Gegners als ungehörig dar. Ein »Populist« ist, egal, wofür er eintritt, so etwas wie ein »Schmuddelkind«. Wer »populistisch« agiert, so die oft gewollte Assoziation, ist »schmutzig«, zumindest irgendwie. Das Etikett genügt, wer sie aufgeklebt bekommt, soll damit argumentfrei diskreditiert werden. »Natürlich begreift alle Welt den attestierten populistischen Charakter negativ«, analysiert der erfahrene Göttinger Parteienforscher Franz Walter.[361] »Populisten sind schließlich Demagogen, Schwarz-Weiß-Maler, Simplifizierer; sie operieren mit undifferenzierten Feindbildern, politisch ohne realistisches Programm.«

Dabei traf der Vorwurf des Populismus seit der industriellen Revolution noch jede neue Partei. Ausgerechnet die Liberalen waren ihm ausgesetzt, als sie sich für das Werden eines deutschen Nationalstaats engagierten. Auch Katholiken agierten in den 1870er-Jahren im Kulturkampf »populistisch« gegen damals liberal-protestantische Eliten. Gleiches gilt für engagierte Kämpfer, die sich in den Anfangsjahren der sozialdemokratischen Parteien für Arbeiterrechte einsetzten oder für »Die Grünen« rund um ihren ersten Einzug in die Parlamente in den 1980er-Jahren.

Der Wissenschaftstheoretiker Christoph König, Professor an der Universität Osnabrück, stellt folgerichtig klar, dass »Populismus kein analytischer Begriff ist, sondern ein Aufkleber«.[362] Der Politikwissenschaftler Oliver Marchart erläutert: »In den Medien begegnen wir meistens einer pauschalen Kritik an Populismus per se. Wenn aber zutrifft, dass Populismus an sich noch keinen bestimmten ideologischen Inhalt hat, dann ist auch die pauschale Kritik am Populismus inhaltslos. Denn dann wird nur eine bestimmte Form der Mobilisierung kritisiert.«[363]

»Populistische Methoden« mag man geißeln, doch wer bei erfolgreichen sogenannten »Populisten« nicht die dahinterliegenden Anliegen identifiziert, begeht einen schweren politischen Fehler. Denn zumeist weisen sie darauf hin, dass »eine gesellschaftlich gravierende Konfliktlinie politisch unterrepräsentiert bleibt, die somit neu und jenseits der institutionellen Konventionalität politisiert werden kann«, so Franz Walter.[364]

Entscheidend ist, welche Inhalte da transportiert und befürwortet werden – und worin sie letztendlich münden. Darum ist in diesem Buch nur ausnahmsweise von »Populisten« die Rede. Die Populistenkeule ist eine vielfältige, oft in die Irre führende Waffe: Sie ist bequem, weil sie nicht zu einer inhaltlichen Einordnung zwingt. Sie ist inzwischen abgenutzt, verfehlt immer öfter ihr Ziel. Die Angegriffenen ducken sich unter ihr weg. Und der Begriff »Populist« wirkt zusehends beschönigend im Verhältnis zu den konkreten politischen Positionen, die sich dahinter verbergen. Denn die gegenwärtig als »Populisten« Gescholtenen steuern überwiegend nach rechts und auf autoritäre Strukturen zu. Sie sind alle neonational, vielfach rechtsnational und oft auch schon rechts außen.

Dennoch ist es genauso falsch, instinktiv oder gar aus Hilflosigkeit die Nazikeule zu schwingen. Da fühlen sich dann oft Wählerinnen und Wähler angegriffen, die vieles sind – nur eben keine Nazis. »Viele Menschen haben das Gefühl, dass der Rechtsstaat zu lax hinfasst und falsche Signale setzt, deshalb sind sie empört«, berichtet etwa der junge bayerische Landrat Siegfried Walch aus Traunstein.[365] »Doch jeder, der die Zuwanderung kritisch sieht, der sie begrenzen und steuern möchte und Menschen nach Hause schicken will, ist sofort ein Rechtsradikaler.«

Die, bei denen der Nazivorwurf tatsächlich angebracht wäre, sind dagegen meist immun. Das war in den vergangenen Jahrzehnten in Österreich so, in Deutschland oder Skandinavien ist es nicht anders.

Von rechts bis faschistisch

Absichtsvoll kommen in diesem Buch auch andere politische Extrembegriffe nur ausnahmsweise vor, um die derzeitigen Strömungen zu charakterisieren. Historisch ist es einfach zu früh, alles politisch eindeutig zuzuordnen. Die inzwischen so vielfältigen Wählermilieus und auch die unterschiedlichen Akteure innerhalb einzelner Bewegungen und Parteien machen Übergänge fließend, jedenfalls im rechten politischen Spektrum. Gezielt bedienen etwa Repräsentanten der AfD oder der FPÖ in Österreich bestimmte Codes, um Rechtsextreme anzusprechen, doch es ist verhängnisvoll, deshalb alle AfD- und FPÖ-Wähler als rechtsextrem abzustempeln, wenn sie eine Partei wählen, obwohl sie wissen, dass sich dort Rechtsextreme tummeln. Noch ist auch unklar, in welchen Gruppierungen welche Strömungen die Oberhand gewinnen werden.

Und sind die Neonationalen überhaupt konservativ? Nach den Erfahrungen des Zweiten Weltkriegs haben die modernen Konservativen dem Nationalismus jedenfalls abgeschworen. Da sich das politische Meinungsspektrum in jüngster Zeit so sehr nach rechts verschoben hat – sind die aufgeschlossenen Konservativen nicht längst die neue Mitte?

Oder auf der rechten Seite: Die FPÖ in Österreich wird in der Politikwissenschaft als rechtsextrem eingestuft, die Lega in Italien zumindest als extrem fremdenfeindlich. Sie ist keine faschistische Bewegung, kann es aber werden. Sicher ist auch, dass sich derzeit keine der rechten neonationalen Parteien in Richtung politischer Mitte (zurück-)bewegt. Denn sicher ist, dass sich Monat für Monat gegenwärtig rechte Parteien immer weiter nach rechts bewegen. Das lässt sich bei der CSU in Bayern exemplarisch beobachten, vom Beschluss des Polizeibefugnis-Gesetzes bis zur Unterstützung der »Achse der Willigen«, die Österreichs Kanzler Sebastian Kurz in Berlin ausrief, um neue Allianzen bei der Abschottung des europäischen Kontinents vor unwillkommenen Einwanderern zu bilden.[366]

Und Donald Trump? Der Gelehrte Umberto Eco entwickelte 14 Kriterien, mit denen faschistisches Denken in allen Zeiten zu erkennen sei. Unter anderem nennt er Rassismus, den Appell an eine frustrierte Mittelklasse, Misstrauen gegenüber der Welt des Intellekts, Nationalismus. Beim US-Präsidenten sind gegenwärtig acht von 14 möglichen Übereinstimmungen festzustellen, aber wichtige nicht, wie etwa, dass das Leben »nur um des Kampfes willen da« sei. Ein zentraler Punkt bei Trump ist offen, den Eco so definiert: »Wo immer ein Politiker die Legitimität eines Parlaments in Zweifel zieht, weil es den Willen des Volkes nicht mehr zum Ausdruck bringe, riecht es nach Urfaschismus.«

Dem Antisemitismus hingegen haben die meisten rechtsnationalen Parteispitzen abgeschworen und pflegen demonstrativ ihre Kontakte zu Israel wie etwa der Österreicher H.C. Strache. Auch Marine Le Pen signalisierte mit ihrem öffentlichen Bruch mit ihrem Vater: Antisemitismus, mit mir nicht. Doch in den hinteren Reihen der Rechtsaußenparteien blühen zumindest Verschwörungstheorien.

Nur: Ist es im gegenwärtigen politischen Streit sinnvoll, orientierungslose, wütende Wählerinnen und Wähler so einzuordnen? Wird dies dem Wähler gerecht? Und wenn es so ist, dass mit den Neonationalisten und den Autoritären neues, absehbares Unheil heraufzieht, warum wählen dann so viele Menschen gegen ihr eigenes Interesse?

Den Teufel spürt das Völkchen nie,
Und wenn er sie beim Kragen hätte.
Johann Wolfgang von Goethe, »Faust. Der Tragödie erster Teil«

Zu Beginn des Monats Oktober wurde für Professor Ernst Fehr eine Reise nach New York zur Gewohnheit. Wo andere Urlaub oder Geschäfte machen, schirmt er sich ab. »An meinem Institut in Zürich wird es da zu wuselig, alle sind irgendwie nervös, es herrscht eine unproduktive Hektik«, erklärt er mit jenem verschmitzten, immer noch bübischen Lächeln, das ihm trotz seiner weltweiten Erfolge geblieben ist.[367]

Seit Jahren geht es in den Herbsttagen für den 62 Jahre alten Forscher um den Alfred-Nobel-Gedächtnispreis für Wirtschaftswissenschaften, der gerne als Ökonomie-Nobelpreis bezeichnet wird. Fehr gilt als sehr ernst zu nehmender Kandidat, die »Frankfurter Allgemeine Zeitung« führt ihn als einflussreichsten Ökonomen Deutschlands, ebenso »Die Presse« für Österreich und die »Neue Zürcher Zeitung« für die Schweiz.[368] Fehr hat sich auf die Erforschung der sozialen Präferenzen von Menschen, die psychologischen Grundlagen von Anreizsystemen und die Auswirkungen von verschiedenen sozialen Identitäten auf menschliches Verhalten spezialisiert. Der am Bodensee geborene Forscher gehört zu den weltweiten Wegbereitern einer großen Erweiterung der Wirtschaftswissenschaften hinein in den Bereich der sogenannten »Verhaltensökonomie«. Als Student musste er sich noch vor allem mit mathematischen Modellen beschäftigen, jetzt trägt Fehr dazu bei, dass auf Basis von überprüfbaren Experimenten und Daten relevantes Wissen für die Gesellschaft erzeugt wird.

Bei einem ausführlichen Gespräch in seinem Zürcher Universitätsinstitut steht die zentrale Frage im Raum, warum immer mehr Menschen mit geringen Einkommen Neonationalisten wählen, die mit ihrer Politik doch die Reichen noch mehr schützen und für Kürzungen im Sozialbereich sowie belastende Arbeitszeitverlängerungen eintreten, mithin: Warum schießen sich so viele Wählerinnen und Wähler ins eigene Knie?

»Die Menschen gehen nicht nur aus materiellen Gründen wählen, sondern Identifikationsprozesse, kulturelle Milieus oder die Bestätigung der kulturellen Identität, die man durch das Wahlverhalten zum Ausdruck bringt, spielen eine große Rolle. Emotionale Prozesse sind auch ganz zentrale Treiber beim politischen Verhalten«, antwortet Fehr. »Ein Grundgefühl etwa eines Wählers der ›Alternative für Deutschland‹ ist es, zu kurz gekommen zu sein. Und jetzt kommen diese Migranten, und die finden mehr Beachtung, und er sagt sich: ›Die Politik kümmert sich mehr um die als um mich.‹ Das hat mit wahrgenommener Fairness zu tun, wobei die immer mit selbstdienlichen Interpretationen durchsetzt ist. Die Leute fragen sich, was ist fair für mich, und nicht notwendigerweise: Was ist fair, aus einer Schiedsrichterrolle heraus betrachtet?«

Ernst Fehr und seine Mitarbeiter forschen auch, wie sehr Menschen bereit sind, für sich selbst Nachteile in Kauf zu nehmen, um aus ihrer Sicht unvorteilhafte Ungleichheit zu verringern, um damit mehr Fairness in ihrem Sinne zu erreichen. In Experimenten fragten sie auf einer Skala von null bis zehn zwei Gesellschaftsmodelle ab: Wollen Sie lieber in einer Gesellschaft leben, in der Sie den Betrag vier von zehn verdienen können und alle anderen drei – oder in einer Gesellschaft, in der Sie sieben, aber alle anderen acht bekommen? »Die meisten bevorzugen die erste Gesellschaft, in welcher sie absolut gesehen weniger, aber relativ gesehen mehr verdienen«, so Fehr, »denn dein Nutzen wird nicht nur dadurch bestimmt, wie du absolut stehst, sondern wo du relativ stehst.«

Der Verhaltensökonom hat beobachtet, dass es bei hohen Gehältern für Spitzenmanager inzwischen »extrem starke Ressentiments gibt, die weit in bürgerliche Schichten hineinreichen« und »dass es somit eine Form von Ungleichheit gibt, die sich nicht mehr so einfach rechtfertigen lässt«. Und »diese potenziell explosive Mischung, die sich da zusammenbraut, wird genährt von der Migrationskrise und von der Wahrnehmung, dass es in der EU eine Art Blockade gibt«.

In den Gesellschaften des Westens hat sich eine Dynamik der Ablehnung entwickelt, die durch das Streben nach persönlicher Anerkennung eine beträchtliche zusätzliche Schubkraft entfaltet. »Anerkennung ist die Währung, die uns fast am wichtigsten ist«, betont Fehr. Milieus, in denen Christ- oder Sozialdemokraten die Stammtischhoheit hatten und damit meinungsprägend waren, haben sich weitgehend aufgelöst, gelebte sozialdemokratische Solidarität oder die Pflege christsozialer Werte ist bestenfalls ein Minderheitenprogramm. Während Wählerinnen und Wähler am Ende des 20. Jahrhunderts oft nur heimlich in Österreich die Rechtsaußenpartei FPÖ mit ihrer offen zur Schau getragenen Ablehnung von Ausländern wählten, gehört es inzwischen zum guten Ton, sich dazu zu bekennen. Ähnlich verläuft der Werdegang der AfD in Deutschland oder auch der Aufstieg der Rechtsnationalen in Schweden und Dänemark. Neonationalismus ist salonfähig geworden, wer belegen kann, schon länger »auf der richtigen Seite zu stehen«, wird nicht mehr geächtet, sondern geachtet.

»Man legt die Scheu ab. Das sind normale Gesetzmäßigkeiten des sozialen Konformismus, die es immer gab«, analysiert Fehr. »Umgekehrt gilt aber auch: Einer der größten Stressfaktoren, denen ein Mensch ausgesetzt sein kann, ist der Verlust der sozialen Reputation.« So entsteht ein teuflischer Sog: Wer sich heutzutage in früher liberalen gesellschaftlichen Kreisen noch zu umfassender Toleranz und Offenheit bekennt, wird als weltfremd verlacht. »Das sind Verstärkermechanismen. Wenn in deiner Umgebung eine politische Kraft einen bestimmten Schwellenwert überschreitet, dann wirkt dieser Anerkennungsmechanismus für diese politische Kraft.«

Das massenmächtige Ressentiment

Über eine weitere Erklärung zur Attraktivität der Neonationalen am Ende der Zehnerjahre des 21. Jahrhunderts grübelt der Wiener Schriftsteller Franz Schuh auf 2350 Metern Seehöhe.[369] Den Rahmen bietet das »Philosophicum Lech«, eine jährliche Veranstaltungsreihe mit spektakulären Ausblicken auf Natur und Mensch.

Der Gesprächsort ist einzigartig egalitär im Nobelskidorf im Zentrum der Alpen. Milliardäre können sich in ihren Luxuschalets und Hotelsuiten im Tal verschanzen, auch auf den Liftanlagen lässt sich mit Hilfe von Bodyguards und Zivilpolizisten unauffällig Privatheit in der Öffentlichkeit sichern. Wer allerdings die gefragte Skiroute des »Weißen Rings« befahren will, muss sich mit 79 anderen Fahrgästen in die Rüfikopfbahn zwängen, einer der wenigen Lebensmomente von besonders Wohlhabenden mit unausweichlichem Körperkontakt mit weniger Betuchten. Im Restaurant in der Bergstation lautet die Frage an den studierten Philosophen wie an den Verhaltensökonomen Ernst Fehr: Warum diese Selbsttäuschung bei so vielen Wählern? Sicher, auch ein Mangel an Informationen, doch steckt dahinter gar eine unbewusste Sehnsucht nach dem Unglücklichsein?

Schuh holt aus: »Das Ressentiment hat damit sehr viel zu tun. Es ist zwar ein überaus problematischer Begriff, schon allein deshalb, weil immer die anderen ein Ressentiment haben, man selber aber nicht. Dabei ist es ein aus einem Anerkennungsproblem resultierendes, ein aus der Ohnmacht kommendes Rachegefühl, das nicht befriedigbar ist. Das hört nie auf. Die Leute haben solche Ohnmachtserfahrungen, dass etwas entsteht, was mit diesem

Österreicherwitz zusammenhängt: Wenn in Irland der Nachbarbauer viele Kühe hat, mehr als ich, dann wünscht sich der irische Bauer vom Herrgott: ›Bitte, lieber Herrgott, gib mir mehr Kühe.‹ Der österreichische Bauer aber wünscht sich: ›Bitte, gib dem Nachbarn weniger Kühe.‹

Der Schuss ins eigene Knie ist ein Charakteristikum für das Ressentiment. Denn der Gedanke ist: Es ist wurscht. Wenn nur ein gewisser Typ, ein Mensch, der das Ressentiment fokussiert, wenn nur der seine Strafe kriegt.

Rache ist dabei keine unvernünftige Sache, weil es unter uns Menschen eine der Möglichkeiten ist, die Verletzungen, die ein anderer uns antut, zu verarbeiten. Wir kommen wieder mit uns selbst auf gleich, wenn wir die Verletzung weitergegeben haben. Wenn aber der Rachemechanismus nicht mehr funktioniert, weil die Ohnmacht so groß ist, hört das nie auf. Da muss dann wie in der Antike eine Göttin kommen oder völlig andere Verhältnisse.

Das Ressentiment ist nun wirklich eine ziemlich gefährliche Sache, weil man daraus auch Selbstbewusstsein schöpfen kann. Du bist eben der, der wütend ist. Der, der in Gemeinschaft wütend ist. In Elias Canettis Werk ›Masse und Macht‹ findet sich eine Interpretation des Ressentiments, die abgeleitet wird vom Befehl. Der Befehl als klassische Kommunikationsstruktur, so Canetti, hinterlässt Stacheln. Jeder, der 20 ist, hat durch die Erziehung lauter Stacheln in sich. Die werden herausgerissen und den anderen reingesteckt. Es gibt kaum jemanden, der ressentimentfrei ist.

Politisch kann man das unvermeidliche Ressentiment nicht beruhigen, aber man kann es gut beunruhigen. Bei Alexander Kluge heißt es so richtig, dass die Gefühle ein Stoff des Politischen sind und dass man nicht anfangen soll, zu glauben, man könne allein rational Politik machen, eben weil es eine Macht und eine Kraft der Gefühle gibt.

In bestimmten wirtschaftlichen Situationen und bei Benachteiligungsgefühlen wird ein Zusammenschluss der Ressentimentiker zum Problem. Wenn plötzlich Ressentiments Voraussetzung sind, dass Gruppierungen entstehen oder, wie es bei Elias Canetti heißt, dass aus Masse Macht wird, dann wird es heikel.«

Alle Neonationalisten, die nach der Macht greifen, wissen um diese Mechanismen. Und arbeiten damit.

Deutschlands neue Volksbewegung

Mit deutschen Genen bundesweit 30 Prozent

»Ich kann nicht erkennen, was wir jetzt anders machen müssten.«

Die deutsche Bundeskanzlerin Angela Merkel am Tag nach der Bundestagswahl 2017, bei der ihre Partei das schlechteste Ergebnis seit 1949 erzielte und eine Million bisheriger CDU-Wähler zur AfD abwanderten

Wäre Tübingen ein kaum bekanntes, aber in seinem Bereich führendes Unternehmen, würde man es als »Hidden Champion« bezeichnen, als heimlichen Gewinner. Wäre Tübingen ein Wein wie ein ungewohnt feingliedriger, trockener Furmint, könnte es als »Hidden Treasure« eingestuft werden, als verborgener Schatz. Denn Tübingen, der Universitätsstadt 45 Kilometer südlich von Stuttgart, geht es blendend. Arbeitslosigkeit ist ein Fremdwort, Großkonzerne wie Daimler und Bosch ziehen qualitätsbewusste Pendler an, mit 39,1 Jahren liegt der Altersdurchschnitt der Bewohner unter dem aller anderen deutschen Städte. Baukräne konkurrieren optisch mit der im Zweiten Weltkrieg fast unversehrt gebliebenen Altstadt, das junge Französische Viertel setzt Maßstäbe auch im sozialen Wohnungsbau.

Oberbürgermeister Boris Palmer zählt zur Führungsreserve der deutschen Grünen, ist regelmäßiger Talkshowgast und platzt vor Ehrgeiz. Er will Tübingen zur Großstadt machen, 100 000 Einwohner sind dafür notwendig, 7000 fehlen noch. Das brächte noch mehr Prestige, aber vor allem zehn Prozent höhere Landeszuschüsse und auch ihm ein höheres Gehalt. Die Startup-Szene kommt in der Region in Schwung, an einem »Cyber Valley« im Anklang zum kalifornischen Silicon Valley wird mehr als nur gebastelt.

Sogar in wenig attraktiven Stadtteilen werden Altbauten, die sich zwischen Einkaufszentren verloren haben, detailgetreu renoviert, etwa in der Schweickhardtstraße. Da wurde bis 2008 der weinwürzige Essig »Piekfein« hergestellt, nunmehr hat sich der Discounter Lidl auf dem Areal angesiedelt, der gepflegte Parkplatz zwischen Supermarkt und einem ehemaligen Verwaltungsgebäude der Fabrik ist stets gut gefüllt.

Zwei Tage nach der Wahl in Österreich, bei der die rechts gedrehte ÖVP und die Rechtsaußenpartei FPÖ gemeinsam 57,5 Prozent der Stimmen einfingen, schließt Peter Schmidt dort seinen weißen Mercedes mit Tübinger Kennzeichen sorgfältig ab und entdeckt das national leicht verortbare Nummernschild des Autors, der soeben sein Fahrzeug starten will. Freudig klopft er an die Fensterscheibe.

»Schön, dass Sie in Österreich richtig gewählt haben«, hebt Schmidt an.[370] »Ich will, dass Europa zusammenbleibt. Aber das, was jetzt passiert, geht gar nicht. Die Leute liegen im Altenheim in ihrer eigenen Scheiße, und wir holen junge Leute her, und die gehen hier spazieren und werden bezahlt. Das ist nicht nur einer oder zehn oder hundert.« Seine Situation sei ganz anders: »Wenn ich zum Doktor gehe, da bekomme ich den letzten Dreck. Früher bin ich in Österreich auf die höchsten Berge gegangen. Jetzt leide ich unter Schwankschwindel, seit einem halben Jahr warte ich auf einen Termin bei einem Spezialisten.« Doch »die Merkel hat acht Prozent weniger gekriegt, und sie hat gesagt: Ich weiß gar nicht, was ich verkehrt gemacht habe. Und jetzt müssen wir dahin kommen, wo Österreich jetzt ist. Die AfD muss 20, 30 Prozent kriegen, dann werden unsere auch anfangen zu überlegen. Der Orbán hat angefangen, und er hat recht gehabt. Unsere Kultur und deren Kultur, die jetzt kommen, das passt nicht zusammen, das sind zu Massen Verbrecher, Gangster, Vergewaltiger, die sind alle dabei.«

Den Einwand, dass auch in Deutschland Deutsche Deutsche missbrauchen, lässt Schmidt nicht gelten. »Das ist etwas anderes. Wenn ich ein Vergewaltiger wäre, dann würde ich in diesen Ländern sofort aufgehangen werden. Die Leute, die hierherkommen, die sind alle gekommen ohne irgendeine Registrierung, die schmeißen ihren Ausweis weg. Ich bin in Afrika gewesen, ich kenne das, die sagen, wir sind in Deutschland im Paradies. Wir brauchen dort gar nicht arbeiten, wir gehen auf die Bank und holen dort unser Geld.«

Auf die Nachfrage, was er in Afrika gemacht habe, antwortet er: »Ich bin mehrere Male auf Urlaub dort unterwegs gewesen.« Und fährt gleich wieder fort: »Gott sei Dank sagt man in Österreich jetzt einmal die Wahrheit. Es wird bei uns ja immer schlimmer. Wenn Deutschland aufwacht und die AfD 30 Prozent bekommt wie bei euch, dann …! Die Merkel muss weg, das ist die größte Verbrecherin, die muss weg.«

Autor: »Sie haben jetzt schon AfD gewählt?«

Schmidt: »Ja, ja!«

Autor: »Und wo sehen Sie in Tübingen das Problem?«

Schmidt: »Ich lebe hier. Ich habe einen ganz lieben Hund. Ich wollte einen Schäferhund, doch den haben wir geschenkt bekommen.« Er zeigt auf den schwarzen Schäferhund-Mischling auf dem Rücksitz seines Autos. Und das Problem?

»Bei uns ist ein Haus renoviert worden, ich gehe da vorbei, und da sitzen die Männer, trinken, rauchen und rufen ›Wow, wow‹, also provozieren. Das sind Gangster, sind das.«

Autor: »Ich versuche, Sie zu verstehen.«

Schmidt: »Sie können es ja gar nicht verstehen. Weil Sie ja da oben in dieser Blase sitzen. Ich kenne jemanden, der macht Innenausbau. Der hatte von denen einen Arbeiter, den musste er gar nicht bezahlen. Ein Jahr konnte der dort arbeiten, zum Anlernen, das läuft dann unter Deutschlernen. Ist das gerecht? Ist das gerecht?«

Noch immer stehen wir bei seinem Auto, der Mercedes ist 24 Jahre alt, seine Frau bekam ihn zu Vorzugsbedingungen, als sie selbst noch bei Daimler arbeitete. »Daimler ist der größte Verbrecher. Ich bezahle mehr Steuern als die. Wir haben doch so einen Unrechtsstaat.«

Autor: »Sie sind in Rente. Haben Sie auch Kinder?«

Schmidt: »Der ist ja der Nutznießer von dem, der hatte den Mann eingestellt und ihm wurde alles bezahlt. Ist das gerecht? Ich würde das auch machen, wenn ich Unternehmer wäre. Deshalb müssen die Rentner und die Hilfsbedürftigen in ihrer Scheiße übernachten. Das ist Unrecht, das ist Unrecht.«

Autor: »Haben Sie eigenen Grundbesitz?«

Schmidt: »Ja, ja klar, von den hohen Mieten bin ich nicht betroffen. Ich bin gut versorgt, ich war technischer Beamter gewesen. Mein Sohn auch nicht, der hat auch schon Grund und Boden.«

Autor: »Es ist also weniger Ihre persönliche Situation, sondern das allgemeine Verständnis von Gerechtigkeit und Fairness, das Sie so ärgert.«

Schmidt: »Genau richtig. Und darum hat mich das Ergebnis in Österreich so gefreut. Und ich sage Ihnen das, den Haider, den hat man umgebracht. Der ist nicht gestorben, weil er besoffen nach Hause gefahren ist, sondern weil ein Geheimdienst ihn umgebracht hat. Das ist die ganze Chose, so werden wir regiert.«

Autor: »Wie würden Sie das Problem lösen?«

Schmidt: »Die Grenzen dichtmachen. Ich habe doch nichts davon, das ist doch nur wegen der Wirtschaft. Ich habe doch keine Vergünstigungen. Alles nur wegen der Globalisierung. Wir passen nicht zusammen. Euer Kurz in Österreich hat die Wahrheit gesprochen. Der Islam gehört nicht hierher. Die glauben, wenn sie genug von uns töten, kommen sie in den Himmel.«

Auch die Frage, woher er ursprünglich komme, beantwortet er, ohne zu zögern.

»Ich bin in Thüringen großgeworden und 1965 über die Grenze gekommen. Ich bin gegen die Russen gewesen, solange ich in der DDR gelebt habe, gegen das System.« Doch ohne Moskaus Erlaubnis hätte es keine Wiedervereinigung gegeben. Und erneut richtet sich der Zorn des keineswegs armen Mannes gegen Angela Merkel: »Und jetzt beschließt Deutschland, die Merkel, diese Verbrecherin, eine Blockade. Die müsste aufgehängt werden, umgekehrt müsste die aufgehangen werden an ihren Füßen. Die Merkel wird ja auch gesteuert.«

Autor: »Von wem?«

»Das kann ich Ihnen nicht sagen«, sagt er und wendet sich mit einem Gruß ab.

Einige Zeit später, wieder im prosperierenden Baden-Württemberg, wieder Zufall. Oder doch nicht? In Donaueschingen am Ostrand des Schwarzwalds finden die Musiktage statt, ein Kultereignis seit 1921, das älteste und traditionsreichste Festival für Neue Musik weltweit. Anton Webern und Arnold Schönberg überzeugten hier mit Uraufführungen, seit Jahrzehnten zeigen sich der öffentlich-rechtliche Rundfunk SWR und die öffentliche Hand äußerst spendabel, großzügig werden Stipendien an junge Studenten der Komposition bis nach San Francisco vergeben. Auch dafür wird Deutschland in aller Welt geschätzt, zumal in den USA Kunstveranstaltungen weitestgehend von privatem Sponsoring abhängen.

Peter Homberg und Gertrud Ahler interessiert das nicht. Sie sind auf der Durchreise, beide haben studiert, sind keine 40 Jahre alt, selbstbewusst und Mitarbeiter in einem Landtagsklub der AfD.

Homberg hätte sich »vorstellen können, in der Industrie« zu arbeiten. Aufenthalte im Osten, wo er Beamte schulte, trieben ihn in eine andere Richtung. Da »hat man einfach ein paar deutsche Berater zur Verfügung gestellt, die erzählt haben, wie man eine Verwaltung organisieren kann. Und Deutschland ist korruptionsarm, verglichen mit vielen anderen Ländern.« In Folge sei »die Korruption runtergegangen, es wurde effizienter. Hätte man Griechenland das angeboten, statt diese Milliarden zu geben, diese Unmengen viel Geld, den Griechen würde es heute bessergehen.« Zusatz: »Diese Erfahrung hat mich zur AfD gebracht.«[371]

Dass bei einer Pleite Griechenlands auch deutsche Banken und Versicherungen als Gläubiger der Staatsanleihen schwere Verluste erlitten hätten, ist sich Homberg bewusst. Wären da nicht auch viele Deutsche, für die sich die AfD einsetzt, mit ihren Lebensversicherungen oder Aktien massiv betroffen gewesen?

Homberg: »Es ist natürlich eine berechtigte Frage. Gehören zum Volk die Konzerne, die juristischen Personen? Ich würde sagen, nein. Da brauche ich kein Mitleid haben, das ist kein Mensch in dem Sinne. Wenn bei juristischen Personen jemand abstirbt, dann sei's drum, bei juristischen Personen knallharten Darwinismus. Bei natürlichen nicht.«

Autor: »Wenn Sie vom deutschen Volk sprechen, gehört da jeder dazu, der einen deutschen Pass hat, oder muss man das präziser fassen?«

Homberg: »Ich selbst komme aus der deutschen Volksgruppe, das heißt, meine Eltern sind in der Sowjetunion geboren, haben sich aber dezidiert als Deutsche verstanden. Es gibt verschiedene Dimensionen. Man kann sich als Deutscher verstehen, auch wie meine Eltern von der Sowjetunion sich verstanden haben, auch ohne deutscher Staatsbürger zu sein, einfach durch den Bezug zur Kultur und allem. Man kann auch, ohne deutsche Gene zu haben, zum Beispiel bei einem Cem Özdemir fängt das an, kann man trotzdem deutsch sein.«

Cem Özdemir, der jahrzehntelange Spitzenpolitiker der deutschen Grünen, kam 1965 nahe Stuttgart zur Welt, 1994 wurde er der erste Bundestagsabgeordnete mit türkischen Eltern, 1997 erschien sein Buch »Ich bin Inländer«.[372]

Autor: »Entschuldigung, was ist ein ›deutsches Gen‹?«[373]

Homberg: »Deutsches Gen, da meine ich, also genetischer Herkunft. Das ist möglich, wenn man deutscher Abstammung ist und sich damit identifiziert hat. Das ist möglich, auf die Weise deutsch zu sein.«

Autor: »Aber wie weit geht es dann zurück, dieses ›deutsche Gen‹?«

Homberg: »Das geht so lange zurück, wie die Identität gefühlt wird. Das ist unscharf, das weiß ich.«

Autor: »Was ist, wenn sich der Großvater etwa als Donauschwabe als Ungar definiert hat und auch den ungarischen Pass besaß, und dann kommt der Sohn und sagt, ich bin Deutscher.«

Homberg: »Das ist schwierig. Ich kann Ihnen keine scharfe Grenze nennen.«

An diesem Punkt klinkt sich Gertrud Ahler ins Gespräch ein. Bei der Erstellung der letzten Bundestagswahlliste verpasste sie in ihrem Wahlkreis nur knapp die AfD-Kandidatur für ein Direktmandat: »Ich bin selber im Süden teilweise aufgewachsen. Ich habe immer gemerkt, wenn ich dort gelebt habe, aufgrund meiner Haarfarbe, werde ich nicht als Einheimische angesehen.« Sie lacht bestärkend, ihre blonden Haare sind unübersehbar. »Und wenn man als Protestant in einem katholischen Land aufwächst, merkt man auch den Unterschied der Mentalitäten.« Das überträgt sie unmittelbar auf politische Großfragen. »Man darf diese Mentalitätsunterschiede nicht negieren. Das sehe ich als Problem der EU, zum Beispiel diese ganze Finanzunion, da hat man vollkommen die unterschiedlichen Mentalitäten ausgeblendet.«

Homberg holt noch weiter aus: »In Extremsituationen fallen die Menschen in einen archaischen Zustand zurück. Das heißt, es gibt eine Solidarität entlang gefühlten, nicht tatsächlichen Verwandtschaftslinien. Das ist das Muster, und davon hängt eigentlich die Stabilität einer Gesellschaft ab. Und das Gefühl der Verwandtschaft ist ein Äquivalent zur Adoption. Und das ist eben das, was ich zum Beispiel Cem Özdemir zubillige.«

Noch deutlicher: »Wenn Sie eine geglückte Adoption haben, dann haben Sie eine Mutter-Kind-Beziehung wie in einer biologischen Familie, das funktioniert.«

Autor: »Und was würden Sie mit einer ›nicht geglückten‹ Adoption machen?«

Homberg: »Eine nicht geglückte Adoption kann man nicht rückgängig machen.«

Ahler hakt ein: »Aber man kann verhindern, dass sie in großem Maße passiert. Das Problem ist, es wird von linken Parteien immer mit Einzelfällen argumentiert. Aber wenn man mehrere Millionen Menschen nach Europa reinlässt, dann hat man es nicht mehr mit Einzelfällen zu tun.« Und sie fügt hinzu: »Man muss erst einmal an den Stellschrauben drehen, wo man drehen kann. Die Leute, die einen deutschen Pass haben, da wird es sehr schwierig. Aber es gibt ja Sozialhilfeempfänger, die in Deutschland Sozialhilfe bekommen, aber nicht deutsch sind.«

Hombergs Lösung: »Wir können es den Menschen nahelegen, unser Land zu verlassen und sich freiwillig auszubürgern. Meine Eltern, das sind ja auch missglückte Adoptionen, die haben die Sowjetunion freiwillig verlassen.«

Dem Autor drängt sich bei so einem Verständnis vom Funktionieren einer Gesellschaft der Vergleich mit Brasilien auf, wo ein ernst zu nehmender Rechtsstaat fehlt und an dessen Stelle der Familienzusammenhalt beschworen wird. Erfolgreiche und tolerante Demokratien zeichnen sich aber gerade durch das Vertrauen in eine nicht durch verwandtschaftliche Beziehungen geprägte, allgemein gültige Ordnung aus. In Deutschland ist das Grundgesetz die Basis, in Österreich die Bundesverfassung. Vielen Deutschen, deren Familien im Osten ohne erlebte Demokratie geprägt wurden, fehlt offensichtlich diese elementare Einsicht.

»Wie groß würden Sie den Anteil der Leute einschätzen in der AfD, also Aktive, die das System wirklich stürzen wollen?«, lautet die Abschlussfrage. »Wirklich stürzen? Zehn bis 15 Prozent, wobei das sehr laute zehn bis 15 Prozent sind. Von den aktiven Mitgliedern«, antwortet Homberg. Zu Jahresbeginn 2018 zählte die AfD 28 000 Mitglieder.

Die Reise geht zurück nach Tübingen, weiterhin mitten ins bürgerliche Milieu. Markus Hauser ist in der Altstadt aufgewachsen und solide in der Softwarebranche unterwegs. Die Bürokratie und Steuerbelastung ärgert ihn. Vor den Wahlen zum Deutschen Bundestag im September 2017 erhielt er eine E-Mail des Wildermuth-Gymnasiums, das am Neckar und neben dem Park am sogenannten »Anlagensee« liegt. Der Hauptbahnhof ist keine 500 Meter entfernt. »Gestern wurde ein Mädchen unserer Schule auf dem Heimweg (gegen 15.30 Uhr) von einem Mann vom Fahrrad gezogen und bedrängt. Da es sich heftig und laut gewehrt hat, wurden Passanten aufmerksam und haben ihr geholfen«, schrieb Schulleiter Helmut Janisch.[374] »Dieser Vorfall zeigt, dass es gut ist, wenn die Kinder möglichst in Gruppen zur Schule gehen bzw. den Heimweg antreten«, fügte Janisch hinzu. »Da hat es mir gereicht«, meinte Hauser zum Entsetzen seiner liberal eingestellten Schwägerin und wählte AfD.[375]

Die Haltung zu gesellschaftlicher Gerechtigkeit und Fairness am Tübinger Parkplatz, die Definition von deutschen Genen beim aufstiegsorientierten Einwanderersohn aus Russland, die Sicherheit auf dem Schulweg – es sind drei Beispiele für die breite Verankerung der AfD unter keineswegs ausgegrenzten Menschen in einer der großen Boomregionen der deutschen Republik.

Im März 2016 holte die AfD in Baden-Württemberg bei den Landtagswahlen 15,1 Prozent der Stimmen. Für viele schien dieses Ergebnis damals aus dem Himmel zu fallen, unzählige bundespolitische Beobachter hielten es für ein kurzzeitiges Ereignis und nur der aktuellen Flüchtlingsproblematik geschuldet. Im Februar 2018 lag die AfD in Meinungsumfragen im deutschen Musterländle jedoch gleichauf mit der SPD. Bundesweit überholten die rechten Alternativen mit 16 Prozent sogar erstmals die bisherige rote Volkspartei, erneut im Juli 2018. Da wurden ihnen sogar 17,5 Prozent zugeschrieben.[376]

Auch Bayern, ökonomisch ähnlich blühend wie Baden-Württemberg, ist der AfD zur neuen Heimat geworden. In München favorisieren Richter und Staatsanwälte ebenso wie Führungskräfte in Großunternehmen die Rechtsnationalen – trotz oder sogar wegen des neuen CSU-Ministerpräsidenten Markus Söder, dessen markige Aussagen der AfD auffällig nacheifern.[377] Die Landtagswahlen im Oktober 2018 werden zeigen, ob sich die AfD durch ein solches Inhalieren zurückdrängen lässt. Am politischen Inhalt ändert sich jedenfalls nichts. Wenn Söder ihn vertritt, wird er erst richtig salonfähig in der Bayerischen Staatskanzlei zwischen dem Münchner Hofgarten und dem Franz-Josef-Strauß-Ring. Der Aufstand des CSU-Triumvirats Horst Seehofer, Markus Söder und Alexander Dobrindt gegen Kanzlerin Angela Merkel im Sommer 2018 wurde zum hilflosen Ausdruck dieses Dilemmas. Die AfD abwehren als AfD-Kopie? Und dann noch mit so viel offen zur Schau getragenem Gezänk? Zuerst rief Söder ein »Endspiel um die Glaubwürdigkeit« aus und forderte die Wiedereinführung umfassender Grenzkontrollen. Als dies viele CSU-Wähler und vor allem Wirtschaftstreibende verschreckte, die auf ungehinderte internationale Warentransporte setzen, sah sich Söder wieder als Ministerpräsident einer »Partei der Mitte«.[378] Was für ein durchschaubares Spiel. Die AfD-Mannschaft konnte es von der Bank aus genießen.

»Es kann sein, dass wir später sagen, 2017 ging es noch. Aber 2021, 2025 wurde es dann richtig bitter. Dergleichen können wir im europäischen Ausland ja sehen, etwa in Österreich, wo die FPÖ bei der Nationalratswahl 26 Prozent geholt hat«, zieht der Göttinger Demokratieforscher Matthias Micus eine Zwischenbilanz.[379]

Die AfD ist, wie ihre nationalistischen Gesinnungsfreunde quer durch die Staaten des Westens, mitten in der Gesellschaft angekommen. Und sie hat noch viel Potential. Wie eine große, lange verkannte Weintraube oder wie ein Hidden Champion.

National und sozial

In der nationalen Frage hat sich die rechte Alternative die Führungsposition gesichert, vorneweg vor CDU und CSU. Rechtsradikale wie die deutschen Republikaner umhüllt der Mantel des Schweigens. Schlagzeilen produziert nur noch die AfD, der jeweilige Aufschrei in den so lange meinungsführenden öffentlich-rechtlichen Medien und dem Mainstream-Journalismus in etablierten Tages- und Wochenzeitungen ist wohlkalkuliert.

Bei seinem ersten Live-Fernsehauftritt am Abend nach der Bundestagswahl am 24. September 2017, als die AfD 12,6 Prozent der Stimmen gewann, holte Parteiführer Alexander Gauland kurz Luft und sprach dann in die Kameras: »Wir werden Frau Merkel oder wen auch immer jagen, und wir werden uns unser Land und unser Volk zurückholen.«[380] Wer meint, da sei ihm etwas herausgerutscht, er habe sich gar selbst und damit seine AfD »entlarvt«, dürfte heftig irren. Der Auftritt wirkte gezielt platziert, mit maximal möglichem Aufmerksamkeitswert, lange bevor die anderen Parteigranden sich in der Öffentlichkeit zeigten. Und wenn die provokante Ansage tatsächlich so nicht gewollt war, war sie intuitiv genial. Nicht nur für seine Klientel.

Gauland ist ein erfahrener Publizist und war 14 Jahre lang Herausgeber der »Märkischen Allgemeinen Zeitung«, die damals noch zur Verlagsgruppe der »FAZ« gehörte. Gelernt ist gelernt, er kennt seine Pappenheimer.

Mit nationalen Themen allein macht man jedoch noch keinen Staat. Da drängt sich das Soziale auf, zumal in Zeiten explosiver Ungleichheit. Systematisch erschließen sich AfD-Kader seit Jahren dieses verminte Wählerfeld. Auf dem Marsch mit dem Ziel Volkspartei reichen Arbeitslose und gesellschaftlich »Abgehängte« als treue Weggefährten nicht aus.

»Die AfD ist thematisch breit aufgestellt«, betont der Marburger Erziehungswissenschaftler Benno Hafeneger.[381] Er hat mit Kollegen 1000 Anträge, Anfragen und Debattenbeiträge der vielen neuen AfD-Abgeordneten in den hessischen und niedersächsischen Kommunalparlamenten ausgewertet. Der Bereich »Innere Sicherheit« bleibt zentral, doch die Politarbeit konzentriert sich auch auf »Familie, Schule, Seniorenheime. Das wird oft sehr sachlich vorgetragen und hätte auch von anderen Parteien kommen können.« Wer darauf abzielt, AfD-Politiker generell als rechtsradikale Rabauken abzutun, trifft nicht. »Die Nazikeule gegen die AfD ist unproduktiv«, so Hafeneger. »Vor allem auf dem Land versteht sie sich als Kümmerer der kleinen Leute.«

Nicht wenige Volksvertreter der AfD waren früher bei der CDU oder FDP, »dann gibt es einzelne Akteure, die von den Republikanern, der NPD oder anderen rechten und rechtsextremen Gruppierungen kommen. Und eine dritte Gruppe ist relativ groß: Das sind diejenigen, die vorher gar keine Politik gemacht haben und sich auch sonst nirgends zivilgesellschaftlich engagiert haben, weder in Sportvereinen noch bei der Feuerwehr. Aber durch ihre Krisenwahrnehmung engagieren sie sich plötzlich für die AfD.«

Die AfD-Repräsentanten »sind oft sehr gut ausgebildete Leute und Akademiker, die aus der Mitte der Gesellschaft kommen. Für die AfD sitzen Freiberufler, Polizisten, IT-Fachleute und Naturwissenschaftler in den Parlamenten. Das ist der große Unterschied zu rechtsextremen Parteien wie den Republikanern. Die konnten mit ihrem Personal nie in die Mitte der Gesellschaft hineinwirken.«

Gertrud Ahler und Peter Homberg, das AfD-Mitarbeiterpaar, werden auch wieder kandidieren. Warum denn nicht für das Europäische Parlament im Mai 2019?

Wenn der blaue Arm es will

»Aida« sollen Millionen Arbeitnehmer nicht mehr nur mit Kreuzfahrtschiffen, die Deutsch als Bordsprache verwenden, assoziieren. Sie sollen auch nicht an Guiseppe Verdis Liebesoper denken, deren Aufführungen in der Arena von Verona alljährlich die Massen in ihren Bann ziehen, sondern an die »Arbeitnehmer in der AfD«, abgekürzt eben »AidA«. Deren Slogan: »Das neue Rot der Arbeitnehmer ist blau.«[382] Ähnlich agitiert die »AVA«, die »Alternative Vereinigung der Arbeitnehmer e.V.« in Anlehnung an die »AfA«, die »Arbeitsgemeinschaft für Arbeitnehmerfragen« in der SPD.[383]

Als die AfD bei nationalen Umfragen noch vor sich hindümpelte, warnten linke Buchhändler schon: »Die Gewerkschaften haben so große Probleme, die AfD zieht. Das ist Protestantismus, Calvinismus, Nazi- und Kaiserzeit, da kommt ganz viel wieder hoch.«[384]

Keiner hat das bislang besser erforscht als Professor Dieter Sauer. Sein selbstverwaltetes Institut für Sozialwissenschaftliche Forschung ISF findet sich im Münchner Stadtteil Schwabing in einem Jugendstilbau, er arbeitet dort seit Jahrzehnten, doch er zählt zur raren Spezies von Wissenschaftlern, die trotz eines stilvollen Umfelds ihre Bodenhaftung nicht verloren haben. Den Aufstieg deklariert rechter Gewerkschafter verbindet er mit einer fundamentalen Entwicklung: »Das Versprechen des Kapitalismus, dass es Wohlstand gibt, wenn man sich wohlverhält, löst sich auf. Das führt zu einem generellen Regime der Unsicherheit.«[385] Die lange »nicht beachtete Entwicklung der Arbeitsverhältnisse« räche sich jetzt, »die Angst vor Prekarisierung, vor Digitalisierung, Leistungsdruck«. Die »beständige Restrukturierung der Abläufe im Betrieb, Aufspaltungen, Verlagerungen, Standortkonkurrenz und Kostensenkungsprogramme« belasteten viel mehr, als dies in der Öffentlichkeit dargestellt werde. »Aus der Erfahrung einer zunehmenden Verschlechterung erwächst dann auch subjektiv eine gesteigerte Unzufriedenheit«, so der Arbeitssoziologe.

Facharbeiter, Bankangestellte, fast alle Arbeitnehmer mit niedrigen oder durchschnittlichen Einkommen sind betroffen. Vor »fünf, sechs Jahren«, so Sauer, »gab es noch keine einzige Äußerung in die rechte Richtung«; die damals noch »adressatenlose Wut« hat jetzt aber ein Ziel gefunden.

Es wuchsen seither ein »Populismus ohne Öffentlichkeit« heran und eine »Enttabuisierung rechter Meinungsäußerungen«, wie umfangreiche Befragungen von Vertrauensleuten, Betriebs- und Personalräten sowie hauptamtlichen Gewerkschaftern ergaben.[386] »Die Gewerkschaften sind oft selbst Establishment, und die Rechten thematisierten das.« Viele etablierte Funktionäre waren und sind dem nicht gewachsen. Privilegienreisen des Betriebsrates bei VW, Bereicherungen in Betrieben, kein ernstes Engagement für kleine Anliegen, dazu kaum überzeugende Ergebnisse bei Tarifverhandlungen – immer mehr sank »das Vertrauen in die Lösungskapazität der Arbeitnehmervertreter«, immer mehr drifteten und driften Arbeitnehmer nach rechts. Die Basis bewegt sich, weg von den roten Gewerkschaften und weg von der Politik sowieso.

Bei seinen Studien war Sauer zusehends »überrascht von der tiefen Verwurzelung von rechten Inhalten« in den Köpfen derjenigen, die jahrzehntelang der SPD und den Linken zugeneigt waren. »Mit der SPD wollen viele gar nichts mehr zu tun haben«, beobachtete Sauer, lange bevor sich die Spitzenpolitiker Martin Schulz, Olaf Scholz und Sigmar Gabriel in Grabenkämpfen aufrieben. »Es gibt eine rechte Systemkritik«, so der ISF-Forscher, und, weniger überraschend, »erschreckend ist die Lage in Ostdeutschland«. Dort stößt man immer wieder auf Beschäftigte, die sagen: »Die IG Metall ist toll, die NPD ist genauso toll.«

15 Prozent der gewerkschaftlich organisierten Arbeitnehmer stimmten bei der letzten Bundestagswahl für die AfD, deutlich mehr als die Gesamtbevölkerung. Im deutschen Osten waren es sogar 22 Prozent.

Die Flüchtlingsprobleme »waren ein Katalysator«, die Ursachen liegen aber weiter zurück und halten an. Zur begründbaren Frustration um die Arbeitsverhältnisse kommt »die Vereinzelung, das Fehlen von Zusammenhalt, die fehlende Möglichkeit des solidarischen Handelns«, analysiert Sauer.

Geradezu hilflos reagieren Gewerkschaftsvertreter. »Das ist emotional enorm aufgeladen, da wachsen meine Befürchtungen«, so Sauer. Politische Debatten sind viele nicht gewohnt. Kollegen in den Betrieben nehmen die »Stammtischkämpfer«, wie eigens ausgebildete Funktionäre genannt werden, mit ihrer abstrakten Warnung vor »Rassismus und Fremdenfeindlichkeit« nicht ernst.

So ökonomisch neoliberal das offizielle AfD-Programm wirken mag, AidA-Gewerkschafter und AfD-nahe Gruppen orientieren sich lieber an den rechten Franzosen um die Familie Le Pen, die sich längst um die aufbrechende neue Soziale Frage kümmert. Die Hymne auf das revolutionäre Proletariat aus dem Jahr 1863, das Kampflied des Allgemeinen Deutschen Arbeitervereins, aus dem die SPD hervorging, können auch rechte Agitatoren wie Jürgen Elsässer schmettern, der ehemalige Kommunist aus Pforzheim: »Alle Räder stehen still, wenn dein starker Arm es will.« Mit dem zweiten Halbsatz zieht er aber in die neue Zeit und deklamiert: »Wenn der blaue Arm es will.«[387, 388]

Elsässer ist kein AfD-Mitglied, ebenso wenig sein schwäbischer Landsmann Oliver Hilburger. Doch beide machen Stimmung im Sinne der AfD. In Untertürkheim, direkt neben der Mercedes-Arena, auf deren Rasen der VfB Stuttgart sich in der Fußballbundesliga wieder nach oben kämpft, ist Hilburger Betriebsrat im Daimler-Stammwerk. 2009 wurde er noch verlacht, als er das »Zentrum Automobil e.V.« gründete, als Opposition zur größten deutschen Einzelgewerkschaft, der IG Metall. Gemeinsam mit dem deutschen Rechtsaußen Götz Kubitschek startete er im Herbst 2017 die bundesweite Initiative »Patrioten schützen Arbeitsplätze«. Die IG Metall nennt er die »korrupte IG Mafia« und meint: »Wir müssen der internationalistischen Linken die Stirn bieten«,[389] denn »eine Solidargemeinschaft funktioniert nur, wenn ich weiß, mit wem ich solidarisch bin. Und dafür braucht es den Nationalstaat.«[390]

Hilburgers Zentrum in Untertürkheim folgte im März 2018 die Kandidatur seiner Gruppe in Rastatt, dem weltweiten Lead-Werk für Kompaktfahrzeuge, und in Sindelfingen, wo die S-Klasse vom Band läuft. Elsässer, seit 2010 Chefredakteur des rechten Monatsmagazins »Compact«, triumphiert, weil durch deren öffentliches Auftreten »aus dem patriotischen Spektrum eine neue Front für unseren Kampf eröffnet« wurde.[391] Allein in Untertürkheim kandidierten auf Hilburgers Liste 187 Mitarbeiter, die sich alle mit Namen, Bild und Einsatzbereich in einer Wahlkampfzeitschrift präsentierten, vom Systemführer bis zum Lagerverwalter.[392] Die IG Metall hielt in einer intensiven Wahlkampagne dagegen, die Unternehmensleitung von Daimler verkündete, gerade mit Blick auf die anstehenden Wahlen, eine beispiellos hohe Jahresprämie, 5700 Euro je Mitarbeiter.

Doch die rechten Gewerkschafter konnten an allen drei Standorten ihre Ergebnisse feiern. Hilburger legte in Untertürkheim von knapp zehn auf 13,2 Prozent der Stimmen zu, er ist dort nunmehr einer von sechs Betriebsräten seines Zentrums. Gleichzeitig stieg die Wahlbeteiligung um sechs Prozent, ein Phänomen, das auch die jüngsten nationalen Urnengänge schon kennzeichnete, egal, ob in den USA, in Deutschland oder Österreich. In Rastatt, an der wirtschaftlich florierenden Achse Karlsruhe–Basel, gewannen die Rechten aus dem Stand drei Betriebsratssitze, sie erhielten 447 Stimmen, mithin gut acht Prozent. Auch in Sindelfingen reichte es für zwei Mandate.[393] Als erster Gratulant auf Facebook meldete sich Walter Reiter aus Unterammergau, der in Oberammergau die Hauptschule besucht hat und selbst bei Daimler arbeitet: »Jetzt geht's los. Das war erst der Anfang.«[394]

Daimler lehrt: Auch in Spitzenunternehmen mit vergleichsweise hohen Löhnen kennen Tarifbeschäftigte in den Werkshallen kein Tabu mehr gegenüber rechts. Das Selbstbewusstsein wächst mit den Erfolgen, die Erfolge nehmen mit dem wachsenden Selbstbewusstsein zu. Die rechte Rebellion liegt im Trend. Nur bei den Büroangestellten in den Verwaltungszentralen blieb das »Zentrum Automobil« noch vor der Tür.

»Wir verfolgen die Entwicklung mit Sorge«, erklärte sogar Konzernchef Dieter Zetsche vor der Wahl.[395] »Die Ausrichtung dieser Gruppen widerspricht Daimler-Werten wie Respekt, Offenheit, Vielfalt, Toleranz und Internationalität«, assistierte der Personalvorstand Wilfried Porth.[396] Unmittelbar nach dem Betriebsratsvotum legte Daimler jedoch den Grundstein für noch größere Zuwächse bei rechten Gewerkschaftern. Das Unternehmen kündigte an, die Größe der bestehenden Fabrik in Kecskemét in Ungarn zu verdoppeln und in Peking einen zweiten Standort zu eröffnen.[397] »Offenheit, Vielfalt, Toleranz« als Daimler-Werte bei so massiven Auslandsengagements in illiberalen Demokratien mit stark autoritären Zügen und in Diktaturen?

Auch so geht Glaubwürdigkeit verloren. Hilburger und seine neu gewählten Mitstreiter können die Wertedebatte als heuchlerisch und sich selbst als Opfer einer doppelbödigen Argumentation darstellen. Gleichzeitig kommt die Standortdebatte wieder in Schwung. In der Vergangenheit besetzten linke Organisationen diese Themen, in den 1970er-Jahren sorgte der Bau eines

Motorenwerks von Mercedes im Apartheidstaat Südafrika noch für intensive Proteste. Doch »The Times They Are a-Changin'«, die Zeiten ändern sich. Als Bob Dylan dieses Lied komponierte, wollte er das Gegenteil dessen, was nunmehr geschieht. Ohne griffige linke Globalisierungskritik und Erfolge in der Solidarität öffnet sich viel Platz für rechts, national orientiert. So wird ein Vakuum gefüllt.

Im Bundesvorstand der AfD hält Guido Reil den Kontakt zu den rechten Gleichgesinnten quer durch Deutschland. Der Essener Bergmann ist selbst Betriebsrat und verließ die SPD. Er arbeitet an einer Gewerkschaft, die verschiedene Branchen umfasst. Daimlers »Zentrum Automobil« soll da nur ein Labortest sein. Reil: »Außer einer alternativen Partei muss es auch alternative Gewerkschaften und alternative Sozialverbände geben. Die Alternative muss eine gesellschaftliche Bewegung werden, die sich überall verzahnt.«[398]

Im Leipziger BMW-Werk kam das »Zentrum Automobil« im März 2018 von null auf elf Prozent. Die Betriebswahlen zeigen, wie weit die AidA, die AVA und ihre Sympathisanten mit ihren rechten Politarien auf ihrer Kreuzfahrt schon geschippert sind. Rechts ist in.

Reichlich beschenkt

»Natürlich verdanken wir unseren Wiederaufstieg in erster Linie der Flüchtlingskrise«, bekannte Alexander Gauland, damals erst Vize im AfD-Vorstand, kurz vor dem Weihnachtsfest 2015. »Sie war sehr hilfreich. Man kann diese Krise ein Geschenk für uns nennen.«[399]

Für eine intelligente, professionell auftretende AfD liegen auf dem Weg nach oben noch viel mehr Geschenke auf der Straße.

Als eines werden sich die unvermeidlichen Börsenturbulenzen erweisen, etwa als Anfang Februar 2018 zunächst der New Yorker Dow-Jones-Index an einem Tag zeitweise bis zu 6,2 Prozent einbrach, in Punkten war es historisch der größte Verlust an einem Handelstag. Der Nikkei-Index in Tokio folgte mit mehr als sieben Prozent, der Dax in Frankfurt mit 3,6 Prozent. Zu Recht sorgt dies für Unruhe. Selbst die so zurückhaltende und stets auf Beruhigung bedachte Angela Merkel sprach in diesen Stunden davon, dass »wir in unsicheren Zeiten leben«.[400]

Rechte Parteien können, gerade mit Querverweisen auf den großen Crash von 1929 und auch die Zusammenbrüche von 2000 und 2008 das Versagen der globalen Elite anprangern, erst recht an der Wall Street. Und auch, wie sozial einseitig die Finanzkrise ab 2007 eingedämmt wurde. Fünf Billionen Euro musste der EU-Steuerzahler bislang bezahlen – das 16-Fache der jährlichen deutschen Staatsausgaben. Mit ausbleibenden Zinsen wurde jeder Sparer zum Sanierer, ohne je gefragt worden zu sein. »Diejenigen, die in Deutschland am stärksten unter den Niedrigzinsen leiden, sind Leute mittleren Alters, die ein kleines Vermögen besitzen und dieses vor allem auf Sparkonten und in Zinspapieren angelegt haben – also nicht besonders breit gestreut«, räumte der Chefvolkswirt der EZB, Peter Praet, ein.[401] Seine Rechtfertigung, dass in der Krise eine Kernschmelze des Finanzsystems vermieden und so auch Deutschland als ein großer Gläubiger geschützt worden sei, kann die AfD leicht argumentativ ausbeuten: Seht her, die Großen haben sich verzockt, und wir kleinen Leute müssen es ausbaden. Der Bulle der Börse wird so zur Hausse der AfD. Jeder neue Börsenkrach hat das Zeug zu einer AfD-Wähler-Bonanza.

Ein weiteres Paket der Freude für die neuen Nationalen hält der Euro bereit (siehe das Kapitel »In der Eurofalle«, Seite 123). Die Krise um die Währung in der Europäischen Union kann sich jederzeit wieder zuspitzen. Die Europäische Zentralbank muss in der Steuerung nur einen Fehler begehen, und schon werden die zentrifugalen Kräfte quer über den Kontinent wieder sichtbar werden. Die Strategie des EZB-Chefs Mario Draghi, den Wert der europäischen Währung in den vergangenen Jahren nach außen niedrig zu halten, half vor allem der französischen und italienischen Wirtschaft, aber natürlich auch den deutschen Export-Vizeweltmeistern. Je mehr US-Präsident Donald Trump versucht, den US-Dollar zu drücken, um so mehr verteuern sich die Ausfuhren. So kann der AfD, die selbst einen Antiamerikanismus pflegt, sogar die Washingtoner Währungspolitik zugutekommen.

Kaum war die Neuauflage einer Großen Koalition am 7. Februar 2018 in Deutschland ausverhandelt, spottete Alexander Gauland: »Die CDU ist sozusagen nur noch eine leere Hülle«, und wurde damit vielfach zitiert. Wenig Beachtung fanden hingegen seine Aussagen, die zeigten, dass er die Euro-Kritik, die bei der AfD-Gründung im Jahr 2013 das tragende Fundament der neuen Partei bildete, nicht aus den Augen verloren hat: »Wir kriegen eine Fiskalunion, wir kriegen einen europäischen Finanzminister, wir kriegen wahrscheinlich einen europäischen Investitionshaushalt.« Angriffig fügte er hinzu, dass Martin Schulz nun »dafür Sorge tragen wird, dass die Europapolitik künftig in der SPD-Zentrale gemacht wird«.

Die »Transferunion« auf europäischer Ebene sei »praktisch beschlossen worden«. Gauland sieht darin vor allem die Handschrift des französischen Präsidenten Emmanuel Macron. »Man fragt sich, warum Macron nicht gleich ins Bundeskanzleramt einzieht.«[402]

Schon der Konjunkturzyklus, wie er in kapitalistischen Gesellschaften angelegt ist, wird den Rechten in die Karten spielen. Seit 2010 durchlebt Deutschland einen ungebrochenen Wirtschaftsaufschwung, der Leistungsbilanzüberschuss lag 2017 bei knapp acht Prozent der gesamten Jahreswirtschaftsleistung. Die Überschüsse des einen sind aber die Schulden der anderen, in diesem Fall vor allem der Südstaaten Europas – aber auch der USA. Das ist auf Dauer in diesen Dimensionen nicht durchzuhalten. Dass die Konjunktur in Deutschland überhitzt, gilt seit geraumer Zeit als Binsenweisheit unter Wirtschaftsforschern. Ein Abschwung ist unvermeidlich. Da platzen dann einige Blasen.

Der große Boom wurde mit der EZB-Politik des billigen

Geldes immer weiter in die Länge gezogen. Die so lange erwartete Zinswende macht aber nicht nur Sparzinsen und Anleihen wieder attraktiv, sondern lässt zunächst die Kreditzinsen ansteigen. Das wiederum trifft Wohnungseigentümer, die sich beim Kauf verschulden mussten, vielerorts hart. Rekordmieten sorgen längst für geballte Fäuste in den Taschen von Millionen Wählerinnen und Wähler.

Argumentativ eröffnet dies kein leichtes Terrain für die AfD, da sie den Schutz und Wert des Privateigentums überaus hochhält. Wie schon in der Flüchtlingsfrage könnte sie sich aber auf bestimmte soziale Brennpunkte fokussieren, etwa dort, wo ausländische Investoren die Preise treiben. Im globalen Vergleich sind die meisten Immobilien in Deutschland immer noch günstig, selbst in den Bestlagen von München oder Hamburg. Nach der Entscheidung der Briten, die Europäische Union zu verlassen, orientierte sich eine Vielzahl von potenten Anlegern, denen Diskretion äußerst wichtig ist, von London Richtung Deutschland um. Solange sich das Interesse russischer Oligarchen oder reicher italienischer Steuervermeider auf luxuriöse Dachwohnungen oder Großgrundbesitze beschränkt, mag allenfalls ein abstrakter Neidfaktor greifen. Solche Sphären waren und sind für fast keinen AfD-affinen Wähler greifbar, spektakuläre »Deals« deshalb etwas für Hochglanzillustrierte, aber ohne unmittelbare Auswirkungen auf das eigene Lebensumfeld.

Anders ist es, wenn hoch vermögende internationale Fonds ganze Wohnanlagen aufkaufen und die Mieten erhöhen. Die Anleger bleiben da jedoch fast immer anonym, eine global agierende Investmentgesellschaft zeigt kaum ihr Gesicht. Politisch kampagnenfähig wird allerdings, wenn ausländische Staatsbürger gezielt in kleinere Einheiten investieren und sogar optisch als Nichtkaukasier leicht identifizierbar sind. Chinesen etwa, keineswegs nur aus der Volksrepublik China, sondern auch aus Singapur, Malaysia oder den USA, interessieren sich nicht nur für Luxusobjekte quer durch Deutschland, sie kaufen auch vermehrt Ein- oder Zweizimmerwohnungen.

In den vergangenen vier Jahren haben sich die Anfragen chinesischer Kunden mehr als verdoppelt, gibt Carsten Heinrich, der Geschäftsführer des Berliner Maklers Rubina Real Estate, zufrieden Auskunft.[403] Für so kleine Einheiten haben die Kunden aus Übersee problemlos 250 000 bis 450 000 Euro eingepreist. Zwei Zimmer plus eine kleine Küche und ein bescheidenes Bad für fast eine halbe Million Euro statt wie lange üblich für 200 000? Diese Objekte kommen dann zu entsprechend hohen Mieten auf den Markt, äußerst selten werden sie von den Käufern selbst genutzt.

Der Ausverkauf an Ausländer, an chinesische Investoren oder an Steuerflüchtlinge aus Griechenland, die dann nicht mehr »Investoren« genannt werden, sondern … »Spekulanten« – was für ein ertragreiches Thema für die neuen Rechten. Etwa gar frei nach dem Motto »Deutscher Boden in deutsche Hände«?

Die üblicherweise sehr zurückhaltenden Experten der Deutschen Bundesbank sind überzeugt, dass Wohnungen und Gebäude in deutschen Städten nach nationalen und nicht internationalen Kriterien bereits im Jahr 2017 bis zu 30 Prozent überbewertet waren, und keineswegs nur in Berlin oder Stuttgart. Da bildet sich eine Blase, wenn auch nur in Zeitlupe. Führt sie zu Problemen in der Baubranche, bei verschuldeten Wohnungseigentümern und schließlich bei Banken, deren Kredite nicht mehr zurückbezahlt werden, kann auch dies zu einem weiteren Höhenflug der AfD beitragen. Sie wird die verantwortlichen Entscheidungsträger des Establishments als Verursacher brandmarken. Mit Sicherheit wird darauf verwiesen werden, dass eine Million Flüchtlinge den Wohnungsdruck noch verstärkt haben – und neue Zuwanderer dies auch künftig tun werden. Weitere vier Millionen Menschen sind seit dem Mauerfall vor allem aus Ost- und Südeuropa nach Deutschland eingewandert.[404] Doch die finden in AfD-Kreisen weniger Beachtung, da zumindest Immigranten aus Russland und vom Balkan überdurchschnittlich oft mit der rechten Alternative liebäugeln.

Eines Tages mag es auf Druck der AfD und auf Betreiben der CSU in Deutschland vielleicht kaum noch einen illegalen

Flüchtling geben. Abschiebequoten erhöhen, Zuwanderung begrenzen, damit wird die AfD doch keineswegs ins Abseits gedrängt, wie CSU-Taktiker annehmen.

Gegen Ausländer lässt sich immer Stimmung machen, auch gegen Scheichs aus Riad und Abu Dhabi. Auch die Deutsche Bank ist nicht mehr deutsch, wichtige Konzerne in der Automobilindustrie ebenfalls nicht. Zwischen Usedom und Lindau hängt jeder siebte Arbeitsplatz vom Wohlergehen des Fahrzeugbaus ab. Wehe, wenn diese Schlüsselindustrie aus der Spur gerät – und vieles spricht dafür (siehe das Kapitel »Mobil statt nur Automobil«, Seite 82).

Selbst die jobfressende Robotik und Digitalisierung kann sich für die Rechten als Win-win-Situation erweisen – im Mitgefühl mit den neuen Arbeitslosen, aber auch in mitreißender Technikbegeisterung.

Die Moderne und das Nationale – Volksroboter statt Muslime

Die große Arbeitslosigkeit nach der Weltwirtschaftskrise 1929 begünstigte den Aufstieg autoritärer Machthaber von Europa bis Fernost. In Deutschland schafften es die Demokraten in ihrer Weimarer Republik nicht, sich wählerüberzeugend zu einigen. Zu geringe Beachtung findet oft, dass es vor allem den Nationalsozialisten gelang, moderne Technik für ihre Interessen zu nutzen und damit gleichzeitig Millionen von Menschen in ihren Bann zu ziehen.

Die weltweit führende Kriegstechnologie im Dritten Reich ist das eine, die Fortschritte beim alltagserleichternden Einsatz moderner Geräte das andere. Die Stromversorgung möglichst vieler Haushalte schuf die Voraussetzung für die Verbreitung von Elektroherden und Volkskühlschränken, Autobahnen die Grundlagen für den Volkswagen und neue Mobilität, Sendeanlagen die Verbindung zum Volksempfänger, mehr als 5000 Lichtspieltheater den massenwirksamen Zugang zur Traumwelt auf Zelluloid.

Die Regenten in der Volksrepublik China führen vor, dass neue Techniken auch im 21. Jahrhundert die Lebensbedingungen von hunderten Millionen Untertanen verbessern können, ohne ihre Diktatur zum Einsturz zu bringen.

Das Versagen der herkömmlichen Parteien bei der so drängenden Bewältigung der Automatisierung und Digitalisierung birgt den Keim für nicht desavouierte politische Führungspersönlichkeiten, sich in diesen Bereichen besonders zu profilieren. Der Gedanke mag abwegig erscheinen: Spitzt sich, wie zu erwarten, die ökonomische Situation auch in Deutschland zu, wie wäre es dann mit hoch subventionierten, fast kostenlosen Volksrobotern, bei gleichzeitigem bedingungslosen Grundeinkommen, propagiert von der AfD?

Der, wenn auch bescheidene, Lebensunterhalt wäre gesichert, die Volksroboter könnten als Mother's Little Helper agieren, als Staubsauger und als Einkaufshilfe, in der Pflege älterer Mitbewohner, als Entertainer der Kinder und Partner bei Computerspielen, und, keineswegs nebenbei, als Überwachungsinstrument. Wie schon in China könnte über Apps soziales Verhalten belohnt und asoziales bestraft werden. Das Asoziale definieren freilich die Regierenden. Und die Abgrenzung von anderen Kulturen und Wertvorstellungen ließe sich auch auf eine kurze Formel bringen: Volksroboter statt Muslims. Voraussetzung dafür ist selbstverständlich, dass Politiker mit derartigen Ambitionen an die Macht gelangen und über entsprechende ökonomische Mittel verfügen. Ist diese Überlegung nur ein schlechter Traum? Im Silicon Valley würde argumentiert, dass es sinnvoll ist, Entwicklungen bis zum Ende durchzudenken.

Keine Frage: Was in diesem Buchkapitel beschrieben wurde, ist gegenwärtig mehr ein Szenario als eine Prognose. Die AfD hat auch alle Chancen, ihre Chancen zu verspielen. Rückschläge, etwa bei Landtagswahlen, sind vorprogrammiert. Der Streit zwischen den verschiedenen Parteiflügeln hält an, bei der grundsätzlichen politischen Positionierung zwischen rechts und rechtsextrem ebenso wie im wirtschaftlichen Bereich zwischen neoliberalen Marktapologeten und arbeitnehmerorientierten, regelungsfreudigen Etatisten. Die jahrelange Nichteinigung auf ein Konzept der Rentenversicherung zeugt davon.

Beim Bundesparteitag in Augsburg Ende Juni 2018 forderte AfD-Chef Jörg Meuthen einen Systemwechsel vom Umlagesystem hin zur privaten Vorsorge. Der Parteiflügel um AfD-Rechtsaußen wie Björn Höcke will aber bereits einen national-sozialen Kurs, staatliche Rentenzuschläge sollen dabei nur deutsche Staatsbürger erhalten. 2019 wird ein richtungsentscheidender Sonderparteitag zum sozialpolitischen Programm stattfinden – in Sachsen, wo die AfD nach den Landtagswahlen erstmals in einem Bundesland in die Regierungsverantwortung kommen könnte.[405] Noch ist alles offen, zumal in der Medienberichterstattung der Konflikt im Mittelpunkt steht und die jeweiligen Polizeieinsätze rund um AfD-Treffen. In Augsburg war es der größte in der Geschichte der Stadt, da gleichzeitig so viele Protestveranstaltungen stattfanden.[406]

»Wir sind ein gäriger Haufen, da sind immer irgendwelche Überraschungen, die einen dann auf dem falschen Fuß erwischen«, sagte Gauland am Wahlabend im September 2017.[407]

Auch personell ist die AfD keineswegs gefestigt, weitere (Ab-) Spaltungen sind erwartbar. Der Spagat zwischen provokantem Protest, wählerbewegenden Debatten und überzeugender Sacharbeit ist noch lange nicht gelungen. Im Zuge der Neupositionierung der CDU und CSU werden sich vielleicht auch manche Themenfelder und Wählerpotentiale für die AfD wieder verschließen, doch dann würden die Argumente eben von Regierungsparteien vertreten werden und in Summe Deutschland nach rechts rücken. Da kommt es auf die Inhalte an, weniger auf das Logo einer Partei. Noch kaum abschätzbar sind auch die Folgen der Entwicklung, in der sich die AfD in rechts gewirkten Koalitionen wiederfinden wird, von der Gemeindeebene bis zu den Landtagen, beispielsweise bald in Sachsen. Wird sie dadurch gestärkt oder »entzaubert« werden, wie das einst Wolfgang Schüssel, Österreichs erster Kanzler einer konservativen Regierung im Verbund mit den Rechtsaußen der FPÖ von der Jahrtausendwende bis 2006 beabsichtigte?

In der herrschenden Medien-Parteien-Demokratie ist das äußere Erscheinungsbild oft ausschlaggebend. Der derzeitigen Ko-Vorsitzenden Alice Weidel fehlt trotz ihrer beruflichen Vergangenheit als Unternehmensberaterin (noch) die Überzeugungskraft in wirtschaftlichen Fragen. Alexander Gauland zeigte sich in den vergangenen Jahren zweifellos als gewiefter und umsichtiger Stratege. Er ist für die AfD das, was schon die Flüchtlingsprobleme für seine Partei waren und sind: ein Geschenk. Doch gegen den ganz großen Erfolg sprechen sein fehlendes Charisma und sein Alter. Das alles ist aber nur AfD-Geplänkel.

Neues Deutschland

Seit der Bundestagswahl im September 2017 ist unübersehbar, dass die Implosion der bisherigen Volksparteien und der Aufstieg der Neonationalen in vielen Teilen der Welt auch die bisher so uneinnehmbar scheinende deutsche Insel erreicht hat. Die sofortige Absage an eine Große Koalition durch den damaligen SPD-Vorsitzenden Martin Schulz, das Scheitern der Verhandlungen zwischen CDU, CSU, Grünen und FDP und die nachfolgende Kehrtwende der SPD samt voller Bangen erwartetem Mitgliederentscheid ist keineswegs nur schwachem oder opportunistischem politischen Führungspersonal geschuldet. Dies gilt auch für den Beinahebruch der Fraktionsgemeinschaft von CSU und CDU im Sommer 2018.

Vielmehr reflektieren diese anhaltenden Zerreißproben die strukturellen Veränderungen in der Wählerschaft und Bindungswirkung traditioneller Parteien in der westlichen Welt. Genug ist genug, denken sich immer mehr Millionen Bürger. Italien machte mit dem Niedergang der jahrzehntelang dominierenden katholisch-konservativen Democrazia Cristiana und des Partito Socialista den Anfang, Silvio Berlusconi folgte, jetzt regieren die

Neonationalen. In Frankreich pulverisierten sich die Bürgerlichen und die Sozialisten, Emmanuel Macron schuf eine Partei aus dem Nichts. In inniger Feindschaft verbunden, koalierten in Österreich die Großparteien, bis Sebastian Kurz die ÖVP von innen umkrempelte und mit der Freiheitlichen Partei die Sozialdemokraten weit von der Macht wegschob. In den Niederlanden, in Dänemark und in Schweden ist das Verschwinden von Großparteien, die jeweils nur einen kleinen Koalitionspartner zum Regieren finden müssen, schon lange Geschichte.

So ist auch in Deutschland die Stunde neuer Bewegungen gekommen. Ab Herbst 2018 will es Sahra Wagenknecht von links aus versuchen. Viele ihrer Parteigänger werden ihr folgen, aber auch die SPD wird noch einmal Federn lassen. In der politischen Mitte könnte sich da durchaus Platz für eine neue Zentrumsbewegung auftun, eine Verbindung von moderaten CDU-Wählern und den verbliebenen SPD-Anhängern unter einem Dach, ergänzt durch FDP-Wähler, denen die Haltung in Fragen der Währungsunion und die Anbiederung ihres Parteivorsitzenden Christian Lindner an rechte Positionen zu weit gehen. Eine solche Wählerkoalition wäre keine Große Koalition mehr, könnte aber doch prägender sein als eine noch weiter geschrumpfte SPD und eine zerrissene CDU/CSU. Die Grünen könnten sich auch spalten, mit einem Politikertyp à la Winfried Kretschmann im Rahmen einer Zentrumsbewegung, die ja keine Partei sein müsste, aber kräftig mitmischen.

Es wäre schlicht realitätsfern zu glauben, dass das jüngste Zusammenraufen der politischen Spitzen in der größten Fraktion im Bundestag zu mehr als einem Burgfrieden geführt hat. Schon nach der Landtagswahl in Bayern im Oktober 2018 kann es wieder krachen, oder nach den Wahlen zum Europäischen Parlament Ende Mai 2019. Und spätestens, sobald es zu wirtschaftlichen Verwerfungen und zumindest zeitweisen Jobverlusten durch Automatisierung und Robotik kommen wird, muss die SPD die Koalitionsfrage erneut stellen. Sahra Wagenknecht und ihre neue linke Verbindung wird mit den Sozialdemokraten ohnehin Hase und Igel spielen. Wo die SPD dann hinwill, wird diese neue Sammelbewegung schon da sein.

Erst recht, da rechts weiter im Aufwind bleiben wird und weiterhin SPD-Wähler aus deren früheren Kernschichten zu der neuen rechten Volksbewegung abwandern werden. Noch sind es ja vor allem rechte Ideologen und Glücksritter, die in die AfD drängen. Je länger die Partei und vor allem ihre Themen in den Umfragen erfolgsträchtig abschneiden und sich auf den verschiedensten Führungs- und Mitarbeiterebenen längerfristige Jobperspektiven bieten, umso mehr erhöht sich die Wahrscheinlichkeit, dass sich eine junge charismatische Aufsteigerin oder eine »geborene« attraktive männliche Führungsfigur den Weg nach oben bahnen wird. »Feschist« nannte der intellektuelle Herausgeber der Wiener Stadtzeitung »Falter« Armin Thurnher den so früh verstorbenen Jörg Haider. In diesem Sinne: Fesch wie der neue österreichische Kanzler Sebastian Kurz oder die Zukunftshoffnung der französischen Rechtsaußen, Marion Maréchal, dazu zäh wie die vermeintlichen deutschen Gene und hart, wie Meinungsführer heute eben sein müssen.

Die von Politik und Wirtschaft gestapelten Geschenke bräuchte eine strategisch umsichtige Rechtspartei nur einzusammeln. Da könnte die AfD in einer viel größeren Bewegung aufgehen und dabei den eindeutig rechtsextremen Teil ihrer Mitglieder zurücklassen. Auf der Webseite »Die Achse des Guten« der Publizisten Henryk M. Broder und Dirk Maxeiner wünschen sich Autoren eine blaue Wende mit Boris Palmer,[408] über den Sebastian Kurz schon genüsslich twitterte: »Konnte heute den Oberbürgermeister v #Tübingen #BorisPalmer treffen – eine beeindruckende Persönlichkeit. Wir teilen vor allem die Überzeugung, dass es einen Systemwechsel in d Flüchtlingspolitik braucht.«[409] Auch eine Bewegung à la Macrons »En Marche!«, aber eindeutig rechts, ist gut vorstellbar. Mit dem CDU-Rechten Jens Spahn und Christian Lindner von der FDP als Gauländer light? Da ginge dann schon was, mit den 30 Prozent.

Das europäische Endspiel

Von den Fehlern der EU bis zu Orbáns Kreuzzug gegen die Versprengten

Die größten Fehler macht man im Erfolg. Es hätte früher und heftiger knallen müssen.

Peter Penders (»FAZ«) nach dem Ausscheiden der deutschen Mannschaft aus dem WM-Fußballturnier 2018

Während sich in Deutschland eine neue rechte Volksbewegung und wohl auch eine linke Sammelbewegung rund um Sahra Wagenknecht formieren, steckt die Europäische Union in einer Existenzkrise. Ausgerechnet der alte Kontinent findet nicht zu sich. Nach dem Zweiten Weltkrieg teilte ihn der Eiserne Vorhang. Als die Hyperglobalisierung dann die soziale Marktwirtschaft verdrängte, öffneten sich immer neue Spalten in der ökonomischen und politischen Tektonik zwischen Madeira und Rovaniemi. Falten, Überschiebungen und Brüche verformen zusehends das Friedensprojekt der europäischen Einigung. Ein langer wirtschaftlicher Boom im Norden Europas, wobei davon viele Bürger aus der Mittelschicht nicht nennenswert profitiert haben, und quälende Wirtschaftskrisen im Süden, wobei die großen Steuerflüchtlinge von Griechenland bis Italien ungeschoren davongekommen sind, dazu das Unvermögen der Politikverantwortlichen in Brüssel, die viel zu viele bürokratische Regelungen verabschiedeten, aber die großen Fragen nicht lösten – all dies schürte den Unmut auch zuvor überzeugter EU-Anhänger.

Als weder Geert Wilders in den Niederlanden noch Marine Le Pen in Frankreich im Jahr 2017 der neonationale Umbruch gelang, verschaffte dies der EU nur eine kurze Atempause. Österreich und Italien werden inzwischen von rechten Konservativen und Rechtsaußen regiert, in Ungarn zementierte der illiberale Ministerpräsident Viktor Orbán seine Macht. Der liberale Ministerpräsident Mark Rutte und der neoliberale Staatspräsident Emmanuel Macron feierten nur Pyrrhussiege, ihr Wahlerfolg verzögert lediglich den rechten Vormarsch, doch die EU-Wahlen im Mai 2019 werden nun zur großen Schlacht um Werte und Zukunft der EU. In Den Haag und in Paris, aber auch in vielen anderen nationalen und regionalen Hauptstädten lauern schon neue, noch attraktivere Verführer und Verführerinnen als Wilders und Le Pen auf ihre Chance. Die neuen Rechten entwickeln sich zur Hydra. Selbst wenn ein Kopf verloren geht, wachsen neue Köpfe nach. Die politischen Kräfte, die sich gegen diese Entwicklung stemmen, agieren hingegen vielfach kopflos, in vielen Ländern sind es ihre Parteien auch. Und Wladimir Putin sät und erntet von dem Boden, den vier große EU-Sündenfälle fruchtbar gemacht haben.

Die vier Sündenfälle der EU

Selten wird in Gesprächen mit Wall-Street-Bankern ein Journalist selbst zum Interviewten. Im September 1998 war es so. »Ist Oskar Lafontaine wirklich so gefährlich?« lautete wiederholt die Frage an den Autor, als er für das Buch »Der Geldkrieg – Das neue Menschheitsrisiko« recherchierte.[410] Im damals noch existierenden Wolkenkratzer der damals noch existierenden Bank Lehman Brothers ging es zunächst um Einschätzungen zur Zukunft der brasilianischen Währung Real, ehe selbst an diesem Ort der damalige SPD-Vorsitzende und zu diesem Zeitpunkt erwartbar künftige deutsche Finanzminister Oskar Lafontaine zum beherrschenden Thema wurde.

Drei Tage zuvor hatte die SPD die deutsche Bundestagswahl gewonnen, überraschender Weise führte an einer rot-grünen Regierung kein Weg vorbei. Lafontaine war zu diesem Zeitpunkt der mächtigste sozialdemokratische Parteichef weltweit und hatte nie einen Hehl daraus gemacht, dass er eine ernsthafte Kontrolle der Weltfinanzarchitektur für unabdingbar hielt. Ohne umfassende Finanzregulierung, so seine Warnung, die sich später als Prophezeiung erwies, seien große Verwerfungen an den Börsen und in der Realwirtschaft unvermeidlich.

Entscheidungsträger in der globalen Finanzwelt waren ernsthaft in Sorge. Müssten sie Einschnitte in ihre einträglichen Geschäfte fürchten? Würden zumindest innerhalb der EU bald hochspekulative Praktiken verboten werden?

Schnell wurde klar, dass Lafontaine auf massiven Widerstand stoßen würde. »Is this the most dangerous man in Europe?«, titelte das britische Massenblatt »The Sun«, das sich in Händen des globalen Spalters Rupert Murdoch befindet, und wiederholte seine Schlagzeile auf Seite drei auf Deutsch: »Ist dies der gefährlichste Mann Europas?«[411] Seriöse Zeitungen wie die »Financial Times« oder »The Independent« erörterten genau diese Frage ernsthaft in ausführlichen Porträts. Die Finanzjongleure der City of London agitierten politisch gegen den SPD-Chef, mit Bundeskanzler Gerhard Schröder brachte sich ein noch intimerer Gegner in Stellung. Schröder wollte die ganze Macht, und an einer tiefgreifenden Auseinandersetzung mit Banken und Spekulanten zeigte der »Kanzler der Bosse«, wie er damals genannt wurde, schon gar kein Interesse.

Sechs Monate nach dem fulminanten Wahlsieg trat Oskar Lafontaine am 11. März 1999 entnervt von allen Ämtern zurück. Es war wohl einer dieser wichtigen Momente in der europäischen Nachkriegsgeschichte, in denen eine völlig falsche Weichenstellung erfolgt ist.

Die Börsen erlebten ein Kursfeuerwerk wie schon lange nicht mehr: Binnen sieben Minuten legte die europäische Währung gegenüber dem Dollar um zwei Cent zu; der Deutsche Aktienindex Dax kletterte in der ersten Viertelstunde im Vergleich zum Vortag um sechs Prozent. »Lobbyisten und Wirtschaftsverbände triumphierten über Lafontaines Abgang, als gelte es, den zweiten Sieg des Kapitalismus über die Planwirtschaft zu feiern. ›Das ist einer der schönsten Tage meines beruflichen Lebens‹, jubelte Hans Schreiber, Vorsitzender des Arbeitgeberverbandes der Versicherungsunternehmen«. So berichtete damals das Nachrichtenmagazin »Der Spiegel«.[412]

Lafontaine erwies sich als Kassandra. Im März 2000 platzten die Dotcom-Erwartungen der New Economy, ab 2007 entfaltete sich die größte Finanzkrise seit 1929. Knapp 60 Billionen Dollar umfasste die globale spekulative Blase, als der Finanzkollaps in den USA ausgelöst wurde.[413] Dass auch die Europäische Union so heftig in Mitleidenschaft gezogen wurde, hätte sich verhindern lassen. Es rächte sich vor allem, dass einige Dutzend europäische Großbanken, die im Rahmen des EU-Binnenmarktes ab 1992 immer grenzüberschreitender tätig werden konnten, zwar rasch expandierten, die Kontrollinstrumente aber nicht rechtzeitig angepasst worden waren. Finanzaufsicht und Regulierungsbehörden hatten versagt. Die ideologische Ausrichtung und entsprechende Interessenverbände hatten sich – befreit vom Druck Lafontaines und seiner Mitarbeiter – in Brüssel durchgesetzt. Große Unternehmenseinheiten wurden begünstigt, um »im globalen Wettbewerb bestehen zu können«. Das klingt jeweils, als zählten die Finanzinstitute in der EU eher zu den Opfern als zu den Tätern. Doch die mangelnde EU-Regulierung war immer auch ein Beschleuniger weltweiter Entwicklungen und einer folgenreichen Entgrenzung ohne adäquate Kontrolle. Mit dem Maß ging jedoch auch das Ziel verloren – möglichst viel Wohlstand für möglichst viele Menschen. Soziale Marktwirtschaft ist etwas anderes.

434 Milliarden Euro kostete das Durchtauchen durch die Krise zwischen 2010 und 2017 allein die deutschen Sparer an entgangenen Zinserträgen.[414] Fünf Billionen Euro mussten in der EU insgesamt geschultert werden. Dieser unsichtbare Sack drückt viele Menschen in Europa bis heute. Die politische Linke kämpfte nicht glaubwürdig dagegen, die Rechten sammeln nun die Stimmen ein.

Der zweite nachhaltige Sündenfall reicht zurück in die Zeit, als sich die Europäische Union noch als Europäische Gemeinschaft definierte. Seine Folgen manifestieren sich aber erst seit einigen Jahren. Michail Gorbatschow, der letzte Generalsekretär des Zentralkomitees der Sowjetunion, hatte ab 1985 den Kalten Krieg zu einem friedlichen Ende gebracht. Stets warb er dabei um Ausgleich, aber auch um Hilfe beim Umbau seines Riesenreiches in Richtung einer demokratischen und sozialen Gesellschaft.[415] Doch der Westen unter seiner Führungsmacht USA ging kaum darauf ein. Der Sieg der Freiheit über kommunistische Diktaturen wurde gefeiert, ein neuer Marshallplan, ein großes Konjunkturprogramm blieb aber aus. Stattdessen erweiterten die USA allein in Europa ihre Einflusssphäre über zusätzlich 100 Millionen Menschen und mehr als eine Million Quadratkilometer. Die NATO vergrößerte sich Richtung Osten, die Demütigung war unübersehbar.

Russlands Bürger sprachen vielfach von einem »zweiten Versailles«, also von einer Nachkriegsordnung, die dem Besiegten zu viele Lasten aufbürdet. In der tief gekränkten Gesellschaft verschaffte sich eine große Koalition aus Oligarchen und ehemaligen KGB-Offizieren wie Wladimir Putin die Macht. Der Nationalstolz gedieh wieder, der Westen hatte die historische Chance auf eine gemeinsame, friedvolle Entwicklung Gesamteuropas verspielt.

Sündenfall Nummer drei ist die vorschnelle Erweiterung der Europäischen Union kurz nach der Jahrtausendwende. Bis zum Dezember 2000 galt noch der Leitsatz »Vertiefung vor Erweiterung«. Den Regierenden in den damals lediglich 15 EU-Staaten war bewusst, dass die Union in der Zukunft klare Entscheidungsstrukturen benötigen würde. Das in viel zu vielen Fällen geltende Prinzip der Einstimmigkeit ließ zu Recht die Furcht vor Blockaden aufkommen, sobald sich die Zahl der Mitglieder erhöhte. So stand kurz vor Weihnachten 2000 beim EU-Gipfeltreffen in Nizza eine große EU-Reform dringlich auf der Tagesordnung. Bereits anlässlich des Vertrages von Amsterdam 1997 hatten sich die Staats- und Regierungschefs nicht auf institutionelle Reformen einigen können, unter Frankreichs EU-Vorsitz erwartete man aber den Durchbruch. Doch an der Côte d'Azur wurde wie auf einem Basar um Stimmgewichtungen und Posten gerungen, ohne befriedigendes Ergebnis. »Zerstritten und abgehoben wie Reichskurfürsten«, charakterisierte damals der grüne österreichische Europaabgeordnete Johannes Voggenhuber das unwürdige Schauspiel.

Immerhin lautete zur Jahrhundertwende noch die Vorgabe, neue Mitglieder sollten nach dem »Regatta-Prinzip« aufgenommen werden. Je nach Fortschritt bei den Beitrittsverhandlungen würde sich die EU demnach Land um Land erweitern. Doch auch mit diesem Grundsatz wurde gebrochen.

Am 15. November 2002 traf sich Europas sozialdemokratische politische Elite hinter geschlossenen Türen in einem fahnengeschmückten, ansonsten kargen Sitzungsraum des Sejm, des geschichtsträchtigen, weiß leuchtenden Sitzes des polnischen Parlaments an der Ulica Wiejska in Warschau, in Sichtweite der Europastraße E 30 Berlin–Moskau. Die Sozialdemokraten stellten damals in zehn der 15 EU-Mitgliedsstaaten den Regierungschef oder waren zumindest an der Regierung beteiligt. Und auch in sieben der damals zwölf EU-Beitrittskandidatenländern saßen sie an den Hebeln der politischen Macht.

Das Treffen war offiziell nur als Routinekongress angekündigt. Obwohl Tony Blair wegen eines Streiks der Feuerwehr innenpolitisch unter Druck stand und der Oppositionsführer ihn am Vorabend aufgefordert hatte, sich persönlich um den Konflikt zu kümmern und nicht zu verreisen, bestand der damalige Briten-Premier auf einer Teilnahme. »Warum sind Sie extra hierhergekommen?«, rief ihm verwundert ein britischer Journalist auf dem Weg ins Parlament zu, zumal es Gerhard Schröder entgegen seinen Ankündigungen vorgezogen hatte, in Berlin zu bleiben, weil er eine Abstimmung im Deutschen Bundestag für relevanter hielt. Blair ignorierte den spontanen Fragesteller mit einem unverständigen Lächeln – er wusste, warum.

Kaum waren die roten Politführer unter sich, verkündete der damalige EU-Erweiterungskommissar, der deutsche SPD- und frühere FDP-Politiker Günter Verheugen: »The deal is done.«[416] Für die Anwesenden klang der Satz wie eine Vollzugsmeldung an den Briten-Premier. Blair hatte sich mit seinen Strategen in der Schaltzentrale der Downing Street in London als mit Abstand wichtigster Strippenzieher der real existierenden EU-Erweiterung erwiesen, regelmäßig war er nach Brüssel oder in Europas Osten geflogen. Während in der Öffentlichkeit später noch längere Zeit über den Zeitpunkt der EU-Erweiterung wie auch über die Zahl der neuen EU-Mitglieder spekuliert wurde, hatte Verheugen längst alles festgezurrt: Zehn neue Staaten, von Polen bis Slowenien, würden ab Mai 2004 beitreten, Rumänien und Bulgarien ab 2007 folgen.[417]

Diesem Deal fehlte jede demokratische Legitimation. Erst nach den in Warschau besiegelten Absprachen beschäftigten sich die 15 EU-Regierungschefs damit; erst ein halbes Jahr später gaben das Europaparlament und die nationalen Volksvertretungen ihr Votum ab – und das auch nur zum Beitritt der neuen zehn ab 2004.

Dabei war der Westen institutionell nicht reif für den Osten, und der Osten nicht reif für die EU. Auch nach dem inzwischen geltenden Verfassungsvertrag von Lissabon werden in den entscheidenden Ministerräten in Brüssel weiterhin Taschenrechner benötigt, um festzustellen, ob es bei den komplizierten Stimmgewichtungen überhaupt zu einer ausreichenden Mehrheit gekommen ist.

Die Intransparenz und Hinterzimmerpolitik richtete sich gegen sich selbst. Der Big Bang des neuen Dutzends eröffnete finanzkräftigen Konzernen und Banken im Osten fast über Nacht neue Märkte, doch die durch EU-Recht abgesicherten kapitalistischen Praktiken wurden sozial kaum abgefedert. Die junge Pflanze der Demokratie in postkommunistischen Zeiten bekam wenig Nahrung, rechtsstaatliche Einrichtungen blieben Schattengewächse. Verwaltung und Justiz blieben ineffizient, die Korruption blühte weiter. Durch die unnötig rasche Zusage des EU-Beitritts erlahmte der Elan, sich tatsächlich an geltende EU-Standards anzupassen.

Ich erlebte dies vor Ort als »Präsident des Gemischten Parlamentarischen Ausschusses des Europäischen Parlaments mit der Slowakei«. Die Entscheidungsträger in Brüssel und in den westlichen EU-Staaten ignorierten die Warnungen, sie wirkten seltsam getrieben. Wie zu erwarten, erfüllten sich aber die hochgezüchteten Erwartungen der Bürgerinnen und Bürger nicht. Das bestehende Vertrauen in eine Zukunft in einer ausgewogenen sozialen Marktwirtschaft voller Weltoffenheit ging verloren. Auch so hat die politische und wirtschaftliche Elite in Europa in diesem noch neuen Jahrhundert versagt. Nach der Diktatur des Kommunismus und der Wut über den vorherrschenden Neoliberalismus setzen Wähler nun immer lieber und oft schon mehrheitlich auf rechts außen.

Seit dem politischen Rechtsruck in den ehemaligen Ostblock- und nunmehrigen EU-Jungmitgliedsstaaten Ungarn und Polen machen sich die beiden Regierungschefs wechselseitig die Mauer. Sie stützen sich, um bei gravierenden Verstößen gegen EU-Grundwerte mögliche Sanktionen wie einen Entzug des Stimmrechtes abzuwehren. Österreichs neuer Kanzler mag da bald der Dritte im Bunde sein. Und es werden immer mehr, etwa Tschechien oder die Slowakei.

Die vierte große Untat der EU ist eine parteipolitische. Seit 1999 stellt die Europäische Volkspartei EVP die größte europäische Parteienfamilie. Ihr gehören die CDU und CSU ebenso an wie Österreichs ÖVP. Die Konservativen können auf die meisten Mitglieder der EU-Kommission, die meisten Regierungschefs und die größte Gruppe an Abgeordneten im Europaparlament zählen. Zwecks Machterhalt wurde jedoch die Glaubwürdigkeit geopfert, vor allem beim Umgang mit Ungarns Regierungschef Viktor Orbán, der seit vielen Jahren gegen die Satzung der EVP verstößt, in der sich alle Mitglieder verpflichten, »den Einigungs- und föderalen Integrationsprozess in Europa als konstituierenden Bestandteil der Europäischen Union zu fördern«.[418] Statt Orbán längst auszuschließen und klare inhaltliche Abgrenzungen vorzunehmen, ließ man ihn gewähren. So driften die Haltungen der Mitgliedsstaaten in politischen Grundsatzfragen immer weiter auseinander.

Wie sehr die Lage schon eskaliert ist, demonstriert Italien. Ernsthaft hofften die politischen Weichensteller in Brüssel im Frühjahr 2018 auf einen Wahlsieg von Silvio Berlusconi, der in den Jahren zuvor noch als Gottseibeiuns galt. Doch im Vergleich zu Beppe Grillos »Fünf Sterne«-Bewegung und Matteo Salvinis neu ausgerichteter Rechtspartei Lega (ohne Nord) erschien die Forza Italia des Medienmagnaten als wesentlich kleineres Übel. In der EU-Hauptstadt fehlte aber fast jede Reflexion, warum von den Alpen bis Sizilien gleich zwei neonationale Gruppierungen so viele Wählerinnen und Wähler anziehen konnten. Dabei trugen die Turbulenzen um den Euro, eine als Schikane empfundene EU-Bürokratie und die ineffiziente, zur Korruption einladende Verteilung der EU-Subventionsmilliarden ihr Scherflein zu derartigen Wahlergebnissen bei. Die Migrationsfrage entpuppte sich dann noch als alles übertönender Turbo.

Die EU-Neumitglieder Zypern und Malta wiederum versuchen, ihre Insellage durch eine Positionierung als Steueroase auszugleichen. In unzähligen europäischen Finanz- und Korruptionsskandalen führen die Spuren seither zu Bankkonten inmitten des Mittelmeers.

Tony Blairs herausragendes Engagement für einen schnellen EU-Beitritt zusätzlicher Staaten und seine neoliberal ausgerichtete Politik brachte sein Heimatland in eine besondere Schieflage: Kaum waren die Mitgliedsschranken gefallen, übersiedelten von 2004 bis 2015 fast eine Million EU-Bürgerinnen und -Bürger nach Großbritannien, vor allem aus Polen. Die Labour-Regierung in London hatte im Gegensatz zu ihren rot-grünen Partnern in Berlin und der österreichischen Regierung auf keine siebenjährige Übergangsfrist für Arbeitsbewilligungen bestanden.

Durch die sogenannte »Entsenderichtlinie« der Europäischen Union wurde überdies Lohndumping in großem Stil erleichtert. Unternehmen können demnach Mitarbeiter für eine begrenzte Zeit in ein anderes EU-Land zur Arbeit schicken. Sie müssen mindestens den dortigen Mindestlohn verdienen, behalten aber ihren Arbeitsvertrag und zahlen Sozialversicherungsbeiträge weiter im Herkunftsland. Damit können sie deutlich schlechter bezahlt werden als Arbeiter ihres Gastlandes. Vor allem Großbauern, Spediteure und Bauunternehmer profitieren davon, Neonationalisten auch. Mit der Familie Le Pen im Nacken warb Frankreichs Präsident Emmanuel Macron auf Reisen durch die EU-Mitgliedsstaaten intensiv für Einschränkungen, was wiederum Osteuropas Rechte ausnützt. Der Westen stelle sich keiner Konkurrenz, die eigenen Landsleute würden in der EU benachteiligt, argumentieren sie. Eine Änderung der Bestimmungen wird frühestens im Sommer 2021 wirksam werden. Statt eines zügigen Interessenausgleiches wächst so die Abneigung gegeneinander. Die Wechselwirkung verschärft die Spannungen: Im Westen köchelt die Gegnerschaft gegen Arbeitskräfte aus dem Osten, in Europas Osten das Gefühl, in der EU bald nur mehr Bürger zweiter Klasse zu sein.

In Großbritannien wurde die unkontrollierte Einwanderung so vieler EU-Bürger insbesondere aus Polen und der Lohndruck auf Basis der Entsenderichtlinie zum Hauptgrund, warum 2016 die Mehrheit der Briten entschied, die EU zu verlassen. Ex-Premier Blair zählt zu jenen, die sich nunmehr am lautesten für eine neuerliche Volksabstimmung in Großbritannien aussprechen. Hätte er sich nicht für eine überhastete EU-Erweiterung stark gemacht, sein Land wäre immer noch dabei. Und auch der Nordirlandkonflikt schwelt 20 Jahre nach dem Karfreitagsabkommen erneut. Die Mauer, die im Osten niedergerissen wurde, wird so im Westen wieder hochgezogen.

Das geschlossene Zeitfenster

Wache Köpfe forderten in den vergangenen Jahrzehnten beständig einen großen Wurf für die Europäische Union, einen Durchbruch hin zu überzeugender Demokratie und Übersichtlichkeit, weg von Bürokratie und Lobbyunwesen. Wissenschaftler zahlreicher Disziplinen, von Verfassungsjuristen über Ökonomen bis zu Völkerkundlern, wissen, dass die EU in ihrer derzeitigen Verfasstheit nur ein Zwischenschritt sein kann. Lange Zeit unterstrichen dies auch Vertreter der politischen Mitte in ihren Bekenntnisreden. Ohne mehr umsichtige Integration kann die EU nicht funktionieren. Doch das jahrzehntelange realpolitische Verharren im Zwischenschritt bewirkte das gegenwärtige Nichtfunktionieren und stärkte Zug um Zug jene politischen Kräfte, die weniger Zusammenhalt propagieren. Die in Brüssel de facto regierende Große Koalition beging den verhängnisvollen Fehler, konstruktive Kritiker, die diese Gefahr im Blick hatten, ins Abseits zu drängen. Gewählte EU-Abgeordnete wie etwa Jens-Peter Bonde aus Dänemark, die wohlmeinend eine ernsthafte Demokratisierung, eine transparente EU und die Abschaffung aberwitziger Privilegien einforderten, wurden als Nestbeschmutzer verunglimpft, der EU-Machtapparat zu ihrer Kriminalisierung missbraucht.[419] Von den Großparteien unabhängige Prellböcke gegen rechts wurden so geschleift. Wählerinnen und Wähler belohnten die Bestrafung der Unkonventionellen aber nicht und kehrten schon gar nicht zu den etablierten Parteien zurück. Der offensichtliche Unwillen zu sinnvollen Reformen trieb sie vielmehr zu den rechten EU-Skeptikern und -Gegnern, welche die wachsende Enttäuschung wählerwirksam thematisierten.

Immer mehr schloss sich so das Zeitfenster, in dem sich die große Mehrheit der Bevölkerung noch für einen kühnen EU-Aufbruch hätte begeistern können. Das historisch als Elitenprojekt gestartete Vorhaben einer umfassenden Europäischen Gemeinschaft ist damit stets ein Projekt der Elite geblieben. Weil die soziale Dimension fehlt, nehmen Millionen Arbeitnehmerinnen und Arbeitnehmer die EU nur als einen rücksichtslosen Binnenmarkt wahr, den vor allem die großen Player dominieren, voran Großkonzerne, vor allem aus Deutschland. Und je mehr die Erinnerung an Kriege und Teilungen verblasste, umso mehr wuchs der Wunsch nach neuer Abgrenzung und Trennung. Nicht der Traum von der wohlverstandenen europäischen Einheit in Vielfalt war falsch, sondern seine Nichtrealisierung.

100 Jahre nach dem Ende des Ersten Weltkriegs, 80 Jahre nach dem Anschluss Österreichs an Deutschland, mehr als 70 Jahre nach dem Zweiten Weltkrieg und kurz vor dem 30. Jahrestag des Falls des Eisernen Vorhangs befindet sich die EU nun in einem richtungsweisenden Entscheidungsjahr.

Ein geordnetes Ausscheiden Großbritanniens aus der EU, ein Brexit ohne Disruption, wird immer unwahrscheinlicher, ein machtvoller Sieg der Neonationalisten bei den Wahlen zum Europäischen Parlament im Mai 2019 immer wahrscheinlicher.

Voller Inbrunst warb Ulrike Guérot, deutsche Professorin für Politikwissenschaften in Krems in Österreich, bis zuletzt für ihr Konzept einer »Europäischen Republik«.[420] »Es geht wirklich um mehr als ein paar kleine Reförmchen«, trommelte sie und engagierte sich mit vielen Gleichgesinnten für transnationale Listen bei den kommenden EU-Wahlen.[421]

Seit der Unterzeichnung der europäischen Gründungsverträge 1957 wird um eine sogenannte »europäische Öffentlichkeit« gerungen, mithin um ein gemeinsames Diskussionsfeld der Probleme, das auch zu einem europäischen Bewusstsein führt. Die unterschiedlichen Sprachen und Kulturen behindern dies, aber auch der Druck auf die Abgeordneten und Minister, in Brüssel vor allem für die jeweiligen nationalen Interessen einzustehen. Das große Ganze bleibt so jenseits des politischen Horizonts. Transnationale Listen würden das ein wenig aufbrechen. Da könnte man nicht nur einen Kandidaten eines Landes wählen, sondern mit einer Zweitstimme auch staatenübergreifende Kandidaten etwa der Konservativen, der Sozialdemokraten oder der Linken. Europaweiten Debatten über die grundsätzlichen Fragen wäre eine öffentlichkeitswirksame Tür geöffnet.

1998 stimmte das Europäische Parlament bereits für die Einführung solcher Listen, die EU-Mitgliedsstaaten lehnten sie aber ab. Anfang 2018 lief es spiegelverkehrt: Die Regierungen etwa in Frankreich und in Italien sprachen sich dafür aus, doch im

EU-Parlament liefen die Neonationalen aller Länder dagegen Sturm.[422] Maßgeblich unterstützt von der deutschen CDU, setzten sie sich im Februar 2018 in einer Plenarabstimmung in Straßburg durch. Auch so manifestiert sich der breite Stimmungswandel quer durch Europa. Statt mit einer EU-verbindenden Initiative einen europäischen Aufbruch einzuläuten, scheppern allerorten die Abrissbirnen.

»Wir« gegen »die« – die große EU-Schlacht 2019

Jetzt geht es auf ein ganz anderes Terrain. 2019 wird ein beispiellos aggressiver Wahlkampf um die 705 Sitze im Europäischen Parlament stattfinden. Verlässlich nutzte das Wahlvolk schon bislang den EU-weiten Urnengang zum Protest in der Wahlkabine. Zwei Jahre nach Emmanuel Macrons Amtsantritt, 20 Monate nach Angela Merkels letzter Wiederwahl, 17 Monate nach der Vereidigung der Rechts-Rechtaußen in Österreich und ein Jahr nach Matteo Salvinis rechtem Sieg in Italien können sie erst recht die Quittungsblöcke für nicht erfüllte Erwartungen zücken. Fast ohne Konsequenzen für die nationale Politik, wohl aber für die Gemengelage in Brüssel und Straßburg.

Aufstachelnde Emotionalisierung wird zum Erfolgsgaranten werden, da sich EU-Wahlgänge bislang durch sehr niedrige Wahlbeteiligungen auszeichnen. Die jüngsten Ergebnisse in den USA, Deutschland, Österreich und Ungarn zeigen aber, dass das große Reservoir der bisher reserviert eingestellten Nichtwähler anzuzapfen ist. Ein mitreißender proeuropäischer Wahlkampf für eine neue, vernünftige EU könnte das auch schaffen. Doch wer soll ihn führen, mit welchen Themen? Bei der Europawahl im Jahr 2014 war beispielsweise ein Martin Schulz der Spitzenkandidat der Sozialdemokraten, 2019 dürfte er wohl wieder antreten (wollen).

Der Ungar Viktor Orbán hingegen, zu Beginn seiner zweiten Amtszeit 2010 noch als internationaler Paria gehandelt, wurde seitdem immer mehr zum Role-Model aller Rechten, Autoritären und solchen, die es werden wollen. Er blieb trotz internen Widerstandes einer der Vizepräsidenten der Europäischen Volkspartei EVP, ihn einzuladen verschafft dem jeweiligen Gastgeber willkommene Aufmerksamkeit. Orbán ist ein Enfant terrible der autoritären Rechten mit stetig wachsenden Beziehungen zu China. Auf Kritik an seiner Abwendung von demokratischen Prinzipien reagiert er monoton mit der Forderung: »Wir verdienen mehr Respekt.«[423]

Seit der erneuten internationalen Zuspitzung der Migrationsfrage im Sommer 2018 sieht sich der Vorsitzende der nationalchauvinistischen Fidesz-Partei in der Führungsposition für ein anderes Europa. In der EVP hat er den Spieß umgedreht, jetzt muss er nicht mehr mit seinem Rauswurf rechnen, sondern kann selbst glaubwürdig drohen. Die EVP habe sich in eine »antipopulistische Volksfront« eingefügt, statt auf das zu hören, was das Volk wolle, argumentiert Orbán jetzt. »In der Debatte um die Migranten ist ein Kompromiss nicht möglich«, er sei »gar nicht nötig«.[424] »Keinen Kompromiss, keine Vereinbarung« dürfe es auch bei »der Auffassung über die Nation, über die Grundprinzipien der Familienpolitik, auf dem Gebiet der Regelung der Ehe« geben.

Zunächst nur mit süffisantem Unterton wandte sich Ungarns Ministerpräsident im Juni 2018 bei einer Veranstaltung der Konrad-Adenauer-Stiftung und der Stiftung für ein Bürgerliches Ungarn in Budapest an seine Zuhörer aus den Kreisen der europäischen Konservativen: »Es wäre jetzt im Hinblick auf die Wahlen zum Europäischen Parlament 2019 ein Leichtes, eine, sagen wir, neue Formation aus den ähnlich eingestellten Parteien der mitteleuropäischen Länder zu erschaffen oder gerade eine gegen die Einwanderung auftretende gesamteuropäische Formation. Zweifellos würden wir bei den europäischen Wahlen 2019 ein großes Stück vom Kuchen abbekommen. Aber ich empfehle, dieser Verlockung zu widerstehen und an der Seite der Ideale Helmut Kohls und seiner Parteienfamilie auszuharren. Statt des

Desertierens sollten wir die schwierigere Aufgabe auf uns nehmen, die Europäische Volkspartei zu erneuern, und ihr dabei helfen, zu ihren christdemokratischen Wurzeln zurückzufinden.« Über seine Fidesz-Partei sagt er: »Zweifellos sind wir heute die CSU der Europäischen Volkspartei.« [425]

Dann bricht Orbán mit der EU-Kommission unter der Führung seines EVP-Kollegen Jean-Claude Juncker: »Ich würde sagen, sie ›moskauifiziert‹ sich. Dem muss 2019 ein Ende bereitet werden. Diese Kommission muss gehen, und wir werden eine die europäischen Realitäten widerspiegelnde Kommission und ein ebensolches Parlament benötigen.«

Schließlich die Drohung: »Wenn wir im Laufe von Unterredungen kein ausreichendes Ergebnis erreichen können, wenn wir jetzt die gegenseitigen Standpunkte in der Frage der Migration und des Haushaltes nicht akzeptieren oder zumindest tolerieren können, dann sollten wir warten. Warten wir es ab, dass die europäischen Menschen ihren Willen bei den Wahlen 2019 äußern. Und danach komme, was kommen muss.«

Und so wird es kommen. Orbáns unmissverständliche Rede taugt zum aufstachelnden Wahlaufruf. Der Ungar besteht darauf, seine »illiberale Demokratie« innerhalb der Europäischen Union etablieren zu können, die er nun als »christliche Demokratie« definiert.[426] So kündigt Orbán einen neuen Kreuzzug an: »Wir« gegen »die«. Wir Christen gegen die anderen. Und damit sind längst nicht mehr nur Migranten gemeint. Im eigenen Land gewann er die jüngsten Wahlen auch mit frontalen antisemitischen Attacken gegen den aus Ungarn stammenden Milliardär George Soros, der maßgeblich von ihm finanzierten Central European University in Budapest droht die Schließung.[427] »Die«, das sind inzwischen auch die Versprengten in dieser neuen neonationalen Welt – die moderaten Konservativen, die Liberalen, die Grünen und die Linken sowieso.

Dabei können Orbán und seine Mitstreiter mit gedankenaktivierender Unterstützung aus Russland rechnen. Die Desinformation über soziale Medien wird nach dem Brexit-Referendum und den US-Wahlen 2016 bei den EU-Wahlen 2019 auf einen neuen Höhepunkt zusteuern. Wer wird denn rechtzeitig in Bulgarien, Rumänien, Kroatien, Slowenien, wer in der Slowakei, in Tschechien oder gar in Polen und in Ungarn über Falschnachrichten aufklären, wenn professionelle Propaganda aus Moskau oder St. Petersburg die Computerbildschirme von Warschau bis Sofia flutet?

Dabei möchte auch Steve Bannon mitmischen. Er war bis zum August 2017 im Weißen Haus Chefstratege von Donald Trumps Gnaden, zuvor und danach selbst Chef bei der äußerst rechten Webseite »Breitbart«, in der wiederum die Familie des extrem rechts positionierten US-Milliardärs Robert Mercer das Sagen hat. Bannon will ab November 2018 nun aus Brüssel heraus über eine neue Stiftung, die er »The Movement«, »Die Bewegung«, nennt, den Aufbau einer rechten »Supergruppe« befördern.[428]

Das Fehlen einer staatenübergreifenden europäischen Debatte ermöglicht den Rechtsnationalen eine Reihe von inhaltlichen Doppelstrategien, die bei gleichzeitigen öffentlichen Auftritten sofort als Widersprüche ins Auge stechen würden: In Frankreich, Polen und Ungarn können Nationalisten gegen die Liberalisierung des Bahnverkehrs in der EU mobilisieren. Sie wird Ende 2019 in Kraft treten und den maroden Staatsbahnen schwer zusetzen. In Deutschland hingegen kann die AfD die wachsende Markt- und Expansionsmacht der Deutschen Bahn als Zeichen nationaler Überlegenheit feiern. In Italien und Frankreich werden die Rechten die Unnachgiebigkeit Deutschlands beim Aufbau einer EU-Finanzunion geißeln, die deutschen Rechten werden dies als ihren Erfolg ausgeben. Und jeder für sich kann das EU-weite Versagen bei einer effektiven Besteuerung der Internetgiganten Google oder Facebook ausschlachten – als Musterbeispiel von »Regierungsversagen«. Der große Sirenenton von der Migration wird aber alles andere übertönen.

Schließlich können sich die neuen Nationalen in ihrer grundsätzlichen Argumentation auch stets auf Kronzeugen berufen, die über jeden antieuropäischen Verdacht erhaben sind. »Europa entmachtet uns und unsere Vertreter. Die institutionellen Strukturen der EU leiden in besorgniserregender Weise unter einem Demokratiedefizit und einer faktischen Aufhebung der Gewaltenteilung«, stellte der ehemalige Präsident des deutschen Bundesverfassungsgerichtes und spätere Bundespräsident Roman Herzog fest.[429] Auch der gefeierte, 2009 in Kraft getretene EU-Reformvertrag von Lissabon »verfestigt die Defizite, die an den Grundfesten der EU rühren«, so Herzog. Noch deutlicher formulierte es Edmund Stoiber, als er noch Ministerpräsident von Bayern war: »Ein Land, das so verfasst wäre wie die Europäische Union, könnte sich gar nicht um eine Mitgliedschaft bewerben – wegen fehlender demokratischer Legitimation.«

Mit solchen Themen und Zeugen im Gepäck können die Neonationalen bald noch viel, viel mehr verhindern als die Einführung transnationaler Listen bei EU-Wahlen. Viktor Orbán wird sich aussuchen können, ob er seinen christlichen Kreuzzug ab dem Sommer 2019 lieber innerhalb oder außerhalb der Europäischen Volkspartei fortführen wird. In jedem Fall ist mit einer neuen, rechten Großfraktion im Europäischen Parlament zu rechnen, die viele Rechtsradikale miteinschließen wird. Orbáns Fidesz kann, aber muss sie nicht anführen. Salvinis starke italienische Lega steht bereit, gemeinsam mit Kaczyńskis PiS aus Polen, Le Pens neuer französischer Partei und vielen Mitstreitern aus anderen Nationalstaaten. Gaulands AfD dürfte sich wohl auch einfinden, Straches FPÖ setzt ohnehin auf eine neue rechtsnationalistisch-autoritäre Sammelbewegung und will sich, entgegen nationaler Lippenbekenntnisse, auf EU-Ebene keineswegs von einer schon bisher bestehenden, vergleichsweise kleinen Rechtsaußenfraktion trennen, in der Marine Le Pen den Ton angibt. Der Abschied des wortgewaltigen Nigel Farage und dessen britischer Ukip ist zu verschmerzen, er verlässt die EU ja unter seinesgleichen als Sieger.

Zum Hebel einer desintegrativen Politik kann dabei ausgerechnet der Vertrag von Lissabon werden, den die Neonationalen stets bekämpften, auch weil er dem Europäischen Parlament bedeutende Mitbestimmungsbefugnisse einräumt. Als die Reform 2009 in Kraft trat, fehlte im EU-Machtzentrum die Fantasie, dass das Quartett aus Konservativen, Sozialdemokraten, Liberalen und Grünen je ernsthaft herausgefordert werden könnte. Dieser Zeitpunkt ist aber jetzt gekommen. Mit Blick auf die nationale rechte politische Konkurrenz aus der AfD ziehen sich ja auch konservative deutsche Politiker von einer europäischen Öffentlichkeit zurück, wie die jüngste Ablehnung transnationaler EU-Listen zeigt.

Wie bitter ist dies für Millionen Jugendliche auf dem europäischen Kontinent: Weil ihre Elterngeneration versäumt hat, die EU rechtzeitig zu demokratisieren und zu einem Herzensprojekt der Bürgermehrheiten voranzutreiben, fällt auseinander, was eigentlich zusammengehört.

Zusehends gilt damit für die gegenwärtige Europäische Union, was der letzte Generalsekretär des Zentralkomitees der Sowjetunion, Michael Gorbatschow, gegenüber dem Staats- und Parteichef der DDR, Erich Honecker, fünf Wochen vor der Öffnung der Berliner Mauer im Jahr 1989 sagte: »Gefahren warten nur auf jene, die nicht auf das Leben reagieren.« So lautet Gorbatschows legendärster Satz im Original. Die geglättete Fassung machte Weltkarriere: »Wer zu spät kommt, den bestraft das Leben.«[430]

Die neue Jeanne d'Arc

Wer so jung und attraktiv ist wie Marion Maréchal-Le Pen, auf den wartet noch das Leben. Während sich Tante Marine an vorderster Front verausgabt, kann die Nichte mit der Gnade der späten Geburt und der rechten Einstellung an ihrer buchstäblichen Bilderbuchkarriere basteln. War früher Österreichs Jörg Haider auch als Pin-up vorstellbar, Marion Maréchal ist es. Ihr Abbild schmückt seit Jahren die Spinde im Achteck Frankreichs, ihr politisches Profil schärft sich.

2012, mit damals 22 Jahren, wurde sie als jüngste

Abgeordnete in das französische Parlament gewählt. 2017, nach der Niederlage von Marine Le Pen gegen Emmanuel Macron in der Stichwahl um die Präsidentschaft, verzichtete die junge Politikerin auf eine erneute Kandidatur als Abgeordnete, im Mai 2018 strich sie das »Le Pen« aus ihrem Nachnamen und gründete die private Elitehochschule ISSEP für extreme Konservative. Der intellektuelle Mantel soll nicht nur dem Image zusätzlichen Glanz verleihen, sondern auch zukünftigen Mitarbeitern Platz bieten. »Ihre Karriere beginnt bei uns«, verheißt das ISSEP und verspricht »Erlesenheit, Ethik, Verwurzelung und Engagement«.[431]

Die gelernte Juristin Maréchal ist noch konservativer, katholischer und kämpferischer als ihre Tante. »France is no longer free«, Frankreich ist nicht mehr frei, rief sie jüngst mit französischem Akzent ihren hingerissenen Zuhörern bei der tonangebenden Conservative Political Action Conference nahe der US-Hauptstadt Washington D.C. zu.[432] »80 Prozent aller Gesetze werden uns von der EU aufgezwungen.«

Die jährliche Veranstaltung wird vom milliardenschweren US-Brüderpaar David und Charles Koch gesponsert, wie auch die politische Karriere des nunmehrigen US-Vizepräsidenten Mike Pence. Die Kochs, Maréchal und Pence verbindet eine religiöse Eiferei, die sich noch als wirkmächtige transnationale Klammer erweisen dürfte. Vorwärts in eine längst vergangen geglaubte Vergangenheit, religiös und streng, das erwartet als politgesellschaftliches Ziel auch Europa. Islamische Eiferer beharren in ihrem Einflussbereich ebenfalls darauf. Und beide Seiten rechtfertigen ihre wachsende Radikalität mit der Radikalität des anderen. Da kocht etwas hoch.

Wären Menschen wie Frösche, die aus dem Topf springen, wenn sich das Wasser darin stufenweise erhitzt, wären die Straßen und Plätze in der aufgeklärt westlichen Welt längst voll aufbegehrender, weil besonnener Bürgerinnen und Bürger.

Denn 2022, mit dann 32 Jahren, wird die schöne Maréchal in ihrer Heimat schon Macron herausfordern und ihn mit dessen eigenen Waffen schlagen können. Eine von einer Partei unabhängige Sammelbewegung ist im Aufbau, Marcons »En Marche!« lässt grüßen. Und die Enttäuschung über den gegenwärtigen Amtsinhaber wächst mit jeder neoliberalen Reform, die er verabschiedet, und mit jedem Fettnäpfchen, in das er tritt. Macrons offensichtliche Arroganz treibt Bürger Schicht um Schicht in Maréchals offene Arme.

Auch in den Niederlanden steht mit Thierry Baudet schon ein neuer rechter Star in den Startlöchern. Die Köpfe der neonationalen Hydra wollen wie Orbán ihr Land von den Linken und der EU, die als Joch dargestellt wird, befreien. Allen voran, so der Plan, wird Jean-Marie Le Pens Enkelin Maréchal als zeitgenössische Jeanne d'Arc in die Schlacht ziehen.

Russlands Freude, Trumps Puzzle

Russlands Präsident muss nicht wahlkämpfen. Er lässt wahlkämpfen. Zu Hause und immer öfter im Ausland. Der Brexit und die US-Wahl 2016 ließen sich für Wladimir Putin gut an. 2018 verfügen er und seine Oligarchen bereits über beste Beziehungen zu drei Regierungen unter den noch 28 Mitgliedsstaaten in der Europäischen Union. Ungarns Orbán gilt als Bewunderer Putins, wie er fordert Italiens Innenminister Matteo Salvini die Aufhebung der EU-Sanktionen gegen Russland.[433] Dessen Lega wie auch Österreichs freiheitliche Rechtsaußen haben jeweils einen Fünf-Jahres-Pakt mit der Putin-Partei »Einiges Russland« geschlossen. Darin geht es um »Zusammenwirken und Kooperation«, auch mit dem Ziel, »die junge Generation im Geiste von Patriotismus und Arbeitsfreude zu erziehen«.[434]

In Deutschland inszeniert sich die AfD auf einem Russlandkongress als Verteidigerin Putins gegen westliche »Verschwörungen«,[435] in Frankreich verschaffte sich der Front National günstige Kredite aus dem Bankenreich des Kremls.[436] Finnland sieht sich aus geografischen und historischen Gründen eng an Moskau gebunden. In den baltischen Staaten wird sorgsam auf russische Befindlichkeiten geachtet. Die Gasrohre der Nord-Stream-Pipeline umgehen Polen.

Russland ist wieder wer in Europa. Allerdings nicht mehr in Gestalt der kommunistischen Diktatur der Sowjetzeit, sondern in Person Putins als »lupenreinem Demokraten«, wie der deutsche Ex-Kanzler Gerhard Schröder meint.[437] Doch stopp: Ging es bei der EU-Osterweiterung nicht gerade auch darum, zu verhindern, dass europäische Politik je wieder in Moskau gemacht wird, außer für den europäischen Teil Russlands?

Da ist etwas gründlich schiefgelaufen. Wissen denn Millionen Wähler nicht um die Konsequenzen neuer Abhängigkeiten? Oder nehmen sie diese gar billigend in Kauf? Ist die Enttäuschung über die real existierende EU sowie die Wut auf das politische und ökonomische Establishment wirklich schon so groß, dass sich Menschen lieber dem Interessenkreis der Kremlherren ausliefern? Dann hätte ja auch die historische Grundbildung in der Europäischen Union versagt, nicht nur ihre Eliten.

Und es geht weiter. »Seit Jahrhunderten gibt es eine Tradition der britischen Politik in Europa: Wenn ein Hegemon entsteht, versuchen die Briten, Gegengewichte aufzufahren«, warnt der britische Historiker und Oxford-Professor Timothy Garton Ash. »Gäbe es nach dem Brexit ein deutsch-französisches Kerneuropa und gleichzeitig verschiedene andere EU-Staaten, die aus dem ein oder anderen Grund unzufrieden wären. Da wäre mittelfristig für Großbritannien die Versuchung groß, neue Koalitionen zu bilden und die EU weiter zu spalten.«[438]

Am 16. Juli 2018 konnte Wladimir Putin sich besonders freuen. In Helsinki wurde 1975 die Schlussakte der Konferenz über Sicherheit und Zusammenarbeit in Europa unterzeichnet, die den Niedergang des russisch dominierten Sowjetreichs einleitete. Ausgerechnet in Finnlands Hauptstadt besiegelte Putin nun mit US-Präsident Donald Trump das vorläufige Ende der transatlantischen Partnerschaft, der so engen Verbindung zwischen den USA und Westeuropa. Hat der ehemalige

KGB-Funktionär gar Belastendes gegen den Immobilieninvestor in der Hand? Oder haben die beiden, nur im Beisein zweier Dolmetscher, noch ganz andere Themen angesprochen, etwa eine geopolitische Neuordnung der Einflusssphären wie 1945 Franklin D. Roosevelt, Winston Churchill und Josef Stalin in Jalta auf der Krim? Und: Verdeckt nicht all das Poltern Trumps ein ausgeklügeltes strategisches Vorgehen, mit dem, im übertragenen Sinn, gleichzeitig einige gigantische Immobiliendeals eingefädelt werden? Erst als Trump im Frühjahr 2018 eine eigene Gesprächsbasis mit Diktator Kim Jong-un geschaffen hatte und somit nicht mehr von Vermittlungsbemühungen der chinesischen Führung im Nuklearwaffenkonflikt mit Nordkorea abhängig war, wagte er sich in den Handelsstreit mit China. Erst als er mit Israel und Saudi-Arabien die Beziehungen intensiviert hatte, ließ er das Nuklearabkommen mit dem Iran platzen. Immer hat der US-Präsident dabei den Ölpreis im Auge. Steigt er, wird die heimische Ölgewinnung durch Fracking, das er durch die Preisgabe von Umweltvorschriften erleichtert hat, wieder rentabler. Das wiederum befördert sein Versprechen, Jobs in den USA zu schaffen. Und keineswegs nebenbei freuen sich große Player: die US-Ölindustrie, das US-Militär und auch Finanzakteure, welche die scheinbar so erratischen, also schlingerkursartigen politischen Manöver Trumps zu deuten wissen und zeitgerecht auf Investitionsprojekte mit den Saudis und auf steigende Rohölpreise gesetzt haben. Der US-Dollar als Weltreservewährung bewährt sich dabei als Waffe.

Ein Kollateralschaden trifft Kanada, das sich aus Saudi-Sicht im Sommer 2018 zu sehr für Menschenrechte eingesetzt und deshalb brüsk zurechtgewiesen wurde. Aus der neuen US-Sicht ist der Konflikt nicht unerwünscht, da Trump den nördlichen Nachbarn sowohl handelspolitisch als auch als Verfechter liberaler Werte ablehnt.

Da fügt sich doch eines zum anderen. »America first«, und wie. Ist es vielleicht grundfalsch, Trump und vor allem seine Unterstützer zu unterschätzen?

Trumpismus ohne Trump

Das neue US-amerikanische Vorbild

»For those who've abandoned hope, we'll restore hope and we'll welcome them into a great national crusade to make America great again.«
Präsidentschaftskandidat Ronald Reagan im US-Wahlkampf 1980[439]

»Let's Make America Great Again«
Wahlkampfsticker von Ronald Reagan und George W. Bush 1980

»Make America Great Again«
Donald Trump behauptete 2015, diesen Slogan erfunden zu haben, und ließ ihn für politische Zwecke patentieren.[440]

Ist US-Präsident Donald Trump ein narzisstischer, rüpelhafter Tölpel, ein aggressives Trampeltier, das im globalen Porzellanladen der filigranen politischen und wirtschaftlichen Beziehungen wütet? Nicht immer.

Bereits kurz nach seinem Amtsantritt sicherte sich der gelernte Immobilienunternehmer ein Filetstück des nationalen Politikfeldes. Im Februar 2016 war überraschend Antonin Scalia gestorben, einer der neun Richter am U.S. Supreme Court, dem Obersten Gerichtshof der USA, der im Rahmen der US-amerikanischen Gewaltenteilung eine ungleich wichtigere Rolle einnimmt als entsprechende Gerichte in den meisten anderen bisherigen Demokratien. Er stellt gesellschaftspolitische Weichen, von der Abtreibung bis zum Einreisestopp für Menschen, und kann auch ein allfälliges Amtsenthebungsverfahren mit prägen. Der damalige US-Präsident Barack Obama wollte den verstorbenen konservativen Richter durch einen etwas liberaleren Juristen ersetzen, die Republikaner verhinderten dies aber im US-Senat. Kaum war Trump ins Weiße Haus eingezogen, nominierte er den Konservativen Neil Gorsuch, die Mehrheit der Senatsmitglieder stimmte zu.

Da Oberste Richter in den USA auf Lebenszeit gewählt werden, wird der erst 51 Jahre alte Gorsuch den Geist Trumps wohl noch viel länger in der US-Politik wachhalten als Donald Trump selbst, der auch bei einer Wiederwahl im Jahr 2020 spätestens Anfang 2025 endgültig aus dem Amt scheiden müsste.

Doch Gorsuch war nur das Gesellenstück auf dem Weg zur rechten Dominanz in der US-Rechtsprechung. Bei seinem Meisterstück zeigte Trump, warum er von sich so überzeugt ist, ein alle überragender »Dealmaker« zu sein, einer, der es versteht, Geschäfte besonders erfolgreich abzuschließen. Er umgarnte den Obersten Richter Anthony M. Kennedy auf subtile Art, mit viel Fingerspitzengefühl und im Hintergrund, ohne groß aufzufallen. Ja, wirklich. Denn auch das kann Trump, wenn er denn will. Mit der Festlegung auf Gorsuch konnte er bereits Kennedy unaufdringlich beeindrucken, da das neue Mitglied des Supreme Court einst Kennedys juristischer Assistent gewesen war.

Es folgten öffentlich kaum bemerkte gemeinsame Essen mit dem eher liberal eingestellten Kennedy, der sich etwa zum Recht auf Abtreibung bekennt und die Rechte von Homosexuellen hochhält. Trump besuchte den 80-Jährigen gemeinsam mit Tochter Ivanka und Enkelin Arabella an dessen Arbeitsplatz.[441] Beiläufig ließ er auch Kennedys Sohn Justin herzlich grüßen. Der hatte als Mitarbeiter der Deutschen Bank in New York eng mit Trump zusammengearbeitet, als es um die Finanzierung von Immobilienprojekten ging.

Am 27. Juni 2018 gab Richter Kennedy völlig überraschend bekannt, unverzüglich in den Ruhestand zu treten. Hätte er nur eine kurze Zeit länger gewartet, könnte der US-Senat kaum noch zeitgerecht vor den Wahlen am 6. November einen Nachfolger bestellen. Und sollten danach die Demokraten über die Mehrheit der Sitze verfügen, wäre einem äußerst konservativen Nachfolger Kennedys der Weg versperrt. So aber darf Trump mit gutem

Grund triumphieren. Er kann durch seine Auswahl eines Kandidaten für den Richterstuhl die rechte Mehrheit im Supreme Court auf Dauer zementieren.

Mitte Juli 2018 akzeptierte der US-Kongress überdies bereits den 23. Richter an einem Berufungsgericht, den Trump nominiert hatte – ein Rekord für einen US-Präsidenten in den ersten zwei Jahren seiner Amtszeit. Zwei davon hatten als Kennedy-Assistenten gearbeitet, einen dritten Kennedy-Mann schlug Trump ebenfalls schon für eine freie Stelle vor.

»Ich denke, bei allem, was wir Republikaner in dieser Amtsperiode bereits geschafft haben, sind die Veränderungen in der Richterschaft der hervorstechendste langfristige und positive Einfluss, den wir auf das Land haben konnten«, jubilierte der Mehrheitsführer der Republikaner im US-Senat, Mitch McConnell.[442]

Mit seiner zügigen und von weit rechts stehenden Ideologen beeinflussten Vorgehensweise prägt der US-Präsident die Gesellschaftspolitik der Vereinigten Staaten auf Jahrzehnte hinaus. Und damit wohl zusätzlich das gesellschaftspolitische Klima in weiten Teilen der westlichen Welt. Das ist mit Sicherheit bereits ein nachhaltiges Vermächtnis Trumps. Unabhängig davon, wie lange er noch im Weißen Haus bleiben wird, ob er sich einem Amtsenthebungsverfahren wird stellen müssen, 2020 wiedergewählt werden wird oder im Amt ums Leben kommen sollte: Der Trumpismus wird auch ohne Trump in Zukunft eine prägende Rolle spielen – so wie sich schon seine Denkmuster und Einstellungen massenhaft verbreitet hatten, bevor er überhaupt US-Präsident wurde. Was jetzt als Trumpismus wahrgenommen wird, gab es schon vor Trump. Dass der New Yorker Geschäftsmann es überhaupt geschafft hat, zum US-Präsidenten gewählt zu werden, verdankt er jahrzehntelanger systematischer Vorarbeit von rechten Parteigängern der Republikaner und noch rechteren Nationalisten. Sie setzten die neuen Signale, bastelten an einem massenwirksamen »Narrativ«, einer sinnstiftenden Erzählung von der wiederkehrenden Größe der USA, als ständige Einkommenszuwächse und schnelle soziale Aufstiege längst nur noch für die allerwenigsten Bürgerinnen und Bürger realisierbar geworden waren.

Donald Trump ist eben kein Betriebsunfall der Geschichte. Seine politische Karriere ist die logische Folge der Entwicklung einer elitären Parteien-Medien-Lobbyisten-Demokratie, die sich seit Jahrzehnten strukturell im Niedergang befindet. So tickt das politische System der USA in der noch größten Volkswirtschaft auf dem Erdball weiter und weiter wie ein bombastisches Uhrwerk. Es resultiert in einem Triumph der Zerstörung, und das Ergebnis sind nicht nur das Ende der liberalen Demokratie, sondern eine neue Weltordnung.

Der geplatzte amerikanische Traum

Der amerikanische Traum platzte, als er am stärksten schien. Die Regierungen der USA haben zwar gemeinsam mit ihren Alliierten den weltweiten Kalten Krieg gewonnen, aber innerhalb ihrer vereinigten Staaten zwischen dem atlantischen und dem pazifischen Ozean folgenreiche Fehler aneinandergereiht.

Statt von der Friedensdividende zu profitieren und die Militärausgaben deutlich und dauerhaft zu senken, wurde dem militärisch-industriellen Komplex nur eine kurzzeitige Reduzierung abgetrotzt. Vor allem aber wurden die Bürger der USA zu den Opfern ihrer eigenen Glaubenssätze an den Rückzug des Staates aus möglichst allen Bereichen und der Verteufelung fast aller Steuern. Der finanzindustrielle Komplex eilte von Sieg zu Sieg, doch bei verschiedenen Börsencrashs zählten Millionen Kleinanleger zu den großen Verlierern. Hinzu kam die Fehleinschätzung über die Konsequenzen des Beitritts der Volksrepublik China zur Welthandelsorganisation WTO im Jahr 2001 mit dem damit verbundenen Zugang zum größten Binnenmarkt der Welt. Betrugen die Importe aus China zuvor fünf Prozent der Produktion bestimmter Industriezweige, so stieg dieser Anteil auf 30 Prozent im Jahr 2014. »20 Prozent des Sinkens des Industrieanteils am

Bruttonationalprodukt sind auf diese verschärfte Importkonkurrenz aus China zurückzuführen«, erläutert die Professorin für Volkswirtschaft an der Ludwig-Maximilians-Universität München, Dalia Marin.[443]

Die ideologiegetriebenen Apologeten des Freihandels bei Demokraten und Republikanern wollten aber bis vor kurzem nicht wahrhaben, dass es in verschiedenen Sektoren der US-Wirtschaft zur Dumpingkonkurrenz und zu massiven Arbeitsplatzverlusten kam[444] – ehe Donald Trump geradezu blindwütig Zollschranken errichtete und damit die Probleme sogar noch verschlimmerte (siehe Kapitel »Die unheilvollen Handelskriege«, Seite 305).

Sein Wahlerfolg überrumpelte nicht nur die Demokratische Partei und viele US-amerikanische Medienvertreter, sondern auch politisch Interessierte in Europa. Gemeinsam hatten sie die schleichenden sozialen Veränderungen und Probleme kaum zur Kenntnis genommen. Der Erfolg des Silicon-Valley-Kapitalismus in Kalifornien und der Boom rund um New York hatte die sogenannten »Fly-Over-States«, also die große Anzahl an Bundesstaaten, die bei Reisen von Küste zu Küste im Regelfall nur überflogen werden, vom politischen Radar verschwinden lassen. Die Chefredaktion der »New York Times« wollte unverzüglich herausfinden, warum die renommierteste Zeitung der Welt mit ihrer Prognose am Wahltag, Hillary Clinton werde mit einer Wahrscheinlichkeit von 91 Prozent gewinnen, so irrte. Interne Recherchen ergaben, dass keiner der Reporter, die von der Zentrale zur Berichterstattung in die von Donald Trump so überraschend gewonnenen Bundesstaaten Wisconsin und Michigan geschickt worden waren, dort auch nur einmal übernachtet hatte.[445] Hin- und Rückflug an einem Tag, da mag man schnell danebenliegen. Donald Trump wiederum kann auf Basis einer solch gravierenden Fehleinschätzung vor seinen Anhängern glaubwürdig argumentieren, liberale Journalisten würden »Fake News« verbreiten, Falschnachrichten.

Vor allem aber spricht die erschreckende Realität des Lebens so vieler US-Amerikaner aus der einstmals florierenden Mittelschicht eine andere Sprache als jene, die sich etwa in komplexen Analysen zu multilateralen Fragestellungen in den führenden Tageszeitungen wiederfindet. So stieg die Lebenserwartung in den USA langsamer als in vergleichbar wohlhabenden Ländern, weil Übergewicht und Fettleibigkeit stark zunahmen. In Teilen der US-Bevölkerung sterben sogar prozentual wieder mehr Menschen als früher, etwa Weiße in mittleren Jahren, insbesondere Frauen.[446]

Vor allem in der weißen, ökonomisch oft ausgebluteten US-Mittelschicht sind Millionen Menschen süchtig nach Schmerztabletten, die Pharmaindustrie hat sie abhängig gemacht. »Die Opioid-Krise in den USA trifft fast jede Region und jede soziale Schicht und führt zu 170 Todesfällen pro Tag – ungefähr die Passagierkapazität einer Boeing 737«, analysiert Ruth Dreifuss, Vorsitzende der Weltkommission für Drogenpolitik, einer Nichtregierungsorganisation.[447] Die Kosten für die Gesundheitsvorsorge und Krankenbehandlung sind exorbitant, hilfreiche Arzneimittel für viele unerschwinglich, ebenso wie eine gute schulische oder gar akademische Ausbildung (siehe Grafik »Die unerhört teuren Medikamente«).

In den USA sind inzwischen prozentual weniger Frauen berufstätig als in anderen altindustrialisierten Staaten wie Deutschland oder Australien. Das liegt nicht daran, dass sie nicht arbeiten wollen, sondern die Rückkehr in den Arbeitsmarkt nach einer Schwangerschaft und auch die Betreuung kranker Kinder fallen ihnen schwerer als in Ländern mit funktionierenden Sozialsystemen. Doch die neoliberal-neonationalen US-Rechten propagieren lieber ein »Zurück an den Herd«. Dies wiederum reduziert die Leistungsfähigkeit einer Volkswirtschaft. Marode Straßen, baufällige Brücken, Schienenwege und veraltete Luftfahrtsysteme in allen 50 US-Bundesstaaten wirken wie Sand im Getriebe.

Der Rückfall gegenüber internationalen Wettbewerbern wird dann mit neuer Stärke kompensiert, am sichtbarsten durch militärische Aufrüstung, die erst recht keinen neuen Massenwohlstand schafft. Wird dieser Irrweg zu offensichtlich, wächst die Verführung, neue Kriege anzuzetteln. Nein, die USA sind nicht »God's own country«, Gottes eigenes Land, wie es so viele Einwohner weiterhin glauben wollen.

Allein im Jahr 2016 nahmen sich 45 000 US-Amerikanerinnen und US-Amerikaner das Leben, 25 Prozent mehr als 1999 und mehr als doppelt so viele Menschen, wie 2016 in den Vereinigten Staaten ermordet wurden.[448] Die Bewohner der USA tragen 4,4 Prozent zur Weltbevölkerung bei, ihnen gehören aber 42 Prozent aller Waffen auf der Erde. Jedes Jahr sterben in den USA insgesamt 30 000 Menschen durch Schusswaffen, halb so viele wie einst US-amerikanische Soldaten im gesamten Vietnamkrieg.[449] Durch die ständige Verfügbarkeit von Gewehren und Pistolen aller Art steigt die Zahl tödlicher Angriffe auf Schulen immer weiter an, 2017 waren es 345, ein blutiger Rekord in der jüngeren US-Geschichte.[450]

Schüler werden inzwischen systematisch ausgebildet, wie sie sich beim Eindringen eines Attentäters ins Schulgebäude »in einer akuten Schusssituation« verhalten sollen. Im TV-Sender Fox News mahnen Moderatorinnen, dass »fünf Sekunden den Unterschied zwischen Leben und Tod ausmachen können«.[451] Schulverwaltungen packen 14 Jahre alten Jugendlichen kostenlos schusssichere Westen in den Rucksack.[452] Kindergärtnerinnen üben mit fünfjährigen Sprösslingen Verse, um ihnen spielerisch beizubringen, ruhig zu sein und sich einzusperren, wenn ein Amokläufer auftaucht.[453]

Andererseits befinden sich ein Viertel aller Strafgefangenen weltweit in den USA, mit 666 Insassen je 100 000 Einwohner sind es vergleichsweise neun Mal so viele wie in Deutschland, sieben Mal so viele wie in Österreich. Von 15 afroamerikanischen Männern über 17 Jahren sitzt einer hinter Gittern, bei weißen Männern nur eine von 106 Personen. Ein Beleg für den weitverbreiteten Rassismus in den USA.[454]

Und so ein Land soll ein globales Vorbild sein? Für wen?

Der US-Bürgerrechtsaktivist und Autor des Buches »White

like me« (»Weiß wie ich«), Tim Wise, schreibt: »Niemand auf der Welt liebt die Vergangenheit mehr als weiße Amerikaner.«[455] Historisch ist dies verständlich. Doch im Niedergang einer ganzen Nation wird es gefährlich, vor allem, wenn ein Präsident den Wunsch nach Sündenböcken lustvoll befriedigt, egal, ob es Mexikaner, Kanadier, Europäer oder Chinesen sind.

Denn zumindest für die weiße männliche Mittelschicht war früher tatsächlich so vieles besser. Wer würde sich da nicht wünschen »Make America Great Again«? Der Zürcher Verhaltensökonom Ernst Fehr bezeichnet diesen Slogan voll schaudernder Anerkennung als »diabolisch genial«.[456]

Die USA ticken und ticken und ticken

Der Wähler, der die bisherige Weltordnung zum Einsturz brachte, genießt seine Zigarette in der Morgenluft an der 7th Avenue gegenüber dem angejahrten Veranstaltungstempel des Madison Square Garden in Manhattan. Es ist ein Mittwoch, doch kein alltäglicher. Keine donnernden Lkw, kein Hupen genervter Taxifahrer, schon gar keine jaulenden Sirenen der Polizei oder Feuerwehr stören die befremdliche, weil so ungewöhnliche Stille. »The City That Never Sleeps« verharrt in Schockstarre.

Nur wenige Steinwürfe entfernt breitet sich der fachwerkartige Glaspalast des Javits Center aus. Donald Trump wollte das üppige Konferenzzentrum ursprünglich bauen, Hillary Clinton hatte es für die vermeintlich historische Nacht aller Nächte gemietet. Mit einem ungetrübten Blick durch die gläserne Überdachung bis in den Himmel hinauf wollte sie am 8. November 2016 feiern, was noch nie einer Geschlechtsgenossin gelungen war. Den ganzen Wahlkampf über hatte sie das Sprachbild beschworen, »diese höchste, härteste Glasdecke zu zertrümmern, die es in der Politik gibt«, damit endlich eine Frau das US-Präsidentenamt ausüben könne.[457]

Die Glasdecke hielt jedoch stand, dafür sorgten der Wähler

Peter Hinsmith und 62 Millionen 984 827 Gleichgesinnte. Clinton erhielt zwar fast drei Millionen Stimmen mehr, doch die größere Anzahl an Wahlmännern gab für Trump den Ausschlag. Hinsmith bezeichnet sich als »einer dieser hart arbeitenden Amerikaner«, wirkt unscheinbar, ist Kaukasier, seine Haare sind schon etwas schütter.[458] Gemeinsam steht er mit einem Kollegen am Seiteneingang des Hotels Pennsylvania.

»Hillary ist eine Verbrecherin«, wiederholt er eine der zentralen Aussagen, die er in den vergangenen Tagen so oft auf Facebook zu lesen bekam. Als Clinton die Hälfte der Unterstützer Trumps im Wahlkampf abschätzig als »Basket of deplorables«, einen Korb von Bedauernswerten, bezeichnete, fühlte er sich persönlich angegriffen. »Ich erwarte mir jetzt, dass Trump tut, was er versprochen hat.« Was davon konkret? »Am besten alles.« Und am liebsten? »Steuersenkungen natürlich, und etwas gegen die Chinesen, die sind hier überall.« Er selbst schult in seiner »Elevator School« Personal bei der Reparatur von Aufzügen. Hastig zieht er noch einmal an seiner Zigarette, dann verschwindet er hinter den wuchtigen Drehtüren in Richtung einer der zahllosen Sitzungssäle des Hotels, das bei seiner Eröffnung im Jahr 1919 mit 2200 Zimmern das größte der Welt war.

Oben, im 14. Stock, ist schon Maria Jones unterwegs, um auf ihrem Flur die ersten freiwerdenden Zimmer zu reinigen. Die Tränen der vergangenen Nacht haben in ihren Augen unübersehbare Spuren hinterlassen. Jones ist schwarz, Alleinerzieherin, aber vergleichsweise gut bezahlt, da die Arbeitnehmer im Hotel an der Penn Station fast alle gewerkschaftlich organisiert sind. Auch deshalb, so mutmaßt sie, wollen die Eigentümer das Gebäude gerne abreißen und durch einen ungleich profitableren Büroturm ersetzen. Doch an diesem Morgen beschäftigt sie »die Angst, dass es bald wieder einen Krieg gibt und einer meiner beiden Söhne da hineingezogen wird«.[459]

Am folgenden Mittag bleibt das Entsetzen über den Wahlausgang auch auf dem Campus der liberalen Columbia-Universität im Norden von Manhattans Upper West Side mit Händen greifbar.

Ein halbes Dutzend Professoren hat zu einer spontanen Lagebesprechung eingeladen, die Stimmung ist bleiern.[460] Es dräut eine Umwälzung von Werten und Politik, dramatischer noch als nach dem Einsturz des World Trade Center am 9. September 2001 an der Südspitze der berühmtesten Halbinsel der Welt.

Was tun? Die Einmischung Russlands in den Wahlkampf wird sofort thematisiert, die Chancen auf ein Amtsenthebungsverfahren werden bereits abgewogen. Hass und Streit würden zunehmen. Man müsse sich jetzt vor allem in den einzelnen Bundesstaaten und in liberalen Städten engagieren. »Es wird nicht mehr genügen, bei den Wahlen nur ein Häkchen zu machen«, mahnt die Kommunikationsdirektorin Anya Schiffrin.

Diese drei journalistischen Momentaufnahmen unmittelbar nach der so historischen Wahl widersprechen sich nicht. Im Sommer 2018 scheint es, als ob alle drei Protagonisten recht behielten. Widerlegt sind hingegen die Erwartungen so vieler nationaler und internationaler Politikbeobachter, dass sich Donald Trump auch vor seinen Wählern schnell blamieren werde. 88 Prozent aller Anhänger der Republikaner stimmten auch nach Trumps Reisen zur NATO nach Brüssel und seinem medial hoch umstrittenen Treffen mit Wladimir Putin in Helsinki seiner Amtsführung zu. Das sind in den Reihen der eigenen Partei die zweithöchsten Werte für einen US-Präsidenten seit dem Zweiten Weltkrieg.[461]

»Die Partei hat sich schon vor den Wahlen 2016 trumpisiert, nicht danach«, betont die britische Wirtschaftszeitung »The Economist«, die auch in den USA hohes Ansehen genießt.[462]

Eine jahrzehntelange Wühlarbeit trägt jetzt ihre Früchte. 1985 gründete der Absolvent der Harvard-Universität Grover Norquist seinen Lobbyverband »Americans for Tax Reform«, Amerikaner für eine Steuerreform. Binnen kürzester Zeit gelang es seiner Gruppe, fast allen Kongressabgeordneten der Republikanischen Partei das Bekenntnis abzuringen, in Zukunft nie einer Steuererhöhung zuzustimmen. Wer das Gelöbnis bricht, sieht sich bei den nächsten Wahlen mit einem parteiinternen Gegenkandidaten konfrontiert, der mit großzügigen Spendengeldern aus Norquists

Freundeskreis rechnen darf. Seit 1991 hat der US-Kongress nunmehr die Steuern nicht mehr erhöht, wenn die Republikaner die Mehrheit besaßen. Stattdessen wurden immer wieder Steuergeschenke für Besserverdienende beschlossen, während bei staatlichen Ausgaben, etwa im Schulsystem, gekürzt wurde und bereits vor Trump die staatlichen Schulden immer weiter anschwollen.

Norquist tritt ruhig, aber äußerst selbstbewusst auf, wenn er Radikales von sich gibt. »Steuern sind immer falsch. Wer von Sozialhilfe abhängig ist, ist ein Problem«, definierte er bei einem Treffen von renommierten Ökonomen und Interessenvertretern in Zürich im November 2017 in zwei Sätzen sein ökonomisches Glaubensbekenntnis.[463]

Es geht aber noch fundamentalistischer: Der Steuerbekämpfer war bis zum Februar 2018 Mitglied im Vorstand der NRA, der National Rifle Association, die sich beharrlich gegen ernst zu nehmende Beschränkungen beim privaten Waffenbesitz in den USA wehrt.[464]

Logischerweise preist Norquist auch die erst 2009 gegründete »Tea Party«-Bewegung.[465] Weniger als ein Jahrzehnt später investieren die ursprünglichen Hauptfinanziers dieser rechten Vereinigung, Charles und David Koch, in immer mehr Sitzplätze am großen politischen Gabentisch. Die Brüder, die beide für sich mit einem jeweiligen Vermögen von mehr als 50 Milliarden US-Dollar zum reichsten Dutzend aller Erdenbürger zählen, haben angekündigt, für die US-Kongresswahlen im November 2018 mehr als 400 Millionen zur Verfügung zu stellen – zusätzlich zu ihren sonstigen millionenschweren Spenden. Nebenbei helfen die Kochs auch, Initiativen für mehr öffentlichen Nahverkehr in verschiedenen US-Städten zu Fall zu bringen. Dabei lassen sie jeden Zusammenhang mit ihren massiven geschäftlichen Interessen im Ölbereich und bei der Herstellung von Asphalt dementieren.[466]

Der von den Koch-Brüdern und gleichgesinnten Schwerreichen finanzierte Überzeugungsdruck zeigt Wirkung. Während früher auch unter Republikanern die Meinungen in konkreten Sachfragen deutlich voneinander abwichen, ist die Haltung der Parteirepräsentanten inzwischen einheitlicher als bei ihren demokratischen Rivalen, wo etwa neoliberale und sozialstaatlich orientierte Positionen zu Wirtschaftsfragen oft nur schwer zu verbinden sind – ein Problem, das die US-Demokraten mit fast allen europäischen sozialdemokratischen Parteien teilen. Hillary Clinton verlor auch, weil zu viele Unterstützer des eher links orientierten Bernie Sanders nach den Vorwahlen lieber zu Hause blieben, als für eine Kandidatin zu stimmen, die so eng mit den Finanzinteressen der Wall-Street-Akteure verflochten ist.[467]

Um die allgemeine politische Stimmung in den USA besser abzubilden, lässt die »New York Times« seit ihrer eklatanten Fehleinschätzung zum US-Wahlausgang vor zwei Jahren auch konservativere Kommentatoren zu Wort kommen. So sollen auch Positionen Gehör finden, auf die liberale Abonnenten in ihren eigenen Kreisen bei Dinner-Partys und unter ihren Freunden auf Facebook nicht treffen würden. Die linksliberale Webseite »Vox.com« hat diese meinungspolitische Öffnung beobachtet, kommt aber zu dem Schluss: »Das wirkliche Problem der Meinungsseiten der ›New York Times‹ ist, dass sie nicht ehrlich sind. Sie wollen ihre Leser zwar herausfordern, aber nicht mit der hässlichen Wahrheit.«[468] Denn, so »Vox.com«, »Konservatismus ist jetzt Trumpismus«. Anders als bei den traditionellen Konservativen gebe es keine intellektuellen Argumente mehr, »nur Trump, dessen Interessen sich (großteils) mit jenen der weißen Basis von Konservativen in Vororten von Städten und auf dem Land überschneiden. Die einzige Motivation, ihn zu unterstützen, ist der Stamm. Er hasst, wen wir hassen. Ihr einziges Argument ist: Wir haben gewonnen. Und dem Sieger gehört die Beute.« Wollte die »New York Times« also diese Strömungen realistisch darstellen, müsste sie die Texte von »notorischen Lügnern, Verschwörungstheoretikern, Sexisten und Rassisten« abdrucken – undenkbar.

Doch Trump hat sich im Amt auch dort abgesichert, wo sich die wirtschaftliche Macht in den USA ballt: Den militärisch-industriellen Komplex verwöhnte er mit der Erhöhung der

Rüstungsausgaben, die Öl- und Stahllobby mit der Preisgabe von Umweltregulierungen und der Einführung von Strafzöllen auf ausländische Konkurrenzprodukte. Den finanzindustriellen Komplex erfreute er mit der Lockerung von Regulierungen im Bankenbereich. Auch die politisch eher liberal eingestellten Internetbarone an der Ost- und Westküste der USA können über neue Aufträge aus dem militärischen Bereich nicht klagen. Nur bei Zöllen und im Ausland geparktem Vermögen werden deutliche Interessenkonflikte sichtbar: Trump setzt auf Protektionismus, breit investierte Mischkonzerne wie jener der Koch-Brüder bevorzugen den Freihandel.[469]

Jedenfalls kann der so ungewöhnliche Präsident schon die Ernte in Gebieten einfahren, auf denen er besonders eifrig geackert hat. Ende Juni 2018 segnete der Oberste Gerichtshof nicht nur seine juristisch heftig bekämpften Einreisebeschränkungen für Menschen aus Ländern wie Syrien, dem Iran und Libyen ab. In der Sache Janus gegen AFSCME entschied er, dass Gewerkschaften nicht mehr automatisch Beiträge auch von Nichtmitgliedern erheben dürfen, die von Gehaltserhöhungen profitieren, die von den Arbeitnehmervertretern ausgehandelt worden waren.[470] Bislang ging ein Großteil dieser Gelder an liberale Aktivisten und Kandidaten der Demokratischen Partei, für die es nun ungleich schwieriger wird, ihre Wahlkämpfe zu finanzieren. Das Urteil fiel denkbar knapp aus: 5:4. Die entscheidende Stimme kam von Neil Gorsuch, jenem konservativen Richter, dem Trump zu Beginn seiner Amtszeit zu einem Stuhl im Supreme Court verholfen hatte.

Es war ein Durchbruch mit Ansage. Lange hatten rechte Lobbyisten auf dieses Urteil hingearbeitet, allen voran der US-Anti-Steuer-Aktivist Grover Norquist. Im November 2017 brüstete er sich bereits bei der Zürcher Globalisierungskonferenz damit, dass »wir da jetzt einen neuen Kerl im Supreme Court haben, der rationale Entscheidungen fällt«.[471] Ausdrücklich verwies er auf die damals noch bevorstehende Entscheidung in Gewerkschaftsfragen: »Du wirst dann kein Geld mehr stehlen können, in einem vergleichbaren Fall auf Bundesstaatsebene ist die Demokratische Partei kollabiert.«

Am 6. November 2018 mögen die Midterm-Wahlen, der Urnengang zwischen den Präsidentschaftswahlen im US-Kongress, sehr wohl zu Mehrheiten für die Demokraten führen. Doch Trump hat für seine Klientel bereits enorm viel erreicht, selbst wenn er es, wie viele seiner Vorgänger, ab der Halbzeit seiner Amtszeit mit einer oppositionellen Parlamentsmehrheit zu tun bekommen sollte. Seine Politik des äußersten Risikos, »Brinkmanship« genannt, grenzt oft an Erpressung, ist jedoch salonfähig geworden. Rund um den Erdball laufen längst die Kopiermaschinen heiß: Überall werden sein rücksichtsloser Stil und der Inhalt seiner gnadenlos verkürzten politischen Botschaften übernommen. First, first, first, und immer nur: Wir, wir, wir.

Und Trump, das Original, kann auch noch übertroffen werden. Im Rücken des Twitter-Dominators bewegt sich US-Vizepräsident Mike Pence unauffällig, aber zweifellos geschickt. »Die Menschen haben noch nicht verstanden, was Pence ist«, sagt der preisgekrönte US-Journalist Michael D'Antonio, der im Herbst 2018 seine Biografie über die Nummer zwei der USA veröffentlicht: »The Shadow President«, der Schattenpräsident.[472] »Pence ist ein religiöser Fanatiker«, urteilt D'Antonio.[473] Wie ein Rosenkranz zieht sich sein gesellschaftspolitischer Eifer durch sein Leben: Als junger Student schickte er Freunde wegen ihrer homosexuellen Neigungen zum Arzt, verdammte später jede Form der Abtreibung und fordert inzwischen das Verbot gleichgeschlechtlicher Ehen. Polizisten, die Schwarze in den USA bei Verhören foltern, unterstützt er, das milliardenschwere rechte Brüderduo Koch unterstützt ihn. Alles, so Pence, sei gottgewollt, auch Trump als Präsident der Vereinigten Staaten von Amerika.

Sollte Donald Trump sein Amt vorzeitig aufgeben (müssen), wäre Pence bis zu den nächsten Wahlen dessen Nachfolger und könnte dann sogar noch zweimal gewählt werden, also bis 2028 US-Präsident sein. Biograf D'Antonio kam auf Grund seiner Recherchen zu dem Schluss, dass er Trump vorzieht, »weil dessen Absichten offenkundiger sind, während Pence seine Vorhaben eher verschleiert«.

Wer also hofft oder gar betet, dass der gegenwärtige US-Präsident bald nicht mehr im Amt sein möge, könnte aus dem Fegefeuer in der politischen Hölle landen.

Trump selbst kann in seinem nächsten Präsidentschaftswahlkampf 2020 bereits auf einen neuen Slogan setzen, mit dem sich nur die allerwenigsten Politiker glaubwürdig schmücken können: »Promises kept«, Versprechen gehalten.

Egal, welche Konsequenzen sie haben.

Der Triumph der Zerstörung

»Donald Trump benimmt sich wie ein Fußballer, der sich auf dem Rasen wie ein Rugbyspieler verhält und damit durchkommt. Und jetzt betreibt er auch noch die Entlassung des Schiedsrichters.« So charakterisiert ihn ein europäischer Spitzenmanager, dessen Konzern mit Trump in engsten Geschäftsbeziehungen stand, ehe der Immobilienunternehmer in die Politik ging.[474]

Bislang konnte sich Trump in vielem durchsetzen, doch politisch konstruktiv aufgebaut hat er bislang nichts. Vielmehr attackierte er voller Energie internationale Institutionen und Abkommen, kündigte einige auf. Die Spur seiner Zerstörung führt vom Ausstieg aus dem transpazifischen Handelspakt TPP über den Rückzug aus dem Pariser Klimaabkommen und dem Atomabkommen mit dem Iran bis zu seinen Manövern gegenüber der NATO und der Welthandelsorganisation WTO.

Bei all diesen Taten ist Trump keineswegs so unberechenbar, wie er oft dargestellt wird, er verfolgt da ein klares Ziel. In seiner Weltsicht spielen multilaterale Verhandlungen und Abkommen keine Rolle, er setzt auf das direkte Match mit jeweils einem einzigen Gegenüber. Dabei geht es ihm immer um Sieg oder Niederlage, das Kalkül, dass eins und eins auch drei ergeben könnten, scheint ihm wesensfremd. Von diplomatischem Geschick hält er nichts. Dass sich die Dominanz der USA weltweit über Jahrzehnte hinweg mindestens ebenso auf ihre Stärke als Soft Power in Institutionen wie dem Internationalen Währungsfonds, der Weltbank und auch in der UNO stützte wie auf ihre militärischen Kräfte – dafür fehlt Trump tatsächlich das Verständnis, im Gleichklang mit der großen Mehrheit seiner Wähler.

Dies müsste die Weltbevölkerung wenig bekümmern, wäre der US-Präsident nicht durch sein Amt mit einer solchen Machtfülle ausgestattet und könnte er nicht auf der Basis anhaltend guter Umfragewerte die Republikanische Partei in den USA wie am Nasenring durch die politische Arena führen.

Doch die Stimmung kann kippen. Trump würde vom Gewinner, als der er sich beständig sieht und dem seine Fans zujubeln, zum Loser, zum Verlierer werden, und sei es nur in der öffentlichen Wahrnehmung. Schon bald etwa könnte der US-Sonderermittler Robert Mueller zu dem Schluss kommen, hochrangige Mitarbeiter oder gar Familienmitglieder Trumps wegen ihrer Verstrickungen in russische Manipulationen bei den US-Wahlen 2016 oder wegen späterer Falschaussagen anzuklagen. Und dann? Norman Ornstein, Politikwissenschaftler in der Denkfabrik des konservativen (sic) American Enterprise Institute in der US-Hauptstadt Washington und für das US-Fachmagazin »Foreign Policy« einer der wichtigsten 100 globalen Denker, hat sich mit diesem durchaus realistischen Szenario beschäftigt. Er prognostiziert für diesen Fall, dass Trump sofort Mueller feuern, sich selbst und alle anderen begnadigen und seine Anhänger zum Protest auf die Straße schicken würde. Nach einem dann unvermeidbaren Blutvergießen, so Ornstein, würde Trump das Kriegsrecht ausrufen.[475]

Das Ende der liberalen Demokratie

Donald Trump an der Macht ist ohne die Ereignisse des 11. September 2001 undenkbar. Die Angreifer auf das World Trade Center in New York und das Pentagon in der US-Hauptstadt

Washington konnten damit ihren historisch wichtigsten Sieg über die liberale Demokratie feiern. Wie besonnen und wertekonform, aber auch konsequent auf einen verheerenden Anschlag reagiert werden kann, zeigten die politischen Führer in Norwegen mit ihrer Reaktion auf den Massenmörder Anders Breivik zehn Jahre später. Doch in den USA gingen der damalige Präsident George W. Bush und seine Unterstützer den Flugzeugattentätern in die Falle und flüchteten sich in eine Überwachungs- und Vergeltungsstrategie, welche die Doppelbödigkeit der US-Regierung beim Eintreten für Menschenrechte weltweit in die Auslage stellte. Die Invasion im Irak 2003, das völkerrechtswidrige US-Gefangenenlager Guantánamo, die Praktiken der NSA, aber auch die hemmungslosen deutschen und französischen Rüstungsgeschäfte mit Diktaturen wie in Saudi-Arabien ließen das Vertrauen unter bislang westlich orientierten Meinungsführern von Tunesien bis Indonesien implodieren. Der erste frei gewählte Präsident Ägyptens, der Muslimbruder Mohammed Mursi, wurde nach nur einjähriger Amtszeit vom Militär weggeputscht. Im Westen wurde aber lieber von einer »Intervention« gesprochen.[476] Das bestätigte antiwestliche Muslime in ihrem Vorwurf, die westlichen Demokratien seien verlogen und antiislamisch. Und schürte bei liberalen Kräften weitere Zweifel an der Glaubwürdigkeit. Als moralische Instanz hat der Westen vielerorts ausgespielt.

Gleichzeitig stehen die offenen Gesellschaften intern vor einem Paradoxon: Je mehr Freiheiten der Einzelne bekam, um sich zu entfalten, je mehr er zur Ich-AG und zum Kosmopoliten wurde, je toleranter und offener er lebte, umso weniger kümmerte er sich um sein unmittelbares Umfeld. Parallel dazu stottert die ökonomische Wachstumsmaschine in den altindustrialisierten Staaten, und die soziale und wirtschaftliche Ungleichheit erreicht, wie beschrieben, immer neue Rekordwerte.

So zeigt sich, dass die liberale Demokratie eine Fehlkonstruktion ist. Sie benötigt eine zusätzliche Dimension. Nur eine sozialliberale Demokratie kann Bestand haben. Dazu bedarf es einer Wirtschaftsordnung, die einerseits marktwirtschaftlich orientiert, andererseits in der Lage zur fairen sozialen Umverteilung ist. Das gelang zu Zeiten der Bonner Republik, wurde im Zuge der neoliberalen Reformen jedoch aufgegeben.

Die Alternative ist eine nationalsoziale Demokratie, die dann aber nicht mehr liberal wäre. Sinngemäß gilt dies auch für die Europäische Union: Die Leidenschaft zum Frieden ist mit den Nachkriegsgenerationen verflogen, das neoliberale EU-Projekt pocht nur in den Herzen der Eliten. Ohne glaubwürdiges soziales Fundament stürzt es ein, dieses Traumhaus Europa.

Nicht ohne Grund lautete der Wahlspruch der französischen Revolution von 1789 »Freiheit, Gleichheit, Brüderlichkeit«. Die offenen Gesellschaften scheitern, wenn sie nicht diesen Dreiklang beherzigen. »Freiheit« allein ist ohne »Gleichheit« und »Brüderlichkeit« nicht mehrheitsfähig. Am Ende der Zeit der einseitig liberalen Demokratien begeistert eine andere Losung. Auch sie stammt aus Frankreich, allerdings vom Vichy-Regime, das mit den deutschen Nationalsozialisten kollaborierte: »Travail, Famille, Patrie« – »Arbeit, Familie, Vaterland«.

Weiter, weiter, immer weiter. Enger, enger, immer enger

Rechtsnationale an der Macht – ihr Masterplan

»Wann Krieg beginnt, das kann man wissen, aber wann beginnt der Vorkrieg. Falls es da Regeln gäbe, müsste man sie weitersagen. In Ton, in Stein eingraben, überliefern. Was stünde da? Da stünde, unter anderen Sätzen: Lasst euch nicht von den Eignen täuschen.«

Die Schriftstellerin Christa Wolf in ihrem 1983 veröffentlichten Roman »Kassandra«

Die Neonationalen sind in Tritt gekommen und haben die versprengten aufgeklärten Konservativen, Liberalen, Grünen und Linken auf dem falschen Fuß erwischt. Zwischen dem Ende der 1960er-Jahre und der Mitte der 2010er-Jahre war es andersherum. Doch jetzt folgt dem linken Aufbruch der rechte Aufbruch. Die Neonationalen begehren gegen die Autoritäten auf, und die Versprengten wundern und beklagen sich in ihren noch zahlreichen Idyllen. Dabei wird es nicht bleiben. Die Revolte von rechts rollt. Auf ihrem langen Marsch erobern Rechte und Autoritäre, die von den Herrschern in Peking und Moskau zumindest wohlgefällig beachtet und immer öfter offen unterstützt werden, immer neue Territorien – zuerst in der Welt der Gedanken und dann auf Erden.

Die »konservative Konterrevolution« nennt es Norbert Nemeth, als Direktor des Freiheitlichen Parlamentsklubs ein hochrangiger Politstratege der österreichischen Rechtsaußenpartei FPÖ.[477] Eine »konservative Revolution« forderte auch zu Jahresbeginn 2018 Alexander Dobrindt, der Vorsitzende der CSU-Landesgruppe im Deutschen Bundestag, mithin lange vor dem Showdown mit Bundeskanzlerin Angela Merkel im Sommer dieses Jahres.[478] Auf der Agenda stehen keineswegs nur das Zurückdrängen einer wahrgenommenen »linken Meinungsvorherrschaft« (Dobrindt) oder traditionell konservative Werte wie die Stärkung herkömmlicher Familien.

Die neuen Rechtsnationalen und Autoritären pflegen einen seit dem Zweiten Weltkrieg selten erlebten Machiavellismus. »Ein kluger Fürst muss auf Mittel sinnen zu bewirken, dass seine Untertanen seiner Herrschaft beständig und zu allen Zeiten und unter allen Umständen bedürfen – dann werden sie ihm treu bleiben«, schrieb der florentinische Staatsphilosoph Niccolò Machiavelli in seinem um 1513 verfassten Werk »Il Principe«.[479] Erfolgreiche Politik verlange »die Kunst, den richtigen Schein zu erzeugen«. Denn »die Menschen urteilen im Allgemeinen nach dem Augenschein, nicht mit den Händen. Sehen nämlich kann jeder, verstehen können wenige. Jeder sieht, wie du dich gibst, wenige wissen, wie du bist. Und diese wenigen wagen es nicht, sich der Meinung der vielen entgegen zu stellen.« Vor allem aber »muss ein Fürst, der sich behaupten will, sich auch darauf verstehen, nach Gelegenheit schlecht zu handeln, und dies tun oder lassen, so wie es die Notwendigkeit erfordert«.[480] Der Zweck heiligt die Mittel. So hat es Machiavelli selbst nicht formuliert, aber gemeint.

Quer durch die Welt der Neonationalen lassen sich ähnliche Handlungsstränge beobachten, vom Verschieben der politischen Diskussionskoordinaten bis zur Freude an modernstem Waffengerät. Allerdings unterscheidet sich die Intensität und Geschwindigkeit, mit der die neuen Staatenlenker unterwegs sind, von Land zu Land erheblich.

Die asymmetrische Polarisierung – das neue Normale

Schleichend, aber mit Inbrunst gelingt den neuen Akteuren der Schwenk nach rechts. Denn die Mitte ist relativ. Wenn auf einem Podium ein Vertreter des militanten Schwarzen Blocks sitzt, der regelmäßig Großdemonstrationen mit Gewalt gegen Sachen und Polizisten aufheizt, und daneben Sahra Wagenknecht von den Linken und noch ein fundamentalistischer Grüner: Wer ist dann gemäßigt? Wenn aber Wagenknecht neben einem CDU-Abgeordneten sitzt und einem Vertreter der AfD? Oder eine CDU-Parlamentarierin neben einer AfD-Vertreterin und einem Mann von der NPD? Wo liegt dann die Mitte?

In den USA treffen in politischen Talkshows, insbesondere auf Fox News, immer häufiger Rechte auf ganz Rechte, und damit verschob sich auch die öffentliche Wahrnehmung. Liberale Demokraten werden so zu Linksaußen, ohne dass sie ihre politische Meinung in den vergangenen Jahren nennenswert geändert hätten. »Asymmetrische Polarisierung« nennt das der US-Ökonom und Kolumnist Paul Krugman, ein Träger des Alfred-Nobel-Gedächtnispreises für Wirtschaftswissenschaften.[481]

Im Westen Europas liegt die Veränderung der Debatte noch nicht so sehr an der Auswahl der Personen, die in den großen Medienformaten Beachtung finden. Der Schwarze Block kann seine Stimme in einer Runde am Sonntagabend bei Anne Will in der ARD oder in Österreich »Im Zentrum« ebenso wenig erheben wie ein Holocaust-Leugner von der NPD oder den Identitären. Durch den Einzug der AfD in den Deutschen Bundestag bevölkern zwar auch andere Personen die Fernsehschirme, doch der Wandel fand und findet in der inhaltlichen Positionierung der politischen Verantwortungsträger statt.

»Das Alte muss das Neue werden, es geht dann wieder aufwärts«, versprechen die politischen Rechten um Silvio Berlusconi und Matteo Salvini in Italien.[482] In Deutschland beobachtet der Jurist und Politologe Albrecht von Lucke »das Vordringen vieler AfD-Positionen in die Kernbestandteile der bürgerlichen Parteien«.[483] »Nur noch in Nuancen unterscheiden sich die markigen CSU-Worte von den stramm-rechten Tönen in Italien, Österreich und aus dem Weißen Haus«, urteilte sogar die »Bild«-Zeitung über die Haltung der CSU-Spitzen zum Umgang mit Flüchtlingen.[484] Sind da die herkömmlichen Parteivertreter nur getrieben von der Meinung bestimmter wahlentscheidender Bevölkerungskreise und versuchen, eine weitere Eskalation abzuwenden, oder heizen sie die Stimmung noch auf? Sind sie noch Feuerwehr oder selbst Brandbeschleuniger?

Der populäre Satz »Man wird doch noch sagen dürfen, dass ...« lässt sich jedenfalls inzwischen ergänzen durch »Ja, wenn die da oben das auch sagen«. So formt sich das neue Normale.

»Man fragt sich, sind die völlig wahnsinnig?«, kommentierte der ehemalige SPD-Vorsitzende Sigmar Gabriel das Verhalten von CDU und CSU im Sommer 2018.[485] Der politisch taktische Ansatz war keineswegs verrückt, er wurde allerdings dilettantisch umgesetzt. Denn Bayerns Ministerpräsident Markus Söder, Alexander Dobrindt und Co. kopierten nur, was ein geschickter Nachbar äußerst erfolgreich vorgelebt hat: Österreichs junger Bundeskanzler Sebastian Kurz, dem nicht nur heimische Meinungsführer eine lange Karriere vorhersagen.

Österreich, geh du voran

Kurz ist ein erstaunlicher Meister seines Fachs. Wie kein Politiker aus der Alpenrepublik seit Bruno Kreisky beherrscht er das politische, mediale und gesellschaftliche Parkett weit über die Grenzen seines kleinen Landes hinaus. Wie Söder setzte er sich gegen seinen Vorgänger in der Partei intrigenreich durch. Wie Emmanuel Macron kreierte er eine »Bewegung«, die nicht mehr als übliche Partei wahrgenommen wird. Das Kunststück dabei: Macron verließ zuvor die Regierung des französischen Sozialisten François Hollande und gründete seine »En Marche!«, Kurz übernahm hingegen die konservative ÖVP als Minister von innen heraus und ließ sie wie etwas Neues aussehen. Vielleicht ist so etwas nur in Österreich möglich, aber viel wichtiger als die optische Umfärbung von schwarz auf türkis war der Politikwechsel.

Von seinen Anhängern lässt sich der junge Wiener in Massenveranstaltungen unwidersprochen und ironiebefreit als »Messias«

feiern. Nein, er sei keineswegs »konservativ«, argumentiert er in Talkshows in Deutschland, sondern »christlich-sozial« und »liberal«.[486] Nebelkerzen, wohin man blickt. Kurz, ein Zeitgeistpolitiker, ist der Prototyp eines Wegbereiters, indem er rechte Inhalte inhaliert und dann als neue Mitte ausgibt. Realpolitisch rückt so ein ganzes Land nach rechts.

Wie seinerzeit US-Präsident Ronald Reagan kann er solche Vorhaltungen teflonartig an sich abgleiten lassen. Sie stimmen trotzdem. »Wo sich Kurz positioniert, tut er das rechts. Siehe seine Kritik an NGO-Rettungsaktionen für Flüchtlinge im Mittelmeer oder seine Verteidigung des ungarischen Ministerpräsidenten Viktor Orbán in der Süddeutschen Zeitung: ›Hören wir auf mit der Trennung in Gut und Böse und der moralischen Überlegenheit‹. Einzig seine deutlich besseren Sympathiewerte können ihm da im Hinblick auf Wahlen noch einen Vorteil gegenüber Rechten wie FPÖ-Chef Heinz-Christian Strache bescheren; inhaltlich sind die Unterschiede schwer erkennbar«, analysiert der österreichische Politikbeobachter und Publizist Johannes Huber.[487]

»Bei all dem, was da jetzt an freiheitlichen Ideen verbal übernommen wurde«, mahnte H. C. Strache im Wahlkampf 2017, »werden wir dann die Nagelprobe machen.«[488] Wenige Tage vor dem Urnengang betonte dann Kurz, noch Kanzlerkandidat, in einem TV-Duell mit Strache: »Seitdem ich der Chef bin, habe ich vieles verändert. Viel von dem, was Sie aufgezeigt haben, das ist genau meine Linie.« Die Moderatorin Corinna Milborn fragte unverzüglich Strache: »Sind Sie sich einig in den Programmen?« Strache, ebenfalls Kanzlerkandidat, antwortete: »Ja, ja.«[489]

Folgerichtig kommentierte der FPÖ-Spitzenmann wenige Tage später am Wahlabend das Ergebnis: »Unsere Themen sind in der Mitte der Gesellschaft angekommen, aus der Opposition heraus. 60 Prozent haben das FPÖ-Programm gewählt.«[490]

Die neue rechte ÖVP hatte 31,5 Prozent der gültigen Stimmen erhalten, die FPÖ 26,0 Prozent.[491] Kurz war es binnen weniger Monate gelungen, den jahrelangen Umfragerückstand seiner Konservativen, die bis dahin zur politischen Mitte gehörten, in einen uneinholbaren Vorsprung zu drehen. Der Glanz seiner Persönlichkeit färbte auf die Wählerinnen und Wähler ab, aber auch der absehbare Rechtsruck.

Dabei hat Kanzler Kurz noch lange nicht den Höhepunkt seiner Macht erreicht. Spätestens im Jahr 2020 wird es in der Bundeshauptstadt Wien, in der ein Sechstel aller österreichischen Wähler leben, zu einem Urnengang kommen. Bei allgemeinen, freien Wahlen ging seit einem Jahrhundert die Sozialdemokratie stets als Sieger vom Platz, immer stellte sie den Bürgermeister. Doch Kurz greift auch da an. Unablässig kocht der Teflonmann in seiner wählerwirksamen Kraftbrühe neben der Botschaft, alle Flüchtlingsrouten nach Europa schließen zu wollen, auch die tatsächlichen und vermeintlichen Missstände in Wien hoch. Unsäglichen Rechtsradikalismus in den Reihen der FPÖ lässt er hingegen an sich und der Regierung abtropfen. Das kann funktionieren, erst recht, wenn er seinem Juniorpartner Strache damit auf den Thron im Rathaus hilft. Dann kann die Orbánisierung der Alpenrepublik volle Fahrt aufnehmen, mithin eine immer weiter reichende Illiberalität.

»Einen richtigen Rockstar« nennt der neue, von Donald Trump ausgesuchte US-Botschafter in Berlin, Richard Grenell, den österreichischen Kanzler.[492] Bei dieser Charakterisierung ist eine sehr ungewöhnliche Sichtweise auf musikalische Bühnenhelden Vater des Gedankens. Denn Kurz ist aalglatt und von einer, je nachdem, beruhigenden oder verstörenden Beliebigkeit. Grenell irrt. Kurz ist kein Rockstar, sondern ein Popstar mit gefälligem Sound und antiseptisch, ein Heimatsänger aus Kalkül. Dreht sich der politische Wind, wird ihm auch ein rechts-grüner Kurs zugetraut, ja sogar eine neue Große Koalition. Ein solides inhaltliches Grundsatzkorsett festigt ihn jedenfalls nicht, anders als seinerzeit den sozialen Demokraten Bruno Kreisky. Kurz ist Gegenwart plus, er richtet sich nach dem Zeitgeist, mit einem professionellen Drang zur Optimierung. Vielleicht macht ihn das gerade jetzt so unheimlich.

Wahrnehmbar ist jedenfalls eine machiavellistische Eiseskälte. Wofür brennt Kurz, wofür schlägt sein Herz? Bei einer

Veranstaltung im Wiener Volkstheater wurde er gefragt, was er denke, wenn er Bilder sehe, die zeigten, wie in den USA an der mexikanischen Grenze Einwandererkinder von ihren Eltern getrennt würden. »Ich habe nicht nachvollziehen können, welchen Sinn das machen sollte«, so Kurz.[493] Der Chefredakteur der deutschen Wochenzeitung »Die Zeit«, Giovanni di Lorenzo, meinte, diese Antwort sei kühl, denn ihm selbst »dreht es den Magen um«. Erst später ruderte Kurz zurück. Die Aufnahmen seien »natürlich grauslich«. Grauslich.

Die Abschaffung der Wahrheit

Der Aufstieg in die Regierungsetagen gelingt vielen rechten Neonationalen, die Werte wie Heimat, Nation und Familie in ihrem Sinne besetzen und als ideologische Monstranzen vor sich hertragen, nur durch eine erfolgreiche Umwertung politischer Einschätzungen und Begriffe.

In Österreich konnte sich die Freiheitliche Partei mit der Behauptung durchsetzen, sie werde diffamiert und unzulässig ausgegrenzt, wenn sie als »rechtsradikal« bezeichnet werde. Natürlich sind ihre Wähler in ihrer großen Mehrheit nicht rechtsextrem, und es ist falsch und auch kontraproduktiv, sie gar als »Nazis« abzukanzeln. Doch Teile der FPÖ sind mit rechtsradikalem Gedankengut durchsetzt, die Partei bedient sich immer wieder rechtsextremer Inhalte.[494] Nach politikwissenschaftlichen Maßstäben gilt die FPÖ als rechtsradikale Partei.

»Jetzt heißt es Knüppel aus dem Sack für alle Asylbetrüger, Verbrecher, illegalen Ausländer, kriminellen Islamisten und linken Schreier«, erklärte der FPÖ-Funktionär Johann Gudenus im Jahr 2013.[495] Nunmehr ist er Fraktionschef der FPÖ im österreichischen Parlament, dem sogenannten »Nationalrat«, und gilt als zukunftsträchtige Personalreserve.

Auch Frankreichs Staatspräsident Emmanuel Macron distanziert sich in Paris von der FPÖ als »Parti d'extrême droite«.[496]

Kanzler Kurz kann bei solchen Erklärungen danebenstehen und keine Miene verziehen. In Wien aber gibt es kaum noch eine öffentliche Stimme, die diese Wahrheit aussprechen würde.

Stattdessen wird die Entwertung, Umdeutung und Verfälschung von relevanten Begriffen in der Politik immer weiter vorangetrieben. »Fairness« und »Gerechtigkeit« verwendet die FPÖ kaum in Bezug auf Einkommensunterschiede, sondern im Verhältnis »österreichischer, fleißiger Staatsbürger« gegenüber »hereindrängenden Asylbewerbern«. Kurz zieht mit: »Wir brauchen in Österreich eine neue Gerechtigkeit. Es darf nicht sein, dass Menschen, die zu uns kommen, sich das beste Sozialsystem in Europa aussuchen können«, postet er ein Video auf Facebook und erreicht damit Rekordwerte bei den Reaktionen.[497] Kaum gewählt, setzt der Neokanzler nach: »Es bringt mehr Gerechtigkeit, wenn die Familienbeihilfe an die Lebenserhaltungskosten im jeweiligen Land angepasst wird.«[498]

Anlässlich der Präsentation von ersten Einschnitten ins soziale Netz auch von Österreichern meinte wiederum Vizekanzler H.C. Strache: »Das sozialistische Hartz IV wird es mit uns sicher nicht geben«, wohlwissend, wie wenig links und stattdessen neoliberal diese SPD-Arbeitsmarktreform geprägt war. Sein Programm und das der Rechts-Rechtsaußen-Regierung, stehe für »soziale Wärme«, der legendäre SPÖ-Kanzler Bruno Kreisky würde heute ihn und die FPÖ wählen.[499] Auch so machen »alternative Fakten« Karriere.

»Es kommt auf die Fakten nicht mehr an, sie sind gleichgültig, sinnlos. Das eigentlich Beunruhigende am postfaktischen Diskurs ist nämlich nicht, dass mit falschen Fakten operiert wird, sondern dass die Fakten buchstäblich keine Rolle mehr spielen«, erläutert der Publizist und Verleger Jakob Augstein den Kern der postfaktischen Demokratie.[500]

Politisch informierte Bürger mögen darüber den Kopf schütteln. Hannah Arendt beschäftigte sich intensiv mit den Folgen solcher Umdeutungen: »Wenn jeder dich immerzu anlügt, dann ist die Folge nicht, dass du die Lügen glaubst, sondern vielmehr, dass keiner mehr irgendetwas glaubt. Das liegt daran, dass Lügen naturgemäß immer wieder verändert werden – eine lügende Regierung muss permanent ihre eigene Geschichte umschreiben. Die Menschen im Land hören dann nicht nur eine Lüge, mit der sie vielleicht bis ans Ende ihrer Tage leben könnten, sondern sie hören viele verschiedene Lügen, abhängig davon, wie der politische Wind gerade weht. Ein Volk aber, das an nichts mehr glaubt, ist seiner Möglichkeit zu handeln beraubt, und darüber hinaus seiner Fähigkeiten, zu denken und zu urteilen. Mit einem solchen Volk kannst du dann tun, was dir gefällt.«[501]

Nach diesem Prinzip verfahren immer mehr der gegenwärtigen Herrscher, von Wladimir Putin über Erdoğan und Viktor Orbán bis Donald Trump. Wirklichkeit wird destabilisiert. Und es geht weiter.

Die Kontrolle über das Recht

Unverhohlen konzipieren die Neonationalen von Schweden über Tschechien bis an den Bosporus ihren jeweiligen Orbánismus. Die Schattierungen sind vielfältig, von deutlich rechts über radikal neonational bis zu offen rechtsextrem reicht das Spektrum.

Ein Muster zieht sich durch: Erreichen die Neonationalen nach Wahlen erstmals eine Regierungsbeteiligung oder besetzen gar den Chefsessel, führt das zunächst nicht zu lange anhaltendem Erfolg. Zu augenfällig sind die Schwächen der neuen Rechten, zu dürftig das Personal. Gelingt nach einer Phase der erneuten Opposition die Rückkehr an die Macht, wird sie jedoch strategisch umsichtig befestigt.

Die Parteichefs halten sich gerne von allzu beschwerlichen Ministerämtern frei, sie setzen sich jedoch mit hoher Professionalität in Szene. In Polen dirigierte Jarosław Aleksander Kaczyński seit vielen Jahren aus dem Hintergrund, H. C. Strache verantwortet als Vizekanzler nur den öffentlichen Dienst und die Sportagenden.

Das Schlüsselressort ist jedoch für die Rechtsaußen fast immer das Innenministerium mit seinem jeweiligen Polizeiapparat und der Möglichkeit, Einblick in unzählige Bürgerdaten zu nehmen. Angestrebt werden auch Spitzenposten im Finanzministerium, dort eröffnet sich der Zugang zu den Steuerunterlagen so manch unerwünschter Kritiker, etwa aus Schriftstellerkreisen. Die FPÖ, von 2000 bis 2005 als Regierungspartei eher wirkungslos, sicherte sich in der neuen österreichischen Regierung seit 2017 neben dem Innenressort zusätzlich das Verteidigungsministerium und somit den Zugang zu Informationen aller nationalen Geheimdienste, die wiederum mit den anderen EU-Staaten vernetzt sind. Auch in Italien wählte Matteo Salvini gezielt das Innenministerium. Von dort aus betreibt er immer neue radikalisierende Vorstöße, keineswegs nur gegenüber Flüchtlingen, die über das Mittelmeer kommen. In Italien lebende Sinti und Roma will er zählen lassen und fordert selbst den Importstopp von Reis aus Kambodscha, weil damit italienischen Produkten unfaire Konkurrenz gemacht werde.[502]

In der Alpenrepublik sieht sich Innenminister Herbert Kickl als Stürmer für »Law and Order«. Vor seinem Regierungseintritt war er FPÖ-Hauptpropagandist, von ihm stammen die einprägsamen Wahlkampfslogans »Daham statt Islam« (2006), »Abendland in Christenhand« (2009) oder »Mehr Mut für unser Wiener Blut – zu viel Fremdes tut niemandem gut« (2010).[503] Seine Äußerungen und von ihm letztlich zu verantwortende Aktivitäten sind auch im Ministerium absichtsvoll aggressiv. Kickls Generalsekretär Peter Goldgruber gab vor der Staatsanwaltschaft zu Protokoll, sein Chef habe ihm den Auftrag gegeben, »das Bundesministerium aufzuräumen«.[504]Kickl dementierte, muss sich aber schon kurz nach seinem Amtsantritt im Herbst 2018 in einer Affäre um das Bundesamt für Verfassungsschutz einem parlamentarischen Untersuchungsausschuss stellen.[505]

Der politische Umbau zielt beim zweiten Anlauf der Rechten stets auch auf die Justiz. Was Donald Trump mit seinen zahlreichen Richterernennungen durchzieht, streben auch seine nationalistischen europäischen Brüder im Geiste an. In Österreich reklamierte die FPÖ sofort zwei Neubesetzungen im Verfassungsgerichtshof für sich – im Namen des Volkes. Neun der 14 gegenwärtigen obersten Richter wurden damit von rechts und rechts außen nominiert, in den kommenden zehn Jahren stehen nur noch drei Nachbesetzungen an. Die Rechtslastigkeit der Verfassungshüter ist somit in Österreich langfristig abgesichert.[506] In Polen, wo die rechtsnationale Partei Recht und Gerechtigkeit mit der Kurzbezeichnung PiS Mitte der Nullerjahre kurz und nur wenig durchschlagskräftig an der Macht war, verabschiedet nun seit 2015 die neue PiS-Alleinregierung systematisch die einst gegen die Kommunisten erkämpfte Demokratie. Die Gewaltenteilung von Legislative, Exekutive und Justiz wurde in der Praxis abgeschafft, das Oberste Gericht ist seit Juli 2018 der Regierung und dem Staatspräsidenten unterstellt. 24 von 74 aktiven Richtern wurden in den Ruhestand versetzt.[507] Die damit verbundene Verfassungskrise nimmt die PiS achselzuckend zur Kenntnis, auch das von der EU-Kommission auf den Weg gebrachte Vertragsverletzungsverfahren.[508] Auch Ungarn droht ein solches EU-Verfahren.[509] Droht? Weiter droht Viktor Orbán mit immer weitreichenderen demokratiefeindlichen, minderheitenverachtenden Maßnahmen in seinem Staat. Und setzt sie auch um.

Die politischen Gewichte in Europa haben sich dramatisch verschoben, statt neuer Demokratie gedeiht ein schon überwunden geglaubter neuer Autoritarismus.

Zug um Zug bringen die rechten Nationalen auf Basis ihrer ursprünglich erreichten Parlamentsstärke immer weitere Einflussbereiche unter ihre Kontrolle. Und ihren Würgegriff am Rechtsstaat verbinden sie mit einem inbrünstigen Angriff auf kritische öffentliche Berichterstattung. Donald Trump bezeichnet missliebige Journalisten als »Feinde des Volkes«, Medienvertreter fürchten sich bereits vor physischen Angriffen und Attentaten aufgehetzter Anhänger. Doch alle neuen Rechtsnationalen weisen jeden Vergleich mit den Methoden der deutschen Nationalsozialisten im Dritten Reich streng von sich. Wir doch nicht. Oder doch?

Aus der Geschichte haben die neuen rechtsnationalen Bewegungen gelernt, dass ein allzu plumpes Vorgehen gegen die Meinungsfreiheit in Demokratien kontraproduktiv sein kann. Öffentliche Aufstände könnten folgen. Deshalb soll die Einengung der Grundrechte trickreich ablaufen, am besten so, dass die große Mehrheit der Bevölkerung nicht widerspricht, solange sie es noch könnte.

Ungarns Orbán hat das vorexerziert. Zuerst brachte er den öffentlichen Rundfunk und das staatliche Fernsehen unter seine Kontrolle, daneben auch Theaterdirektionen und andere Meinungsführer.[510] Polens Regierende erwiesen sich als dankbare Schüler. In Italien wurde die öffentlich-rechtliche RAI schon unter Silvio Berlusconi entblößt, Lega-Chef Salvini kann bereits in die Details gehen.

Heimtückisch stellt er den Polizeischutz für den Schriftsteller Roberto Saviano in Frage, der seit seinem 2006 veröffentlichten Buch »Gomorrha« über die Mafia um sein Leben fürchten muss, insbesondere weil er die Namen von untergetauchten Anführern der Camorra nannte. Verschiedene Nobelpreisträger setzten sich in der Vergangenheit für Saviano ein, doch der neue Innenminister meinte im Juni 2018: »Die zuständigen Institutionen werden einschätzen können, ob er einem Risiko ausgesetzt ist – auch weil es mir so scheint, dass er viel Zeit im Ausland verbringt. Sie werden berechnen, wie die Gelder der Italiener ausgegeben werden sollen. Ich schicke ihm ein Küsschen.«[511] Zuvor hatte der Autor dubiose Konten von Salvinis Lega-Partei thematisiert und enthüllt, mit welcher Leichtigkeit Männer, die zum 'Ndrangheta-Clan gehören, Wahlkampfveranstaltungen von Salvini besucht hatten.[512] »Ich bin nur ein Instrument, mit dem Salvini den Rechtsstaat zerstören will«, argumentiert der bedrohte Schriftsteller.

Der ungarische Ministerpräsident hat die Daumenschrauben bereits weiter angezogen. Mit Verfassungsänderungen sollen nicht nur die Arbeit von Nichtregierungsorganisationen, die mit Ausländern kooperieren, weiter kriminalisiert werden, sondern auch Demonstrationen in der Nähe von Politikervillen.[513] »1989 endete in Ungarn die Zensur. Heute haben die Menschen aber größere Angst, sich gegenüber Journalisten zu äußern, als damals«, sagt der Korrespondent Keno Verseck, der sich seit der jüngsten triumphalen Wiederwahl Orbáns im April 2018 wie sein ORF-Kollege Ernst Gelegs auf einer Schwarzen Liste der extrem regierungsnahen Zeitung »Magyar Idök« befindet.[514] Polens Regierung wiederum beabsichtigt, bis zu den nächsten ordnungsgemäßen Wahlen politische Gegner wieder ins Gefängnis stecken zu können, als ob es die Solidarność-Wende vor fast 30 Jahren gar nicht gegeben hätte.[515]

Geradezu gemütlich wirkt da, wie sich FPÖ-Innenminister Kickl gegen unbequeme Journalisten in Stellung bringt: »Das sind selbsternannte Aufdecker, das sind gewisse Medien, die sich jeden Tag darum bemühen, irgendwelche Dinge, die als geheim eingestuft sind, in die Öffentlichkeit zu bringen«, sagte der FPÖ-Sloganerfinder.[516] Ist aber nicht genau das die Aufgabe eines unabhängigen Journalisten? Wehret den Anfängen, müsste man doch rufen – und entsprechend handeln. Doch wer?

Die FPÖ-Strategen bedrängen den öffentlich-rechtlichen ORF mehr und mehr. Der neue Vorsitzende des ORF-Stiftungsrates, einer Art Aufsichtsrat, Norbert Steger war selbst hochrangiger FPÖ-Politiker und wirft aktuell ORF-Korrespondenten vor, dass sie »nicht korrekt« berichten, zum Beispiel über Orbáns Wahlkampf. Auch weitere Führungspositionen wurden schon neu und politisch verändert besetzt. »Wenn die Führungsmannschaft mit der Regierung wechselt, dann liegt der Verdacht nahe, dass es sich um Regierungsfunk handelt«, kommentierte der Medienredakteur der österreichischen Tageszeitung »Der Standard« Harald Fidler.[517] Er fuhr aber fort: »Vielleicht wurde der ORF schon zu oft rasch nach Regierungswechseln umbesetzt, um die übrigen Medien und die Öffentlichkeit noch groß aufzuregen – alles schon da gewesen.«

Vielleicht ist es noch ernster. Hat sich nicht in weiten Bevölkerungskreisen eine Gleichgültigkeit gegenüber der Bedeutung einer freien Berichterstattung ausgebreitet? Pressefreiheit, jo mei. Sind solche Menschenrechte nicht eh nur was für Minderheiten? Und Willkür gab es doch immer, und Korruption auch. Warum so groß aufregen, bringt doch eh nix.

Und außerdem: Wenn die Meinungsfreiheit nicht allgemein wahrnehmbar dazu führt, dass man sich mehr leisten kann, und sie – siehe China – für verbesserte Lebensumstände nicht notwendig ist: Warum sollte man dann nicht auf sie verzichten können?

Solche Argumentationsketten nehmen zu, sie liegen im Trend, der kein Genosse mehr ist, sondern ein Kamerad.

Da bricht eine elementare Konstruktion in sich zusammen. Wenn ich Freiheit als abstrakten Wert nicht brauche, wohl aber ein ordentliches Dach über dem Kopf, einen ordentlichen Job, was G'scheites zum Essen und einen hilfreichen Arzt, dann sind doch soziale Menschenrechte wichtiger als liberale. Und die vertreten eben die Chinesen. Schon okay, oder?

Eine echte Demokratie, eine kühne Demokratie? Warum nur? Davon kann man sich doch nix kaufen.

Die Finanziers als Warlords

Viele sehr kluge Menschen wissen um solche Einstellungen und Meinungen Bescheid, spielen damit und nutzen sie. Während öffentlich-rechtliche Rundfunk- und Fernsehanstalten samt ihren Online-Diensten letztlich unter der Kontrolle der politischen Parteien stehen, erweisen sich private Eigentümer von Medienhäusern und Großfinanziers von Kampagnen als entscheidende Player des großen Rollbacks hin zu Nationalismus und autoritärem Regieren.

Nach 1945 und auch noch nach 1989 förderten viele Verlage und Medienzaren die internationale Verständigung. Nie wieder

Faschismus, nie wieder Kommunismus im Stile der Sowjetunion, so lautete der Grundkonsens. Die Nachfolgegeneration der großen Meinungsmacher und Big Spender ist davon weniger geprägt. Ein Wertekodex ist immer weniger erkennbar, viel zu oft zählt nur der Gewinn in einem für traditionelle Medien immer schwieriger werdenden Umfeld. Hervorstechende Qualitätsmedien wie die »New York Times« oder die großen deutschen Blätter und Magazine bilden da zusehends die Ausnahmen.

National und regional befördern Medien die jeweilige »First«-Bewegung. Es ist durchaus eine Frage von Henne und Ei. Was war zuerst da – der Stimmungswandel hin zum Nationalen oder die Macht- und Geschäftsinteressen, die damit verbunden sind? Wenn Milliarden Menschen sich global auf Facebook vernetzen und Netflix abonnieren, ist es logisch, dass herkömmliche Medienanbieter die Besonderheiten in ihren überschaubaren Märkten hervorstreichen. Bedingt damit in der real existierenden Medienlandschaft die Globalisierung der Informationsströme nicht geradezu die Überbetonung von Regionalstolz? »Österreich zuerst«, »Schweiz zuerst«, »Deutschland zuerst« kann jeweils nur ein nationales mediales Markenprodukt trommeln.

Die Folgen solcher Fokussierung müssen nicht bewusst angestrebt werden, doch sie treten ein. Wer chauvinistisches Stammesdenken schürt, wacht vielleicht bald als Warlord auf. Dabei gelingt es manchen Medienmachern, gleichzeitig in verschiedenen Ländern vom zusehends aggressiven National- oder zumindest Regionalstolz zu profitieren. Der Medienmogul Rupert Murdoch ist der Prototyp eines globalen Spalters. In Großbritannien agitierte er vor allem über sein Massenblatt »The Sun« für den Brexit (und seinerzeit gegen Oskar Lafontaine), in den USA mit seinem TV-Sender Fox News für Donald Trump, in seinem Geburtsland Australien in seiner Zeitung »The Australian« für konsequente Abschottung.

In seinem Kielwasser tummeln sich viele, etwa der schottische Millionär Jim Dowson, »der unsichtbare Mann der britischen Rechtsextremen«, wie ihn die Zeitung »The Times«

charakterisiert.[518] Von Ungarn aus betreibt er seine Webseite »Patriot News Agency« mit 50 Millionen Besuchern weltweit, 17 Millionen davon in Großbritannien. »Es ist ein globales Netzwerk, von dem ich glaube, dass es half, dass Donald Trump gewählt wurde und der ›Brexit‹ zustande kam«, sagt Dowson.[519] Andere Geldgeber wie der US-Multimilliardär Robert Mercer und seine Familie in die rechte radikale Webseite »Breitbart«, aber auch im Hintergrund in großem Stil in »Robopolitics«, also in die gezielte Beeinflussung von Millionen Wählerinnen und Wählern über soziale Medien, etwa über die Firma Cambridge Analytica und, seit diese nach dem Facebook-Skandal Pleite ging, deren Nachfolger Emerdata.[520]

Das Aberwitzige dabei: Sie erreichen aus dem Verborgenen heraus sehr viele jener Bürger, die zu Verschwörungstheorien neigen – und bei solchen Manipulationen gar nicht merken, dass sie selbst zu Opfern von quasi verschwörerischen Akteuren werden. Und noch drastischer: Der in gesteuerten Internetforen umschmeichelte »Normalbürger« findet dort Wutnahrung gegen »die da oben« – finanziert von jenen Teilen der Elite, die aus dem Aufstieg der Neonationalen selbst enorme wirtschaftliche Vorteile ziehen.

Die ökonomischen Wohltaten

Mit der Rückendeckung wesentlicher Bereiche der Medienindustrie verteilen die rechten Nationalisten bislang ihre ökonomischen Wohltaten vor allem an ihre Unterstützer am oberen Rand der Gesellschaft.

US-Präsident Donald Trump, angetreten als Rächer der politisch und ökonomisch Enterbten, verbuchte Ende 2017 seinen bis dahin größten politischen Erfolg. Auf seine Initiative hin beschloss der US-Kongress die größte Steuerreform seit 1986. Über das Ergebnis urteilt der US-Ökonom Paul Krugman: »Es ist der größte Steuerbetrug der Geschichte. Die Steuerkürzungen mögen wie ein Geschenk aussehen, doch die Mittelschicht wird am Ende die Rechnung bezahlen, während die Steuersätze für Unternehmen drastisch sinken. Die einzigen großen Gewinner sind die Reichen und Steuerberater, welche die vielen Schlupflöcher ausnutzen werden, die diese Gesetzgebung hervorbringt.«[521] Am Ende könnten die neuen Regeln die Vereinigten Staaten von Amerika mehr als zwei Billionen Dollar kosten.[522]

Wie schon vor 30 Jahren unter US-Präsident Ronald Reagan argumentieren Befürworter wie der US-Finanzminister und ehemalige Goldman-Sachs-Banker Steven Mnuchin, dass sich die Maßnahmen »selbst bezahlen« würden. Doch das funktionierte bereits unter Reagan nicht, damals verdoppelte sich die Schuldenlast der USA. Welchem Druck die republikanischen Abgeordneten bei der Verabschiedung des neuen Trump-Gesetzes ausgesetzt waren, schilderte der New Yorker Kongressabgeordnete Chris Collins: »Die Leute, die mir für meine Wahlkämpfe Geld spenden, sagen mir: Bring es durch, oder ruf mich nie wieder an!«[523]

Im Zuge der Reform wurden auch die Steuern auf im Ausland geparkte Unternehmensgewinne von 35 auf maximal 15 Prozent gesenkt, weil erwartet wurde, dass die Gelder dann in den USA in die Forschung und in neue Standorte samt neuen Mitarbeitern investiert würden. Doch die meisten US-Konzerne nutzten die Steuerersparnis, um eigene Aktien zurückzukaufen. So freuten sich nur die Aktionäre – ihre Dividende und der Börsenwert ihrer Papiere stieg.[524]

Ähnlich skrupellos bedienen die Neonationalisten in Polen und Ungarn ihre Klientel. Dabei konzentrieren sie sich auf die EU-Gelder, die an Förderungen in ihre Staaten fließen.

In der gegenwärtigen Finanzperiode von 2014 bis 2020 erhält Ungarn 22 Milliarden Euro. Die Betrugsbekämpfungsbehörde OLAF wie auch das Europaparlament und das FBI sind überzeugt, dass ein guter Teil davon veruntreut wurde. »Nach der Rechnung von Ökonomen sind 20 bis 30 Prozent in den Taschen von Orbán und seinen Leuten gelandet«, klagt die ungarische Philosophin Ágnes Heller.[525] Orbáns illiberale Demokraten profitieren jedoch davon, dass die Europäische Union die Gelder nicht selbst eintreiben kann, sondern auf die nationalen Gerichte angewiesen ist. Der ungarische Generalstaatsanwalt stellt die Verfahren aber regelmäßig ein. In Polen, das innerhalb des derzeitigen Finanzrahmens 77 Milliarden Euro aus EU-Töpfen bekommt, ist die Lage ähnlich.[526]

In keinem der Staaten, in denen rechte neonationale Kräfte an der Macht sind, gab es bislang ernsthafte Bemühungen, den gesellschaftlich wichtigsten Grund für ihre Wahlsiege zu bekämpfen: die enorme wirtschaftliche Ungleichheit. Keiner der neuen Regierenden, die sich so sehr auf »Volkes Stimme« berufen, wendet sich gegen den so verhängnisvollen ökonomischen Neoliberalismus oder stellt sich gegen die Milliardenverluste, die jedes Jahr durch Steuerflüchtlinge entstehen, schon gar nicht Salvinis Lega in Rom. »Den Italienern werden Steuergeschenke und ein sogenannter Steuerfriede in Aussicht gestellt. Phantasien eines ›Neuen Italien‹, das nach der Kündigung der Staatsschulden entstehen soll, werden weiter genährt. Der ›Steuerfriede‹ ist dabei eine schon traditionelle, rechtsfeindliche Institution italienischer Regierungen, mit der Steuerflucht, Schwarzgeld, Schwarzarbeit und Schwarzbauten nachträglich legalisiert werden«, schreibt Klaus Georg Koch in der »Frankfurter Allgemeinen Zeitung«.[527]

Wo Wirtschaftswachstum und produktive Investitionen Mangelware sind, und das sind sie seit längerem fast überall in der westlichen Welt, helfen nur neue Schulden oder Einschnitte in Arbeitnehmerrechte, um weitere Steuersenkungen zu finanzieren. Darauf setzt Österreichs Kanzler Kurz. Für die Sozialversicherungen ließ er eine Ausgabenbremse beschließen, zwölfstündige Arbeitstage können nun sehr leicht von Arbeitgebern durchgesetzt werden. Die Neuregelung wurde im Schnellverfahren durch den Nationalrat gepeitscht, ohne die üblichen Begutachtungsverfahren. »Das ist eine Art Notstandsgesetzgebung ohne jede Not: De facto wird das Parlament hier mehr denn je ausgeschaltet und zu einem reinen Erfüllungsorgan degradiert«, kritisiert der Publizist Johannes Huber.[528]

Doch schon wieder ist US-Präsident Trump unter seinesgleichen Avantgarde. Er will nach den Steuergeschenken an die Wohlhabenden seinen Neonationalismus auch sozial verstanden wissen. Dazu möchte er »strahlende neue Straßen, Brücken, Autobahnen, Schienen und Wasserwege durch unser Land« bauen.[529] Ein temporäres Arbeitsbeschaffungsprogramm à la »Reichsautobahn«, auf Pump, obwohl die USA bereits jetzt eine Staatsverschuldung von 21,1 Billionen US-Dollar aufweisen, 106 Prozent des Bruttoinlandsprodukts.

Der protektionistische Glanz

Darüber hinaus strahlt Trump in protektionistischem Glanze. Das Konzept begeistert auch Neonationale von Frankreich bis Ungarn. Die bösen, zu billigen Waren aus dem Ausland fernhalten und selbst die eigenen, guten Produkte vermehrt exportieren, das ist zu schön, um wahr zu sein. Denn während Handel den Wohlstand insgesamt mehrt und die beteiligten Länder reicher macht, führen Handelshemmnisse in Summe zum Gegenteil. Das Problem ist nicht der Handel an sich, sondern wer im jeweiligen Land davon wie sehr profitiert oder negativ betroffen ist (siehe das Kapitel »Die wahren Gewinner des Freihandels«, Seite 143). Handelsverlierern kann ein Land wenigstens in einer Übergangsphase etwa durch Umschulungen helfen oder sie durch Zölle und andere Barrieren schützen. Auf letzteres setzt der US-Präsident.

»Ausgerechnet Trumps Wähler werden aber am stärksten unter seiner Politik leiden. Denn die Wettbewerbsfähigkeit der US-Unternehmen wird wegen höherer Importpreise abnehmen, das Handelsdefizit sogar größer werden. Viele Betriebe werden wegen höherer Stahlpreise Schwierigkeiten bekommen und Leute entlassen müssen. Zudem wird die Kaufkraft sinken. Dann werden viele seiner Wähler feststellen, dass sich seine Politik direkt gegen sie richtet«, urteilt Larry Summers, Harvard-Ökonom und ehemaliger US-Finanzminister.[530]

Milliardenschwere Steuergeschenke für wenige, Milliardenkosten durch neue Infrastrukturprojekte, immer neue Rekordschulden und eine ökonomische Abschottung durch Zölle statt eines sozialen Ausgleichs zwischen Globalisierungsgewinnern und negativ Betroffenen – und dazu noch eine Verschlechterung der Arbeitsbedingungen für viele: All das kann und wird nicht gutgehen. Doch bevor sich die Unzufriedenen gegen die rechten Verursacher ihrer Situation wenden, wird ein Feind von außen immer wichtiger.

Die Droge Außenfeind

Von rechten Neonationalisten geführte Staaten kennen keinen Interessenausgleich unter angemessener Berücksichtigung von Minderheiten. Um an die Macht zu kommen, müssen die Rechten und Rechtsaußen den Wählerinnen und Wählern unhaltbare Versprechen machen, zumal ihnen auf Grund ihrer Nähe zu Medienmächtigen und großen Geldgebern in der zentralen Frage der ökonomischen Umverteilung die Hände gebunden sind. Protektionismus kann nur temporär Schutz und Vorteile bringen, denn er hemmt den Zuwachs an Volksvermögen. Um die Wählergunst nicht zu verlieren, können immer neue Schulden die inneren Widersprüche eine Zeitlang verdecken. Durch den Umbau von bislang liberalen in gelenkte Demokratien kann die Macht gefestigt werden, wer die Rechtsprechung und die Berichterstattung kontrolliert, hat es schon weit gebracht.

Doch irgendwann reicht das nicht mehr, es braucht jemanden, der schuld ist. Und um jemandem anderen die Schuld am eigenen Versagen geben zu können, brauchen die Neonationalen einen Feind. Ein Feind ist dann für ein Regime überlebenswichtig.

Migranten, und das ist in keiner Weise zynisch gemeint, verkörpern ihn vorzüglich. Sie sind fremd, und in ihrer großen Zahl wirken sie bedrohlich. Als Erster begriff Viktor Orbán ihren Propagandawert. Seit Jahren beschwört er nunmehr die Bedrohung durch sie, obwohl kaum noch Flüchtlinge die fast hermetisch abgeriegelte ungarische Grenze überwinden. Selbst im März 2018 rief der Ministerpräsident im Wahlkampf bei einer Großkundgebung: »Die größte Schlacht, die wir gemeinsam werden ausfechten können, steht uns noch bevor. Die Situation ist die, meine lieben Freunde, dass man uns unser Land nehmen will. Man will, dass wir es im Laufe einiger Jahrzehnte freiwillig anderen übergeben sollen, von anderen Kontinenten kommenden Fremden, die unsere Sprache nicht sprechen, unsere Kultur, unsere Gesetze und unsere Lebensform nicht respektieren. Man will, dass ab jetzt in erster Linie nicht mehr wir und unsere Nachkommen hier leben sollen, sondern irgendwelche andere Menschen. All dies wollen uns äußere Kräfte und internationale Mächte aufzwingen.«[531] Die ungarische Philosophin Ágnes Heller meint dazu: »Die ganze Propaganda dreht sich darum, dass Millionen Migranten nach Ungarn kommen werden – und dass alle Oppositionellen damit beschäftigt sind, sie hier in unsere Wohnungen zu bringen. Diese Lügen sind einfach nur dumm.«[532]

Österreichs Sebastian Kurz wiederum begriff schon in seiner Zeit als sehr junger Integrationsstaatssekretär ab 2011 die Wirkmächtigkeit der Migrantenfrage. Das Schließen von Flüchtlingsrouten wurde zu seinem politischen Perpetuum mobile. Als Bundeskanzler und in der EU-Ratspräsidentschaft entwickelt er sich zum Bunkerkanzler. So wenig neue Flüchtlinge kann es gar nicht geben, als dass er sich nicht die »Bekämpfung der illegalen Migration« auf seine Fahnen schreiben würde. Hier die Österreicher, seine möglichen Wähler, dort die anderen. Wohl kein Mitglied der christdemokratischen Parteienfamilie lebt diesen unchristlichen Gegensatz so unerbittlich opportunistisch aus wie er. Als europäischer Festungsbaumeister kann er in die Geschichte eingehen, als ein Marquis de Vauban einer postdemokratischen EU. Da bliebe dann die Frage: Wer ist der heutige Ludwig XIV.? Und wo entsteht das neue Versailles? »Und doch lässt sich die Festung Europa nicht verriegeln, der Wassergraben ist zu schmal. Die Grenze zwischen Arm und Reich lässt sich in kurzer Zeit überwinden. Die Regierungschefs rüsten ihre Grenzschützer auf. Wer wird den Schießbefehl geben?«, schrieben wir vor zwei Jahrzehnten in der »Globalisierungsfalle«.[533] Nach zwei Jahrzehnten unfairer Globalisierung, gerade auch zu Lasten Afrikas, und entsprechender politisch-medialer Schwerpunktsetzung ist die Stimmung so aufgeheizt, dass man sogar mitten in Europa mit Menschenjagd viele Stimmen gewinnen kann.

Auch Matteo Salvini gründet seinen politischen Durchbruch auf das Thema Einwanderung, das in Italien lange nicht zur massenwirksamen Agitation taugte. Erst mit der wachsenden Perspektivlosigkeit und ökonomischen Stagnation im Lande wurde es ausbeutbar. Salvini tat es auf infame Weise. Im Februar 2018 schoss ein Anhänger seiner Lega in Macerata in den Abruzzen auf afrikanische Migranten, verletzte sechs von ihnen und ließ sich danach, in die Landesflagge gehüllt, verhaften.[534]

Der rassistische Angriff war ein Racheakt nach dem Mord eines anderen Mannes mit schwarzer Hautfarbe an einer 18 Jahre alten Römerin. Doch Salvini wendete sich nicht gegen die Gewalttaten, sondern twitterte, »unkontrollierte Einwanderung« führe eben zu »Chaos, Wut und sozialen Zusammenstößen«.[535]

Damit traf er einen Nerv, erst seither überragt auch im EU-Gründungsmitglied südlich der Alpen die Immigration alle anderen Probleme. Als sich Papst Franziskus für Migranten einsetzte, warf Salvini ihm die »Globalisierung des Verbrecherischen« vor. Und einen zweiten Außenfeind erkennt er im Euro, der sei eine »kriminelle Währung«.[536] Folgerichtig kann die EU-Kommission in Brüssel für ihn nur der Sitz des Teufels sein. Diese Einschätzung teilt auch die Le-Pen-Familie in Frankreich mit Millionen anderen aufgebrachten Europäern.

Doch Feindbilder sind nicht nur nützlich, sondern können auch schnell wechseln. Als Frankreichs Präsident Emmanuel Macron Italiens Regierung im Sommer 2018 »Zynismus und Verantwortungslosigkeit« im Umgang mit dem Rettungsschiff »Aquarius« vorwarf, auf dem sich 600 Flüchtlinge befanden, konterte der neue Vizepremier Luigi Di Maio von der »Fünf

Sterne«-Bewegung und Regierungspartner Salvinis auf Facebook: »Macron riskiert, dass sein Land in diesem Notstand Italiens Nummer-eins-Feind wird.«[537]

Wie schon bei der britischen »Brexit«-Bewegung 2016 dient die Aggressivität gegenüber »den anderen« dazu, die Schwächen im Inneren zu verdecken. Da wird der Fremde zum Feind und wirkt wie eine Droge. Die immer weitere Erhöhung der Dosis ist systemimmanent. Am Ende sind dann alle Feinde, die man als solche definiert. Der radikalen Inklusion folgt die Exklusion. Die Kim-Dynastie lebt dies, »sie verbreitet bis heute die Erzählung, Nordkorea werde von der ganzen Welt bedroht. Damit konnte sie ihr Volk systematisch isolieren und aushungern, während sie sich selbst glorifizierte,« beobachtete die ehemalige US-Außenministerin Madeleine Albright.[538]

Das Opium der Identitären

Der Zwilling des feindlichen Fremden ist für die rechten Neonationalen die grenzenlose Überhöhung der eigenen Kultur, gar auch einer bestimmten Religion.

Lange standen »Die Identitären« weit im Abseits. Als Bewegung im Jahr 2003 in Frankreich gegründet, wurden sie jedoch zusehends zu einer debattenprägenden Kraft quer über den Kontinent, mit aktiven Gruppen in Österreich, Italien und Deutschland, aber auch in Skandinavien und in den USA.[539] Sie agitieren für eine völlig veränderte Gesellschaft und vertreten gemeinsame Ideen: den Stopp der großen Immigration, die Unerwünschtheit des Islam und das Aufbegehren gegen die Regulierungshoheit der Institutionen der Europäischen Union. Bislang werden keine einzelnen Parteien unterstützt. »Wo das Gemeinwesen zittert«, bieten sie den Schutzsuchenden »Wagenburgen um ihre religiösen, ethnischen und sonstigen Gewohnheiten«, beobachtete der deutsche Autor Dietmar Dath.[540]

Doch die extrem rechten Identitären agieren wie in den

1960er- und 1970er-Jahren die politisch linke Avantgarde und prägen mehr und mehr die politische Debatte. Identitäre Aktivisten beziehen sich auf den italienischen Marxisten Gramsci und dessen Konzept von »Metapolitik«. Es funktioniert. Immer häufiger findet die Sprache der Identitären ihren Weg in den Mainstream der herkömmlichen Parteien, siehe Österreich, siehe Bayern, siehe Frankreich.

Und wieder tritt Ungarns Orbán als Speerspitze auf. Auf seiner Kundgebung im März 2018 wandte er sich gezielt an seine jungen Wählerinnen und Wähler: »Liebe Jugendliche! Wir müssen nur sagen, dass, wer ein Ungar ist, der kommt mit uns, und wir werden siegen. Wir werden wieder und immer wieder siegen, denn Ungarn gehört den Ungarn. Das Leben addiert sich und baut sich in die tausendjährige großartige Schöpfung ein, die wir einfach nur als Heimat, als ungarische Heimat bezeichnen. Sehr geehrte ungarische Jugendliche, die Heimat braucht euch jetzt. Die Heimat braucht euch jetzt, kommt und kämpft mit uns.«[541]

Der kamerunische Politikwissenschaftler Achille Mbembe analysiert nüchtern: »Einst war Identitätspolitik ein Mittel der Emanzipation, etwa in der Frauenbewegung, und ein Mittel der Inklusion, um mehr Menschen zu vereinen. Heute wird sie für das Gegenteil instrumentalisiert: zur Ausgrenzung. Die möglichen Verlierer innerhalb der Gesellschaft werden gegen die äußeren mobilisiert. Und benutzt werden dabei die üblichen Muster wie die Religion und die Rasse. Identitätspolitik ist dadurch eine Bedrohung der Demokratie geworden. Wer die liberale Demokratie zerstören will, muss in Identitätspolitik investieren. Identitätspolitik ist darum Zeitverschwendung, sie ist Opium für das Volk, ein Schleier, hinter dem sich die wirklichen Probleme verbergen. Identitätspolitik bedeutet tatsächlich eine Entfremdung des Menschen von den Fragen des Lebens.«[542]

Als Europaparlamentarier ist der Autor dieses Buches Ministerpräsident Orbán immer wieder begegnet und hat ihn als sehr berechnenden Politiker wahrgenommen, der mit Emotionen gezielt zu spielen weiß. Und in jedem Fall weiß Orbán bei seinem Weg in die illiberale Demokratie nicht nur um die Angst, die Bilder von Flüchtlingsmärschen Richtung Mitteleuropa auslösten, sondern auch um die politische Verwertbarkeit intensiver Berichterstattung über die wachsenden Spannungen in Deutschland zu Fragen von Integration und Ausländerfeindlichkeit.

Der nützliche Özil

Wie sehr die Nerven bei Fragen des Zusammenlebens von Einwanderern und Deutschen inzwischen blank liegen, zeigte sich bei der so hitzigen Debatte um Mesut Özil im Sommerloch 2018.

Die Großeltern des bislang als schüchtern wahrgenommenen Fußballweltstars kamen als Gastarbeiter vor 50 Jahren aus dem türkischen Dorf Devrek nahe dem Schwarzen Meer ins Ruhrgebiet nach Gelsenkirchen und wurden seßhaft. Als Spieler der deutschen Nationalmannschaft wurde Özil 2014 Weltmeister, Bundeskanzlerin Angela Merkel herzte ihn. Bis zum 13. Mai 2018 galt er als Musterbeispiel gelungener Integration. An diesem Tag aber traf er den türkischen Staatspräsidenten Recep Tayyip Erdoğan und ließ sich mit ihm bei der Übergabe eines Trikots seines derzeitigen Vereins Arsenal London fotografieren.

Es war ein Volltreffer. Die Diskussionen über die Vereinbarkeit eines Auftritts, der dem Autokraten in dessen Wahlkampf zweifellos half, mit Özils Vorbildrolle als Mitglied der deutschen Mannschaft rissen nicht ab. Per Facebook teilte er nach der Fußball-WM in Russland mit, dass er »nicht mehr für Deutschland auf internationaler Ebene spielen« wolle, solange er »dieses Gefühl von Rassismus und Respektlosigkeit verspüre«.[543]

Damit bot Özil eine ideale Projektionsfläche, für nationalistische Türken gleichermaßen wie für deutsche Neonationale. Spiegelbildlich argumentieren sie und sehen sich jeweils selbst im Recht. Türken können trefflich behaupten, dass sie in Deutschland doch nicht akzeptiert seien, rechtsnationale Deutsche wiederum sehen den Fußballer als Beweis für die Undankbarkeit der Einwanderer und das Scheitern fast jeder Integration, wobei sie eher Assimilation wollen und meinen.

Özil verschaffte Erdoğan ein Sommermärchen. Im eigenen Land zusehends unter ökonomischem Druck und Korruptionsvorwürfen ausgesetzt, kann der türkische Herrscher wieder einmal Deutschland als Außenfeind vorführen. »Nazismus und Faschismus« warf er den Deutschen bereits 2017 vor.[544] Wie nützlich: Wer sich selbst eine Diktatur zurechtzimmert und dann auf andere zeigen kann, relativiert und lenkt ab. Erdoğan pries seinen bislang an die deutsche Nationalmannschaft verlorenen Sohn und deutschen Staatsbürger: »Seine Haltung ist national und patriotisch. Ich küsse seine Augen.«[545]

Die Vertreter der AfD und ihre Verbündeten in einer neuen deutschen Volksbewegung können sich vor Freude nur die Augen reiben. »Integrations-Träumerei funktioniert nicht einmal bei Fußball-Millionären!«, postete die AfD-Fraktionsvorsitzende Alice Weidel auf Facebook.[546] »Mit seiner Abschiedstirade erweist sich Mesut Özil als typisches Beispiel für die gescheiterte Integration von viel zu vielen Einwanderern aus dem türkisch-muslimischen Kulturkreis.«

AfD-Anhängern lieferte der Autokrat vom Bosporus den Beweis, dass ihre Ablehnung gegenüber Ausländern berechtigt und ihr eigener deutscher Nationalismus geradezu Bürgerpflicht sei. Zur religiösen Überhöhung des Konfliktes fehlt nur noch ein kleiner Schritt. Im Streit um den bekennenden Muslim Özil, der vor Spielbeginn stumm zu Allah betete, während andere die Nationalhymne mitsangen,[547] taucht jetzt auch unter Deutschen gerne die Frage auf: »Bist du denn kein gläubiger Christ?« Wir Christen gegen die Muslime, über Jahrhunderte entwickelte abendländische Werte gegen angeblich so rückständige Osmanen. Reine Kaukasier gegen durchmischte Eurasier.

Jeder für sich nimmt in Anspruch, der bessere Mensch zu sein. Stolz gegen Ehrgefühl statt ein gemeinsamer Kampf für

Rechtsstaat und Demokratie. Toleranz, Vielfalt und das glaubwürdige Plädoyer gegen Rassismus, das die deutsche Nationalmannschaft als Botschafter einer offenen Gesellschaft jahrelang in die Welt getragen hatte: weg. Verloren. Diese Niederlage wiegt unmessbar schwerer als das vorzeitige Ausscheiden bei der WM. Das aber war der Auslöser.

Welche Eskalation folgt als Nächstes? Kanzler Kurz setzt in der Alpenrepublik längst auf die Anti-Türkei-Karte, lässt Moscheen provokant während des Ramadans schließen und Imame ausweisen. Erdoğan kontert, er »fürchte, dass die Schritte des österreichischen Bundeskanzlers die Welt zu einem neuen Kreuzzug führen«.[548] Beide profitieren von den wechselseitigen Anfeindungen. Die verbalen Armeeoffiziere in den sozialen Medien polieren ihre Waffen: »Seit Adolf Hitler hat sich nichts (sic) vieles geändert in Deutschland. Rassismus wurde nur zeitgenössisch moderiert.« Der digitale Mediendirektor Kerem Abadi der türkischen Forschungsstiftung SETA mit Büros in Ankara, Istanbul und in Washington D.C. twittert dies, auch gleich noch in ebenso fehlerhaftes Englisch übersetzt.[549] Traditionelle Medien bilden diesen Tweet prominent ab.[550]

Wenn mit der Sprache solche Radikalisierung betrieben wird, öffnen sich auch neue Räume für noch mehr radikale Taten. Zufälligerweise zeitgleich zur Özil-Debatte präsentierte der deutsche Innenminister Horst Seehofer den Jahresbericht des Bundesamtes für Verfassungsschutz. Demnach nimmt die Gewaltbereitschaft in der islamistischen Szene in Deutschland weiter zu.[551]

Glücklicherweise teilen Deutschland und Österreich keine gemeinsame Grenze mit Erdoğans Nation. Kriege wurden schon aus nichtigeren Anlässen begonnen. Doch wohin führt das an Orten, an denen nationalistisch aufgehetzte deutsche und türkische Jugendliche physisch aufeinandertreffen – auf den Straßen im Kohlenpott oder in den Discos in den Außenbezirken Wiens? Werte gegen Werte, bald Fäuste gegen Fäuste? Und wenn sie dann fliegen, was wird damit bewiesen sein? Dass ein friedliches

Zusammenleben nicht möglich ist. Eben. Mit dem christlichen Gott gegen Allah, mit Allah gegen die Ungläubigen.

Der Fall Özil(s) – ein Fest für Extremisten.

Der Nutzen des Terrors

Es ist der 8. September 2017. Der Sommer mag die Niedersachsen nicht mehr, quälende Wolken hängen über Hannover. Zehn Minuten nach elf Uhr vormittags, kurz vor der Ankunft im Hauptbahnhof, stoppt der ICE 772 unerwartet auf seiner Fahrt von Stuttgart nach Hamburg. Kurze Zeit später folgt eine Ansage über den Zuglautsprecher: »Wie Sie vielleicht schon im Internet gelesen haben, wird dieser Zug umgeleitet.« Auf dem Smartphone trifft gleichzeitig die Nachricht ein: »Unser Zug hat aktuell 20 Min. Verspätung. Grund: Notarzteinsatz am Gleis.«

Ich muss in Hannover umsteigen, erkundige mich aber beim Bahnhofspersonal auf dem Bahnsteig nach der Ursache. Erst nach mehrfacher Nachfrage erhalte ich zögerlich die Auskunft: »Ja, da ist eine Leiche, Personenschaden.«[552]

Im Anschlusszug ICE 545 nach Berlin macht der Zugbegleiter Herr Androci keinen Hehl aus der Lage. Er allein hat in 20 Dienstjahren acht »PU« in seinem Zug miterlebt, »Personenunfälle«. Einmal war er gerade vorne beim Lokführer: »Das Knirschen der Zugräder von damals geht mir nicht mehr aus dem Kopf.«[553]

Ungefragt kommt Herr Androci ins Grübeln: »Es ist alles stressiger geworden, die Lebensumstände. Dabei würde es mit Motivation viel bessergehen. Doch es geht alles nur noch ums Kapital. Eine schwedische Sozialarbeiterin hat einmal zu mir gesagt: In Deutschland herrscht das Prinzip ›Zuckerbrot und Peitsche‹ in den Unternehmen. Da fallen die Leute ganz tief, wenn sie einen Burnout haben. Da seid ihr 20 Jahre hintendran. Wir machen das bei uns mit der Kinderbetreuung und guter Pflege der Älteren doch besser. Doch in Deutschland nimmt das Gefühl zu, nicht mehr gebraucht zu werden. Man spricht nicht mehr miteinander, der Zusammenhalt fehlt.«

Das Wort »Selbstmord« oder »Suizid« geht ihm nicht über die Lippen, genauso wenig wie allen anderen Bahnmitarbeitern. Allein im Jahr 2017 nahmen sich mehr als 800 Menschen auf Bahngleisen in Deutschland das Leben, in Österreich fast 100. Verzweifelte Menschen. Im allgemeinen Sprachgebrauch »Selbstmörder«. Wo finden sich da die Schlagzeilen, die Sonderberichterstattung? Über den Fußballtorwart Robert Enke, der sich 2009 in Neustadt am Rübenberge nahe Hannover einer Lokomotive entgegenstellte, ja, und über Ratiopharm-Gründer Adolf Merckle, der sich mit VW-Aktien verspekuliert hatte.[554] Doch sonst?

Medienberichte über Schienensuizide halten sich in engen Grenzen, weil angenommen wird, dass es sonst zu noch mehr Selbsttötungen kommt. Und selbstverständlich lässt sich ins Treffen führen, dass sich all diese Menschen zwar selbst getötet haben, aber anders als Selbstmord-Terroristen dabei niemanden mit in den Tod rissen. Doch wie steht es um Schlagzeilen über Personen, die bei Autounfällen sterben, teils voller Absicht oder zumindest grob fahrlässig? Allein 2017 kamen in Deutschland immer noch 3177 Menschen im Straßenverkehr ums Leben, in Österreich 413, in der Schweiz 230.

Ja, Terroristen begründen ihre erweiterten Suizide politisch, sie haben damit eine andere Sprengkraft. Aber es ist auch hochgradig politisch, darüber so intensiv und lange zu berichten. Bei dem islamistischen Anschlag auf der London Bridge am 3. Juni 2017 starben acht Personen. Als Journalist zog mich dieses Attentat in seinen Bann, zumal ich mich zufällig in der Nähe aufhielt. Mein Sohn, damals noch Medizinstudent in Großbritanniens Hauptstadt, rüttelte mich mit dieser Nachricht auf:

»Hört auf, euch so über Terrorattacken aufzuregen!
(Jedenfalls solange ihr nicht direkt davon betroffen seid.)
A) Der Sinn dieser Attacken ist es, zu ›terrorisieren‹, jede

Medienreportage und Aufmerksamkeit ermutigt Nachahmer und hilft den Terroristen.
B) Terrorattacken sind als Gefahr für das eigene Leben nicht besonders bedeutsam.
Hier sind 4 Dinge, die Londoner mehr sorgen sollten und auch dementsprechend mehr Aufmerksamkeit verdienen:
1. Luftverschmutzung: Seit der letzten Terrorattacke sind in London ~ 1857 Menschen wegen der Luftverschmutzung frühzeitig gestorben.
2. Obdachlosigkeit: Seit der letzten Terrorattacke mussten ~ 1578 Menschen auf Londons Straßen schlafen. Obdachlose haben ein 35-faches Selbstmordrisiko, sterben 35 Jahre jünger als der Durchschnitt und haben das 13-fache Risiko, Opfer von Gewaltverbrechen zu werden.
3. Ungleichheit: London ist eine Stadt, in der die reichsten zehn Prozent der Haushalte 260 Milliarden Pfund besitzen, während die ärmsten zehn Prozent der Haushalte mit 1,3 Milliarden Pfund verschuldet sind. Das ist schlecht für die Gesundheit (wie auch für vieles andere). In London kann man 4 Stationen entlang der Victoria Line fahren und schon sinkt die Lebenserwartung um 11 Jahre.
4. Gesundheitswesen: Privatisierung des National Health Service, länger werdende Wartezeiten, schließende Notfallabteilungen, Personalkrise. Muss ich wirklich mehr dazu sagen?
Wenn wir nur die Hälfte der Zeit, Geld oder Mühe damit verbringen würden, uns mit den obengenannten Dingen zu beschäftigen statt mit dem ›Terrorismus‹, dann wäre London ein viel sicherer und gesünderer Ort zum Leben.«

Als einige Monate später, am 24. November 2017, die U-Bahn-Station Oxford Circus wegen eines nicht näher begründeten »Zwischenfalls« evakuiert wurde, reagierte in der österreichischen Tageszeitung »Der Standard« jemand mit einem Post so:

»Der Terrorismus hat uns fest im Griff – scheinbar
2016 starben in Österreich rund 120 Menschen durch Drogen, ~ 250 in den Bergen, ~ 450 im Straßenverkehr, ~ 8000 durch Alkohol, ~ 15 000 durch Krebs, ~ 35 000 durch Herz-/Kreislaufversagen. Aber fürchten sollen wir uns vor *Trommelwirbel* TERROR (keine Toten).«

Auch ich habe mir schon mal überlegt, wie ich bei einem Anschlag reagieren würde. Das bedeutet: Ich bin achtsamer geworden, jedoch nicht ängstlicher. Dass Achtsamkeit etwas Negatives ist, wäre mir wiederum neu.

Diejenigen, die unsere Freiheit und unser ruhiges, schönes Leben zerstören wollen, gewinnen dann, wenn wir uns einschüchtern lassen. Ich spiele hier nicht mit, die Statistik spricht einfach zu klar dagegen.[555]

Sascha Lobo, Kolumnist bei »Spiegel Online« und Blogger, hat sich selbst beobachtet und seine Schlüsse daraus gezogen: »Bei Terroranschlägen schalte ich inzwischen umgehend alle sozialen Medien und Nachrichtenseiten aus, und zwar bis zum nächsten Tag. Wir sind vermutlich allesamt viel beeinflussbarer, als wir glauben. Die Teilnahme an der Gefühlslawine unmittelbar nach einem Anschlag dient dann als emotionaler Blitzableiter. Vor zehn Jahren veröffentlichten Emily Pronin und Matthew Kugler eine Studie über Vorurteile und Voreingenommenheit. Sie bestätigt, etwas vereinfacht gesagt, dass man sich selbst meist für immun gegen bestimmte Beeinflussungen hält, während man allen anderen unterstellt, leicht beeinflussbar zu sein. Die Studie stellt einen Zusammenhang her mit der sogenannten ›Illusion der Introspektion‹, einer Art Scheinselbsterkenntnis.

Lange habe ich gedacht, es sei kein Problem für mich, Katastrophen, Terror, Weltdramen in Echtzeit zu verfolgen, sie umgehend einzuordnen und mit der Verarbeitung des Geschehens ab Sekunde null zu beginnen. Und wenn ich es nicht explizit gedacht habe, so habe ich doch danach gehandelt. Inzwischen glaube ich, dass ich alles andere als immun bin, sondern mich auch von emotional aufgeheizten Situationen in den sozialen Medien davontragen lasse.«[556]

Terroristen, egal, welcher politischer Schattierung, sind in den Staaten des Westens nur so einflussreich, weil Medienkonsumenten und Medienmacher ihnen so viel Interesse entgegenbringen. Selbstverständlich: Jeder Anschlag ist ein Anschlag zu viel, jeder Tote ist ein Toter zu viel. Und über alles muss entsprechend berichtet werden. Doch sehr viele Scheinwerferlichter sind eben sehr, sehr lange und intensiv nur auf bestimmte Anschläge und Tote gerichtet. Sie verzerren damit die Realitätswahrnehmung der Bevölkerung und erhöhen das Unsicherheitsgefühl.

Berufsverbot durch Facebook

Unter dem öffentlichen Druck setzen die meisten regierenden Politiker bei der Terrorbekämpfung auf immer neue Eingriffe in die Freiheitsrechte der Bürgerinnen und Bürger. »Das digitale Zeitalter hat einen wahren Überwachungskosmos hervorgebracht«, analysiert der deutsche Rechtsanwalt Rolf Gössner.[557] »Wir erleben in der Sicherheitspolitik eine maßlose Präventionsstrategie, die dazu führt, dass die Unschuldsvermutung – eine der wichtigsten rechtsstaatlichen Errungenschaften – ihre machtbegrenzende Funktion verliert. Jeder Mensch kann so zum potentiellen Sicherheitsrisiko mutieren und muss im Zweifel seine Harmlosigkeit und Unschuld nachweisen. Und die Sicherheit wird zum frei erfundenen ›Supergrundrecht‹ erklärt, wie es der frühere deutsche Innenminister Hans-Peter Friedrich gemacht hat.«

Gössner, ein unermüdlicher Bürgerrechtsaktivist, sieht »am Ende dieser Entwicklung einen entfesselten Präventionsstaat im permanenten Ausnahmezustand, in dem rechts- und kontrollfreie Räume gedeihen, Persönlichkeitsrechte erodieren, Rechtssicherheit und Vertrauen verloren gehen.«

Auf der Basis des sogenannten »Radikalenerlasses« von 1972 wurden in der Bundesrepublik Deutschland mehr als ein

Jahrzehnt lang Personen im Rahmen von Regelanfragen beim Verfassungsschutz aus dem Staatsdienst entfernt, oder ihnen wurde die Aufnahme verwehrt, weil sie als verfassungsfeindlich eingestuft worden waren. Berufsverbote trafen vor allem linke Lehrer und Hochschulangehörige. Regelanfragen wurden wieder abgeschafft, aber auch heute noch stellt der Verfassungsschutz bei Neuankömmlingen im öffentlichen Dienst Ermittlungen an, sofern Hinweise vorliegen.

Frage an Rolf Gössner: Wenn sich zum Beispiel ein junger Studienabsolvent um eine Beamtenstelle bewirbt und jemand ihn anschwärzt, weil er als Jugendlicher einmal angeblich etwas Extremistisches auf Facebook gepostet hat, kann ihn das die Stelle kosten? Gössners Antwort: »Das ist denkbar, denn das ganze elektronische Leben eines Menschen kann ausgeforscht werden, bis in die intimsten Details. Dabei ist das Gedächtnis des Internets unendlich.«

Wer unter welchen Bedingungen als verfolgungswürdig gilt, bestimmt der Gesetzgeber, also das jeweilige Parlament. Es ist eine Frage der Definition. In Deutschland ist das Grundgesetz auf Grund der Konsequenzen, die aus den historischen Erfahrungen gezogen wurden, fast wie in Stein gemeißelt. In Österreich und in vielen anderen Staaten sind Verfassungsänderungen politisch viel leichter durchzusetzen. Im Strafgesetzbuch der Alpenrepublik erlaubt der schwammige Paragraf 278 zur »kriminellen Vereinigung« eine weitreichende Auslegung.[558] Rechts orientierte Richter können da anders urteilen als ihre vergleichsweise liberaleren Vorgänger. Im Überwachungszusammenhang müssen auch die Versuche des österreichischen FPÖ-Innenministers Herbert Kickl gesehen werden, auf das österreichische Bundesamt für Verfassungsschutz einzuwirken.[559]

In Ungarn hat Premier Orbán angekündigt, nach seinem Wahlsieg »selbstverständlich Genugtuung zu fordern, moralische, politische und auch juristische Genugtuung«.[560] Die Durchforstung des Internets nach entsprechenden Spuren seiner politischen Gegner wird ihm dabei vorzügliche Dienste erweisen.

Den Neonationalen kommt auch der allgemeine Trend zugute, dass »sich die Polizeiarbeit längst von Eingriffshürden emanzipiert hat, welche die Polizeimacht ursprünglich begrenzen sollten: Polizei wird nicht mehr nur bei einem Straftatverdacht, zur Verfolgung bereits begangener Straftaten und zur Abwehr konkreter Gefahren tätig, sondern bereits weit im Vorfeld zur Straftatenverhütung und bei möglichen oder drohenden Gefahren. Die Polizei soll also schon vor den potentiellen Tätern am Tatort sein, deren ganzes Umfeld ausforschen und sie auch in Präventivhaft nehmen können – womöglich bevor diese überhaupt einen Tatplan gefasst haben«, so Gössner zur Situation in Deutschland.

Auch immer wieder auftretende Sicherheitslücken im IT-System und bei Browsern bieten der Polizei, aber auch Geheimdiensten, Cyberkriminellen, Betrügern und Erpressern über heimlich eingeschleuste Schad- und Spähsoftware, sogenannte »Trojaner«, besondere Einblicke in Computer und Telekommunikation. Sicherheitsorgane, spezialisierte Unternehmen, aber auch private Detekteien können dann auf Festplatten und Datensätze zugreifen, die fast alles offenlegen – von Firmengeheimnissen eines Mitbewerbers bis zu Seitensprüngen eines Ehepartners.

Die digitalen Infiltrations- und Überwachungsmöglichkeiten führen dazu, dass sich viele Menschen in einer »Art auswegloser Schicksalsgemeinschaft« wähnen, »weil fast alle von Massenüberwachung gleichermaßen betroffen sind. Vielfach fehlt immer noch das Bewusstsein individueller Betroffenheit, weil man ja nichts spürt und sieht. Die digitale Durchleuchtung der Privatsphäre und ganzer Gesellschaften wirkt jedenfalls abstrakt und erzeugt Ohnmachtsgefühle und Resignation«, so Gössner.[561] »Menschen oder Personengruppen, die unter ständiger Überwachung stehen, sind niemals frei. Überwachte Menschen sind in ihrem Kommunikationsverhalten, ihrer privaten Lebensgestaltung betroffen. Sie werden kontrollierbar, auf subtile Weise berechenbar, steuerbar, beherrschbar. Schon wer sich nur überwacht und beobachtet *fühlt*, verändert sein Verhalten, wird unsicher, entwickelt Ängste, passt sich an – vorauseilender Gehorsam und selbstzensurierende Wirkungen können die fatalen Folgen sein, die eine offene, freie demokratische Gesellschaft schädigen.«

Um die Ängstlichen, die den Terror als allergrößte Gefahr ansehen, besonders zu schützen, wird ganz vielen Menschen Angst gemacht. Und wer Angst hat, macht wiederum anderen Angst. Die autoritären Verführer ziehen daraus ihren Nutzen, und so steigt auch die Attraktivität des Militärs.

Die neue Sexiness des Militärs

Die neuen Zeiten bescheren auch den nationalen Streitkräften in fast allen Staaten des Westens neuen Zulauf. Es sind damit ganz alte Zeiten. Sicherheit wird immer weniger »soft« definiert, also über geschickte Diplomatie, Partnerschaften und Entwicklungshilfe, sondern über militärische Stärke nach innen und außen. Militär beim Schutz der eigenen Grenzen, Militär bei Einsätzen im Landesinneren, die Grenzen zwischen Polizei- und Militärkompetenzen verschwimmen. Hauptsache, Schutz und Sicherheit.

Stark sein ist angesagt. Seit Jahrzehnten glorifiziert der reichweitenstarke US-Nachrichtensender Fox News von Rupert Murdoch die US-Streitkräfte. Auch in diesem Themenbereich wirkt US-Präsident Trump wie der folgsamste Zuseher. In der Woche um den »Veterans Day«, den Veteranentag am 11. November, gleichen die TV-Berichte bei Fox einer Dauerwerbesendung für das Militär. 2016, rund um Trumps Wahl, war zu bestaunen, wie die so traumatische Niederlage der USA im Vietnamkrieg in einen emotionalen Sieg umgedeutet wurde.[562] Die Verherrlichung historischer militärischer Leistungen unabhängig vom Kriegsgrund und dem Verlauf ist ein Prinzip, dem stets in allen autoritären Regimes gehuldigt wird, inzwischen auch in Ungarn oder Polen. »Helden im Kampf« gibt es immer, egal, für welche Sache. Die mentale Mobilmachung ersetzt die Macht der Aufklärung.

Es gehört jedoch zu den Besonderheiten der westlichen Welt, dass ihr mächtigster Mann für die Dauerberieselung durch einen politisch äußerst einseitigen Sender so empfänglich ist wie John Doe, das US-Gegenstück zum deutschen Max Mustermann, aus einer verarmten Kleinstadt im Mittleren Westen der USA. Die »New York Times« konnte als erste einen direkten Zusammenhang zwischen Fox-News-Sendungen und Trumps Tweets belegen.[563] Doch es ist eben nicht nur Trump, der sich von Murdochs Nachrichten leiten lässt, sondern es sind Abermillionen von US-Wählern. Die Remilitarisierung der USA und zusehends anderer westlicher Staaten wäre ohne die Lebensleistung des US-australischen Multimilliardärs, der den Fox News Channel 1998 eröffnet hatte, kaum vorstellbar. Der kommerzielle Durchbruch gelang Fox rund um die Berichterstattung der Anschläge am 11. September 2001, weil der militärisch untermauerte Patriotismus dem Sender damals Rekordquoten und treue Zuseher bescherte. Ohne Murdochs journalistischen Instinkt und seine politische Überzeugung hätte Osama bin Laden nicht so viele US-Bürger zu blinden Rachegefühlen aufstacheln können, ohne Murdoch wäre dem US-Präsidenten George W. Bush die Militärinvasion im Irak 2003 nicht so leichtgefallen.

Die Wehrbereitschaft steigt wieder, auch die deutsche Bundeswehr verzeichnet mehr Bewerber.[564] In Österreich, das sich offiziell noch immer der Neutralität verpflichtet sieht, darf sich das marode Bundesheer sogar um 61 Prozent mehr Interessenten freuen.[565] Und der ehemalige sozialdemokratische Verteidigungsminister Hans Peter Doskozil definierte das Militär als »Sicherheitsdienstleister«.[566]

Die neuen Nationalen in den Regierungen setzen auf das Militär. Es wird für sie auch zum idealen Arbeitsplatzpuffer, sobald die Volkswirtschaften in die nächste Krise geraten.

Ökonomisch mag die Folge aus all diesen Entwicklungen nicht zwingend sein, einer bestechenden polit-militärischen Logik entspricht sie aber schon: die Kriegswirtschaft.

Denn die volkswirtschaftliche Praxis der Abschottung und des Protektionismus wird, wie gesagt, keine langfristigen Wohlstandszuwächse bringen. Das gilt auch für das politische Großprojekt in den USA und in Europa, die Migration massiv zu reduzieren, und erst recht für die Vertreibung von Ausländern rund um den Brexit. Eine solche »konsequente Haltung« mag viele Ressentiments bedienen und einer selbstbezogenen Definition von Fairness entsprechen, volkswirtschaftlich ist es aber weitgehend Symbolpolitik, nicht selten sogar wachstumsfeindlich, da Einwanderer, sobald sie erwerbstätig sind, durch Arbeit und Konsum auch selbst wieder die gesamte Wirtschaft ankurbeln können.

Um dennoch die Bürgerinnen und Bürger in den neonational und gleichzeitig neoliberal regierten Staaten bei Laune zu halten, ohne die Frage einer gerechteren Verteilung von Wohlstand sozial ausgleichend zu beantworten, wird es, wie gezeigt, zur Anhäufung immer neuer Staatsschulden kommen.

Als Beschäftigungsmotoren wirken neben den genannten Infrastrukturprojekten vor allem die Erhöhungen von Militärbudgets. Dabei ist es nur Propaganda, wenn etwa die Trump-Administration zunächst behauptete, die Mehrkosten für die US-Truppen zumindest teilweise kompensieren zu können, wenn bei der Umweltbehörde EPA und im Außenministerium gespart werde. Kürzungen bei sozialen Hilfsprogrammen mögen zwar erneut belegen, welche Agenda Trump tatsächlich verfolgt, doch auch sie gleichen die Etatsteigerungen für die Streitkräfte nicht aus.

Mit 611 Milliarden US-Dollar bestritten die USA bereits im Jahr 2017 fast 62 Prozent aller Militärausgaben weltweit, 2018 wurden noch einmal 89 Milliarden draufgesattelt (siehe Grafik). Dabei sind die führenden Staaten der Erde längst wieder in ein neues Wettrüsten eingestiegen, die prozentual höchsten Zuwächse melden die Stockholmer Experten des Internationalen Friedensforschungsinstituts SIPRI aus China.[567] All diese Investitionen sind aber volkswirtschaftlich unproduktiv und müssen durch andere Tätigkeiten oder eben durch Schuldenaufnahmen finanziert werden.

So wirkt sich auch der Druck von Donald Trump auf die anderen NATO-Mitglieder aus, ihre Militärbudgets zumindest auf zwei Prozent des Bruttosozialprodukts zu steigern. Allein Deutschland müsste dadurch jährlich mehr als 40 Milliarden Euro zusätzlich aufbringen, das so hoch verschuldete Italien fast zehn Milliarden.

Ganz anders stellt sich die Kostenrechnung dar, wenn tatsächlich Kriege geführt werden und auch Beute gemacht wird, vor allem in Form von Ressourcen wie Öl, seltenen Metallen oder Ackerflächen.

In diesem Buch wurde weitgehend auf historische Parallelen verzichtet. Sie erübrigen sich, weil sich die weltpolitische Lage wie in anderen großen Vorkriegszeiten bereits zugespitzt hat. Doch an dieser Stelle greift das zu erwartende Szenario auf ein geschichtliches Vorbild zurück. Denn mit dem absehbaren Systemcrash, ausgelöst durch den Einsturz auch nur einer der so fragilen Säulen, welche die Gesellschaften derzeit tragen, würde wohl wieder die Arbeitslosigkeit in zahlreichen Ländern rasch ansteigen, und unzählige Millionen Menschen stünden vor dem Absturz in die Armut.

Keineswegs nur neonationale Regierungen würden mit Arbeitsbeschaffungsmaßnahmen gegensteuern, viel umfangreicher, als dies zuletzt schon geschehen ist. Autoritäre Regimes wären aber im Vorteil, sie hätten die Bürger über die Exekutive, die Gerichtsbarkeit und effiziente Überwachungsmaßnahmen besser unter Kontrolle. »Womöglich noch stärker wirkt sich die propagandistische Inszenierung der Programme aus, die überall den Eindruck des Aufbruchs, des Ärmelaufkrempelns und der tatkräftigen Überwindung der Wirtschaftskrise verbreiten … Doch es sind nicht die zum Straßenbau eingesetzten

Arbeiterkolonnen, die diesen rapiden Umschwung bewirken, sondern die in Bezug auf Größenordnung und Geschwindigkeit historisch vorbildlose Aufrüstung … Die Explosion der Rüstungsausgaben zieht eine Explosion des Wirtschaftswachstums nach sich … Vor allem aber müssen Wege gefunden werden, um eine solche Explosion der Staatsausgaben zu finanzieren. Steuererhöhungen, an sich das probate Mittel, sind unpopulär und würden allein zur Deckung der Ausgaben auch nicht ausreichen … Die ursprünglich gehegte Hoffnung, dass die Verschuldung in der Phase der Ankurbelung der Wirtschaft mit den in der dann folgenden Hochkonjunktur reichlich fließenden Steuern ausgeglichen werden könne, würde trügen … Nicht durch erhöhte Steuereinnahmen werden deshalb die Rüstungsschulden ausgeglichen, sondern durch einen gewonnenen Krieg«, schreibt der Freiburger Historiker Ulrich Herbert in seiner »Geschichte Deutschlands im 20. Jahrhundert«.[568]

Geschichte wiederholt sich nicht, heißt es. Ja, warum denn nicht? Professor Walter Scheidel, Historiker an der Standford-Universität in Kalifornien, hat sich lange damit beschäftigt, welche Kräfte seit der Steinzeit dazu führten, dass sich ökonomische Ungleichheit in der Gesellschaft ernsthaft reduzierte. Er kam nur auf zwei: große Naturkatastrophen beziehungsweise Seuchen – und Kriege.[569]

Die Stärke der Institutionen

Es ist zum globalen Mantra der Versprengten dieser Erde geworden, nunmehr im Abwehrkampf gegen die heraufziehenden Diktaturen und Kriegstreiber auf demokratisch legitimierte, staatliche Institutionen zu setzen, auf sie zu hoffen, sie zu beschwören. Moderate Konservative, Liberale, Grüne und Linke und wohl alle, die sich als Kosmopoliten verstehen, müssen sich jetzt darauf verlassen, dass die parlamentarische Opposition in neonational regierten Staaten doch funktioniert, auch die Verwaltung und die Justiz. Gewaltenteilung bedeutet eben nicht Alleinherrschaft.

Doch wie unabhängig sind und bleiben vor allem die Richter? Nicht ohne Grund werden freiwerdende Stellen nach einem Regierungswechsel Richtung rechts, ja mit überzeugten Rechten besetzt. Wie unabhängig waren so viele Medien denn je, und warum sollten sie es jetzt erst recht werden? Die USA als Führungskraft des Westens steht unter dem Beschuss der Reaktionäre, die ihre große Chance nicht verpassen wollen. Die Institutionen der Europäischen Union sind demokratisch nicht ausreichend abgesichert. Die Rechtssprecher des Europäischen Gerichtshofs sind viel zu häufig in politische Rankküne verwickelt. Polen ist wohl verloren, Ungarn sowieso. Italien? Wer weiß. Österreich? Da sind erhebliche Zweifel angebracht. Die großen Unbekannten sind Spanien und Frankreich. Aber nicht Steueroasen wie Luxemburg und die Schweiz. Sie werden immer ihre besonderen Interessen vertreten. Da bleibt Deutschland, klar, vor allem Deutschland. Und die skandinavischen Länder.

Doch es sind enorme Kräfte des weltweiten Unverständnisses und des Hasses freigesetzt. Soziale Gruppe für soziale Gruppe, Stamm für Stamm finden sich in den unendlichen Weiten des Internets und an den Straßenecken in ihren Stammeskneipen und verschaffen sich Luft. Die Kränkungs- und Opfergesellschaft tobt sich aus. Die so dünne Haut der Toleranz und Verständigung ist zum Platzen angespannt. Stärke zeigen, stolz sein, die Ehre bewahren, das verschafft das historisch so bekannte Hochgefühl. Dir werde ich es zeigen, euch werde ich es zeigen. Die Trunkenheit des neuen Nationalismus hat noch lange nicht ihren Höhepunkt erreicht. Aber angetrunken sind immer mehr. Es wird gefeiert, das Eigene, das Beste, bis in den Heldentod der entsetzlichen Ernüchterung.

Die Rechten haben ihre Blasen verlassen und greifen weiter kraftvoll an. Insgesamt herrscht bei den Versprengten aber immer noch Bequemlichkeit vor, auch Informationsmangel und die Unlust, sich zu informieren. Bisweilen auch die Unfähigkeit dazu. Zu viele verdienen zu gut an diesen Zuständen oder wollen zumindest an der Macht bleiben, koste es, was es wolle. Schlafwandler sind nicht darunter.

Die demokratischen Institutionen sind so stark, auf sie ist Verlass, wird dennoch beteuert. Der Autor dieses Buches glaubt nicht (mehr) daran. Hoffentlich ist dies ein großer Irrtum.

Die Kriegsspirale

Die kommenden Waffengänge

Kommt, ihr Herren des Kriegs,
Die ihr all die Waffen baut,
Die ihr die Todesflugzeuge baut,
Die ihr die großen Bomben baut,
Die ihr euch versteckt hinter Mauern,
Die ihr euch versteckt hinter Schreibtischen.
Ich will nur, dass ihr wisst,
Ich durchschaue eure Masken.
Ihr, die ihr nie anderes getan habt
Als bauen, um zu zerstören,
Ihr spielt mit meiner Welt,
Als wäre sie euer Spielzeug.

»Masters of War« – das letzte Lied, das Bob Dylan am 7. Oktober 2016 öffentlich vortrug, ehe ihm der Nobelpreis für Literatur zuerkannt wurde. An diesem Tag wurden auch Donald Trumps »Pussy-Tapes« veröffentlicht. Danach gingen fast alle Experten von einem Sieg Hillary Clintons bei den US-Präsidentschaftswahlen aus, auch Trump selbst.

»Wir müssen wieder Kriege gewinnen.«

US-Präsident Donald Trump am 27. Februar 2017, 38 Tage nach seiner Amtseinführung

Donald Trump braucht den Krieg, und er wird Krieg führen, falls er noch länger im Amt bleibt. Nur so kann er spektakulär vom absehbaren Scheitern seiner Wirtschaftspolitik und einem möglichen Amtsenthebungsverfahren ablenken. Der türkische Autokrat Recep Tayyip Erdoğan wird sicherlich noch länger im Amt bleiben, ihm nützt der Krieg gegen die Kurden, den er immer weiter führt, auch in Syrien. Die Währung seines Landes verlor seit Jahresbeginn bis Mitte August 2018 fast die Hälfte ihres Außenwertes, die Inflation kletterte auf 15 Prozent, der türkischen Wirtschaft droht der Kollaps.[570] Wladimir Putin führt schon lange Krieg, auch Viktor Orbán auf seine Art gegen Migranten.

Die Hoffnung, dass sich im Zuge der Globalisierung die großen transnationalen Konzerne wirkungsvoll gegen die Renationalisierung und die Kriegsspirale stemmen würden, erfüllt sich so wenig wie vor dem Ersten Weltkrieg, als der Handel im Verhältnis zum damaligen Weltbruttosozialprodukt so verflochten war wie bis in die 1990er-Jahre nicht mehr. Unternehmen wie Daimler und Siemens pflegen den Kotau gegenüber China und den USA, Daimler unterläuft kaltschnäuzig die Bemühungen der Mitglieder der Europäischen Union, das Atomabkommen mit dem Iran am Leben zu erhalten. Das ist zumindest uneuropäisch und von den proklamierten eigenen Werten weit entfernt.

Noch herrscht Frieden in der Europäischen Union. Doch herrscht er im Sinne des Wortes wirklich?

Am Wochenende vor dem 1. Mai 2018 sorgte in Frankreich ein Thema für Schlagzeilen, das die Erinnerung an die Studentenrevolten des Pariser Mai von 1968 in den Hintergrund drängte. Die linksliberale Tageszeitung »Libération« enthüllte, wie rechtsradikale Gruppen in breiter Zahl aufrüsten.[571] Sie sehen sich als Gegenwehr zu den Terroranschlägen der Islamisten. Gleichzeitig erschreckten Berichte über die anhaltende Unregierbarkeit in Banlieues, den Sozialbauvierteln am Rande großer Städte, quer durch das französische Oktagon.[572] Auch in Deutschland und Österreich häufen sich Meldungen über Mobilisierung und steigende Aggression im rechtsradikalen, identitären Milieu.

Demografisch ist absehbar, dass Menschen muslimischen Glaubens in vielen Staaten Europas so zahlreich werden, dass sie sich als eigenständige politische Kraft positionieren können. Die Partei »Islam« tritt in Belgien im Oktober 2018 in 28 Gemeinden an. In zwei Wahlkreisen wurden 2012 bereits die ersten Kandidaten gewählt, die einen »islamischen Staat« und die Trennung von Frauen und Männern in Bussen und Bahnen fordern.[573]

»Muslimische Parteien werden in vielen Ländern auf vielen Ebenen als Koalitionspartner unverzichtbar werden«, prophezeit der Historiker Michael Wolffsohn. Für »die fiktionale Umsetzung eines wahrscheinlichen Szenarios« hält er, was Michel Houellebecq in seinem Roman »Unterwerfung« beschreibt: In Frankreich tobt der rechte Terror, und schlussendlich regiert ein Präsident der Muslimbruderschaft – demokratisch legitimiert.[574]

Die unheilvollen Handelskriege

Zu den bedrückenden politischen Erfahrungen der vergangenen zwei Jahre zählt die Erkenntnis, dass Donald Trump zumeist gnadenlos autokratisch handelt, wie auf Autopilot. Folgerichtig erweist er sich als lernresistent. Die Republikaner ließen ihn gewähren, weil er wichtige Ziele für sie umsetzte – allen voran die Steuerreform, die Neubesetzungen im Obersten Gerichtshof und die Erhöhung des Militärbudgets. »Trump verfügt in Wirklichkeit über keine festen politischen Standpunkte«, ist Norman Ornstein von der konservativen Denkfabrik American Enterprise Institute überzeugt.[575] Mit zwei Ausnahmen: »Einwanderung und Handelsfragen«.

Trumps Überzeugung wird da zum Risiko für die gesamte Weltwirtschaft. »Handelskriege sind gut und leicht zu gewinnen«, sagt er und handelt danach.[576] Die historische Erfahrung lehrt das Gegenteil: Handelskriege sind schlecht, und es gibt nur Verlierer. Dabei müssen die Kontrahenten keineswegs, wie es der korrekten Definition entsprechen würde, mit militärischen Waffen aufeinander zielen. Zölle und andere Handelshemmnisse erzielen in Zeiten der Globalisierung ähnlich unheilvolle Wirkungen.

Verhängnisvoll an Handelskriegen ist, dass die Opfer erst nach längerer Zeit sichtbar werden. Zunächst wirken neue Zölle tatsächlich wie ein Schutz vor der Konkurrenz. Die Reaktion der

Gegenseite trifft dann ja oft andere Produktsparten, die durch Zölle verteuerten ausländischen Waren werden weniger importiert, der Erfolg scheint sich einzustellen.

Bei Einfuhrzöllen auf Stahl und Aluminium, wie sie Trump gegenüber der EU und Kanada ab dem 1. Juni 2018 verhängte, werden aber nicht nur US-Stahlproduzenten im eigenen Land wieder konkurrenzfähiger, sondern sie treffen auch US-Autohersteller, die nunmehr höhere Preise entrichten müssen. Aufgrund grenzüberschreitender Fertigungsabläufe sind rasch weitere Produkte betroffen, es kommt Sand ins Getriebe. Die EU reagierte mit Gegenzöllen auf US-Whiskey, Jeans und Motorräder.[577]

Unternehmen aus den verschiedensten Bereichen fahren deshalb aus Sorge um die mit neuen Zollmauern umgebenen internationalen Absatzmärkte ihre Investitionen zurück, danach auch ihre Produktion. Bei beiden Handelskriegern gehen in Summe Arbeitsplätze verloren, überschüssige Waren landen zu Spottpreisen auf noch zugänglichen, vom ursprünglichen Konflikt nicht betroffenen Märkten. So dreht sich die Abwärtsspirale immer weiter. Die Folgen zeigen sich frühestens einige Monate nach Streitbeginn, oft erst nach mehr als einem Jahr.

Zum Erscheinungstermin der ersten Auflage dieses Buches befindet sich die Auseinandersetzung zwischen Trump und der EU noch in einer Frühphase. Hoffnung auf eine Deeskalation besteht, da auch verschiedene weltweit engagierte US-Konzernchefs ihr Desinteresse an einem offenen Handelskrieg beim US-Präsidenten geltend machen.

Der Konflikt zwischen den USA und China ist schon weiter eskaliert. Dem US-Importzoll im Juli 2018 folgte sofort eine Zollabgabe auf chinesischer Seite. Trump droht, am Ende alle in die USA importierten Waren im Jahreswert von 500 Milliarden US-Dollar zu verteuern. Dabei gelang Trump schon in der ersten Runde des Duells ein schmerzhaftes Eigentor. Als die US-Administration erstmals gegen chinesische Importe im Wert von 50 Milliarden US-Dollar ins Feld zog, verhängte sie Zölle auf Waren, die zu 95 Prozent zu Zwischenprodukten gehören, die in den USA noch weiterverarbeitet werden, in diesem Fall High-Tech-Zulieferungen und sogenannte »Kapitalgüter« wie Maschinen.[578] Die erhöhten Einkaufspreise trafen deshalb vor allem US-Firmen, welche die Importe zur Herstellung ihrer eigenen Endprodukte brauchen. Trump schoss mit einer Schrotflinte, viele wurden getroffen.

Die chinesischen Handelsstrategen zielten hingegen viel präziser. Sie belegten fast nur Endprodukte für Konsumenten mit höheren Abgaben, vor allem Sojabohnen und Schweinefleisch. Sie sind im Riesenreich durch andere Lieferanten ersetzbar und stammen aus Gebieten der USA, in denen viele Wähler Trumps zu Hause sind.

Statt Entlastung bringt das neuen Stress, die US-Administration sah sich gezwungen, Farmer, die von den chinesischen Gegenzöllen hart getroffen werden, mit Milliardensubventionen zu unterstützen.[579] Dies werten marktgläubige US-Konservative aber als einen schweren Verstoß gegen die Prinzipien der freien Marktwirtschaft, zumal die Zuwendungen die Staatsschulden der USA weiter erhöhen, deren größter Gläubiger wiederum China ist.

Bruder Währungskrieg

Höhere Schulden verteuern die Refinanzierung von Schulden. Italien ist dafür ein Musterbeispiel. Die bereits im Dezember 2017 beschlossene hohe Neuverschuldung der USA führt in eine ähnliche Richtung. Wenn allerdings die Zinsen steigen und in den USA damit für Anleger höhere Erträge locken, treibt dies den Wert des US-Dollars nach oben. Damit reduziert sich die internationale Konkurrenzfähigkeit von US-Gütern und hilft damit nicht, das Leistungsbilanzdefizit der USA zu verringern, wie es Donald Trump mit Inbrunst anstrebt.

Der Nichtökonom Trump wittert hinter dieser Entwicklung bereits »Währungsmanipulationen zum Schaden der USA«.[580] Zu einem Abwertungswettlauf der Währungen ist es dann nicht mehr weit. Neben einem Handelskrieg mit immer neuen Protektionismen begibt sich so Bruder Währungskrieg aufs Schlachtfeld des bislang boomenden Welthandels. Die 1930er-Jahre mit ihrer Weltwirtschaftskrise lassen grüßen.

Heraufbeschworene Bürgerkriege

Vom »Bürgerkrieg« spricht längst auch Österreichs Vizekanzler, H. C. Strache. »Durch den ungebremsten Zustrom von kulturfremden Armutsmigranten, die in unsere Sozialsysteme einsickern, wird aber unser von Solidarität und Zusammenhalt getragenes gesellschaftliches Gefüge in seinen Grundfesten erschüttert«, deklamierte er bei seiner »Rede zur Lage der Nation« 2016, »und das macht mittelfristig einen Bürgerkrieg nicht unwahrscheinlich.« Die Katastrophe sei vorprogrammiert, meinte er: »Wenn wir unser kulturelles Erbe dauerhaft bewahren wollen, müssen wir bereit sein, es zu verteidigen.«[581]

Es ist so bitter, dass nicht Steuerflüchtlinge aus dem angeblich von »Solidarität und Zusammenhalt« bestimmten Österreich oder die Interessen der großen Kapitaleigner und selbstbezogenen Parteifunktionäre die Themen sind, die Wähler in Massen wütend machen. So schreitet die verbale Kriegsaufrüstung voran.

Radikale aus dem gesamten politischen Spektrum leisten dem Vorschub und führen die Staatsorgane vor. Beispielhaft war dies bei den Unruhen beim G-20-Gipfel in Hamburg im Juli 2017 zu beobachten, als deklariert linke Demonstranten einem Muster folgten wie sonst gewaltbereite Rechtsextremisten oder Fußball-Hooligans: »Wenn einer sich von denen angegriffen fühlt, dann fühlen sich alle angegriffen, und dann steigert sich die Gewalt enorm«, erläutert der Kriminologieprofessor Joachim Kersten, der an der Deutschen Hochschule der Polizei in Münster lehrt.[582] Und dann geht's los. »Wenn eine bestimmte Stelle überschritten und das zivilisierte Verhalten abgehakt ist und die Grenzen von Anstand und Zivilisation nicht mehr gelten, dann machen auch Leute mit, die das sonst nicht machen würden, auch beim Plündern und beim Brandschatzen.« Bei gesetzestreuen Bürgerinnen und Bürgern, die das Geschehen vor Ort oder in Bildberichten mitverfolgen, hat dies schwerwiegende Folgen. »Wenn ein ganzes Stadtviertel in Mitleidenschaft gezogen wird, dann haben diese Leute etwas mit der Polizei zu tun gehabt, insofern, als sie erlebt haben, dass die Polizei ohnmächtig war gegenüber diesem Wahnsinn, der da passiert ist. Das wird deren Vertrauen in die Polizei nachhaltig beschädigt«, so Kersten.

Durch diesen Mechanismus verstärkt sich der Ruf nach noch mehr Polizeieinsätzen und schärferem Durchgreifen, was wiederum im Konfliktfall bei Polizeiübergriffen aus zunächst Unbeteiligten in ihrem Sinn für Gerechtigkeit neue Täter macht. Als »Riots«, Volksaufruhr, charakterisierte der in seinem Urteil so besonnene damalige Chefredakteur der Digitalen Medien der »Frankfurter Allgemeinen Zeitung«, Matthias Müller von Blumencron, das Geschehen.[583] Das Magazin »Stern« widmete den Straßenschlachten 40 dramatisch bebilderte Seiten.[584]

Am 1. Mai 2018 demonstrierten in Paris zehntausende friedliche Gegner der Arbeitsmarktreformen Emmanuel Macrons. Etwa 1200 vermummte Protestierer aus dem sogenannten »Schwarzen Block« gingen jedoch mit Schlagstöcken und Metallstangen auf Ordnungskräfte und Geschäfte los. Sechs Autos wurden angezündet, 31 Geschäfte beschädigt, einige Demonstranten plünderten eine Filiale von McDonald's. Front-National-Chefin Marine Le Pen beklagte die »inakzeptable Verwüstung in Paris durch linksextreme Milizen, die von der Laschheit der Regierung angestachelt wurden«.[585] Gleichzeitig lief unter ihren Parteimitgliedern eine Briefwahl zur Frage, ob sich der Front in »Rassemblement National« umbenennen solle, also in »Nationalen Zusammmenschluss«, auch im Sinne von »Aufmarsch«.[586]

Autoritär orientierte Politiker wie Le Pen dürfen sich in die Hände klatschen. Je mehr Gewalt auf den Straßen zu sehen ist, umso mehr rechtfertigt sich ihr Ruf nach Ordnung und

Überwachung. Muslime gegen Nicht-Muslime, Nicht-Muslime gegen Muslime, Linke gegen Rechte, Linke gegen die Polizei, Rechte gegen die Polizei. Das passt schon.

Verlockende Grenzkriege

Vor allem rechtsautoritäre Parteien, die schon länger die Macht innehaben, sind zur Kriegstreiberei verdammt. Je deutlicher etwa in Ungarn oder Polen zu Tage tritt, dass die Abschottung gegenüber Ausländern nicht zu den befriedigenden ökonomischen Erfolgen für die große Wählermehrheit führen wird, desto dringlicher wird der Außenfeind. Die Brüsseler Bürokraten taugen auch da nur zeitlich bedingt als Sündenbock. In dieser Logik kann die Regierung in Budapest deshalb die vermeintlich unterdrückte ungarische Minderheit in der Slowakei zum Kriegsgrund ausrufen, scheiternde Nationalisten in Italien könnten wegen Österreichs Überfürsorge für die Südtiroler am Brenner mit Waffen strotzen. Auch Madrids Zentralregierung könnte eine militärische Intervention in Katalonien für sich nutzen.

»Man kann ganz leicht wieder um Grenzpfähle Krieg führen«, sinniert der langjährige deutsche Arbeitsminister Norbert Blüm an einem milden Sommerabend am Rhein.[587]

Immer wieder Cyberkriege

Waffengängen vorgelagert ist fast immer destabilisierende Propaganda. Von »Informationskriegen« ist bereits seit dem Ersten Weltkrieg die Rede. Sie sind in der Gegenwart als Vorstufe zu Cyberkriegen vor allem für die russischen Machthaber zu einem selbstverständlichen Instrument geworden. Dazu zählen die offensichtlichen Einmischungen in den jüngsten US-Präsidentschaftswahlkampf und wohl bis Mai 2019 die erwartbar gesteuerten Nachrichten rund um die kommenden Wahlen zum

Europäischen Parlament. Bei diesem Urnengang könnten die Falschmelder zu Höchstform auflaufen, da die Kandidaten für die 705 Sitze in den Mitgliedsstaaten nach dem jeweiligen nationalen Wahlsystem antreten.

»Um Desinformationskampagnen und Propaganda zu bekämpfen, würde es einer strategischen Kommunikation durch die EU und die nationalen Behörden bedürfen«, mahnt die liberale Europaabgeordnete Dita Charanzová.[588] Ihr Nachsatz: »Ich glaube nicht, dass die Wahlkommissionen gut ausgestattet und vorbereitet sind.« So ist in zahlreichen Ländern mit effizienter, weiträumiger Manipulation von Wählern über das Internet zu rechnen. »Viele europäische Staatenlenker haben aufklärenden Journalismus geschwächt, vor allem in Osteuropa«, sagt Christophe Deloire, Chef von »Reporter ohne Grenzen«. In Ungarn veröffentlichte die regierungstreue Tageszeitung »Magyar Idök« im April 2018 Schwarze Listen mit unabhängigen ausländischen Korrespondenten.[589] Verantwortliche Behörden hingegen ignorieren »Fake News«, solange sie in ihrem Sinne sind.

»Das Ziel des Netzkrieges ist das menschliche Bewusstsein«, betonte Professor George Stein vom U.S. Air Force Air War College bereits 1995.[590] »Web War One«, der erste so bezeichnete Internetkrieg, legte 2007 weitgehend die IT-Infrastruktur in Estland lahm. Regierungsseiten und Webauftritte von Banken waren nicht mehr erreichbar, nachdem ein sowjetisches Kriegerdenkmal aus dem Zentrum der Hauptstadt verlegt worden war. Die von der russischen Staatsführung gegründete Jugendorganisation Naschi bekannte sich dazu.[591] Der Angriff galt einem kleinen Land, es war ein Experiment.

Cyberkriege verlegen kriegerische Handlungen – nach Land, Wasser, Luft und Weltraum – auf ein fünftes Schlachtfeld, ins Internet. Angriffe sind außerordentlich billig, die Verteidigung dagegen allerdings äußerst kostenaufwendig. »Cyberkrieg ist eine äußerst hybride Kriegsform, die in der Regel unterhalb der Schwelle stattfindet, die im Völkerrecht als konventioneller Krieg gilt«, analysiert Wolfgang Kleinwächter, Professor für

Internationale Kommunikationspolitik im dänischen Aarhus und internationaler Experte für Internetregulierung.[592]»Beim Cyberangriff geht es weniger um Tod und Zerstörung als um Chaos und Konfusion. Gezielte Cyberangriffe können jedoch komplexen Gesellschaften und einer digitalen Wirtschaft mehr Schaden zufügen als das Bombardement eines Stadtviertels.«

Der Westfälische Frieden von 1648 hatte seinerzeit eine Ordnung geschafften, die auf einem sogenannten »binären Prinzip« beruhte und bis ins 20. Jahrhundert galt. »Entweder Krieg oder Frieden, und ein Drittes gibt es nicht. Entweder Staatenkrieg oder Bürgerkrieg, aber ein Drittes gibt es nicht. Entweder Kombattant oder Nichtkombattant, und ein Drittes gibt es nicht«, so Herfried Münkler, Professor für Politikwissenschaften an der Humboldt-Universität in Berlin.[593] »Was wir zurzeit beobachten, ist aber das Eintreten des Dritten, also Cyberwar, bei dem man nicht so genau weiß, ist das jetzt Krieg oder doch noch eine Form von Frieden. Oder Krieg mit Kampfdrohnen, ebenfalls ohne Kriegserklärung.«

Besonders tückisch wird es, wenn eine Attacke eindeutig zugeordnet werden soll. Wer hat in wessen Auftrag gehandelt, wenn etwa geschulte Cyberkrieger in irgendeinem Land von einem Internetcafé aus agieren? Verdächtigungen folgen, Beweise sind kaum erbringbar. So sehen die idealen Spielwiesen für Provokateure aus.

Je isolierter Staaten voneinander agieren, je weniger auf den verschiedensten Ebenen miteinander kommuniziert wird, je mehr das Misstrauen unter den politischen Führern wächst, umso eher geraten Angriffe aus dem Internet außer Kontrolle. So wirkt das Aufkündigen von internationalen Abkommen und der Rückzug auf bilaterale Verhandlungen auch zusätzlich kriegsfördernd. Spannungen erleichtern die Arbeit von Cyberkriegern, Cyberkrieger verschärfen Spannungen. Auch Nervenkriege befeuern die Kriegsspirale.

Beinahe täglich sorgt US-Präsident Donald Trump für ein globales Twittergewitter. Diese spontanen, oft spektakulären Entladungen beschäftigen Medien aller Arten, verstellen aber nicht selten den Blick auf strukturelle Entwicklungen von erheblicher Tragweite. Am 18. August 2017 wertete Trump etwa die US-amerikanische Militärbehörde United States Cyber Command per Dekret zu einem »Unified Combatant Command« auf, zu einem vereinigten Kampfkommando, das nicht mehr von der umstrittenen National Security Agency (NSA) geführt wird. Stattdessen verläuft die Befehlskette nunmehr vom Präsidenten über den Verteidigungsminister ohne Umwege direkt zum Kommandeur der Cyberbehörde. Einflussreiche Technologie-Experten fordern bereits ein eigenes Ministerium für Cybersicherheit.[594]

Im Januar 2018 stellte US-Verteidigungsminister James Mattis die neue »National Defense Strategy« vor, allerdings anders als seine Vorgänger nur eine allgemeine Zusammenfassung. Obwohl genauere Angaben damit geheim bleiben, lässt das elf Seiten starke Dokument deutliche Rückschlüsse zu.[595] So wird die Frage der Kriegsführung im Cyberspace als zweite Priorität angeführt, unmittelbar hinter den Atomstreitkräften. »Wir werden in Cyberverteidigung, Ausfallssicherheit und in die fortgesetzte Integration der Cyberkapazitäten in das gesamte Spektrum der Militäroperationen investieren«, so die operationelle Festlegung. Damit darf sich in der Nachfolge des militärisch-industriellen Komplexes nun der militärisch-digitale Komplex über Milliardenaufträge freuen: »Wir werden unsere zivile Belegschaft um Informationsexperten, Datenforscher, Programmierer und Grundlagenforscher erweitern, um Informationen auch zu nutzen, nicht nur zu verwalten.« Das Verteidigungsministerium, so heißt es weiter, »wird nicht traditionelle Pfade nutzen, um über essentielle Fertigkeiten zu verfügen, durch Zugang zu außenstehenden Experten, inklusive neuer Partnerschaften mit kleinen Unternehmen, Start-ups und Universitäten«. Im Kalten Krieg klang das auch so, nur von »Start-ups« war damals noch nicht die Rede.

Das Strategiepapier des hierarchisch und finanziell aufgewerteten U.S. Cyber Command, das im März 2018 in Teilen publik wurde, spricht eine noch deutlichere Sprache: Unter dem Titel »Cyberspace-Überlegenheit erreichen und bewahren« findet sich die Vorgabe, dass ein »fortlaufendes Engagement unseren Gegnern taktische Probleme und strategische Kosten aufbürden wird, womit sie gezwungen sein werden, Ressourcen in ihre Verteidigung zu verlagern und ihre eigenen Angriffe zu verringern«.[596] Mit anderen Worten: Cyberattacken der US-Streitkräfte sind die beste Verteidigung.

China, Russland und Israel ziehen mit, das Wettrüsten ist in vollem Gange, Abrüstungsinitiativen sind nirgendwo in Sicht.[597] Bis 2019 will die französische Regierung eine Milliarde Euro in ihre neue Cyberarmee investieren. 3200 digitale Soldaten sollen dann der Grande Nation dienen, wenige Jahre zuvor waren es nur 100.[598] Präsident Emmanuel Macron schloss bei seinem Staatsbesuch in Australien im Mai 2018 ein zukunftsweisendes Abkommen über den »Cyberspace« ab. Frankreich und Down Under vereinbarten eine weltumspannende »Kooperation bei der Cybersicherheit, um Bedrohungen von zivilen und militärischen Netzwerken zu bekämpfen«.[599] Dies blieb weitgehend unbeachtet. Als Macron aber die Gattin des Premierministers Malcolm Turnbull »delicious«, also appetitlich, lecker nannte, verschaffte ihm der vielleicht Freudsche Versprecher globale mediale Aufmerksamkeit in Trumpschen Dimensionen.

Und der große heiße Krieg?

Handelskriege, Währungskriege, Bürgerkriege, Grenzkriege, Cyberkriege – sie alle taugen als Vorboten eines neuen großen heißen Krieges. Überall wird die Welt kriegsfit gemacht. Handliche Atomwaffen, Drohnenschwärme, erste Roboterkrieger werden wie Trophäen präsentiert. Killen wie im Computerspiel, auf Knopfdruck, kein Mensch mit dem Reisepass einer Supermacht soll geopfert werden. Es sterben die Bösen, die Terroristen, die anderen.

Ja, Gut und Böse hat wieder Hochkonjunktur, Zuspitzungen werden bejubelt. Je illiberaler die Regierungen sind, desto einfacher wird die Sicht auf die Welt. Die Unvernunft so vieler gegenwärtig Mächtiger verstärkt den Sog. Und bei Millionen Menschen wird der Wunsch nach Klarheit gestillt. Wir und die. Es lebe unser Vaterland. Tod den anderen. Kriegssehnsucht wird geschürt, die Helden kehren zurück. Nicht nur, wenn Kinder in Moscheen Schlachten nachstellen. Es riecht nach Krieg.

Derzeit verschieben sich die Gewichte strukturell. Die US-Regierung setzt im Nahen Osten wieder mehr auf Saudi-Arabien und wendet sich, gemeinsam mit Israel, gegen den Iran. Die Aufkündigung des Atomabkommens durch die USA ist mehr als ein Säbelrasseln. US-Präsident Trump hat die Sanktionen wieder in Kraft gesetzt und erwartet, dass es im Land zu einem Volksaufstand kommt. Das absehbare Szenario: In die Enge getrieben, reichern die iranischen Machthaber wieder zusätzliches Uran an und verweigern sich den Kontrolleuren der Internationalen Atomenergiebehörde IAEA. Die CIA und Israels Hardliner werden auf einen präventiven Militärschlag drängen und gleichzeitig fordern, die US-Truppen im Irak zu verstärken.

Russlands Autokraten hingegen mischen in Syrien mit und sichern so über die Peripherie ihre territorialen Interessen auf der Krim und in der Ostukraine ab. Doch vor allem Chinas Regenten vergrößern ihre Einflusssphären. Wer China nicht eindämmt, wird sich mit der einen Welt, der chinesisch dominierten, abfinden müssen (siehe Kapitel »Die Welt – ein China«, S. 100). So ringen zu Beginn des 21. Jahrhunderts drei militärische Supermächte miteinander.

Und wie so oft in der Geschichte ist es wahrscheinlich, dass der große Waffengang an einem Ort und zu einem Zeitpunkt beginnt, der als unwahrscheinlich gilt – wie etwa in Sarajevo am 28. Juni

1914, als der Thronfolger Österreich-Ungarns, Erzherzog Franz Ferdinand, ermordet wurde. Der Erste Weltkrieg folgte, in den so viele Beteiligte als »Schlafwandler« stolperten, wie es der australische Historiker Christopher Clarke beklemmend beschrieb.[600]

Ziehen Russland und die NATO in den Krieg, muss der Startschuss keineswegs im Baltikum oder an der polnischen Grenze erfolgen. Ausgangspunkt könnte der äußerste Nordosten Norwegens werden, genauer das Städtchen Vardø. Im Jahr 2020 soll dort eine neue, hoch entwickelte Radarstation fertiggestellt werden, Globus III. Das US-finanzierte Projekt kostet hunderte Millionen Dollar und dient angeblich der Überwachung von Weltraummüll.

In Sichtweite befindet sich allerdings der russische Marinestützpunkt auf der Halbinsel Kola, von der aus die Kremlherren ihre modernsten U-Boote samt Nuklearsprengköpfen auslaufen lassen. Präsident Wladimir Putin sieht sein Land als Profiteur der globalen Klimaveränderung, wirtschaftliche und militärische Dominanz in der Arktis hat er zur nationalen Priorität erklärt. Neue Gas- und Ölfelder wie auch ganzjährig befahrbare Schifffahrtsrouten locken. Globus III, so die russische Lesart, sei Teil des weltweiten US-Raketenabwehrsystems, das auch Russland in Schach halten soll. »Norwegen muss verstehen, dass es durch diese Installation zu einem NATO-Außenposten wird und frontal mit Russland und Russlands Militärmacht konfrontiert sein wird«, erklärte bereits der russische Botschafter in Oslo, Teimuraz Ramishvili.[601] »Es wird daher keine friedliche Arktis mehr geben.«

Die größte Gefahr birgt freilich die Rivalität zwischen China und den USA. Das Streben Donald Trumps nach dem »besseren Deal« ist für Chinas Führer Xi Jinping lästig, aber noch sind dessen Streitkräfte zu schwach, um eine offene Konfrontation mit den Vereinigten Staaten siegreich zu überstehen. Das wiederum wissen die US-Militärs und die politischen Falken in der US-Administration. Der erfahrene US-Diplomat Philip Gordon beschrieb zu Beginn von Trumps Amtszeit in der US-Zeitschrift

»Foreign Affairs« im Detail, wie es gerade deshalb bald zu einem Krieg kommen könnte: Der Streit beginnt mit Zöllen, eskaliert um Währungsfragen und gerät durch einen mysteriösen Zusammenstoß eines unbewaffneten US-Aufklärungsschiffes mit einem chinesischen Schleppnetzfischer im südchinesischen Meer außer Kontrolle, weil eine Fregatte der Volksbefreiungsarmee zu feuern beginnt.[602] Und wie steht es um die Realität: Im Sommer 2018 erlebt die Welt den Handelsstreit um Zölle, verschärft um Wechselkursfragen.

Wenigstens die dritte mögliche Megakatastrophe, ein Atomkrieg zwischen Russland und China, scheint unrealistisch. Bis auf weiteres.

Es ist die Häufung von Konfliktherden und umfassenden Krisen, dieser teuflische Cocktail, der die Weltlage so explosiv macht. »Wir haben das Gefühl, dass die humanitäre Diplomatie auf dieser Welt scheitert«, stellte der UN-Koordinator für humanitäre Angelegenheiten Panos Moumtzis im Frühjahr 2018 ernüchtert fest.[603]

Das US-Fachmagazin »Bulletin of the Atomic Scientists« veröffentlicht seit 1945 jedes Jahr seine legendäre »Doomsday Clock«, eine »Uhr des Jüngsten Gerichts«. Dem Entscheidungsgremium gehören mehr als ein Dutzend Nobelpreisträger an. Bislang stand der Zeiger auf dem Ziffernblatt nur ein Mal auf zwei Minuten vor zwölf. Das war 1953, als die USA und die Sowjetunion während des Kalten Krieges ihre Wasserstoffbomben testeten. 2018 ist es wieder so weit.[604] Nur 120 Sekunden fehlen zum globalen Game Over.

Im Widerstand – das Leben danach

Wie wir uns wehren müssten

»Wenn jemand keinen Grund gefunden hat, für etwas zu sterben, dann ist er nicht fit für das Leben.«
Der US-Bürgerrechtler und Pastor Martin Luther King jr.

So. Es ist geschehen. Die Demokratien mit umfassender Meinungsfreiheit, von breiten Bevölkerungskreisen wertgeschätzter Vielfalt der Lebensstile und einer einigermaßen ausgewogenen Wohlstandsverteilung sind auf eine Handvoll zusammengeschmolzen. Wie ein paar Eisschollen in der Arktis. Norwegen, Dänemark, Schweden, Portugal, Australien und Deutschland. Die Schweiz? Na ja. Auch irgendwie die Niederlande, Frankreich und noch ein paar. Österreich pflegt seinen historischen Bindestrich mit Ungarn. K.u.O. statt k.u.k. Kurz und Orbán.

Und nun? Das Leben im Widerstand kennen die meisten Westeuropäer nur vom Hörensagen, auch in Griechenland, Spanien und Portugal endeten die letzten Diktaturen in den 1970er-Jahren. Der Osten tut sich da leichter, bis 1989 musste sich die Bevölkerung fügen und ihre Freiräume schützen.

Doch die neue Welt der 2020er-Jahre wird anders sein. Die Mechanismen der Macht sind viel raffinierter, die Kontrolle wirkt viel unauffälliger, ist aber effektiver. Mit dem Fall des Eisernen Vorhangs endete vielerorts die Zensur. Heute »haben die Menschen aber größere Angst, sich gegenüber Journalisten zu äußern, als damals«, beobachtete der Korrespondent von »Spiegel Online«, Keno Versek, in Ungarn.[605]

Der illiberale Überwachungsstaat kümmert sich um alles. Bewusst oder unbewusst folgen wir rund um den Erdball dem chinesischen Modell. Scheindebatten sind erwünscht, Systemkritik wird unterbunden. Die Zahl der Menschen, die wegen ihrer politischen Überzeugungen im Gefängnis sitzen, ist unbekannt. Die Menschenrechtsorganisation Amnesty International ist in den meisten Ländern als regierungsfeindlich geächtet. Wer dennoch mit ihr zusammenarbeitet, bekommt unerwünschten Besuch. In weniger autoritären Staaten vom Heimatministerium, in China, der Türkei oder in Russland von der Harmoniebehörde. Oder einer neuen Glücksagentur. Oder so ähnlich.

Ohne grundsätzliche Kritik am Herrschaftssystem können viele Bürgerinnen und Bürger gut leben. Solange ein ordentliches Dach über dem Kopf, reichlich Nahrung sowie eine bezahlbare Gesundheitsversorgung verfügbar sind und für Unterhaltung im Sinne von »Tittytainment« gesorgt wird, ist politische Ruhe gesellschaftlich durchsetzbar – im Rahmen von Ordnung und Sicherheit für alle. Das demonstrieren China und andere aufstrebende Schwellenländer.

Doch was wird in Ländern mit einer vergleichsweise breiten Mittelklasse geschehen, die im Zuge der Renationalisierung autoritäre Führer gewählt hat und erst nach ökonomisch und politisch schmerzhaften Erfahrungen versteht, dass sie den falschen Heilsversprechern auf den Leim gegangen ist? Dass sie sich repressiven Kleptokraten ausgeliefert hat?

Wenn die Mittelschicht verschwindet und schon in einer zumindest illiberalen Demokratie lebt – wo und wodurch kommt Widerstand auf? Die allgemeine Meinungsfreiheit ist auch da kein Gut, für das sich ohne weiteres Millionen Wählerinnen und Wähler mobilisieren lassen, so sehr besorgte Bildungsbürger, Intellektuelle und Mitglieder der Medienindustrie darauf setzen. Eher werden es konkrete, oft sehr persönliche Erlebnisse von staatlicher Willkür sein, die ein Aufbegehren in Gang bringen. Die Schikanen der Bürokratie in einer Digitaldemokratur werden sich strukturell nicht von jahrhundertelangen Gepflogenheiten der Herrschenden unterscheiden. Gekoppelt mit der historisch so üblichen Erfahrung, dass in Nichtdemokratien Korruption und Vetternwirtschaft noch viel mehr blühen als in vergleichsweise offenen Gesellschaften. Himmelschreiende Ungerechtigkeit wird da zum Treiber.

Je nach konkreter Lage bieten sich verschiedene Modelle der Gegenwehr an, verkörpert durch drei Persönlichkeiten: Gerald Ford, Sankt Benedikt und Dietrich Bonhoeffer.

Gerald Ford wurde US-Präsident, nachdem sich Richard Nixon in ein Lügen- und Überwachungsdickicht verstrickt hatte und einem Amtsenthebungsverfahren nicht mehr entkommen konnte. Mit Vizepräsident Ford übernahm ein vergleichsweise integrer, zurückhaltender Politiker 1974 die Amtsgeschäfte, das Vertrauen in das Funktionieren der staatlichen Institutionen wurde nicht weiter erschüttert. Dieses Modell taugt gegenwärtig nicht einmal für die Vereinigten Staaten von Amerika, da Donald Trumps Vizepräsident Mike Pence stark im rechten Lager der Republikaner verankert ist und für einen Trumpismus ohne Trump steht. In den meisten Ländern würde es für einen solchen Wandel hin zu früherer demokratischer Normalität eines Wahlgangs bedürfen. In Österreich könnte das beispielsweise noch gelingen und so zumindest die Rechtsaußenpartei FPÖ als Regierungskraft wieder Geschichte sein.

Benedikt von Nursia wiederum verließ als Sohn reicher Landbesitzer das Rom des Frühmittelalters, das er als korrupt und sittenlos wahrnahm, und gründete die Abtei Montecassino. Während Rom unterging, bauten er und seine Mönche an ihrer Klosterwelt quer durch Europa. So könnte der Rückzug auf regionale demokratisch domininierte Ballungsräume erfolgen, die Konzentration etwa auf Städte, falls in Frankreich die Rechten an die Macht kommen. In Österreich bestehen solche Rückzugsräume in den Universitätsstädten, im europäischen Maßstab sind es Skandinavien, die Niederlande, die Schweiz und Deutschland.

Der dritte Weg folgt dem lutherischen Theologen Dietrich Bonhoeffer aus Breslau. Am Abend der Machtergreifung der Nationalsozialisten in Deutschland hieß es in seiner Familie: »Das bedeutet Krieg.«[606] Bonhoeffer verurteilte das Dritte Reich offen, organisierte sich mit Gleichgesinnten im Untergrund und war im

Widerstand. Es sei nicht genug, appellierte er schon 1933 an die Kirche, »die Opfer unter den Rädern der Ungerechtigkeit zu bandagieren«, sondern man müsse »dem Rad selbst in die Speichen fallen«.[607] Der Pastor nutzte seine internationalen Kontakte als »getarnter Kurier des Widerstandes« und betont die Wichtigkeit »wirklichkeitsgemäßen Handelns«.[608]

Wenn demokratische Rechte ausgehöhlt, Regierungskritiker verfolgt, Regierungsaufträge an Günstlinge vergeben werden und das Parlament, die Justiz und die Medien sich einem starken Mann beugen, dann ist es höchste Zeit für zivilen, gewaltfreien Widerstand. Demonstrationen, Straßenblockaden, friedliche Störungen der öffentlichen Ordnung, auch von Sitzungen, stehen dann auf der Tagesordnung, nicht nur auf den Philippinen, in Venezuela oder in der Türkei.

Es gehört zu den tragischen Wendungen der Geschichte, dass Polen eine neue Bewegung à la Solidarność braucht und Ungarn einen neuen Aufstand à la 1956.

Die Renaissance der Dissidenten

Doch auch in vielen anderen Staaten ist die Zeit reif, sich mit dem Leben im Widerstand vertraut zu machen. Einwandererfamilien aus Chile und Brasilien, deren Eltern in den 1970er-Jahren vor den Militärdiktaturen nach Europa flüchteten, können da inspirierend wirken.

Der Widerstand will organisiert sein. Zu den wichtigsten Grundlagen zählt, nur Menschen zu vertrauen, die bewiesen haben, dass sie vertrauenswürdig sind. Eine möglichst abhörsichere Kommunikation ist unverzichtbar, unverschlüsselte Nachrichten über Smartphones und per E-Mail sind absolute No-Gos. Analogtelefone helfen (siehe Kapitel »Die Macht über eigene Lebensspuren«, Seite 328). Die durch ihre Facebook-Leichtsinnigkeit verlorene Datengeneration muss ihre Erfahrungen an junge, verständige Menschen weiterreichen.

Regimegegner und Dissidenten aus der Zeit des Sowjetkommunismus, gleichermaßen politisch und kulturell gebildet, taugen wieder als Vorbilder. »Sie hatten ungepflegte Bärte, trugen kratzig anmutende Pullover oder drehten dauernd Zigaretten. Sie waren weder reich noch mächtig, nur mäßig fotogen, und ihre Unternehmungen gingen meistens schief. Ihre Bücher und Stücke hatten nicht immer gewaltige Auflagen, aber irgendwie kannte sie doch jeder. Sie waren Helden«, charakterisiert sie der deutsch-französische Historiker und Publizist Nils Minkmar.[609] Vielleicht beziehen heutzutage auch der US-Politikveteran Bernie Sanders und Labour-Chef Jeremy Corbyn einen Teil ihrer Popularität gerade bei jungen Aktivisten aus den Dissidenten vergleichbaren Idiosynchrasien, aus der Gesamtheit ihrer ähnlichen persönlichen Eigenheiten.

Václav Havel, Alexander Solschenizyn, Adam Michnik, Bronisław Geremek, Lew Kopelew oder Milan Kundera »machten auch den Kalten Krieg zu einer Blütezeit der Kultur. Sie halfen, ihn zu beenden. Sie waren mehr als Aktivisten oder Literaten, sie bewahrten die Kultur und die Ehre ihrer Heimatländer in Zeiten, in denen die sich wenig einladend zeigten«, so Minkmar.

Nur: Wer wird die neuen Dissidenten in Nichtdemokratien in den verbliebenen freien Ländern verlegen, wer ihre Werke lesen, wer ihre Auftritte organisieren? Ihre Chance ist das Internet. Doch in mehr und mehr Staaten bleibt ihnen auch diese Plattform verwehrt.

Wer schießt, wird Schütze

Im Zuge der Aushöhlung, Entwertung und De-facto-Abschaffung von Demokratien schiebt sich auch die Frage des individuellen bewaffneten Widerstandes gegen die eigenen Regierungen wieder ins öffentliche Bewusstsein. Unabhängig davon, dass der Einsatz von Waffengewalt gegen politische Machthaber ethisch und rechtlich nur in besonderen Extremsituationen zu rechtfertigen ist, sollten die Berichte von unzähligen Befreiungskämpfern wirksam von solchen Überlegungen abhalten.

Henning Melber war einer von ihnen. Mit 17 Jahren wanderte er 1967 mit seinen deutschen Eltern nach Namibia aus, das damals noch Südwestafrika hieß und früher eine deutsche Kolonie war. Melber wurde 1974 zum ersten weißen Mitglied der SWAPO, der South-West Africa People's Organisation, die mit ihrem militärischen Arm gegen die Besatzungsmacht Südafrika kämpfte, und musste bald das Land, das zu seiner Heimat geworden war, verlassen. Man warf ihm vor, seine Gruppe, also die weißen Siedler, zu verraten. Mit seinem »ausgeprägten Unrechtsbewusstsein« blieb er auf Seiten der SWAPO, beeinflusst vom französischen Philosophen Jean-Paul Sartre, der Gewalt als legitimes Mittel zur Durchsetzung einer gerechteren Gesellschaft geradezu verherrlichte.[610] Melber war aber umso enttäuschter, wie die Befreier Namibias nach der Selbstbestimmung des Landes 1990 mit ihrer neuen Macht umgingen. Heute erklärt er es so: »Wir können mit der Französischen Revolution anfangen. Die Bourgeois-Bewegung, die gegen die Feudalherrschaft opponierte, führte die Guillotine ein, damit man sehr viel effektiver sehr viel mehr Menschen hinrichten konnte. Das war die bürgerliche Freiheit. Ab da können wir eigentlich nahtlos an jeder auch mit Gewalt begleiteten Transformation von Gesellschaften feststellen, dass die Opfer in den meisten Fällen zu Tätern werden.«[611]

Melber, inzwischen Universitätsprofessor in Pretoria, zitiert die Schriftstellerin Christa Wolf. »Sie schrieb: ›Der Krieg formt seine Leute‹, und das ist das Problem der Gewaltanwendung.«

Doch »der bewaffnete Widerstand birgt den Keim der Reproduktion des alten Systems in sich. Denn wenn er Aussicht auf Erfolg haben will, muss er zu den gleichen Formen greifen, die von den Unterdrückern praktiziert werden, die menschenverachtend und menschenverletzend sind und Menschenrechte ignorieren. Sonst kann ein solcher Widerstand nicht erfolgreich sein. Soll heißen: Man muss sich der gleichen Sprache bedienen, und wenn man das tut, dann ist das nicht nur eine Funktionalität, die man wie ein Sakko anzieht, und wenn sie Erfolg hat, wieder ablegt, sondern dann ist dieses Sakko zum eigenen integralen Bestandteil der Persönlichkeit und der Werte und der Normen geworden.

Mit dem Zeitpunkt der Unabhängigkeit drehen wir nicht den Lichtschalter auf und sagen, jetzt sind wir alle Demokraten, jetzt schützen wir alle das Menschenrecht, jetzt gehen wir alle aufeinander zu und praktizieren Friede, Freude, Eierkuchen.«

Diese Erkenntnis bestätigte sich schon im Dreißigjährigen Krieg, dessen Beginn vor 400 Jahren ihm 2018 viel Beachtung einbringt. »Wer im Krieg unterwegs ist, darf auch töten. Man weiß dann, dass etwas, das moralisch verboten ist, nunmehr geboten ist. Und was geboten ist, das tun auch alle anderen. Und wenn es alle anderen tun, dann wird es auch nicht mehr für moralisch verwerflich gehalten«, erläutert der Berliner Historiker Jörg Baberowski.[612] »Es reicht, wenn einer, meist der Anführer, ein Psychopath ist. Er kann dann die anderen nötigen, sich an Grausamkeiten zu beteiligen, weil die Kameradschaft in solchen Fällen mehr zählt als die Mitmenschlichkeit. Die, die sich daran beteiligen, wollen keine Kameradenschweine sein. Das ist getragen von einer Gruppendynamik und nicht davon, dass diese Leute besonders böse sind. Es sind nicht die Ideen, die töten.«

Es bleibt, so zieht Melber Bilanz, »ein großes moralisches Dilemma. Ich kann heute erkennen, wie sich die Entscheidung eines gewaltsamen Widerstands gegen ein Unrechtssystem auf die Menschen, die diesen Widerstand leisten, deformierend auswirkt. Aber ich vermag nicht zu beurteilen, ob es ohne diese Gewalt im Sinne von Gegengewalt die Möglichkeit gegeben hätte, das Selbstbestimmungsrecht wahrnehmen zu können.«

Dieses Dilemma wird in den 2020er-Jahren wieder in Staaten sichtbar werden, die als gesicherte Demokratien galten. Leser dieses Buches, vor allem junge, werden sich ihm vielerorts stellen müssen.

Oder kommt es doch noch ganz anders?

Glaubwürdig teilen

Die Vernunft der Utopie

Träume, Fantasien. Welche Träume? Es ist unser Leben. Welche Fantasien? Nur die realistischen.

Müssen tatsächlich erst wieder Kriege geführt werden und Köpfe rollen, ehe erneut Vernunft einkehrt? Der Historiker Walter Scheidel von der Stanford-Universität in Kalifornien kam in seinem Werk »The Great Leveler«, zu Deutsch »Der große Gleichmacher«, zu dem Schluss, dass sich große gesellschaftliche Ungleichheit nur durch Katastrophen, Seuchen, Revolutionen oder Krieg reduzieren lässt.[613]

Könnte aber die gegenwärtige Global-Revolution nicht doch friedlich verlaufen? Für das jahrzehntelang gepflegte »Weiter so« gilt »Game Over«. Ein »Freispiel« kann es nur geben, wenn sich viele Bürgerinnen und Bürger sehr schnell besinnen und sich wehren, solange dies noch erfolgversprechend möglich ist. Für Gerechtigkeit, Freiheit, Brüderlichkeit, für (Chancen-)Gleichheit und Offenheit lohnt es sich doch zu kämpfen. Der Ernst der Lage ist allerdings weiterhin vielen Millionen Menschen im Westen nicht bewusst, obwohl wir auf dem Weg sind, so viel zu verlieren.

Wer die westlichen Gesellschaften in ihrer betörenden Vielfalt retten will, muss jetzt an die Wurzeln gehen. Was wäre in der derzeitigen Gemengelage vernünftiger, als utopisch zu denken? Der Ausweg kann nur in einem glaubwürdigen Teilen bestehen – sozial, digital, ökonomisch und politisch. Daraus kann ein neues »Narrativ«, eine sinnstiftende Erzählung, entstehen – viel überzeugender als das gegenwärtig so dominante und gefährliche »First, first, first«, viel befreiender als die wachsende wirtschaftliche Abschottung und die Ablehnung von allem Fremden.

Nur eine grundlegende, eine radikale Veränderung, nur Radikalität kann noch helfen. Aus der politischen Mitte heraus. Eine Wiederbesinnung, in der die Zivilgesellschaft jetzt gefordert ist. Der weltweite Erfolg der »Me Too«-Bewegung kann da Ansporn sein. Und wie viel würde sich schon ändern, wenn sich die »C«-Bürger aus den christlichen Parteien und die »S«-Genossen aus der Sozialdemokratie fänden und lautstark aufträten? Gemeinsam mit liberal, grün und links orientierten Wählern könnten sie den (Verfassungs-)Patriotismus einer offenen Gesellschaft pflegen und über die verschiedensten Formen von Teilhabe wieder viele Bürger, die ins Neonationale abgedriftet sind, in die freiheitlich-demokratische Grundordnung zurückholen – im Rahmen einer ökosozialen Marktwirtschaft, die diesen Namen auch verdient.

Soziale Teilhabe

Raus aus der Blase

Lebenserfahrene Menschen wissen, wie schwer es ist, Einstellungen und dann auch das persönliche Verhalten zu verändern. Doch dies ist jetzt notwendig. Die Lage ist verfahren, die Spaltung in der Gesellschaft vertieft sich. Wenn die real Privilegierten nicht (mehr) auf die real nicht so Privilegierten zugehen, werden die Gräben noch tiefer werden. Jeder von uns muss wieder begreifen, dass wir alle Menschen sind, »frei und gleich an Würde und Rechten geboren«, wie es im ersten Artikel der UNO-Menschenrechtscharta festgehalten ist.[614] Wer sich darauf beruft, darf doch nicht verächtlich gemacht oder deswegen als »Gutmensch« verspottet werden. Der langjährige Präsident der österreichischen Caritas, Franz Küberl, wurde oft beschimpft, weil er sich für Flüchtlinge einsetzte. Im persönlichen Aufeinandertreffen konnte er sein Gegenüber häufig mit einem Satz entwaffnen: »Sie haben sicher auch kein leichtes Leben.«[615]

Danach war oft ein offenes Gespräch möglich. Kränkungen können angesprochen, Vorurteile Zug um Zug aufgeweicht, Falschinformationen korrigiert werden. Der massenhafte Rückzug der Bessergestellten in ihre Reichengettos lässt alle anderen allein. »Die lokalen Eliten schalten sich aus«, hat Gerd Leipold beobachtet, als er nach seiner langjährigen Tätigkeit als weltweiter Chef von Greenpeace in seinen Geburtsort Rot an der Rot im Süden Deutschlands zurückkehrte.[616] Während sich früher Firmeninhaber oder leitende Angestellte aus nahe gelegenen Großbetrieben wie selbstverständlich im örtlichen Kirchenchor oder im Sportverein engagierten, bleiben sie jetzt lieber unter ihresgleichen.

So verfestigen sich Blasen. Das Gegenteil ist notwendig. Die Agora, der öffentliche Debattenraum, braucht eine Wiederbelebung – in Schulen, auf Dorfplätzen oder in den Grünanlagen der Städte. Jeder Wohlhabende, der an eine offene und tolerante Gesellschaft glaubt, ist jetzt gefordert, sich einzubringen und persönliche Überzeugungsarbeit zu leisten.

Andererseits sind auch nicht so Wohlhabende gefordert, die Reichen zur Rede zu stellen. Jeder kann mit jedem reden, wenn er will: »Rechte« mit »Linken«, »Reiche« mit »Armen«, Gewerkschafter mit Neoliberalen, Junge mit Alten, Frauen mit Männern, auch in sozialen Medien und im TV. In Internetforen sollte man sich einmischen. Und immer kann man dabei Fragen stellen. Wer konkrete Tipps will, kann sie im Buch »Mit Rechten reden« finden, das sich auch mit Linken in deren Blasen beschäftigt.[617] Sinngemäß gilt dies auch für die wissenschaftlichen Eliten, Bildungsbürger und Medienvertreter aller Art. Sinnlos ist das Gespräch nur mit Extremisten, doch das sind nur wenige.

Eine besondere Verantwortung trifft die besonders Reichen. Sie müssen die Parallelgesellschaft verlassen, die sie sich in ihren besonderen Wohnlagen, exklusiven Clubs und luxuriösen Feriendomizilen aufgebaut haben, und sich wieder der gesellschaftlichen Debatte stellen. Sie sollen ihr Gesicht zeigen, sich erklären und dürfen sich nicht weiter verschanzen. Wir wollen die Reichen sehen – und mit ihnen reden.

Emotionale Bildung und soziale Patenschaften

Nicht nur der Verhaltensökonom Ernst Fehr verweist darauf, dass Menschen bereits in ihren ersten fünf Lebensjahren entscheidend geprägt werden. Wie kann es sein, dass zunehmend sehr junge Menschen, die in offenen Gesellschaften leben, eine Sehnsucht nach dem starken Mann verspüren und die Hinwendung zu autoritären Lösungen befürworten? Warum verlieren die bisherigen Demokratien und die Empathie in der Gesellschaft ihre Strahlkraft? Eltern und Schule, Nachbarschaft und Medien haben daran in unterschiedlicher Weise ihren jeweiligen Anteil. Doch es ist auch ein Mangel an etwas, das »emotionale Bildung« genannt werden könnte.

Im weiteren Sinne gilt dies auch für fehlende konkrete soziale Verbindungen über ökonomische Schichten hinweg. Patenschaften könnten da helfen, die finanzielle Unterstützung etwa von jungen Menschen für Lernaufenthalte im Ausland, ein Sponsoring einer verrückten Idee, deren Realisierung sich der Erfinder nicht leisten kann. Aber nicht anonym, sondern persönlich.

Das darf kein Paternalismus sein, sondern ein nachvollziehbares Engagement von ökonomisch besser gestellten Einzelpersonen oder Familien, in einem unmittelbaren Bezug zu Nachbarn oder Arbeitskollegen in einem Unternehmen. Soziale Patenschaften könnten durch steuerliche Anreize gefördert werden. Die Aktivitäten einzelner können freilich den Staat und organisierte Interessenvertretungen nur ergänzen, nicht ersetzen.

Digitale Teilhabe

Die Macht über eigene Lebensspuren

Nahe beim Nollendorfplatz in Berlin lebt und arbeitet Harald Schumann. Als er mit Kollegen aus sieben Staaten das Journalistenteam von Investigate Europe aufbaute, trafen sie sich regelmäßig in seiner Wohnung in einem jener Gebäude im Gründerzeitstil, deren Fassaden bei der Sanierung nach dem Zweiten Weltkrieg jeden Schmuck, aber auch jede Spur der Zerstörung verloren.

Schumann war zunächst erstaunt, wie wenig seine oft jungen Kollegen von den Tücken ihres Arbeitsgeräts und den Zugriffsmöglichkeiten auf ihre Kommunikationsstränge wussten. Doch das änderte sich schnell. Die Computer wurden gesichert, E-Mails verschlüsselt, statt WhatsApp, das dem Unternehmen Facebook gehört, wird der frei verschlüsselte Messaging-Dienst Signal genutzt, auf ihren Notebooks verwenden die Reporter das Betriebssystem Linux. »Irgendein Geheimdienst kann da trotzdem rein, aber private Schnüffler beißen sich die Zähne aus«, erklärt der erfahrene Buchautor und Journalist.[618]

Was bis vor kurzem selbst für investigative Reporter Neuland war, sollte für alle Internetnutzer zur Selbstverständlichkeit werden. Zehn Jahre nach der Einführung von Smartphones und fünf Jahre nach den Enthüllungen von Edward Snowden sollte allen bewusst sein, welchen Risiken sie sich aussetzen, wenn sie ihre Daten nicht schützen.

Noch besser ist, so wenig Lebensspuren wie möglich bei Kreditkartenunternehmen und im World Wide Web zu hinterlassen. Das ist keine Frage von Paranoia, sondern von verantwortungsvollem, zukunftsorientiertem Verhalten. Der im August 2018 bekannt gewordene Versuch von Facebook, sich sogar die Kundendaten von Banken einzuverleiben, mag erneut als Weckruf dienen.[619] Wer kann heute wissen, welcher Facebook-Eintrag, welche Kontoabbuchung oder welche SMS ihm in einigen Jahren schaden kann, privat, beruflich, in einem neonational beherrschten Staat mit anderen Überwachungsgesetzen, zielgerichtet auf demokratische Oppositionelle?

E-Mails, die standardmäßig nicht verschlüsselt werden, sind so leicht lesbar wie Postkarten, und »Jedes Schriftl is a Giftl«. Was nicht existiert, existiert nicht.

Telefonate sind in der Massenüberwachung viel schwerer zu erfassen, vor allem ist die Auswertung der Gespräche aufwendiger als von Texten. Und solange die Nutzung von Bargeld in überschaubarem Ausmaß erlaubt bleibt, können auch Geldscheine und Münzen die Privatsphäre absichern. Datenkontrolle wird zur allgemeinen Bürgerpflicht. Es lebe die digitale Selbstverteidigung.

Digitale Menschenrechte

Unerwünschte Nebenwirkungen von sozialen Medien und digitalen Entwicklungen könnten deutlich verringert werden, ohne den freien Meinungsaustausch und Protestmöglichkeiten zu unterbinden. Zumindest als Ergänzung zum privaten, hemmungslosen Facebook-Riesen sollten kooperative Dienstleister treten, die sich wie zu Zeiten Raiffeisens und der Arbeiterbewegung im 19. Jahrhundert als Genossenschaften organisieren könnten. Staatliche Plattform-Anbieter wären nur bei garantiertem, kontrollierbarem Datenschutz sinnvoll.

Parlamente könnten die erhöhte Transparenz von Nutzungsbedingungen jederzeit herstellen. Jeder Person sollte im Internet leicht verständlich sein, welche ihrer Daten von wem wie gespeichert wird und mit wem sie geteilt werden (müssen). Dabei sollte es auch Auswahlmöglichkeiten geben und nicht nur ein System des »Friss oder stirb«. Das Recht auf Löschung zumindest von privaten Einträgen muss überall durchgesetzt werden. Die neue EU-Datenschutz-Grundverordnung (DSGVO) kann da nur ein erster Schritt sein, außerdem ist sie zu bürokratisch angelegt. Persönliche Daten sollten jedenfalls nur auf eine begrenzte Zeit und für einen begrenzten Zweck von Firmen benutzt werden dürfen. Postern sollte möglich sein, ein »Verfallsdatum« ihrer Nachricht festzulegen.

In sozialen Medien könnten Vertrauensrankings etwa für Nachrichtenposts eingeführt werden. Die Kriterien dafür müssen aber transparent sein. Wer dürfte auf welcher Grundlage etwas bewerten? Eine Orientierung könnte das Qualifizierungssystem von Wikipedia bieten, das erst nach einer Serie von internen

Testläufen die Bearbeitung von öffentlich sichtbaren Texten erlaubt. Auch Künstliche Intelligenz, die von einer seriösen, allgemeinen Wissensdatenbank gespeist wird, könnte bei so einem Ranking einen Beitrag leisten.

Als die UN-Menschenrechtscharta 1948 in Paris verkündet wurde, war ein Leben in einer digitalisierten Welt nicht absehbar. Im Jahr 2016 legte eine Gruppe von 27 deutschsprachigen Intellektuellen deshalb eine »Europäische Charta der digitalen Grundrechte« vor.[620] Das Anliegen gehört in den Mittelpunkt der politischen Diskussion, erst recht im Zuge um sich greifender Überwachungssysteme US-amerikanischer und chinesischer Prägung. Digitale Menschenrechte sind mit der Freiheit und Sicherheit der Bürger vor staatlicher und privater Willkür untrennbar verbunden.

Der Segen der erweiterten Realität

Während die Kontrolle der Datensammler und Auswerter höchste Priorität haben müsste, zeigt sich bei der Augmented Reality, der »erweiterten Realität«, exemplarisch die Zweischneidigkeit des digitalen Zeitalters. Computergestützt können etwa in Datenbrillen Informationen eingeblendet werden, die auf Einzelpersonen ausgerichtet sind. Künstliche Intelligenz macht sich als Assistenzsystem nützlich. Eine Maschine, die repariert werden muss, erkennt zum Beispiel das individuelle Kompetenzprofil des Mitarbeiters, der sich um sie kümmern soll und liefert ihm die auf ihn zugeschnittenen Daten und Informationen, damit er seine Aufgabe erledigen kann.

Somit »stellt sich die Frage, was ich überhaupt wissen muss und ob ich Wissen nicht einfach ›extern‹ ablegen kann«, erklärt Professor Christoph Igel, wissenschaftlicher Leiter des Deutschen Forschungszentrums für Künstliche Intelligenz in Berlin. »›Alles in den Kopf zu bekommen‹ funktioniert heute nicht mehr.«[621]

Das ermöglicht Großartiges. Auch Menschen, denen Lernen und Merken nicht so leichtfällt, werden in Zukunft Arbeiten verrichten, für die sie eigentlich nicht qualifiziert sind – mit einem digitalen Lernassistenten an ihrer Seite. Lernbrillen können somit viele Arbeitnehmer vor der Arbeitslosigkeit bewahren, auch wenn andererseits durch die Automatisierung und Robotik unzählige Jobs wegbrechen. Und für die Türen zu einträglichen Karrieren, die früher Studenten der Rechtswissenschaften offenstanden, haben nun die Absolventen eines Studiums der Robotik und Informatik die Schlüssel in der Hand.

Der weltweit tätige IT-Unternehmer Hannes Bardach aus Wien fordert inzwischen, dass »Kinder ab vier Jahren Programmieren lernen und mit acht Jahren einen Roboter steuern sollten, weil nur so das Denken richtig geschult wird. Es geht dabei nicht ums Surfen im Internet oder Computerspiele – die machen Kinder nicht zu Digital Natives.«[622] Das ist nach Ansicht von Psychiatern wie dem Ulmer Hochschullehrer Manfred Spitzer viel zu früh, Bardachs Forderung weist aber darauf hin, welch bedeutende Rolle Robotik auch im Alltag bald einnehmen wird.

Für die Belebung der Fantasie und die Förderung der Kreativität ist jedenfalls übliches Spielzeug wie Holzbaukästen unersetzbar – und natürlich das Lesen, auch längerer Texte. Wie soll jemand die Komplexität der vernetzten Welt der Gegenwart verstehen, wenn er oder sie keine Bücher sinnerfassend lesen kann?

Ökonomische Teilhabe

Ja, Gewerkschaften

Wäre der Mensch von Natur aus gut und vernünftig, dann wären Gewerkschaften überflüssig. Da dies nicht der Fall ist, sind starke, durchsetzungsfähige Vertretungen von Arbeitnehmern, die bei ihren Verhandlungen auch das Gewinninteresse der Unternehmen, aber selbstverständlich vor allem ihre Mitglieder im Auge haben, sinnvoll und notwendig. Kronzeugen für diese Auffassung sind nunmehr ausgerechnet große Finanzinvestoren wie James

Montier an der London Bridge oder auch der weltweit größte Anlageverwalter Blackrock.

Montier, der in seinem internen Grundsatzpapier, das am Anfang dieses Buches ausführlich zitiert wurde, mit den aktuellen ökonomischen und politischen Entwicklungen weltweit abrechnet, zieht am Ende seiner Analyse eine unmissverständliche Schlussfolgerung:

»In den vergangenen vier Jahrzehnten wurden Gewerkschaften als gerissene Teufel dämonisiert, die immer willens seien, die öffentlichen Anliegen zu sabotieren, um ihre eigenen, schmalspurigen Interessen durchzusetzen.

Gewerkschaften können aber eine fundamentale Rolle dabei spielen, dass die Einkommensverteilung fair ist. Damit können sie sicherstellen, dass die Volkwirtschaften sich in einer Balance befinden, indem Arbeitnehmer konsumieren können, was sie produzieren.«[623]

Wie wenig dies in den USA oder in Deutschland der Fall ist, zeigen die Grafiken dieses Buches zur »unbelohnten Produktivität«. Selbst der wirtschaftsliberale »Economist« rechnet mit neuer gewerkschaftlicher Kraft:

»Einige Leute sind besser als andere in der Lage, Arbeitgeber davon abzuhalten, den Bogen zu überspannen. Wessen Fähigkeiten gefragt sind, ist besser in der Lage, sich zu behaupten, als wenn man leicht zu ersetzen ist. Bezahlte Arbeitskräfte im Niedriglohnsektor wie dem Einzelhandel werden besonders gefährdet sein. Das könnte zu einer Renaissance der Gewerkschaften führen, die sich bemühen, die Interessen der Arbeitnehmer zu vertreten und Standards zu setzen.«[624]

Dass sich in den USA die Arbeitnehmervertretungen durch Konflikte und Affären fast ein Jahrhundert selbst geschwächt haben und sie durch die so erfolgreiche Klientelpolitik der republikanischen Partei noch mehr an den Rand gedrängt wurden, sollte in Europa erst recht das Gegenteil bewirken. Auch die Gewerkschaftsbewegung auf dem alten Kontinent muss sich weiter reformieren. Doch ja, sie ist wichtiger denn je.

Wie Nahrung und eine ordentliche Gesundheitsfürsorge zählt bezahlbares Wohnen zu den Grundbedürfnissen des Menschen. Die Privatisierungswelle der vergangenen Jahrzehnte bei Sozialwohnungen hat in Summe keineswegs die versprochenen Ergebnisse gebracht. Die ausgebrannte Ruine des teilprivatisierten Londoner Grenfell-Towers, in dem im Juni 2017 mindestens 71 Menschen wegen einer fackelartig brennbaren Außenisolierung inmitten eines der wohlhabendsten Wohnbezirke der Welt jämmerlich erstickten und verbrannten, sollte mehr als nur ein Mahnmal sein.

Wer sich um Wohnungen, die sich der Großteil der Wähler noch leisten kann, nicht erfolgreich kümmert, wird deren Stimmen verlieren. Die Sozialdemokraten in so vielen Ländern können unzählige Lieder davon singen. Mietpreisbremsen, die kaum Wirkung zeigen, werden nicht ausreichen, um Wählerrevolten zu verhindern.

Zukunftsweisender ist eher, was Florian Schmidt, ein grüner Baustadtrat im Berliner Bezirk Friedrichshain-Kreuzberg plant: Per Vorkaufsrecht will er binnen 20 Jahren die Hälfte des Wohnungsbestandes unter die Kontrolle landeseigener Unternehmen und Genossenschaften bringen, um Mieter vor Spekulation, Luxussanierung und Umwandlung in Eigentum zu schützen. Seit 2015 hat sein Bezirk schon knapp 1000 Wohnungen angekauft, jede Woche kommen weitere hinzu.[625] Ergänzend sollten auch in noblen Stadtvierteln wieder Sozialwohnungen gebaut werden, und das keineswegs nur in Berlin.

Auch neue Steuern auf schnelle Vermögenszuwächse könnten helfen, vor allem gegen Spekulanten, die weniger gut informierte Haus- und Grundeigentümer zu einem Verkauf unter dem Marktwert überreden und bereits Käufer in der Hinterhand haben, die bereit sind, wesentlich mehr zu bezahlen.

Während sich die Probleme bei der großen Transformation in eine datenbeherrschte Ökonomie verdichten, nimmt die Debatte um ein bedingungsloses Grundeinkommen immer mehr an Fahrt auf. Sie dreht sich um ein zweischneidiges Schwert.

Idealistische Befürworter argumentieren mit dem Traum der Freiheit von Arbeit. Das hochkarätig besetzte »Philosophicum Lech« widmete im Jahr 2017 dem »Mut zur Faulheit – die Arbeit und ihr Schicksal« alle seine Vorträge. Der Roboter, hieß es, werde zur »Mußemaschine«, er erledige die Arbeiten, endlich könne der Mensch die Früchte seines Strebens nach Entlastung durch technische Hilfsmittel genießen.[626] Schön. Doch natürlich stellt sich auch da die Frage nach dem Eigentum an den Produktionsmitteln und erst recht nach der Verteilung des Gewinns.

Der Schweizer Unternehmer Daniel Häni, der in seinem Geburtsland im Jahr 2016 eine nationale Volksabstimmung zum Thema durchsetzte und dabei an den Wahlurnen auf die erstaunliche Zustimmung von 23 Prozent stieß, bricht die wortgewaltigste Lanze.[627] »Wir wollen Freiheit in der Arbeit, nicht Freizeit nach der Arbeit. Das bedingungslose Grundeinkommen ist die humanistische Antwort auf den technologischen Fortschritt.«[628] Die Finanzierungsmöglichkeiten wären dabei vielfältig, die Preisgabe vieler bisheriger sozialer Absicherungen wie von Teilen der Arbeitslosenunterstützung, der Mindestsicherung oder von Hartz IV und anderen Sozialhilfen könnte dazu beitragen.

Weniger humanistische Gründe, sondern Fragen des kapitalistischen Systemerhalts in den Zeiten der Robotik treiben pragmatische Befürworter an, darunter Großunternehmer, die um die heraufziehenden Verwerfungen auf dem Arbeitsmarkt wissen und ein politisches Abdriften von noch mehr orientierungslosen Menschen zu den Neonationalen fürchten. Der freie Markt, die Macht des Neoliberalismus, gerät damit in Gefahr, das bedingungslose Grundeinkommen könnte die Funktion einer Ruhigstellungsprämie für abgehängte Globalisierungsverlierer übernehmen.

Gewerkschaften sind ebenso skeptisch wie der Zürcher Verhaltensökonom Ernst Fehr: »Ich glaube, dass sich da Subkulturen herausbilden würden, die von diesem Einkommen leben, aber nicht viel an die Gesellschaft zurückgeben würden. Das wäre langfristig wohl kein stabiler politischer Zustand. Die Mehrheit würde es nicht dulden, dass Leute wenig zur Gesellschaft beitragen, aber von ihr profitieren. Das Grundeinkommen ist fundamental inkompatibel mit unseren normativen Grundprinzipien.«[629]

Einen anderen Lösungsansatz wählte der 2017 verstorbene britische Ökonom Anthony Atkinson in seinem Buch »Ungleichheit«.[630] Weil der Gesellschaftsvertrag auf dem Spiel stehe, forderte er ein Grundeinkommen von 300 Euro, allerdings gekoppelt an Sozialarbeit, ergänzt durch eine staatlich geförderte »Minierbschaft« zu Beginn der Volljährigkeit. Neben höherer Chancengleichheit, höheren Steuersätzen und einer gezielten Forschungsförderung gehe es aber darum, den Markt zu beeinflussen, so Atkinson, nicht nur umzuverteilen.

Ein Experiment in Finnland, bei dem 2000 arbeitslose Personen zwei Jahre lang monatlich 580 Euro ohne Auflagen erhielten, läuft zum Jahresende 2018 leider aus.[631] Mehr und umfassendere Versuche zum bedingungslosen Grundeinkommen sind wünschenswert.

Mobilitätsstabilität und Lohnquote

Eine verbesserte persönliche und gesellschaftliche Sicherheit würde sich auch durch eine Absicherung der finanziellen Existenz im Gegenzug zur geforderten zeitlichen und räumlichen Flexibilität bei erforderlichem Arbeitsplatzwechsel oder extrem flexibilisierten Arbeitszeiten ergeben. Man könnte das »Mobilitätsstabilität« nennen. Dafür könnten neue öffentliche und private Finanzierungsinstrumente eingerichtet werden, etwa überbetriebliche Fonds.

Im Zentrum aller arbeitsmarktpolitischen Überlegungen müssen aber in Deutschland und in Österreich verstärkte Investitionen in die öffentliche Infrastruktur und Lohnerhöhungen stehen. An verschiedenen Stellen dieses Buches wurde ausgeführt, welch schädliche Auswirkungen der so hohe, unverhältnismäßige Leistungsbilanzüberschuss Deutschlands und anderer Länder hat. Anfang August 2018 warnte der IWF-Chefvolkswirt Maurice Obstfeld erneut: »Die Hartnäckigkeit der globalen Ungleichgewichte und zunehmend empfundene ungleiche Handelsbedingungen schüren protektionistische Stimmungen.«[632] Ein Gegenrezept: »Höhere Lohnabschlüsse vor dem Hintergrund eines angespannten Arbeitsmarktes würden gleichfalls die heimische Nachfrage stärken.«

Die Lohnquote, also der Anteil der Arbeitnehmerentgelte am Volkseinkommen, ist in den meisten Industriestaaten von knapp 75 Prozent am Anfang der 1970er-Jahre auf etwa 65 Prozent abgesunken. So stark haben die Gewinneinkommen in den Volkswirtschaften zugenommen. Doch das muss sich wieder umkehren – aus sozialen, ökonomischen und politischen Gründen.

Gerechter Handel statt blinder Freihandel

Gegenwärtig rächt sich bitterlich, dass die wohlmeinenden Globalisierungskritiker mit ihrer Forderung nach einem fairen, sozial rücksichtsvollen Freihandel jahrzehntelang zur Seite gedrängt wurden. Nichtregierungsorganisationen wie Attac wurden nicht ernst genommen, die Warnungen besorgter Ökonomen in den Wind geschlagen (siehe das Kapitel »Die wahren Gewinner des Freihandels«, Seite 143). Es stimmt, dass Handel den Wohlstand insgesamt erhöht und die beteiligten Länder reicher macht, doch einzelne Sparten und viele Arbeitsplätze in bestimmten Bereichen können darunter leiden. Ja, es gibt Globalisierungsverlierer.

Im Weltmaßstab gewannen seit dem Ende des Kalten Krieges in der Zeit der Hyperglobalisierung die Menschen in der unteren und oberen Mittelschicht Asiens am meisten. Die zweite Gruppe, die profitierte, waren die Spitzenverdiener sowohl in den reichen Ländern als auch in anderen Staaten sowie die Mitarbeiter in besonders exportstarken Bereichen wie etwa im deutschen Maschinenbau.

Die Konsumenten wiederum erhielten weltweit Zugang zu günstigen Produkten, doch gerade »die negativen Folgen am US-Arbeitsmarkt wurden lange schlicht unterschätzt«, betont der Schweizer Ökonom David Dorn, Lehrstuhlinhaber an der Universität Zürich.[633] Gemeinsam mit Kollegen vom Massachusetts Institute of Technology MIT sorgte er Anfang 2016 für großes Aufsehen, als er untersuchte, wie sehr chinesische Importe verschiedene Sektoren in den USA betrafen.[634] »Viele Ökonomen und Politiker dachten, es handle sich nur um Einzelfälle. Nun sahen wir, dass sie viel gravierender waren.« Diese Fehleinschätzung begriff Donald Trumps Wahlkampfteam, die Blindheit der Ökonomen und Politstrategen in den Reihen von Hillary Clinton öffnete dem Immobilienunternehmer aus New York den Weg zum Sieg im ökonomisch abgehängten Mittleren Westen der USA.

Doch die nun verhängten Zölle und der Handelskrieg sind die falschen Antworten. Sie machen alle Beteiligten ärmer. Richtig wäre, Handelsverlierer zumindest für eine Übergangsphase zu entschädigen, sie bei ihren Haus- und Wohnungskrediten zu entlasten, ihnen auch Umschulungen und Umzüge zu finanzieren. Die Gewinne aus dem Handel insgesamt würden ausreichen, um dies zu bezahlen.

Immer wieder haben wirtschaftliche Untersuchungen, zuletzt durch den Harvard-Professor Dani Rodrik, ergeben, dass Menschen in Wohlfahrtsstaaten viel eher bereit sind, auf offenen Weltmärkten zu konkurrieren.[635] Somit irren sich die rechten US-Ideologen in den Reihen der Republikaner gewaltig. Denn: Ein garantiertes Sicherheitsnetz für Notlagen macht mutiger.

Neue Handelsabkommen müssen in Zukunft alle Betroffenen berücksichtigen und dürfen nicht einseitig nur den Global Playern nützen. Auch dies ist eine Lehre aus dem bisherigen Scheitern des geplanten Transatlantischen Freihandelsabkommens TTIP und dem verhängnisvollen Wirtschaftsdrama, das Donald Trump derzeit inszeniert. Die ökologische Dimension des gegenwärtigen

Wirtschaftens ist selbstverständlich immer zu berücksichtigen, wird aber in diesem Buch aus Platzgründen kaum behandelt, zumal dazu bereits unzählige Publikationen vorliegen.

Kartelle sprengen und andere Steuern

Die Blaupause ist 112 Jahre alt. 1906 eröffnete der damalige US-Präsident Theodore Roosevelt ein Verfahren gegen die Monopolstellung von Standard Oil. 1911 ordnete der Oberste Gerichtshof der USA die Entflechtung des Ölriesen an. Gegen Amazon, Facebook und Google sollte ähnlich vorgegangen werden.

Auch andere Träume sollten wahr werden, zumal sie inzwischen von Personen und Institutionen vertreten werden, die in der Sache völlig unverdächtig sind: Großinvestoren und Profiteure des heraufziehenden Booms in der Künstlichen Intelligenz fordern ernsthafte Steuern für US-Großkonzerne,[636] Bill Gates will eine Robotersteuer,[637] die in Europa noch als wachstumshemmende und konkurrenzgefährdende Maschinensteuer verunglimpft wird, und der wirtschaftsliberale »Economist« hebt die Notwendigkeit von Erbschaftssteuern, die Reichen weh tun, aufs Titelblatt.[638] Dies realisiert – das wäre »glaubwürdig teilen« pur.

Reiche resozialisieren

Wer ist wirklich reich? Die Einschätzungen hängen da stark vom eigenen sozialen Umfeld ab. An dieser Stelle möchte sich der Autor auf Personen konzentrieren, deren Gesamtvermögen 10 Millionen US-Dollar beziehungsweise 8,8 Millionen Euro netto übersteigt. Pro Person, nicht je Haushalt oder Familie. Weltweit verfügen nach Berechnungen der Schweizer Bank Credit Suisse laut ihrem »Global Wealth Databook« 1,7 Millionen Menschen über ein persönliches Nettovermögen von mehr als zehn Millionen US-Dollar, in Europa sind es 338 000. Ihre Anzahl hat sich in den vergangenen zwei Jahrzehnten verfünffacht.[639] 82 Prozent des globalen Vermögenswachstums ging im Jahr 2017 an das reichste Prozent der Weltbevölkerung,[640] acht Multimilliardäre besitzen so viel wie die Hälfte der Menschheit.[641]

Allein in Deutschland leben 123 US-Dollar-Milliardäre,[642] 72 000 Personen mit einem Nettovermögen von mehr als zehn Millionen US-Dollar und 1,96 Millionen Millionäre, in Österreich zumindest acht Milliardäre, 8800 Personen besitzen mehr als zehn US-Dollarmillionen und 250 000 zumindest eine Million.[643] Viele der Milliardäre und manche nicht so Schwerreiche verstecken zumindest einen Teil ihres Vermögens in Steueroasen wie dem britischen Überseegebiet der Caymaninseln oder auf Zypern, in der Schweiz oder in Singapur (siehe die Grafik »Die Welt der Steueroasen«).

Mit Steuertricks und über global verflochtene Schattenfirmen werden den nationalen Steuerbehörden jedes Jahr etwa 155 Milliarden Euro vorenthalten. Bei den Enthüllungen um die Panama und die Paradise Papers beteuerten die Anwälte und Treuhänder der Steuervermeider, alles sei legal. Das ist vielleicht der eigentliche Skandal.

Das alles geschieht weit weg, meinen viele Empörte. Doch vor Ort existiert fast nie eine Infrastruktur, wie sie zur Verwaltung der Gelder benötigt würde. »Physisch realisiert sich das Fluchtgeschäft in den Computernetzen der Banken und Unternehmen, deren Zentralen sich auf deutschem, britischem, japanischem oder US-amerikanischem Boden befinden«, beschrieben wir schon vor zwei Jahrzehnten die Lage.[644] »Es wäre darum ein Leichtes für Steuer- und Polizeibehörden, die Fluchtkanäle zu verstopfen.« Der deutsche Ex-Kanzler Helmut Schmidt konkretisierte vor einem Jahrzehnt die Lösung: »Finanzeinlagen und Finanzkredite zugunsten solcher Unternehmen und Personen werden bei Strafe verboten, die rechtlich in Steuer- und Aufsichtsoasen registriert sind.«[645] Doch die Lobbyisten der Banken wussten dies bislang zu verhindern, in den USA ebenso wie in der EU. Wenn aber geopolitische Interessen verfolgt werden, ist plötzlich vieles möglich:

Am 7. August 2018 verkündete US-Präsident Donald Trump Maßnahmen gegen die Herrscher im Iran, um sie von internationalen Geschäften und Geldflüssen abzunabeln.

Mit politischem Willen könnte auch eine Visumspflicht für die wirklich Reichen eingeführt werden, abhängig von der Vorlage einer aktuellen Einkommenssteuererklärung und dem Nachweis angemessener Steuerzahlungen, vor allem, wenn sie in ihre Ferienorte innerhalb der EU fliehen wollen. Als Grundlage bietet sich das schwedische Modell der Offenlegung von Einkommen und Steuerleistungen an. Wer diesen Anforderungen nicht entspricht, könnte unverzüglich abgeschoben werden.

Um den gesellschaftlichen Zusammenhalt wieder wachsen zu lassen, müssten jedenfalls die wirklich Reichen resozialisiert werden und sich integrieren.

Würden die Steuerflüchtlinge mit ihren Vermögen in ihre Heimaten zurückkehren und die hierzulande üblichen Steuersätze entrichten, könnten damit locker alle Kosten für die Kriegsflüchtlinge und Vertriebenen aus dem Nahen Osten und afrikanischen Kriegsgebieten beglichen werden. Auch für Entwicklungshilfe bliebe noch viel übrig.

Migration: Die siamesischen Zwillinge

Die Migration ist eine Finanzierungs- und Organisationsfrage. Weil beides nicht gelöst wird, drängen sich große moralische Fragen in den Vordergrund der Diskussion. Die Frage ist jedoch nicht, wie oder gar ob Flüchtlinge in Seenot gerettet werden müssen, sondern, warum sich so viele Menschen überhaupt in die Hände von Schleppern begeben.

Wenn sich die Verhältnisse nicht schnell grundlegend ändern, bezahlen die europäischen Demokratien und ihre kolonialen Vorgängerstaaten (und mit ihrer lateinamerikanischen Vorhofpolitik auch die USA) ihr historisches Versagen im Nahen Osten, in Asien und in Afrika mit dem Fortbestand ihrer offenen

Gesellschaften. Selbst in einer Festung Europa, errichtet vornehmlich durch neonationale Regierungen, wird ein entspanntes Leben für viele nicht mehr möglich sein. Das entspricht nicht dem Interesse der mächtigen rechtsnationalen Eliten in den neuen chauvinistischen Staaten. Zwecks Machterhalt werden sie weiterhin den Fremdenhass – nach außen und innen – schüren.

Dabei sind der Schutz der Außengrenzen und die Bekämpfung der Fluchtursachen siamesische Zwillinge. Doch wo bleibt der große Masterplan für Afrika, die große Geberkonferenz, die fairen neuen Handelsabkommen, die nicht vor allem Exporteure aus der EU, den USA und China begünstigen und afrikanische Bauern und Kleinunternehmer bei ihren Versuchen, mit ihren Produkten auf dem Weltmarkt oder wenigstens in der EU oder in den USA Fuß zu fassen, benachteiligen? Wo ist der vielbeschworene Marshallplan des 21. Jahrhunderts?

Wenn der immer noch reiche Westen dem Großteil der Afrikaner und Millionen Menschen im Nahen Osten keine Perspektive bieten kann, stimmen sie mit Füßen ab und wandern. Der Islam verspricht ihnen ein soziales Schutzschild und Würde. Die scheinbar sanften Aggressoren aus China auch.

Das Schließen von Fluchtrouten ohne gleichzeitiges Schaffen von verlässlichen und großzügigen Aufbauinvestitionen außerhalb der EU-Grenzen wird nur zu neuen, noch umfangreicheren Bemühungen führen, sich in die Festung Europa und in die USA zu flüchten. Darum: Viel Geld in die Hand nehmen, die Notwendigkeit dafür endlich, endlich auch den Wählerinnen und Wählern erklären, ein Soli für Afrika wie der jahrzehntelange Solidaritätszuschlag für den Wiederaufbau Ost, aber ohne Deckelung bei hohen Einkommen. Dazu auch Steueroasen trockenlegen und mit den dadurch sprudelnden Steuereinnahmen die Wüsten bewässern. Das geht. Und natürlich brauchen wir Einwanderungsgesetze. Rasch. Ansonsten wird es noch viel, viel mehr Tote geben. Nicht nur im Mittelmeer, sondern bei Aufständen, auch innerhalb der neuen europäischen Wagenburg. Das kann dann noch viel teurer werden als Hilfsprogramme zur Selbsthilfe jetzt.

Politische Teilhabe

Die neue Bürgermacht

Der Berliner Ilan Siebert verkörpert den Bilderbuchaktivisten. Er ist jung, höflich und gleichzeitig überzeugend. Siebert engagiert sich für die Initiative »Es geht los«. Damit wollen er und seine Mitstreiterinnen und Mitstreiter »ein gelostes Diskussionsforum etablieren, damit Bürger wieder eine Position in der Bundespolitik einnehmen«, erklären sie auf ihrer Webseite.[646] »Das Ziel ist die Organisation und Durchführung des ersten ausgelosten Bürgerrats mit 100 Beteiligten auf Bundesebene.« 2019 soll er stattfinden.

»Wir denken Bürgerbeteiligung jenseits von Volksabstimmung und Petitionsrecht. Ausgeloste Bürgerräte machen das möglich. Das Verfahren, das sich schon seit der Antike bewährt, ermöglicht es Bürgern aus allen Gesellschaftsgruppen, an konkreten Entscheidungen mitzuwirken. Die Teilnehmenden eines Bürgerrats werden aus allen in Deutschland gemeldeten Menschen ausgelost. Ein Bürgerrat besteht aus Expertenvorträgen, Informationspaketen und gut moderierten Diskussionen. Die Auslosung unterstützt eine inhaltsbasierte Entscheidungsfindung, weil Machtinteressen keine Rolle spielen.«

Als aktuelles Vorbild dient Irland. In dem katholisch geprägten Land wurde mit Hilfe eines Bürgerrates die Legalisierung der Homoehe ermöglicht. Im österreichischen Bundesland Vorarlberg sind Bürgerräte sogar in der Landesverfassung verankert.

Geloste Bürgerräte können die politische Lähmung in Parteien und Parlamenten überwinden helfen und auch Menschen Gehör verschaffen, die sich nicht über endlose Gremiensitzungen und Anbiederung an Parteikollegen hinaufdienen wollen oder zeitlich dazu nicht in der Lage sind. Gleichzeitig kann durch Bürgerräte in der politischen Meinungsbildung ein echter Querschnitt durch alle Bevölkerungsschichten gewährleistet werden.

Durch eine Änderung des deutschen Grundgesetzes und der

Verfassungen in anderen noch demokratischen Staaten könnte so nach einer Einführungs- und Erprobungsphase eine neue gesetzgebende Kammer entstehen – neben den regionalen und nationalen Parlamenten und in Deutschland neben dem Bundesrat. In Österreich verdient dieses Gremium seinen Namen nicht und sollte abgeschafft werden. Wenn Rechtsstaaten ausgelosten Schöffen das Urteil über Straftäter überantworten, warum dann nicht transparent und zufällig ausgewählten Bürgern die Mitentscheidung über politische Fragen?

Dieser Demokratisierungsprozess müsste durch eine garantierte Bürgerbeteiligung in öffentlich-rechtlichen Medien ergänzt werden.

Und vielleicht geht in der Nachspielzeit der bisherigen Demokratien ja noch was, hinein ins »New Game«. Fast wöchentlich werden derzeit quer über den europäischen Kontinent neue Aktivitäten gesetzt, von den Protesten gegen das neue bayerische Polizeigesetz über die Demonstrationen in Wien gegen die Verschlechterung der Arbeitsbedingungen und das Aufstehen rund um Sahra Wagenknechts linke Sammlungsbewegung bis zu »Puls of Europe«.

Eine kühne europäische Demokratie wagen

Das ist die ganz harte Nuss, die geknackt werden müsste: Was im Jahr 2000 beim Treffen der Staats- und Regierungschefs der damals 15 Mitgliedsstaaten der Europäischen Union in Nizza nicht umgesetzt wurde, ist als Konzept immer noch richtig. Europa muss politisch noch weiter geeint werden, um neben den Weltmächten USA, China und Russland bestehen zu können. Dazu müssen die Bürgerinnen und Bürger in Deutschland, Österreich und in den Nordländern über ihren Schatten springen und verstehen, dass es nach dem Boom durch den Binnenmarkt auch einer Wirtschafts- und Sozialunion bedarf. Demokratie kann nur im Rahmen einer ökosozialen Marktwirtschaft gedeihen.

In gewissen Bandbreiten sollten auch die Sozialsysteme, etwa beim Renteneintrittsalter, und die Steuersysteme angeglichen werden. Die Steuerpolitik ist der Schlüssel zur demokratischen Lenkung der wirtschaftlichen Entwicklung ohne dirigistische und bürokratische Eingriffe in den Markt. Zudem lässt sich nur so der EU-interne Wettlauf um die niedrigste Unternehmensbesteuerung und das Abwandern von vermögenden Steuerzahlern beenden. Die Aufgabenverteilung von Markt und Staat muss im Angesicht des überbordenden Finanzkapitalismus neu definiert werden.

Um bei den Bürgern akzeptiert zu sein, muss die Europäische Union endlich demokratisiert und transparent werden. Die Sitze im Europäischen Parlament sollten von 705 auf 450 reduziert werden, verbunden mit einer Kompetenzausweitung, also zumindest dem Initiativrecht in Gesetzesfragen. Wenn es weniger, aber immer noch ausreichend viele Europaabgeordnete gäbe, wäre jeder einzelne für die Wähler sichtbarer, erst recht, wenn das Parlament als Legislative vollwertig würde.

Die Volksvertreter sollten auf allen Vertretungsebenen, vom Regionalparlament aufwärts, ein dreistufiges Gehalt beziehen: ein Grundeinkommen, zusätzlich ein variabler individueller Leistungszuschuss und eine Gemeinwohlprämie. Das Grundeinkommen sollte dem durchschnittlichen Nettoeinkommen im jeweiligen Wahlkreis entsprechen, der Leistungszuschuss an die parlamentarische und politische Aktivität gekoppelt sein, etwa an die Anzahl von Anträgen, Anfragen, Reden und Bürgersprechstunden. Die Gemeinwohlprämie kann sich auf eine Reihe von Faktoren stützen: im örtlichen Bereich etwa auf die erfolgte Sanierung von Straßen und Schulen, überregional auf Verbesserungen im Bildungsbereich (Stichwort »Pisa-Studie«), die Entwicklung der Arbeitslosigkeit; europäisch zum Beispiel auf die Geldwertstabilität, die Einhaltung von Klimaschutzzielen und Fortschritte bei der Gleichberechtigung der Geschlechter. Der Abbau unnötiger bürokratischer Apparate, wie etwa zahlreicher EU-Agenturen, würde nicht nur jährlich Milliardenbeträge einsparen, sondern auch ein klares Signal aussenden: Wir haben verstanden.

Auf EU-Ebene sollte nur noch reguliert werden, was dort unbedingt reguliert werden muss. Städte, Regionen und auch Nationalstaaten sollten in vielen Bereichen selbstständiger agieren können. Eine solidarische Europäische Gemeinschaft der Regionen, wie sie der Autor schon seit mehr als zwei Jahrzehnten anregt, könnte die Wähler begeistern.

Statt nur noch konfliktvermeidend zu reagieren, müssten die politischen Eliten den großen Wurf wagen und verständlich machen, was auf dem Spiel steht.

Dem chinesischen Modell entgegentreten

So übertrieben ein blinder Antikommunismus nach dem Zweiten Weltkrieg bisweilen gewesen sein mag, so untertrieben ist nun die Kuschel- und Wegschaupolitik gegenüber den Mächtigen in der Volksrepublik China. Wer nicht begreift, welche Politik die Herrschenden dort verfolgen, wird im chinesisch dominierten Überwachungskapitalismus enden. Rekordgewinne für Unternehmen aus dem Westen auf dem chinesischen Markt und satte Margen für die Importeure chinesischer Produkte in die EU dürfen nicht die Maxime sein, die blind macht für den Blick auf das Leben zukünftiger Generationen im Westen.

Deshalb muss der Umgang mit China wieder auf den Prüfstand: Neben Datenschutzfragen gehört dazu das Eintreten für die Universalität der Menschenrechte, auch wenn es ökonomisch weh tut. Die EU und die WTO dürfen die Volksrepublik China nicht als Marktwirtschaft anerkennen. Das Ein- und Aufkaufen von wichtigen Unternehmen durch chinesische Investoren ohne Vetomöglichkeit der nationalen EU-Regierungen muss beendet werden, wenn gleichzeitig in China ausländischen Unternehmen weiterhin wichtige Bereiche nicht zugänglich bleiben. Dass jetzt etwa in der Autoindustrie ein Alleinbesitz von Firmen in China möglich ist, weist auf keinen Politikwechsel in China hin, sondern zeigt nur, dass Chinas Strategen diese Sparte nicht mehr so wichtig ist. Sie sind längst in Hochtechnologiebereichen auf dem großen Marsch – etwa bei der Künstlichen Intelligenz. Und in diesen Zukunftsfeldern dürfen ausländische Unternehmen sich wieder nur beteiligen und ihr europäisch-US-amerikanisches Knowhow einbringen, aber nicht bestimmen.

Der große Exporterfolg der deutschen Wirtschaft führt eben auch zu hochproblematischen Abhängigkeiten. Beispielhaft ist Siemens, das laut »Wirtschaftswoche« zurückschreckte, den Augsburger Roboterhersteller Kuka zu übernehmen, weil aus China der Hinweis kam, dass ein solches Vorgehen das China-Geschäft des Weltkonzerns beeinträchtigen würde.[647] Im europäischen Interesse wäre ein solches Engagement von Siemens aber industriestrategisch äußerst sinnvoll gewesen.

Peinlich, aber offenbar systematisch biedert sich der Daimler-Konzern an die chinesischen Diktatoren an, keineswegs nur Chef Dieter Zetsche nach der versehentlichen Nutzung eines harmlosen Zitates des Dalai Lama auf Instagram durch einen PR-Mitarbeiter. Wenn Daimler die Hälfte seines globalen operativen Gewinnes im Reich der Mitte erwirtschaftet, nagt das auch am Fundament Deutschlands, da sich so ein Großunternehmen dann nicht mehr vorbehaltlos und umfassend für demokratische Grundwerte einsetzen kann, schon gar nicht für die ernst zu nehmende Einhaltung von Menschenrechten in China.

Es passt ins Bild und ist weit entfernt von den selbstproklamierten Werten wie Transparenz und Offenheit, wenn sich der Automobilhersteller sogar der Auskunft verweigert, wie viele Arbeitnehmer noch in der neuen, hoch automatisierten »Factory 56« in Sindelfingen beschäftigt sein werden.[648] Da droht eine Geisterfabrik der Zukunft, doch dies soll nicht bekannt werden. Die Kommunikationsabteilung eines chinesischen Unternehmens würde nicht anders reagieren.

Sogar völlig unverfängliche, unkritische Zitate einer Führungskraft zu allgemeinen Wirtschaftsentwicklungen gibt Daimler nicht mehr frei.[649] Die Sorge, irgendetwas anzusprechen, was in China oder beim neuen chinesischen Großinvestor irgendwie sauer aufstoßen könnte, ist offensichtlich. Damit verändert sich für die Öffentlichkeit in Deutschland der Zugang zu Wissenswertem.

Auch um solche Konflikte zumindest zu verringern, wäre die Stärkung der Binnennachfrage durch höhere Löhne und Einkommen für alle Beschäftigten in Deutschland sinnvoll. Wer als Unternehmen, egal, ob als europäischer Großkonzern oder als österreichischer Mittelständler, mehr auf die Gunst der Machthaber in China und die dortigen Absatzmärkte setzt als auf das Wohlergehen der Mitarbeiter in Deutschland und in der EU, darf sich nicht wundern, wenn immer mehr Wählerinnen und Wähler zu den politischen Extremen abwandern.

Während weltweit lautstark über russisch gesteuerte Manipulationen im Internet debattiert wird, ziehen Chinas Helfer und Mitläufer ihre Schlingen fast geräuschlos zu:

Neben der »Vereinigten Arbeitsfront« als Agentur unter Anordnung des Zentralkomitees der Kommunistischen Partei Chinas, welche die 50 Millionen Chinesen, die außerhalb des Riesenreiches leben, beaufsichtigen soll und dabei vor allem Studenten und Unternehmen im Blick hat, dienen inzwischen mehr als 1000 »Konfuzius-Institute« und »Konfuzius-Klassenzimmer« zum Ausbau der Kontrolle und Beeinflussung, insbesondere von akademischem Lehrpersonal.[650] Auch auf wissenschaftliche Publikationen von renommierten internationalen Universitäten wird Einfluss genommen, keineswegs nur in China.

Wer sich allerdings das freie Denken und Argumentieren einschränken oder gar verbieten lässt, wird und ist unfrei. Ohne Freispiel. Doch noch ist ein »New Game« möglich.

20 Ideen für das »New Game«

Eine Zusammenfassung der wichtigsten Anliegen dieses Buches

Aufwachen

Wir müssen begreifen, dass wir nicht *vor* enormen Veränderungen stehen, sondern mittendrin. Die Welt hat sich schon radikal verändert. Die vielfältigen Krisenherde sind miteinander verzahnt und werden den Systemcrash auslösen: die extreme Ungleichheit, die überall spürbare Unsicherheit, die Revolte der Eliten, die Handelsstreitigkeiten, die Finanzmärkte, die nächste Rezession, der Klimawandel und die Demografie, die Migration, die Robotik und die Digitalisierung, die neue Kriegslust der autoritären Kräfte von den USA über Russland bis China, alles verbunden mit nie dagewesener Überwachung jedes einzelnen. Wer jetzt nicht aufwacht, wird nichts mehr mitgestalten können.

Die eigene Blase sprengen und reden, reden, reden

Jeder kann mit jedem reden, wenn er will. Sinnlos ist das Gespräch mit Extremisten, doch das sind nur wenige. Pflege regelmäßiger gemeinsamer Stammtische für »Rechte« und »Linke«, für »Reiche« und »Arme«, Gewerkschafter und Neoliberale, Junge und Alte, Frauen und Männer, auch in sozialen Medien und im TV.

Der Kriegsspirale entkommen

Extreme gesellschaftliche Ungleichheit und Unsicherheit wurden in der Geschichte nur durch Kriege und Naturkatastrophen und Seuchen deutlich verringert – und durch Bildung. Darum Aus- und Weiterbildung nicht nur als Jobverbesserungsmaschine begreifen, sondern mit besser gebildeten Menschen auch die gesellschaftliche Ausgewogenheit fördern.

Die Zukunft vernünftig umarmen

Wie schon die Industrialisierung, so ist die gegenwärtige technische Revolution zweischneidig. Offenheit zeigen und ein kritisches Bewusstsein pflegen sind dabei keine Widersprüche. Entscheidend wird die Kontrolle der Daten und die Verteilung des Mehrwerts, der durch Robotik, Digitalisierung und Künstliche Intelligenz geschaffen wird. Lernbrillen können viele Menschen im Arbeitsmarkt halten.

Das Entdecken lernen

Neugierde fördern und Komplexität durchschauen sollten zentrale Lernziele werden. Emotionale Bildung und Medienkompetenz dienen als Anker gegen Hass. Das Begreifen historischer Zusammenhänge sollte Bildungsselbstverständlichkeit sein (Reisen nach Brüssel und Auschwitz). Dafür sind andere und gut bezahlte Lehrer notwendig. Früher waren es die Märklin-Eisenbahn, der Metabo-Baukasten, dann die Carrera-Rennbahn. Jetzt sollten selbstprogrammierbare Kleinroboter in jedem Heim ihren Platz finden, insbesondere für Kinder zum spielerischen Lernen. Holzbaukästen waren und bleiben sinnvoll.

Die Datenhoheit zurückgewinnen

Trotz Facebook-Skandal wissen noch immer viel zu wenige Bürgerinnen und Bürger, wer wo welche Daten über sie/ihn speichert. Das Recht auf Datenlöschung sollte umfassend wahrgenommen und gesetzlich noch umfassender verankert werden. In sozialen Medien sollte es Postern möglich sein, ein »Verfallsdatum« ihrer Nachricht festzulegen. Jede Person sollte nur so viele persönliche Daten von sich preisgeben (müssen), wie es zwingend erforderlich ist, und jeder muss sich bewusst sein, dass das Internet nichts vergisst. Jede unverschlüsselte E-Mail ist wie eine Postkarte, und »jedes Schriftl is a Giftl«. Für Nachrichtenposts könnten Vertrauensrankings eingeführt werden. Datenkontrolle wird zur allgemeinen Bürgerpflicht, digitale Menschenrechte werden zum Freiheitsziel.

Die Überwachung überwachen
Die Nutzung von Daten muss kontrollierbar sein, und Einsprüche müssen durchgesetzt werden können. Die umfassende Transparenz der Überwacher ist sicherzustellen (»gläserner Staat und gläsernes Google statt gläsernem Bürger«). Die Abwehr von Cyberkriegen benötigt globale Abrüstungsinitiativen. Das Oligopol der globalen Datenkraken muss gesprengt werden. Eine Plattform wie Facebook ist ein Teil der Daseinsvorsorge, sie sollte nicht vorrangig kommerziellen Zwecken unterworfen sein. Strikte Trennung von privaten, öffentlichen und staatlichen Daten. Wirksame Strafen für Datendiebe und Hehler.

Den Neoliberalismus überwinden
Diese wirtschaftspolitische Strömung hat vielen wenig und ganz wenigen ganz viel gebracht. Sie ist nicht nachhaltig. Der Vermögenszuwachs muss gerechter verteilt werden. Sogar führende Fondsmanager an der Wall Street teilen inzwischen diese Einschätzung. Die Politik hinkt gefährlich hinterher. Die politische Mitte muss endlich handeln und zur sozialen Marktwirtschaft zurückfinden.

Den Sozialstaat verstehen
Wer sozial abgesichert ist, fühlt sich sicher und ist viel offener für Veränderung und Neues. Gleichzeitig dürfen zu hohe Abgaben Kreativität nicht lähmen. Völlige Transparenz bei den Ausgaben ist unverzichtbar. Die Lohnquote muss und kann wieder steigen. Ohne starke Interessenvertretungen können die Stakeholder keinen fairen Ausgleich finden. Neoliberale Ideologen haben versagt. Bezahlbares Wohnen wird zur Schlüsselfrage.

Die Arbeit neu denken
Nur wenn verstanden wird, dass die derzeitige digitale Transformation den Stellenwert der Arbeit in der Gesellschaft radikal verändert, kann eine große politische Disruption abgewendet werden. Der Mut zur Faulheit kann gesellschaftlich produktiv

sein, solidarisches Arbeiten sinnvoller als ein bedingungsloses Grundeinkommen. Persönliche und gesellschaftliche Sicherheit könnte durch eine Mobilitätsstabilität erreicht werden, also eine Absicherung der Existenz im Gegenzug zur geforderten zeitlichen und räumlichen Flexibilität. Steuern waren immer historisch bedingt. Jetzt ist die Zeit reif für eine »Maschinensteuer«.

Den Freihandel mit Gerechtigkeit verknüpfen

Handelsabkommen müssen alle Betroffenen berücksichtigen und dürfen nicht einseitig nur den Global Playern nützen. Handelsverlierer müssen zumindest für eine Übergangsphase entschädigt werden, um zu verhindern, dass sie zu neuen Zöllen Zuflucht suchen. Je abgesicherter Menschen in einer Gesellschaft leben, desto offener sind sie.

Die Finanzmärkte endlich bändigen

Das Missverhältnis von Real- und Finanzwirtschaft ist gesellschaftlich hochgradig unproduktiv. Banken und Geldgeschäfte müssen dienen und nicht herrschen. Das Trennbankensystem hat sich bewährt. Neue Finanzcrashs sind unvermeidbar. Wird der nächste wieder auf die Steuerzahler abgewälzt, kommt es zum politischen Systemcrash. Wer einen Banker kennt und ihm nicht ins Gewissen redet, macht sich mitschuldig.

Die Steueroasen trockenlegen

So mächtig können die Mächtigen doch nicht sein, dass Steuervermeidungskonstruktionen wie Offshore-Stiftungen und Briefkastenfirmen nicht endlich illegalisiert werden. Jeder Bürger, der ein öffentliches Amt anstrebt, sollte sich zur Durchsetzung dieses Zieles und zum schwedischen Transparenzmodell bekennen – statt eines Versprechens gegen neue Steuern (wie in den USA) sollte jeder Kandidat ein Bekenntnis zum sozialen Ausgleich ablegen.

Die wirklich Reichen in die Verantwortung nehmen und resozialisieren

Visumspflicht für die wirklich Reichen, also Einzelpersonen mit einem Nettovermögen von mindestens zehn Millionen US-Dollar. Weltweit sind das 1,7 Millionen Menschen, in Deutschland 72 000, in Österreich 8800.[651] Die Visumserteilung sollte von der Vorlage einer aktuellen Einkommenssteuererklärung und dem Nachweis angemessener Steuerzahlungen abhängig sein, vor allem, wenn die Vermögenden in ihre Ferienorte innerhalb der EU fliehen wollen. Umsetzung des schwedischen Modells der Offenlegung von Einkommen und Steuern. Sozialwohnungen in noblen Stadtvierteln. Finanzielle Anreize für individuelle soziale Patenschaften.

Miteinanderreden über gesellschaftliche Grenzen hinweg, Teilnahme am öffentlichen Diskurs. Die wirklich Reichen müssen die Gettos ihrer Parallelgesellschaft verlassen und – im besten Sinne des Wortes – resozialisiert werden und sich integrieren. Wir wollen die Reichen sehen – und mit ihnen reden.

Den Nationalismus durchschauen

Produktives Leben im überschaubaren, gewohnten Umfeld (»Heimat«), die Besinnung auf regionale Produkte und die Subsidiarität können emotionale und politische Sicherheit sowie wirtschaftliche Prosperität fördern, nationaler Chauvinismus hingegen führt zu Abschottung und letztlich Krieg.

Ein Recht auf Heimat

Jeder Mensch braucht ein Zuhause. Das kann sich in ihm selbst finden, in seinem vertrauten Umfeld, auch im Pendeln zwischen den Welten. Wir müssen anerkennen, dass es vielfach um soziale Anerkennung geht. Wechselseitige Geringschätzung unterschiedlicher Heimaten ist kontraproduktiv. Jedem seine Heimat, solange das Ausleben dieses Heimatgefühls nicht gegen Zivilität, Gesetze oder gar Menschenrechte verstößt.

Die Fluchtursachen vor dem Flüchtlingselend bei uns bekämpfen
Verstehen, dass hierzulande die Probleme mit den Flüchtlingen vor Armut und Krieg deshalb als so bedrohlich empfunden werden, weil in den altindustrialisierten Ländern so viele Gesellschaftsschichten wirtschaftlich und sozial massiv unter Druck stehen: Wer selbst um Jobperspektiven, bezahlbare Wohnungen, ordentliche Schulen und auch um Anerkennung ringen muss, tut sich ungleich schwerer zu teilen, erst recht, wenn er sich, von der Elite abgehängt, als Fremder im eigenen Land fühlt.

Das Oligopol der Parteien brechen
Das deutsche Grundgesetz, das den Parteien eine überragende Bedeutung einräumt, sollte geändert werden. Die politische Mitte muss radikal werden – thematisch. Sie muss sich endlich den fundamentalen Zukunftsfragen stellen. Geloste Bürgerräte sollten verbindlich eingeführt werden, zunächst in beratender Funktion, dann eine Aufwertung zum Mitgesetzgeber. Volksvertreter können anders ausgewählt und dreistufig bezahlt werden – mit Grundeinkommen, individuellen Leistungszuschüssen und einer allfälligen Gemeinwohlprämie.

Die Heimholung Europas
Ohne eine europäische Einigung werden die Bewohner des alten Kontinents an den Rand gedrängt. Um global bestehen zu können, muss die EU stark sein. Um bei den Bürgern akzeptiert zu sein, muss sie endlich, endlich, endlich demokratisiert und transparent werden. Zu viele Regulierungen schaden, zu wenige erst recht. Dabei muss sich die EU auf ihre Kernbereiche konzentrieren. Eine Europäisierung Europas ist so möglich, eine echte Vielfalt in Einheit. Europa muss auch gefühlte Heimat werden. Die Wahlen zum Europäischen Parlament Ende Mai 2019 könnten das »New Game« eröffnen.

China die Stirn bieten
Der weltweite Sog in einen chinesischen Überwachungskapitalismus muss politisch und ökonomisch durchbrochen werden. Dazu gehört neben Datenschutz das Eintreten für die Universalität der Menschenrechte, auch wenn es ökonomisch weh tut. Die Volksrepublik China darf nicht als Marktwirtschaft anerkannt werden. Die europäischen Staaten und Unternehmen dürfen nicht aus Enttäuschung über die gegenwärtige US-Regierung zu nützlichen Idioten der Machthaber Pekings werden.

Alles kann doch noch gut werden. Politisiert Euch.

Persönliche Nachbemerkung

Meine Schulklasse am Bundesgymnasium Dornbirn war 1976 die letzte, die ihre Abschlussprüfung in Mathematik mit einem Rechenschieber absolvieren musste. Taschenrechner waren schon länger am Markt, doch uns wurde gesagt, man wisse ja nie, ob es nicht eines Tages keine Batterien geben werde.

Mein Großvater war, bis er nach dem Zweiten Weltkrieg nach und nach erblindete, seiner Zeit jeweils weit voraus. Als erster promovierter Elektroingenieur Vorarlbergs liebte er seine in Prag aufgewachsene Frau und die moderne Technik. Er verband beides, schwärmte für Elektroherde in jedem Haushalt und gemeinsam mit ihr für den österreichischen Führer in Deutschland.

Als Schüler nahm ich mit dem Thema »Keine Freiheit für die Feinde der Freiheit« an einem nationalen Redewettbewerb teil. Als Stipendiat in der Bay Area nahe San Francisco fieberte ich täglich mit, als in der Watergate-Affäre gegen den damaligen US-Präsidenten Richard Nixon ermittelt wurde. Als Student der Rechts- und Politikwissenschaften war mir der deutsche Journalist Günter Wallraff ein großes Vorbild, und so arbeitete ich als Hilfsarbeiter in Österreichs damals größter Textilfabrik F. M. Hämmerle, die später den industriellen Strukturwandel nicht überlebte. Das Buch »Nachtschicht« über meine Erfahrungen wurde 1979 noch mit Bleisatz gedruckt.

Das 1000 Seiten starke Manuskript zu den »Bitteren Pillen« schickten wir 1983 als Diskette zum Verlag Kiepenheuer & Witsch in Köln. Es wurde dort noch einmal komplett abgetippt und wäre wegen der aufwändigen Korrekturvorgänge aus Kostengründen beinahe nicht veröffentlicht worden. Als jüngster »Spiegel«-Redakteur schrieb ich meine Texte jahrelang noch per Hand, eine Sekretärin gab sie ins damals brandneue Textverarbeitungssystem ein. Das Nachrichtenmagazin verschaffte sich auch deshalb einen Wettbewerbsvorteil, weil es als erstes für alle Korrespondenten rund um den Erdball Faxgeräte anschaffte, die zunächst so teuer waren wie heutzutage Elektroautos in China.

Als mein Großvater 1990 mit 98 Jahren starb, ging ein Leben ohne finanzielle Not zu Ende. Erstmals bekam ich die von ihm verfasste vielbändige Familienchronik in die Hand. Ich hatte mich immer daran erinnert, weil ich als Kind öfters Papierblätter in seine Triumph-Schreibmaschine einspannen und Bilder einkleben durfte. Er hatte mit seinen Aufzeichnungen im Mai 1945 begonnen, als der Krieg endlich zu Ende und er einige Zeit in Haft war. Die letzten Eintragungen stammen vom revolutionären Mai 1968. Die sieben prall gefüllten Aktenordner lassen sich auf einen Satz reduzieren: »Adolf Hitler wollte immer nur den Frieden, es hat ihn nur niemand verstanden.«

2016 wurde der Begriff »postfaktisch« zum Wort des Jahres gewählt. Vermutlich werde ich im Alter von sozialen Robotern gepflegt werden. Nach »Game Over« hoffe ich auf ein »Next Game« – in Frieden und Freiheit.

Anmerkungen

Die globale Titanic

1 Internetseite http://www.pricoacapital.com, abgerufen am 2.1.2018
2 Internetseite https://www.gmo.com/north-america/about/mission-statement, abgerufen am 2.1.2018
3 James Montier, Philip Pilkington, The Deep Causes of Secular Stagnation and the Rise of Populism, März 2017, 22 Seiten
4 https://www.theguardian.com/business/2017/oct/26/worlds-witnessing-a-new-gilded-age-as-billionaires-wealth-swells-to-6tn
5 https://www.forbes.com/billionaires/list/49/#version:realtime, Stand am 14.8.2018
6 Zitate aus: Evan Osnos, Survival of the Richest, The New Yorker, 30.1.2017
7 https://www.theguardian.com/world/2017/jun/29/new-zealand-gave-peter-thiel-citizenship-after-spending-just-12-days-there
8 Gespräche am 3.11.2011 in Los Angeles, am 8.11.2017 in New York, am 5.11.2017 in Montauk
9 Name geändert, Gespräche 2018 in Lech am Arlberg
10 http://www.diw.de/documents/publikationen/73/diw_01.c.575768.de/dp1717.pdf,abgerufen am 23.1.2018
11 https://www.trend.at/wirtschaft/100-reichste-oesterreicher-ranking-8211300, Ausgabe 26/2017
12 https://www.forbes.com/billionaires/list/#version:realtime_search:mateschitz, zuletzt abgerufen am 19.5.2018
13 https://www.pwc.de/de/pressemitteilungen/2017/studie-vermoegen-von-milliardaeren-steigt-weltweit-um-17-prozent.html
14 https://www.bloomberg.com/news/articles/2017-08-07/buffett-nears-a-milestone-he-doesn-t-want-100-billion-in-cash
15 Ausführlich dazu: Hans-Jürgen Jakobs, Wem gehört die Welt? Die Machtverhältnisse im globalen Kapitalismus, Verlag Knaus, München 2017
16 https://www.nytimes.com/interactive/2018/01/16/business/dealbook/document-BlackRock-s-Laurence-Fink-Urges-C-E-O-s-to-Focus.html
17 https://www.vox.com/policy-and-politics/2017/7/25/15998002/capitalism-socialism-peter-thiel-wall-street-eric-weinstein
18 Carl Frey, Michael Osborne, The Future of Employment: How Susceptible are Jobs to Computerisation, Oxford 2013
19 https://www.ing-diba.de/pdf/ueber-uns/presse/publikationen/ing-diba-economic-analysis-die-roboter-kommen.pdf, abgerufen am 30.1.2018
20 Übertragung der Studie von Frey/Osborne (2013) auf Deutschland, Zentrum für Europäische Wirtschaftsforschung, Mannheim 2015
21 Katharina Dengler, Britta Matthes, Folgen der Digitalisierung für die Arbeitswelt. Substituierbarkeitspotenziale von Berufen in Deutschland. IAB – Forschungsbericht 11/2015. Nürnberg: IAB. http://doku.iab.de/forschungsbericht/2015/fb1115.pdf
22 The Economist, GrAIt expectations, Special Report AI in Business, Volume 426, Number 9085, 31.3.2018, p. 12
23 http://jamanetwork.com/journals/jama/article-abstract/2513561, 26.4.2016
24 https://www.health.org.uk/news/inadequate-support-now-puts-health-young-people-risk-future, 18.6.2018
25 Friedrich Engels, Die Lage der arbeitenden Klasse in England, Marx-Engels-Gesamtausgabe, Band 2, Dietz Verlag, Berlin 1972, S. 225 ff.
26 https://pollofpolls.eu/SE, abgerufen am 19.7.2018
27 http://www.mehrheitswahl.at/material/Demokratiebefund2017.pdf, Seite 9, abgerufen am 4.12.2017
28 http://www.nationalratswahl.at/ergebnisse.html, abgerufen am 4.12.2017
29 http://www.uswahl.lpb-bw.de/wahlverhalten_grafik.html, abgerufen am 8.3.2018

30 https://forum-midem.de/cms/data/fm/download/MIDEM-Bericht_2018-2_Ungarn.pdf, abgerufen am 29.6.2018
31 https://www.bundestag.de/dokumente/textarchiv/2010/29826227_kw20_de_stabilisierungsmechanismus/201760, abgerufen am 18.3.2018
32 Gespräch am 3.11.2017 in New York
33 Gespräch am 29.1.2018 in Lech am Arlberg
34 Roberto Stefan Foa, Yascha Mounk, The Danger of Deconsolidation, Journal of Democracy, Johns Hopkins University Press, Vol. 27, Number 3, July 2016, p. 13
35 Roberto Stefan Foa, Yascha Mounk, The Danger of Deconsolidation, Journal of Democracy, Johns Hopkins University Press, Vol. 27, Number 3, July 2016, p. 15
36 Kishore Mahbubani, Can Asians Think, Marshall Cavendish Editions, Singapore 2009, p. 7
37 Kishore Mahbubani, Can Asians Think, Marshall Cavendish Editions, Singapore 2009, p. 76
38 http://www.worldbank.org/en/news/speech/2017/12/07/from-local-to-global-china-role-global-poverty-reduction-future-of-development.
39 Name geändert, Gespräch am 11.5.2018 in Tübingen
40 http://www.spiegel.de/kultur/gesellschaft/krise-des-systems-demokratie-ist-nicht-kapitalismus-a-1128581.html, 7.1.2017
41 Siehe das Einstiegskapitel im Buch »Die Globalisierungsfalle« von Hans-Peter Martin und Harald Schumann, Rowohlt Verlag, Reinbek bei Hamburg, 1996
42 https://milescorak.files.wordpress.com/2012/01/speech-2012_01_12_final_web-1.pdf, abgerufen am 18.5.2018
43 https://www.history.com/this-day-in-history/eisenhower-gives-famous-domino-theory-speech, abgerufen am 3.6.2018
44 http://www.nrhz.de/flyer/beitrag.php?id=1660, abgerufen am 25.1.2018

Die Wirklichkeiten der Zukunft

45 Zitiert in: https://derstandard.at/2000061056022/Andrea-Breth-Es-existiert-eine-komische-Angst-in-der-Welt, 10.7.2017
46 http://harvardpolitics.com/world/automation/, 2.10.2016
47 https://www.cisco.com/c/de_de/solutions/lan-wan-network-systems/network-need/preview.html, abgerufen am 8.1.2018, http://www.faz.net/aktuell/wirtschaft/diginomics/industrie-4-0-ist-wenige-jahre-alt-15378506.html, 8.1.2018
48 https://de.statista.com/statistik/daten/studie/805920/umfrage/anzahl-der-internetnutzer-weltweit/, abgerufen am 18.5.2018
49 http://www.orf.at/#/stories/2435226/, 23.4.2018
50 Chris Skinner, Digital Human, Vortrag am 18.5.208 in Interlaken
51 https://www.seagate.com/de/de/our-story/data-age-2025/, abgerufen am 18.5.2018
52 http://www.faz.net/aktuell/wirtschaft/kuenstliche-intelligenz/eurai-praesident-lakemeyer-warnt-deutschland-muss-mehr-tun-in-der-kuenstlichen-intelligenz-15568950.html, 2.5.2018
53 https://derstandard.at/1259282147270/Mobilkom-gibt-Bewegungsdaten-fuer-Geo-Marketing-frei, 17.12.2009
54 https://www.teltarif.de/nutzerdaten-widersprechen-telekom-vodafone-o2/news/65712.html
55 https://meta.tagesschau.de/id/132921/medienbericht-post-verkauft-daten-an-parteien, 1.4.2018
56 http://www.faz.net/aktuell/wirtschaft/unternehmen/die-post-hat-kundendaten-fuer-bundestagswahlkampf-an-cdu-und-fdp-verkauft-15521823.html, 1.4.2018
57 https://motherboard.vice.com/en_us/article/gykgv9/securus-phone-tracking-company-hacked, 16.5.2018
58 https://www.boerse.de/gewichtung/Dax-Aktien/DE0008469008, abgerufen am 19.5.2018
59 The Economist, Taming the titans, Volume 426, Number 9075, 20.1.2018, p. 11
60 https://www.theguardian.com/business/2017/oct/26/worlds-witnessing-a-new-gilded-age-as-billionaires-wealth-swells-to-6tn

61 Simon de Galbert, A Year of Sanctions against Russia-Now What?, Center for Strategic and International Studies, Roman & Littlefield, Washington D.C. 2015, p. 26
62 https://home.treasury.gov/news/press-releases/sm0338, 6.4.2018
63 https://www.zeit.de/digital/datenschutz/2013-10/swift-abkommen-usa-aussetzung, 23.10.2013
64 http://www.spiegel.de/politik/ausland/russland-sanktionen-der-usa-oleg-deripaska-gibt-privatjets-zurueck-a-1207190.html, 11.5.2018
65 https://www.economist.com/business/2018/05/05/zap-american-officials-can-destroy-foreign-firms-like-gremlins-on-a-screen
66 https://www.tagesschau.de/wirtschaft/urteil-digitale-ueberwachung-101.html,27.7.2017
67 z.B. mit http://www.fahrzeugerfassung.at/micades.html, abgerufen am 21.5.2018
68 Die Beispiele sind aufgeführt in: The Economist, AI-spy, Artificial Intelligence in the Workplace, A Special Report, Volume 426, Number 9085, 31.3.2018
69 http://www.cogitocorp.com, abgerufen am 16.5.2018
70 https://winthefuture.com/what, abgerufen am 21.1.2018
71 http://www.faz.net/aktuell/feuilleton/debatten/so-wollen-tech-entrepreneure-die-politik-beeinflussen-15115168.html, 22.7.2017
72 https://www.recode.net/2017/7/3/15904484/pincus-hoffman-linkedin-zynga-clinton-win-the-future-democrats-dnc-trump
73 https://www.washingtonpost.com/news/the-switch/wp/2018/01/23/google-outspent-every-other-company-on-federal-lobbying-in-2017/
74 https://causa.tagesspiegel.de/politik/krise-der-demokratie/der-populismus-ist-nicht-das-hauptproblem-der-demokratie.html, 11.10.2017
75 https://www.propublica.org/article/calculating-the-work-behind-our-work?utm_campaign=sprout&utm_medium=social&utm_source=twitter&utm_content=1514583202, 29.12.2017
76 https://www.axios.com/sean-parker-unloads-on-facebook-god-only-knows-what-its-doing-to-our-childrens-brains-1513306792-f855e7b4-4e99-4d60-8d51-2775559c2671.html, 9.11.2017
77 https://www.theguardian.com/technology/2018/jan/19/tim-cook-i-dont-want-my-nephew-on-a-social-network
78 Name geändert, Gespräch am 24.1.2018 in Lech am Arlberg
79 Auskunft an der Liftkartenverkaufsstelle Rüfikopf am 11.3.2018 in Lech am Arlberg
80 Gespräch am 19.7.2017 in Tübingen
81 Gespräch am 28.7.2018 in Neusiedl am See
82 Name geändert, Gespräch am 6.1.2018 in Lech am Arlberg
83 Dieser Ausspruch wird dem russischen Revolutionär Wladimir Iljitsch Uljanow (Lenin) zugeschrieben, ist in dessen Werken aber nicht belegt.
84 http://www.fr.de/politik/polizeiaufgabengesetz-in-bayern-es-gibt-keine-rechtfertigung-fuer-die-angst-a-1505494, 15.5.2018
85 http://www.fr.de/politik/polizeiaufgabengesetz-in-bayern-es-gibt-keine-rechtfertigung-fuer-die-angst-a-1505494, 15.5.2018
86 https://www.tagesschau.de/inland/polizeiaufgabengesetz-101.html, 15.5.2018 und http://orf.at/stories/2434070/2434083/, 17.4.2018
87 Im Wahlkampf diskutierte Themen, http://www.sora.at/fileadmin/downloads/wahlen/2017_NRW_Grafiken-Wahltagsbefragung.pdf, abgerufen am 26.2.2018
88 Im Wahlkampf diskutierte Themen, http://www.sora.at/fileadmin/downloads/wahlen/2017_NRW_Grafiken-Wahltagsbefragung.pdf, abgerufen am 26.2.2018
89 https://www.heise.de/newsticker/meldung/Ueberwachungspaket-Oesterreichisches-Parlament-stimmt-fuer-Bundestrojaner-Aus-fuer-anonyme-4029046.html, 21.4.2018
90 Der Spiegel, Schön billig, Heft 15/2008, 7.4.2018
91 https://www.theverge.com/2018/2/27/17054740/palantir-predictive-policing-tool-new-orleans-nopd
92 Sendung SWR 2, 7.6.2018
93 https://www.x-sonar.de, abgerufen am 31.7.2018
94 http://www.streamingmedia.com/PressRelease/Sky-to-Launch-Live-Whos-Who-innovation-for-Royal-Wedding_47055.aspx, 2.5.2018
95 https://www.nytimes.com/2018/05/22/technology/amazon-facial-recognition.html

96 https://www.merics.org/sites/default/files/2017-12/171212_China_Monitor_43_Social_Credit_System_Implementation.pdf, 17.12.2017, p. 12
97 https://www.merics.org/sites/default/files/2017-12/171212_China_Monitor_43_Social_Credit_System_Implementation.pdf, 17.12.2017, p. 14
98 https://www.heise.de/newsticker/meldung/China-schafft-digitales-Punktesystem-fuer-den-besseren-Menschen-3983746.html?seite=all, 1.3.2018
99 http://www.faz.net/aktuell/feuilleton/debatten/chinas-sozialkreditsystem-die-totale-kontrolle-15575861.html?printPagedArticle=true#pageIndex_0, 11.5.2018
100 Zitiert in: https://www.huffingtonpost.com/2010/01/11/facebooks-zuckerberg-the_n_417969.html. Das im Artikel verlinkte Video ist nicht mehr verfügbar.
101 Karen Harris, Austin Kimson, Andrew Schwedel, Labor 2030: The Collision of Demographics, Automation and Inequality, Bain & Company, Boston 2018, p. 43
102 https://www.nytimes.com/2017/09/18/us/politics/senate-pentagon-spending-bill.html
103 https://www.planet-wissen.de/technik/computer_und_roboter/roboter_mechanische_helfer/pwieroboterimoperationssaal100.html, abgerufen am 14.3.2018
104 https://futurezone.at/science/nanoroboter-der-helfer-schwarm-in-der-blutbahn/284.707.783, 18.9.2017
105 https://woebot.io, abgerufen am 11.3.2018
106 Stiftung Münch (Hrsg.), Barbara Klein u. a., Robotik in der Gesundheitswirtschaft, Verlag medhochzwei, Heidelberg 2018
107 http://www.daserste.de/information/wissen-kultur/w-wie-wissen/roboter-124.html, 27.2.2016
108 https://www.japantimes.co.jp/news/2017/03/15/business/strange-hotel-run-by-robots-opens-near-tokyo-more-to-come/#.Wqj6KLaX_OQ
109 http://conferences.au.dk/robo-philosophy-2018-at-the-university-of-vienna/keynotes/hiroshi-ishiguro/, abgerufen am 16.2.2018. Interview im ORF Ö1 Mittagsjournal, 16.2.2018
110 http://www.kommune21.de/meldung_26466_Mit+Robotern+gegen+die+Bürokratie.html, abgerufen am 8.3.2018
111 Neil Gershenfeld at TED2006, Unleash your creativity in a Fab Lab, abrufbar unter: https://www.ted.com/talks/neil_gershenfeld_on_fab_labs
112 http://theweek.com/articles/746105/americas-department-stores-are-deep-deep-trouble, 3.1.2018
113 https://www.wiwo.de/unternehmen/handel/toysrus-pleite-sie-werden-alle-bereuen-was-hier-passiert/21073624.html, 15.3.2018
114 http://ooe.orf.at/news/stories/2854263/, 11.7.2017
115 https://www.theguardian.com/money/2017/nov/25/cobot-machine-coming-job-robots-amazon-ocado
116 http://www.faz.net/aktuell/wirtschaft/unternehmen/allianz-steigert-operativen-gewinn-trotz-niedrigzinsen-14882040.html, 17.2.2017
117 http://versicherungswirtschaft-heute.de/schlaglicht/allianz-sortiert-aus/, 26.6.2017
118 http://www.faz.net/aktuell/wirtschaft/unternehmen/allianz-opfert-der-digitalisierung-700-vollzeitstellen-15073993.html, 23.6.2017
119 http://www.sueddeutsche.de/wirtschaft/versicherung-allianz-will-stellen-in-drei-jahren-abbauen-1.3555845, 22.7.2017
120 https://www.ft.com/content/e7844048-c3e5-11e7-a1d2-6786f39ef675, 8.11.2017
121 http://www.faz.net/aktuell/beruf-chance/beruf/beruf-mit-wenig-zukunft-der-bankkaufmann-hat-ausgedient-15265168.html, 2.11.2017
122 https://www.imh.at/fileadmin/user_upload/Media/Pressespiegel/Pressespiegel_2017/2017-02-03_versicherungsjournal.at_Angst-vor-Jobverlust-Digitalisierung-laesst-die-meisten-kalt.pdf, allerdings ein kleines Sample von nur 63 Befragten
123 https://techcrunch.com/2018/01/12/ibm-may-be-prepping-for-massive-changes-at-global-technology-services-group/
124 https://www.theguardian.com/business/2017/oct/16/automation-jobs-uk-robots
125 https://joblift.de/Presse/Arbeitsmarkt-4.0_Künstliche-Intelligenz-zu-59-Prozent-Jobfresser_zu-3-Prozent-Jobmotor, 16.8.2016
126 https://www.youtube.com/watch?v=fRj34o4hN4I, abgerufen am 17.3.2018

127 https://paleofuture.gizmodo.com/atlas-the-robot-can-enlist-in-the-us-military-anytime-h-1761330935, 29.2.2016
128 Bericht in der Frankfurter Allgemeinen Zeitung, Wie Freiburger Forscher die Neurowissenschaft revolutionieren könnten, 22.11.2017
129 https://t3n.de/news/ki-schlaegt-anwaelte-analyse-963741/, 26.2.2018
130 https://www.ft.com/content/9943bee8-7a25-11e4-8958-00144feabdc0, 2.12.2014
131 https://www.dropbox.com/s/g4ijcaqq6ivq19d/2017 %20Open%20Letter%20to%20the%20United%20Nations%20Convention%20on%20Certain%20Conventional%20Weapons.pdf?dl=0, abgerufen am 17.3.2018
132 https://www.technologyreview.com/the-download/609791/china-has-a-new-three-year-plan-to-rule-ai/, 15.12.2017, und: https://www.politico.eu/article/attack-killer-robots-autonomous-weapons-drones/, 14.2.2018
133 http://www.faz.net/aktuell/wirtschaft/diginomics/mercedes-baut-eine-fabrik-fuer-robotaxis-15459522.html, 20.2.2018
134 https://t3n.de/news/mercedes-fabrik-autonome-taxis-956968/, 21.2.2018
135 http://www.faz.net/aktuell/politik/inland/baden-wuerttemberg-im-westen-tesla-im-osten-die-chinesen-15122094.html, 25.7.2017
136 http://www.faz.net/aktuell/wirtschaft/diginomics/bosch-gruendet-geschaeftsbereich-fuer-vernetztes-fahren-15460497.html, 21.2.2018
137 Matthew O'Toole, David B. Lindell, Gordon Wetzstein, Confocal non-line-of-sight imaging based on the light-cone transform, in: Nature, published online, https://www.nature.com/articles/nature25489, 5.3.2018
138 https://www.3d-grenzenlos.de/magazin/3d-objekte/elektroauto-enjoy-3d-drucker-27306863/, 28.9.2017
139 http://www.faz.net/aktuell/technik-motor/motor/studentenprojekt-elektrofahrzeug-ego-life-15298636.html, 22.11.2017
140 https://www.3d-grenzenlos.de/magazin/3d-objekte/elektroauto-enjoy-3d-drucker-27306863/. 28.9.2017
141 http://taxipedia.info/zahlen-und-fakten/, abgerufen am 1.3.2018
142 http://www.bain.de/en/press/press-archive/zukunft_der_automobilindustrie.aspx, 11.9.2017
143 Abgebildet unter: https://www.tagesschau.de/wirtschaft/china-daimler-101.html
144 Zitiert unter: http://www.faz.net/aktuell/wirtschaft/unternehmen/daimler-chef-zetsche-bittet-china-um-verzeihung-15439108.html, 8.2.2018
145 Zitiert in: Der Spiegel, Griff nach dem Stern, Heft 10/2018, S. 69
146 http://www.faz.net/aktuell/wirtschaft/kommentar-kein-schutz-fuer-daimler-vor-geely-15469138.html, 27.2.2018
147 Zitiert in: Der Spiegel, Griff nach dem Stern, Heft 10/2018, S. 69
148 Gespräch am 20.5.2018 in Tübingen
149 https://www.sinus-institut.de/veroeffentlichungen/meldungen/detail/news/rente-2040-sind-sie-altersstratege-oder-abenteurerin/news-a/show/news-c/NewsItem/, abgerufen am 22.5.2018
150 http://www.faz.net/aktuell/finanzen/meine-finanzen/vorsorgen-fuer-das-alter/wie-gefaehrdet-sind-deutsche-betriebsrenten-15574094.html?premium, 5.5.2018
151 http://www.spiegel.de/wirtschaft/soziales/arbeit-im-alter-zahl-erwerbstaetiger-senioren-hat-sich-verdoppelt-a-1157307.html, 12.7.2017
152 http://www.spiegel.de/wirtschaft/soziales/altersarmut-nimmt-in-deutschland-drastisch-zu-a-1153561.html, 26.6.2017
153 https://www.gdv.de/de/themen/news/ab-60-jaehrige-sind-erstmals-groesste-waehlergruppe-8226, 20.3.2017
154 https://www.diesubstanz.at/content/generation-60plus-ist-wahlentscheidend,28.6.2017
155 https://www.welt.de/politik/deutschland/article161942218/Rentnerrepublik-Deutschland-Alte-entscheiden-die-Wahlen.html, 9.2.2017
156 http://www.spiegel.de/politik/deutschland/spd-laut-spon-wahltrend-nur-noch-bei-ue65-waehlern-ueber-20-prozent-a-1194418.html, 20.2.2018
157 Den höchsten Altenquotienten unter den G-20-Staaten weist im Jahr 2015 Japan mit 47 aus, Italien mit 38 liegt auf Platz zwei, Deutschland mit 35 auf Platz drei. In

China liegt er bei 14, allerdings wie in Südkorea (derzeit noch 20) mit stark steigender Tendenz. Siehe https://service.destatis.de/G20/. Zahlen für Österreich unter https://de.statista.com/statistik/daten/studie/688214/umfrage/jugend-und-altersquotient-in-oesterreich/, beides abgerufen am 27.5.2018

158 http://www.orf.at/#/stories/2430301/, 15.3.2108

159 Ein autorisiertes Zitat in der Bildzeitung, 10.4.2008, das viele Diskussionen auslöste, siehe u. a. http://www.faz.net/aktuell/wirtschaft/wirtschaftspolitik/generationengerechtigkeit-herzog-provoziert-debatte-ueber-rentner-demokratie-1541230.html, 11.4.2008

160 Hans-Peter Martin, Harald Schumann, Der geschundene Planet, Der Spiegel, Heft 29/1989

161 https://www.theguardian.com/environment/2017/apr/29/epa-trump-website-climate-change-peoples-climate-march

162 Philip Blom, Die Welt aus den Angeln, Hanser Verlag, München 2017, Zitat abrufbar unter http://orf.at/stories/2379703/2379702/ 20.2.2017

163 ORF Ö1, Mittagsjournal, 16.3.2018

164 Marshall Burke, W. Matthew Davis, Noah S. Diffenbaugh, Large potential reduction in economic damages under UN mitigation targets, Nature, Volume 557, 24.5.2018, p. 549 ff.

165 http://www.worldbank.org/en/news/press-release/2018/03/19/climate-change-could-force-over-140-million-to-migrate-within-countries-by-2050-world-bank-report

166 Stephen Smith, La ruée vers l'Europe. La jeune Afrique en route vers le Vieux Continent, Grasset, Paris 2018

167 http://www.unhcr.org/statistics/unhcrstats/5b27be547/unhcr-global-trends-2017.html, abgerufen am 19.7.2018

168 https://de.statista.com/statistik/daten/studie/197867/umfrage/abgelehnte-asylantraege-in-deutschland/, abgerufen am 21.7.2018

169 https://www.bpb.de/politik/grundfragen/deutsche-verhaeltnisse-eine-sozialkunde/138012/geschichte-der-zuwanderung-nach-deutschland-nach-1950?p=all, 31.5.2012

170 http://www.forschungsnetzwerk.at/downloadpub/Muenz_Manuskript_MigrationEuropaWeltRMnz1.pdf, 15.5.2007

171 https://www.bpb.de/politik/grundfragen/deutsche-verhaeltnisse-eine-sozialkunde/138012/geschichte-der-zuwanderung-nach-deutschland-nach-1950?p=all, 31.5.2012

172 https://www.heise.de/tp/features/Deutschland-ueberrollt-ueberfremdet-ueberfordert-3895709.html?seite=all, 27.11.2017

173 https://de.statista.com/statistik/daten/studie/197867/umfrage/abgelehnte-asylantraege-in-deutschland/, abgerufen am 21.7.2018

174 https://de.statista.com/statistik/daten/studie/293189/umfrage/asylantraege-in-oesterreich/, abgerufen am 21.7.2018

175 https://www.tagesschau.de/inland/einwohnerzahl-deutschland-107.html, 16.1.2018

176 https://de.statista.com/statistik/daten/studie/293102/umfrage/auslaenderanteil-in-oesterreich/, abgerufen am 21.7.2018

177 https://www.zeit.de/wissen/2018-05/geoengineering-china-klimawandel-wetter-oekosysteme-klimasysteme

178 Eine andere Perspektive: Philip Levy, Was Letting China into the WTO a Mistake?, Foreign Affairs Magazine, https://www.foreignaffairs.com/articles/china/2018-04-02/was-letting-china-wto-mistake

179 Die gesamte, äußerst bemerkenswerte Rede findet sich unter: Xi Jinping's report at 19th CPC National Congress, http://www.chinadaily.com.cn/china/19thcpcnationalcongress/2017-11/04/content_34115212.htm

180 Zitiert in: Planet China, Prospect Magazine, London, June 2018, p. 27

181 John Hurley, Scott Morris,Gailyn Portelance, Examining the Debt Implications of the Belt and Road Initiative from a Policy Perspective, Center for Global Development, Washington DC, 2018

182 http://www.handelsblatt.com/politik/international/handelspolitik-streit-ueber-neue-seidenstrasse-europa-sendet-warnsignal-an-china/21179098.html, 16.4.2018
183 http://ceec-china-latvia.org/summit, abgerufen am 28.5.2018
184 Thorsten Benner, Jan Gaspers, Mareike Ohlberg, Lucrezia Poggetti, Kristin Shi-Kupfer, Authoritarian Advance, Global Public Policy Institute und Merics, Berlin, Februar 2018
185 https://power.lowyinstitute.org, abgerufen am 28.5.2018
186 http://www.krone.at/1686174, 6.4.2018
187 Gespräch am 26.4.2018 in München
188 https://www.wiwo.de/unternehmen/industrie/china-china-first-statt-dem-angekuendigten-freien-handel/19305778-3.html, https://www.wiwo.de/unternehmen/industrie/china-warum-die-goldenen-jahre-fuer-deutsche-firmen-vorbei-sind/19305778.html, 31.1.2017
189 http://www.chinadaily.com.cn/china/19thcpcnationalcongress/2017-11/04/content_34115212.htm
190 http://ritholtz.com/2018/03/china-overtaken-u-s-terms-innovation/?utm_source=dlvr.it, 18.3.2018
191 https://www.nytimes.com/2017/12/14/opinion/net-neutrality-china-internet.html
192 Gespräch am 6.11.2012 in Los Angeles
193 Planet China, Prospect Magazine, London, June 2018, p.26
194 https://foreignpolicy.com/2018/04/18/the-chinese-communist-party-is-setting-up-cells-at-universities-across-america-china-students-beijing-surveillance/, 18.4.2018
195 Planet China, Prospect Magazine, London, June 2018, p.27
196 http://www.chinadaily.com.cn/newsrepublic/2017-09/15/content_32054592.htm
197 https://www.tagesschau.de/ausland/volkskongress-china-125.html, 20.3.2018
198 Zitiert in: https://www.huffingtonpost.de/entry/china-prasident-xi-jinping-rede-parteitag-blutiger-kampf_de_5ab10c75e4b0e862383b9096, 20.3.2018

Der Triumph des Hochmuts

199 Gespräche u.a. mit David Dorn, Ernst Fehr, Grover Norquist und Dani Rodrik beim Forum des UBS International Center of Economics in Society am 13.11.2017 in Zürich
200 Der Autor konnte dies etwa in den Handelsräumen der Bank im September 1998 in New York beobachten.
201 https://www.bis.org/publ/qtrpdf/r_qt1712.pdf, abgerufen am 4.12.2017
202 https://www.nzz.ch/wirtschaft/die-zentralbanken-straffen-ihre-politik-und-keiner-nimmt-es-zur-kenntnis-ld.1335285, 3.12.2017
203 Zahlreiche persönliche Erfahrungen des Autors als Mitglied des Wirtschafts- und Währungsausschusses im Europäischen Parlament 2004–2014. Siehe auch das Kapitel »Lobbyisten an der Macht«, Seite 171.
204 http://www.faz.net/aktuell/finanzen/aktien/zehn-jahre-danach-welche-lehren-aus-der-finanzkrise-gezogen-werden-koennen-15118002.html?printPagedArticle=true#pageIndex_0, 26.7.2017
205 http://www.spiegel.de/wirtschaft/zehn-jahre-finanzkrise-der-naechste-kollaps-kommt-bestimmt-a-1164392.html, 25.8.2017
206 https://www.heise.de/forum/Telepolis/Kommentare/Kurssturz-in-China/Die-Realwirtschaft-ist-nur-noch-ein-Anhaengsel-der-Finanzwirtschaft/posting-25527548/show/, 7.1.2016
207 Blätter für deutsche und internationale Politik, Ausgaben 1–4, Verlag Pahl-Rugenstein Nachf., Bonn 2009, S.9
208 Gespräch am 21.3.2011 in Brüssel
209 https://www.economist.com/news/business/21732575-festive-memo-one-americas-leading-chief-executives-his-lieutenants-santa-clause, 14.12.2017
210 http://www.spiegel.de/wirtschaft/soziales/iwf-warnt-vor-zunehmenden-konjunkturrisiken-a-1203420.html, 17.4.2018
211 http://www.spiegel.de/wirtschaft/soziales/bitcoin-warum-die-kryptowaehrung-vorbote-eines-grossen-crashs-sein-koennte-a-1182549.html, 10.12.2017
212 https://makronom.de/in-deutschland-platzt-gerade-eine-auftragsblase-26116,23.4.2018

213 https://makroskop.eu/2018/05/die-deutsche-und-europaeische-konjunktur-im-fruehling-des-jahres-2018-1/, 9.5.2018
214 http://www.manager-magazin.de/finanzen/boerse/boerse-naechster-kursrutsch-schon-in-sicht-a-1202719.html, 13.4.2018
215 z.B. Jeremy Granthams Vermögensverwaltung GMO, siehe https://www.gmo.com/docs/default-source/research-and-commentary/strategies/asset-allocation/viewpoints—-bracing-yourself-for-a-possible-near-term-melt-up.pdf?sfvrsn=4, 3.1.2018
216 http://www.faz.net/aktuell/finanzen/aktien/zehn-jahre-danach-welche-lehren-aus-der-finanzkrise-gezogen-werden-koennen-15118002.html?printPagedArticle=true#pageIn dex_0, 26.7.2018
217 http://www.faz.net/aktuell/wirtschaft/die-last-der-schulden-wie-lange-geht-das-gut-15499245.html?premium, 19.3.2018
218 http://www.faz.net/aktuell/wirtschaft/wirtschaftspolitik/niedrigzinsen-bank-der-zentralbanken-fordert-geldpolitische-wende-15076568.html, 25.6.2017
219 http://www.faz.net/aktuell/finanzen/finanzmarkt/oekonomen-befuerchten-neuen-boersencrash-braut-sich-da-etwas-zusammen-15475254.html?premium, 4.3.2018
220 http://www.fondsprofessionell.at/news/maerkte/headline/glaeubigerliste-bei-wem-die-usa-in-der-kreide-stehen-124857/, 18.5.2016
221 http://www.faz.net/aktuell/wirtschaft/die-last-der-schulden-wie-lange-geht-das-gut-15499245.html?premium, 19.3.2018
222 https://www.nytimes.com/reuters/2018/05/08/us/politics/08reuters-usa-house-ryan-banking.html, https://www.nytimes.com/2018/03/06/opinion/democrats-trump-dodd-frank.html
223 https://www.economist.com/news/business-and-finance/21741377-corporate-debt-could-be-culprit-where-will-next-crisis-occur, 3.5.2018
224 http://www.faz.net/aktuell/finanzen/aktien/zehn-jahre-danach-welche-lehren-aus-der-finanzkrise-gezogen-werden-koennen-15118002.html?printPagedArticle=true#pageIn dex_0, 26.7.2017
225 https://www.cnbc.com/2018/05/05/warren-buffett-says-bitcoin-is-probably-rat-poison-squared.html
226 https://www.forbes.com/sites/zackfriedman/2017/02/21/student-loan-debt-statistics-2017/#54af1dd85dab
227 https://www.bloomberg.com/news/articles/2018-02-02/never-mind-defaults-debt-backed-by-subprime-auto-loans-is-hot
228 https://deutsche-wirtschafts-nachrichten.de/2018/03/05/schattenbanken-sind-weltweit-auf-dem-vormarsch/
229 http://www.faz.net/aktuell/finanzen/finanzmarkt/finanzkrise-in-china-anbang-unter-zwangsverwaltung-15463738.html, 23.2.2018
230 http://www.faz.net/aktuell/finanzen/finanzmarkt/in-china-mehren-sich-anzeichen-fuer-eine-wirtschaftskrise-15670710.html?premium, 2.7.2018
231 Philipp Heimberger, Ungleichheit in den USA: Ökonomische und gesellschaftliche Auswirkungen, Vortrag in der AK Wien, Wien, 22.11.2017
232 Gespräch am 18.6.2018 in Frankfurt
233 http://www.knightfrank.co.uk/blog/2017/09/19/knight-frank-luxury-investment-index-q2-2017-launches
234 https://www.theguardian.com/business/2018/jun/01/italy-is-a-slow-motion-train-wreck-but-would-it-quit-the-euro
235 https://www.tagesschau.de/ausland/oettinger-italien-wirbel-101.html, 29.5.2018
236 »Politische Unsicherheit spielt keine Rolle«, FAZ, Nr. 69, 22.3.2017, S. 23
237 https://www.epochtimes.de/politik/europa/le-pen-will-referendum-ueber-franzoesischen-eu-austritt-einen-frexit-a2039678.html, 3.2.2017
238 https://www.bloomberg.com/news/articles/2017-02-23/le-pen-aides-met-ubs-blackrock-barclays-to-explain-euro-exit
239 https://www.sueddeutsche.de/wirtschaft/frankreich-vor-der-wahl-frankreichs-banken-fuerchten-sich-vor-dem-frexit-1.3451999, 6.4.2017
240 https://www.bloomberg.com/view/articles/2017-02-27/the-priced-in-risk-of-marine-le-pen-s-victory

241 Ken Fischer, Ungleichheit ist gut – für alle, in: Focus Money, Nr. 31, 2015

242 https://www.forbes.com/billionaires/list/#version:realtime_search:ken%20Fisher, abgerufen am 18.2.2018

243 Gespräch im Januar 2018 im Hotel Mohnenfluh in Lech

244 Timothy A. Kohler, et. al, Greater post-Neolithic wealth disparities in Eurasia than in North America and Mesoamerica, in: Nature, Vol. 551, p. 622. https://www.nature.com/articles/nature24646.epdf?referrer_access_token=8x9sTfcmY-6WWz5abgYl1NRgN0jAjWel9jnR3ZoTv0NANVSjP5l5jGuyv8_uP91Kb5p5_jp0K-saI8M7rpqZjjal8CCTIADdRGPIBWd83BtPfcMRNH7LxTv1ruxgO1xQASuiIKEDipPfTicvgG2Tc1e0M-MmfGCy4LQEvlm2EGeR9tq-iMie56IsD3d0EVLpI9mFBfMWZ0R2Dc-3sYpCVQ%3D%3D&tracking_referrer=science.orf.at

245 Timothy A. Kohler, et. al, Greater post-Neolithic wealth disparities in Eurasia than in North America and Mesoamerica, in: Nature, Vol. 551, p. 620

246 https://archive.org/stream/1990-2015_Gini-Koeffizient_Deutschland_Makroskop-eu/170113_Gini-Koeffizient_Makroskop-eu, abgerufen am 21.2.2018, Daten von OECD und Eurostat

247 World Bank, Development Research Group. Data are based on primary household survey data obtained from government statistical agencies and World Bank country departments, 2018.

248 http://publications.credit-suisse.com/tasks/render/file/index.cfm?fileid=FB790DB0-C175-0E07-787A2B8639253D5A, abgerufen am 21.2.2018

249 Evelyne Huber, Jingjing Huo, John D. Stephens, Power, Policy and Top income shares, in: Socio-Economic Review, Oxford University Press, 28.8.2017, siehe https://academic.oup.com/ser/article/doi/10.1093/ser/mwx027/4096441/Power-policy-and-top-income-shares

250 Dies erforschten u. a. die Pschologen Amos Tversky und Daniel Kahnemann. Kahnemann erhielt 2002 den Alfred-Nobel-Gedächtnispreis für Wirtschaftswissenschaften.

251 SPON Dezember 2017

252 https://diepresse.com/home/science/4872709/Wie-das-Geld-die-Gier-und-den-Geiz-zeugt, 24.11.2015

253 http://www.spiegel.de/panorama/gesellschaft/bertelsmann-gesellschaftlicher-zusammenhalt-in-deutschland-ist-gross-a-1182343.html, 11.12.2017

254 Drei Journalisten durften beim Treffen vom 27. September bis zum 1. Oktober 1995 an den internen Sitzungen teilnehmen, darunter Hans-Peter Martin. Der ausführliche Bericht darüber findet sich im Buch »Die Globalisierungsfalle«, Rowohlt Verlag, Reinbek bei Hamburg 1996, S. 9 ff.

255 Karen Harris, Austin Kimson, Andrew Schwedel, Labor 2030: The Collision of Demographics, Automation and Inequality, Bain & Company, Boston, 2018, p. 6

256 Gespräch in Tübingen am 28.2.2018

257 Zitiert in: http://www.sueddeutsche.de/wirtschaft/betriebsraete-querschlaeger-vom-rechten-rand-1.3910949, 19.3.2018

258 http://www.spiegel.de/wirtschaft/soziales/was-an-hartz-iv-wirklich-abgeschafft-gehoert-a-1202763.html, 16.4.2018

259 http://www.spiegel.de/wirtschaft/soziales/arbeitsmarkt-zahl-der-leiharbeiter-steigt-a-1195335.html, 25.2.2018

260 http://www.spiegel.de/wirtschaft/soziales/hartz-iv-zahl-einheimischer-kinder-in-grundsicherung-sinkt-a-1202355.html, 12.4.2018

261 https://derstandard.at/2000076584081/Vier-von-fuenf-neuen-Jobs-2017-von-Auslaendern-besetzt, 21.3.2018

262 https://www.nzz.ch/wirtschaft/wirtschaftspolitik/weshalb-reduzierte-arbeitspensen-so-beliebt-sind-1.18541444, 13.5.2015

263 http://ec.europa.eu/eurostat/statistics-explained/index.php/Employment_statistics/de, abgerufen am 15.4.2018

264 Zitiert in: Financial Times, Eurozone's ›poor quality‹ jobs highlights scale of Brussels gig economy challenge, abrufbar unter: https://www.ft.com/content/f6b8a156-c87a-3d48-bde6-d77da951ea5d, 26.4.2017

265 EY, Ernst & Young, Beschäftigungsentwicklung in Österreich und der Eurozone 2007–2017, Wien 2017, abrufbar unter: http://www.ey.com/Publication/vwLUAssets/EY-Analyse_Beschäftigung_in_der_Eurozone_Dezember_2017/$FILE/EY-Analyse%20Beschaeftigung%20in%20Oesterreich%20und%20der%20Eurozone%202017.pdf
266 Eine umfassende Analyse der Fehlentwicklung in den EU-Staaten hat das internationale Journalistenteam von Investigate Europe erarbeitet, dem auch Harald Schumann angehört, der Mitautor des Buches »Die Globalisierungsfalle«. In Deutschland wurden die Ergebnisse in der Berliner Tageszeitung »Tagesspiegel« im September 2017 veröffentlicht, abrufbar unter: https://www.tagesspiegel.de/weltspiegel/sonntag/arbeitsmarkt-europas-neue-reservearmee/20301470-all.html
267 The New York Times, 11.12.2016
268 Angaben jeweils für ein Paar ohne Kinder: untere Mitte 1580 bis 2110 Euro, Mitte im engen Sinn 2110 bis 3960 Euro, obere Mitte 3960 bis 6590 Euro. Die Daten orientieren sich am Medianeinkommen 2014, Institut der deutschen Wirtschaft Köln, in: Die hart arbeitende Mitte, Der Stern, 16.3.2017, S.33
269 https://www.statistik.at/web_de/statistiken/index.html, abgerufen am 24.5.2018
270 Angaben des Statistischen Bundesamtes, u.a. im Statistischen Jahrbuch 2017, https://www.destatis.de/DE/Publikationen/StatistischesJahrbuch/Wohnen.pdf?__blob=publicationFile, abgerufen am 29.5.2018
271 https://diepresse.com/home/wirtschaft/verbraucher/5379648/Wohnkosten-und-Einkommen-klaffen-immer-weiter-auseinander, 28.2.2018
272 http://www.faz.net/aktuell/wirtschaft/unternehmen/mehr-flexibilitaet-bei-finanzierung-siemens-will-eigene-bank-gruenden-1997278.html, 28.6.2010
273 https://makroskop.eu/2018/04/ein-neuer-ludwig-erhard/?success=1, 5.4.2018
274 http://www.faz.net/aktuell/wirtschaft/leistungsbilanzueberschuss-was-ist-das-und-wie-entsteht-er-14928243.html, 17.3.2017
275 Der Spiegel, Heft 14/2018
276 https://de.statista.com/statistik/daten/studie/232562/umfrage/verteilung-der-weltweiten-waehrungsreserven/, abgerufen am 12.4.2018
277 https://www.bloomberg.com/view/articles/2018-04-10/u-s-budget-deficits-aren-t-the-disasters-the-experts-predict
278 https://www.bloomberg.com/view/articles/2018-02-08/the-deficit-spending-boom-won-t-last-forever
279 http://german.china.org.cn/txt/2018-02/18/content_50559259.htm
280 https://makroskop.eu/2018/04/freihandelstheorie-vollends-statische-welt/, 13.4.2018
281 http://www.attac.de/startseite/detailansicht/news/global-gerecht-ist-die-alternative-zu-freihandel-protektionismus-und-nationalismus/, 2.12.2016
282 http://www.faz.net/aktuell/finanzen/finanzmarkt/fondsmanager-warnt-vor-sinkenden-aktienkursen-15531526.html?premium, 10.4.2018
283 https://debates.economist.com/debate/global-trade-system-broken?state=closing,abgerufen am 14.5.2018
284 http://www.faz.net/aktuell/wirtschaft/die-last-der-schulden-wie-lange-geht-das-gut-15499245.html?premium, 19.3.2018
285 Verschiedene Gespräche mit italienischen und deutschen Volkswirten und Bankern in Rom und Frankfurt
286 Thomas O. Wiedmann, Heinz Schandl, Manfred Lenzen, Daniel Moran, Sangwon Suh, James West, and Keiichiro Kanemoto, The material footprint of nations, Proceedings of the National Academy of Sciences of the United States of America, PNAS 19.5.2015, p.6271–6276
287 https://givingpledge.org, abgerufen am 6.4.2108
288 http://www.dw.com/de/großbritannien-bald-steueroase/a-19375907, 4.7.2016
289 https://www.theguardian.com/world/2018/mar/18/oligarchs-russia-elite-london-british-culture
290 https://www.tagesspiegel.de/politik/paradise-papers-und-grossbritannien-ein-koenigreich-der-verschleierung/20552936.html, 8.11.2017

291 https://www.nytimes.com/2017/05/23/business/economy/trump-budget-tax-cuts-economic-growth.html
292 https://www.gatesnotes.com/Books/Enlightenment-Now, 26.1.2018
293 Interview mit Steven Pinker, »Alles wird besser, und er kann's beweisen«, in: Der Spiegel, Nr. 8, 17.2.2018, S. 58
294 http://www.un.org/Depts/german/wirtsozentw/socsum/socsum9.htm#top,abgerufenam 29.3.2018
295 http://healthydocuments.org/nutrition/healthydocuments-doc32.pdf, abgerufen am 3.4.2018
296 Millenniumsentwicklungsziele, Bericht 2015, Vereinte Nationen, New York, S. 4, abrufbar unter: https://www.bmz.de/de/mediathek/publikationen/reihen/infobroschueren_flyer/infobroschueren/Materialie267_Millenniums_Entwicklungsziele_Bericht_2015.pdf
297 Vortrag am 13.11.2017 beim UBS-Forum for Economic Dialogue in Zürich
298 Steven Pinker, Enlightenment Now, The Case for Reason, Science, Humanism and Progress, Viking, 2018, p. 88
299 https://data.worldbank.org/income-level/low-income, abgerufen am 3.4.2018
300 Vereinte Nationen, Resolution der Generalversammlung,, Tagesordnungspunkte 15 und 16, verabschiedet am 25.9.2015, abrufbar unter: http://www.un.org/depts/german/gv-70/band1/ar70001.pdf
301 Hans Rosling, Factfulness, Ullstein Verlag, Berlin 2018, Zitat abrufbar unter: http://www.faz.net/aktuell/wirtschaft/die-welt-wird-immer-besser-32-gute-nachrichten-15524076.html, 12.4.2018
302 Steven Pinker, Enlightenment Now, The Case for Reason, Science, Humanism and Progress, Viking, 2018, p. 72
303 Hans Rosling, Factfulness, Ullstein Verlag, Berlin 2018, Hungergrafik abgebildet unter: http://www.faz.net/aktuell/wirtschaft/die-welt-wird-immer-besser-32-gute-nachrichten-15524076.html, 12.4.2018
304 Jason Hickel: The true extent of global poverty and hunger: Questioning the good news narrative of the Millennium Development Goals, Third World Quarterly, Volume 37, Issue 5, 2016, p. 749 ff.
305 World Food Programme, http://de.wfp.org/hunger/hunger-statistik, abgerufen am 3.4.2018
306 Interview mit Christiane Grefe, »Erfolge sind auf kosmetische Mathematik zurückzuführen«, in: Die Zeit, 3.6.2015, abrufbar unter: http://www.zeit.de/wirtschaft/2015-06/thomas-pogge-armut-bekaempfung-nachhaltige-entwicklung
307 Steven Pinker, Enlightenment Now, The Case for Reason, Science, Humanism and Progress, Viking, 2018, p. 111 f.
308 https://www.credit-suisse.com/corporate/de/articles/news-and-expertise/global-wealth-report-2017-201711.html, abgerufen am 1.3.2018
309 http://www.forbesindia.com/article/rotman/if-you-want-to-be-rich-youd-better-be-born-in-or-emigrate-to-a-rich-country-economist-branko-milanovic/49703/1, 19.3.2018, Original in: http://www.rotman.utoronto.ca/Connect/Rotman-MAG/Back-Issues/2017/Back-Issues—-2017/Fall2017-Inequality/Fall2017-EditorsLetter, p. 98
310 http://www.forbesindia.com/article/rotman/if-you-want-to-be-rich-youd-better-be-born-in-or-emigrate-to-a-rich-country-economist-branko-milanovic/49703/1, 19.3.2018, Original in: http://www.rotman.utoronto.ca/Connect/Rotman-MAG/Back-Issues/2017/Back-Issues—-2017/Fall2017-Inequality/Fall2017-EditorsLetter, p. 98
311 https://www.economist.com/blogs/graphicdetail/2018/01/daily-chart-21, 31.1.2018
312 https://www.gatesnotes.com/Books/Enlightenment-Now, 26.1.2018
313 https://www.nytimes.com/books/best-sellers/hardcover-nonfiction/?action=click&contentCollection=Books&referrer=https%3A%2F%2Fwww.google.de%2F&region=Body&module=CompleteListLink&version=Nonfiction&pgtype=Reference, abgerufen am 3.4.2018

Demokratie? Welche Demokratie?

314 http://www.bundespraesident.de/SharedDocs/Reden/DE/Frank-Walter-Steinmeier/Reden/2017/11/171120-Statement-Regierungsbildung.html
315 Roberto Stefan Foa, Yascha Mounk, The Signs of Deconsolidation, Journal of Democracy, Johns Hopkins University Press, Vol. 28, Number 1, January 2017, p. 5–16
316 Roberto Stefan Foa, Yascha Mounk, The Danger of Deconsolidation, Journal of Democracy, Johns Hopkins University Press, Vol. 27, Number 3, July 2016, p. 11
317 https://yougov.de/news/2017/05/08/studie-nur-jeder-zweite-junge-europaer-steht-voll-/
318 https://www.srf.ch/news/international/das-vertrauen-in-die-demokratie-schwindet, 26.7.2015
319 Fragile Mitte – Feindselige Zustände, Herausgegeben für die Friedrich-Ebert-Stiftung von Franz Melzer, Dietz Verlag 2014, S. 90
320 Was die Bundesbürger für 2016 erwarten – Rückkehr der »German Angst«, Stiftung für Zukunftsfragen, Forschung aktuell, Newsletter 265, 36. Jhg, 16.12.2015, S. 4
321 https://www.economist.com/news/americas/21732532-first-they-must-get-elected-and-old-guard-make-hard-how-young-brazilians-hope, 14.12.2017
322 https://www.pressenza.com/de/2017/12/wahl-2018-brasilien-scheideweg-extrem-links-oder-rechts/
323 Ausführliche Belege zu diesem Unterkapitel finden sich in dem Buch »Die Europafalle«, Piper Verlag, München 2009
324 Dietmar Ecker, Republik Kugelmugel, in: Hans-Peter Martin (Hg.), Wollen täten's schon dürfen, Wie Politik in Österreich gemacht wird, Deuticke Verlag, Wien 2003, S. 38
325 Hans Herbert von Arnim, Volksparteien ohne Volk. Das Versagen der Demokratie, C. Bertelsmann Verlag, München 2009
326 Gespräch am 26.4.2018 in München
327 Ein Gesprächspartner im Südwesten Deutschlands am 24.4.2018, der wie andere mit fast identer Wortwahl auch nicht namentlich genannt werden möchte.
328 Gegenüber dem Autor während des Wahlkampfes zum Europäischen Parlament im Mai 1999
329 Dazu zahlreiche Anregungen im Buch »Wollen täten's schon dürfen, Wie Politik in Österreich gemacht wird«, Deuticke Verlag, Wien 2003
330 https://www.gesetze-im-internet.de/gg/art_5.html, abgerufen am 30.5.2018
331 Hanns-Joachim Friedrichs, Irgendwann ist eben Ende, Der Spiegel, Nr. 13, 27.3.1995, S. 113
332 Columbia Journalism Review, https://www.cjr.org/analysis/fake-news-study.php, 24.10.2017
333 https://derstandard.at/2000079885874/Ex-ZDF-Chefredakteur-Brender-zu-ORFRundfunk-in-den-Griff-kriegen
334 https://derstandard.at/2000079059311/Erwin-Proell-war-ein-starkes-Redaktionsmitglied, 3.5.2018
335 Darüber erschienen zahlreiche Berichte, unter anderem auf Spiegel Online, unter: http://www.spiegel.de/politik/ausland/eu-abgeordneter-martin-veroeffentlicht-lobby-einladungen-a-892465.html, 4.4.2013
336 Detaillierte Informationen dazu unter: www.hpmartin.net. Der Autor nahm keine Geschenke oder geldwerten Leistungen im Wert von mehr als zehn Euro an.
337 Ausführliche Details dazu und zahlreiche weitere Informationen zur Arbeit von Lobbyisten: Hans-Peter Martin, Die Hintermänner der Macht, in: Die Europafalle, Piper Verlag, München 2009, S. 67 ff.
338 ebenda, S. 74
339 Christopher Lasch, The Revolt of the Elites, New York, London, 1994, p. 28
340 Siehe das Kapitel »Der Verrat der Eliten: Weltmodell Brasilien« im Buch »Die Globalisierungsfalle« von Hans-Peter Martin und Harald Schumann, Rowohlt Verlag, Reinbek bei Hamburg 1996, S. 235 ff.
341 https://jamanetwork.com/journals/jama/article-abstract/2513561, 26.4.2018
342 http://tubecreature.com/#/livesontheline/current/same/V/940GZZLUGPK/TFTF/11.61666666666666/-0.0531/51.5816/, abgerufen am 9.6.2018

343 Socio-Economic Segregation in European Capital Cities, https://www.tudelft.nl/en/2015/otb/increasing-segregation-in-european-cities-due-to-income-inequality/, abgerufen am 9.6.2018
344 OECD Forum on Tackling Inequality, Paris, 2.5.2011, unter: http://www.oecd.org/social/soc/47723414.pdf
345 Kishore Mahbubani, Has the West Lost It? A Provocation. Allen Lane, Penguin Group, London – New York, 2018
346 Matthew Stewart, The Birth of a New Aristocracy, in: The Atlantic, June 2018
347 https://www.nbcnews.com/meet-the-press/meet-press-may-27-2018-n877866
348 Gespräche u. a. im Sommer 1988 in Hamburg
349 Gespräch am 16.10.2017 in Wien
350 David Brooks, Bobos in Paradise: The New Upper Class and How They Got There, Simon & Schuster, New York 2001
351 https://www.nytimes.com/2018/05/30/us/politics/obama-reaction-trump-election-benjamin-rhodes.html?hp&action=click&pgtype=Homepage&clickSource=story-heading&module=photo-spot-region&region=top-news&WT.nav=top-news
352 Im September 1902 in Paris, siehe http://rainer-maria-rilke.de/06b012herbsttag.html, abgerufen am 10.6.2018
353 Reisen des Autors, etwa nach Horb, Calw und Königsbronn in Baden-Württemberg, Isny in Bayern und Ohlsdorf sowie Rohrbach in Oberösterreich und Hainfeld in Niederösterreich im Sommer 2017
354 https://derstandard.at/2000081085441/WKO-Studie-Jeder-zweite-Online-Einkauf-geht-ans-Ausland?ref=rec, 6.6.2018
355 https://www.economist.com/news/christmas-specials/21732704-nationalism-not-fading-away-it-not-clear-where-it-heading-whither, 19.12.2017
356 http://www.telegraph.co.uk/news/2016/10/05/theresa-mays-conference-speech-in-full/
357 David Goodhard, The Road to Somewhere, The Populist Revolt and the Future of Politics, Hurst & Company, London 2017
358 Hannah Arendt, Elemente und Ursprünge totaler Herrschaft. Antisemitismus, Imperialismus, totale Herrschaft. Piper Verlag, München/Zürich 1986, 12. Auflage 2008, S. 704 ff.
359 Der reichweitenstarke Radiosender Antenne Vorarlberg auf 101,1 MHz, z.B. am 8.6.2018, 14:58.
360 http://www.deutschlandfunk.de/asylpolitik-unionsstreit-eskaliert.720.de.html?dram:article_id=420425, 14.6.2018
361 Franz Walter, unter: http://www.demokratie-goettingen.de/blog/bastarde-der-demokratisierung, 23.4.2014, abgerufen am 26.11.2017
362 Gespräch am 18.11.2016 in Osnabrück
363 Oliver Marchart, Der demokratische Horizont. Politik und Ethik radikaler Demokratie, Suhrkamp Verlag, Berlin 2018
364 Franz Walter, unter: http://www.demokratie-goettingen.de/blog/bastarde-der-demokratisierung, 23.4.2014, abgerufen am 26.11.2017
365 Interview unter: https://www.bild.de/bild-plus/politik/inland/angela-merkel/csu-landrat-fordert-dass-merkel-fehler-eingesteht-55997318.bild.html, 14.6.2018
366 http://www.faz.net/aktuell/politik/inland/seehofer-und-kurz-eine-achse-der-willigen-gegen-merkel-15637682.html, 13.6.2018
367 Gespräch am 14.11.2017 in Zürich
368 http://www.faz.net/aktuell/wirtschaft/f-a-z-oekonomenranking-der-bedaechtige-herr-fuest-15179145/f-a-z-oekonomenranking-2017-die-tabellen-15173039.html, 1.9.2017
369 Gespräch am 21.9.2017 am Rüfikopf in Lech am Arlberg

Deutschlands neue Volksbewegung

370 Name geändert. Gespräch am 17.10.2017 mittags in Tübingen
371 Namen geändert
372 Cem Özdemir, Ich bin Inländer, aufgezeichnet von Hans Engels, dtv, München 1997, aktualisierte Neuausgabe 1999
373 Naturwissenschaftlich ist längst klargestellt, dass es ein »deutsches Gen« nicht gibt. Ein internationales Forschungsteam hat etwa die Gene von zwei Männern verglichen. Der

eine hatte ausschließlich norddeutsche Vorfahren, der andere nur Vorfahren aus Bayern. Wenn es deutsche Gene gäbe, müssten beide ein gemeinsames Genprofil aufweisen. Der Versuch zeigte jedoch: Es gibt regionale Genmuster, aber es gibt kein typisch deutsches Genprofil. Siehe dazu auch: »Genes mirror geography in Europe«, publiziert in der weltweit anerkannten Fachzeitschrift Nature, Volume 456, Issue 6.11.2008, p. 98–100

374 E-Mail vom 23. Juni 2017
375 Name geändert, Gespräch am 28.10.2017 in Tübingen
376 https://www.wahlrecht.de/umfragen/, INSA, 26.2.2018, INSA 16.7.2018
377 Gespräche am 11. und 13.4.2018 in Lech
378 https://www.sueddeutsche.de/news/politik/parteien—-irschenberg-soeder-beschwoert-stil-und-respekt-wir-sind-die-mitte-dpa.urn-newsml-dpa-com-20090101-180721-99-243170
379 http://www.spiegel.de/politik/deutschland/demokratieforscher-matthias-micus-warum-die-afd-so-erfolgreich-ist-a-1174299.html, 24.10.2017
380 https://www.youtube.com/watch?v=48Z4H2pRw4w, abgerufen am 2.2.2018
381 https://www.hna.de/politik/gauland-weidel-und-co-studie-zur-afd-in-kommunalparlamenten-9588591.html, 6.2.2018
382 https://aidabund.de, abgerufen am 8.2.2018
383 http://www.ava-bund.de, abgerufen am 8.2.2018
384 Gespräch am 14.2.2017 in der Buchhandlung Gastl in Tübingen
385 Gespräch am 6.12.2017 in München
386 Dieter Sauer, Rechtspopulismus und Gewerkschaften. Vortrag auf der Betriebs- und Personalrätekonferenz, 15.9.2017 im DGB-Haus in München
387 https://www.youtube.com/watch?v=A4mcsX1KRq4, Minute 33, abgerufen am 11.2.2018
388 https://www.stuttgarter-nachrichten.de/inhalt.afd-und-die-rechte-gewerkschaft-wenn-dein-blauer-arm-es-will.5c804198-4df2-4388-8b2e-e91c8e8c1d7f.html, 1.12.2017
389 https://www.stuttgarter-nachrichten.de/inhalt.afd-und-die-rechte-gewerkschaft-wenn-dein-blauer-arm-es-will.5c804198-4df2-4388-8b2e-e91c8e8c1d7f.html, 1.12.2017
390 Was macht der blaue Schirm denn da?, in: Die Zeit, Nr. 2, 2018, S. 4
391 https://www.youtube.com/watch?v=A4mcsX1KRq4, Minute 35, abgerufen am 11.2.2018
392 Broschüre Zentrum, Mut zur Opposition, Werk Untertürkheim, Stuttgart, Februar 2018
393 http://www.faz.net/aktuell/wirtschaft/unternehmen/daimler-personalvorstand-warnt-rechte-betriebsraete-15475700.html, 2.3.2018
394 https://www.facebook.com/zentrumauto/, abgerufen am 6.3.2018 um 14:21
395 Zitiert in: https://www.stuttgarter-zeitung.de/inhalt.rechte-liste-bei-betriebsratswahlen-daimler-wehrt-sich-gegen-rechte-umtriebe.3ef6ce8a-194d-4c55-a977-ab61537e0c9d.html, 22.2.2018
396 http://www.faz.net/aktuell/wirtschaft/unternehmen/daimler-personalvorstand-warnt-rechte-betriebsraete-15475700.html, 2.3.2018
397 https://www.automobilwoche.de/article/20180317/BCONLINE/180319916/exklusiv—bis—daimler-erhoeht-pkw-produktion-auf-drei-millionen-einheiten, 17.3.2018
398 http://www.tagesspiegel.de/themen/agenda/betriebsratswahlen-im-fruehjahr-rechte-kandidaten-streben-in-die-betriebsraete/20849470.html, 16.1.2018
399 Der Spiegel, Aufstand der Ängstlichen, Ausgabe 51/2015
400 Zitiert in: http://www.faz.net/aktuell/finanzen/finanzmarkt/dax-jetzt-fallen-auch-in-deutschland-die-aktienkurse-15434865.html, 6.2.2018
401 http://plus.faz.net/evr-editions/2017-06-23/45835/362014.html, EZB bekräftigt rechtzeitige Zinswende
402 Presseauftritt in Berlin, Video und AFP-Meldung, wiedergegeben auf: http://www.epochtimes.de/politik/deutschland/gauland-sieht-in-koalitionsvereinbarung-schwere-niederlage-der-cdu-a2342325.html, 7.2.2018
403 http://www.faz.net/aktuell/finanzen/meine-finanzen/mieten-und-wohnen/warum-chinas-mittelschicht-auf-den-deutschen-wohnungsmarkt-draengt-15427717.html, 1.2.2018

404 http://www.spiegel.de/wirtschaft/immobilienboom-was-passiert-wenn-die-blase-platzt-a-1191302.html, 4.2.2018
405 http://www.taz.de/!5517101/, 30.6.2018
406 https://live.augsburger-allgemeine.de/Event/AfD-Parteitag_und_Proteste_in_Augsburg?Page=0
407 z.B. am Wahlabend am 24.9.2017 in Berlin, https://www.n-tv.de/mediathek/videos/politik/Wir-sind-ein-gaeriger-Haufen-article20050639.html, abgerufen am 9.2.2018
408 Alexander Wendt, unter: http://www.achgut.com/artikel/boris_palmer_springen_sie, 28.2.2018
409 https://twitter.com/sebastiankurz/media?lang=de, 27.2.2018
410 Dieses Buch, auf dessen geplantem Cover die beiden damals noch bestehenden Türme des World Trade Center abgebildet waren und an dem der Autor gemeinsam mit Harald Schumann arbeitete, ist leider nie erschienen. Harald Schumann wollte damals in den Stab um Oskar Lafontaine eintreten, gemeinsam wollten wir ein Gegen-Davos initiieren. Doch ich ging in die Politik und hatte den damit verbundenen Zeitaufwand völlig unterschätzt.

Das europäische Endspiel

411 Abgebildet in: http://archiv.rhein-zeitung.de/on/98/11/25/topnews/sunlafo.html, abgerufen am 1.3.2018
412 Der Spiegel, Schröders zweite Chance, Heft 11/1999
413 Ausführliche Informationen dazu in: Hans-Peter Martin, Das EU-Finanzmarktdesaster, in: Die Europafalle, Piper Verlag, München 2009, S. 176 ff.
414 Berechnungen der DZ-Bank, Frankfurter Allgemeine Zeitung
415 Der Autor durfte immer wieder an Gesprächen mit Michail Gorbatschow teilnehmen, zuletzt ein längeres Interview am 28.9.1995 in San Francisco.
416 Der Autor war als damaliger »Präsident des Gemischten Parlamentarischen Ausschusses des Europäischen Parlaments mit der Slowakei« eingeladen.
417 Ausführlich dazu: Hans-Peter Martin, Die vorschnelle EU-Erweiterung, in: Die Europafalle, Piper Verlag, München 2009, S. 181 ff.
418 https://www.oevp.at/Download/EVP-Grundsatzprogramm.pdf, abgerufen am 16.7.2018
419 Auch der Autor dieses Buches verstand seine parlamentarische Arbeit in diesem Sinne. Politische Gegner brachten zwölf Strafanzeigen gegen ihn ein, vier Mal wurde seine parlamentarische Immunität aufgehoben. Alle Verfahren wurden von der Staatsanwaltschaft eingestellt, es kam nie zu einem Gerichtsprozess, geschweige denn zu einer Verurteilung.
420 Ulrike Guérot, Warum Europa eine Republik werden muss! Eine politische Utopie. Dietz Verlag, Bonn 2016
421 Gespräch am 12.11.2017 in Berlin
422 https://act.wemove.eu/campaigns/transnationale-listen, abgerufen am 15.2.2018
423 http://www.spiegel.de/politik/ausland/viktor-orban-reagiert-auf-martin-schulz-ungarn-verdient-mehr-respekt-a-1186666.html, 8.1.2018
424 http://www.kas.de/wf/doc/kas_26065-1442-1-30.pdf?180618113618, 16.6.2018
425 ebenda.
426 https://kurier.at/politik/ausland/fuer-orban-waeren-vereinigte-staaten-von-europa-ein-alptraum/400033762, 10.5.2018
427 http://www.spiegel.de/lebenundlernen/uni/george-soros-central-european-university-soll-in-ungarn-bleiben-a-1215148.html
428 https://www.thedailybeast.com/inside-bannons-plan-to-hijack-europe-for-the-far-right?ref=home, 20.7.2018
429 Roman Herzog, Lüder Gerken, »Europa entmachtet uns und unsere Vertreter«, in: Die Welt, 13.1.2007
430 Zitiert in: Die Zeit, http://www.zeit.de/wissen/geschichte/2010-03/gorbatschow-sowjetunion, 11.3.2010
431 https://www.issep.fr, abgerufen am 22.6.2018
432 https://www.theguardian.com/us-news/video/2018/feb/22/france-is-no-longer-free-marion-marechal-le-pen-tells-conservative-summit-video

433 https://www.srf.ch/news/international/die-lega-und-der-kreml-was-russland-und-europas-rechte-verbindet, 4.4.2018
434 https://kurier.at/politik/inland/argwohn-wegen-fpoe-beziehung-zu-putin-partei/302.509.481, 18.12.2017
435 http://www.faz.net/aktuell/politik/inland/afd-verteidigt-putin-auf-ihrem-russlandkongress-15149657.html, 13.8.2017
436 http://www.sueddeutsche.de/politik/russland-und-der-front-national-analyse-le-pens-draht-nach-moskau-1.3387671
437 http://www.faz.net/aktuell/politik/ausland/nach-der-wahl-in-russland-schroeder-putin-weiter-lupenreiner-demokrat-11675278.html, 7.3.2012
438 Interview in: Der Spiegel, Heft 29, 14.7.2018, S. 31

Trumpismus ohne Trump

439 https://www.news.com.au/world/north-america/the-littleknown-history-of-make-america-great-again/news-story/fb8a09b40aa59defd39ef0bcdeaeb281, 2.12.2017
440 https://www.rollingstone.com/politics/news/donald-trump-is-americas-stupidest-person-has-never-heard-of-google-20150325, 25.3.2015
441 https://www.nytimes.com/2018/06/28/us/politics/trump-anthony-kennedy-retirement.html
442 http://thehill.com/blogs/floor-action/senate/397754-senate-gop-breaks-record-on-confirming-trump-picks-for-key-court, 18.7.2018
443 http://www.faz.net/aktuell/wirtschaft/der-china-schock-traf-amerika-am-staerksten-15678151/schwieriges-verhaeltnis-donald-15678154.html, 6.7.2018
444 Siehe Anmerkung 634
445 Gespräch mit einem Kollegen von der New York Times am 10.11.2016 in New York
446 Samuel H. Preston, Yana C. Vierboom, and Andrew Stokes , The role of obesity in exceptionally slow US mortality improvement, Proceedings of the National Academy of Sciences of the United States of America, PNAS 30.1.2018, p. 957–961
447 https://www.zeit.de/wissen/gesundheit/2018-04/opioid-krise-usa-donald-trump-strategie, 2.5.2018
448 https://www.cdc.gov/media/releases/2018/p0607-suicide-prevention.html, 7.6.2018
449 https://www.tagesschau.de/ausland/us-waffenrecht-101.html, 3.10.2017
450 http://www.spiegel.de/panorama/justiz/florida-massaker-an-highschool-toedlicher-angriff-am-valentinstag-a-1193583.html, 15.2.2018
451 https://www.theguardian.com/commentisfree/2015/dec/09/stop-acting-like-guns-are-more-important-than-our-children-gun-control
452 https://www.nytimes.com/2018/06/05/us/kids-bulletproof-shield-school.html
453 https://www.bostonglobe.com/metro/2018/06/07/jarring-nursery-rhyme-somerville-school-teaches-kindergartners-about-lockdowns/tVSkONmr4QeQfZU5HgBbnI/story.html
454 Kriminologie SS 2014, https://www.mpicc.de/files/pdf2/alb_krim_1_teil_8_ss141.pdf, abgerufen am 22.7.2018
455 https://www.facebook.com/ATTNVideo/videos/1744852582486362/?hc_ref=ARR5L51ItcGLXQG6fTOCPbWlGaGjQdKaB31i8G5dgcjr03oyzVL7i5LbSAvlMKmOvHI, abgerufen am 22.8.2017
456 Gespräch am 14.11.2017 in Zürich
457 http://time.com/4564142/hillary-clinton-gender/ 9.11.2016
458 Name geändert, Gespräch am 9.11.2018 in New York
459 Name geändert, Gespräch am 9.11.2018 in New York
460 In der School of International and Public Affairs SIPA, Gespräche am 10.11.2016 in New York
461 https://www.wsj.com/articles/donald-trumps-approval-rating-inches-higher-buoyed-by-republican-support-1532293201, 22.7.2018
462 https://www.economist.com/graphic-detail/2018/04/16/republicans-are-less-divided-on-cultural-issues-than-democrats-are
463 Vortrag am 13.11.2017 in Zürich
464 https://home.nra.org, abgerufen am 31.7.2018

465 https://www.theguardian.com/commentisfree/2010/sep/10/tea-party-tax-spending
466 https://www.nytimes.com/2018/06/19/climate/koch-brothers-public-transit.html
467 https://fivethirtyeight.com/features/registered-voters-who-stayed-home-probably-cost-clinton-the-election/, 5.1.2017
468 https://www.vox.com/policy-and-politics/2018/3/15/17113176/new-york-times-opinion-page-conservatism
469 https://www.nytimes.com/reuters/2018/07/31/us/politics/31reuters-usa-trump-kochbrothers.html
470 https://www.supremecourt.gov/opinions/17pdf/16-1466_2b3j.pdf, 27.6.2018
471 Gespräch am 13.11.2017 in Zürich
472 Michael D'Antonio, Peter Eisner, The Shadow President: The Truth about Mike Pence, Macmillan USA, New York 2018
473 https://www.nytimes.com/2018/07/28/opinion/sunday/mike-pence-holy-terror.html?action=click&pgtype=Homepage&clickSource=story-heading&module=opinion-c-col-left-region&region=opinion-c-col-left-region&WT.nav=opinion-c-col-left-region
474 Vertrauliches Gespräch Mitte Juni 2018 in Deutschland
475 https://www.nytimes.com/2018/07/18/opinion/trump-putin-summit-republicans.html?action=click&pgtype=Homepage&clickSource=story-heading&module=opinion-c-col-left-region&region=opinion-c-col-left-region&WT.nav=opinion-c-col-left-region
476 Der Spiegel, 8.7.2013

Weiter, weiter, immer weiter. Enger, enger, immer enger

477 https://www.unzensuriert.at/content/0024943-Norbert-Nemeth-zum-Atterseekreis-Unser-Ziel-ist-ein-freiheitliches-Alpbach-zu, 15.9.2017
478 https://www.welt.de/politik/deutschland/article172140460/CSU-Landesgruppenchef-Dobrindt-wettert-gegen-linke-Meinungsvorherrschaft.html, 4.1.2018
479 Niccolò Machiavelli, Il Principe, Ausgabe des Anaconda Verlags, Köln 2016, S. 44
480 ebenda, S. 62
481 https://www.nytimes.com/2018/04/12/opinion/paul-ryan-fascism.html
482 http://www.faz.net/aktuell/feuilleton/in-italien-waechst-die-fremdenfeindlichkeit-15439093.html, 9.2.2018
483 In der Sendung Maybrit Illner, ZDF, 14.6.2018
484 https://www.bild.de/politik/inland/angela-merkel/wie-soll-sie-das-noch-schaffen-56050984.bild.html, 19.6.2018
485 Interview mit der Deutschen Presse-Agentur, zitiert u. a. in: http://www.faz.net/aktuell/politik/inland/sigmar-gabriel-warnt-union-vor-folgen-des-koalitionsbruchs-15659749.html, 26.6.2018
486 Etwa in der Sendung bei Sandra Maischberger, ARD, 17.1.2018
487 Johannes Huber, https://www.diesubstanz.at/content/kurz-setzt-alles-auf-eine-karte, 8.5.2017
488 http://www.vol.at/hc-strache-im-livetalk-ab-10-uhr/5196774, 21.3.2017
489 Duell Kurz-Strache, Puls vier, 8.10.2018, 20:15.
490 Aussage in der Wiener Hofburg, 15.10.2018
491 https://www.bmi.gv.at/412/Nationalratswahlen/Nationalratswahl_2017/start.aspx, abgerufen am 27.6.2018
492 http://www.spiegel.de/politik/deutschland/richard-grenell-richtet-mittagessen-fuer-sebastian-kurz-in-berlin-aus-a-1211129.html, 4.6.2018
493 http://www.orf.at/#/stories/2444156/, 22.6.2018
494 Hans-Henning Scharsach, Stille Machtergreifung: Hofer, Strache und die Burschenschaften, Kremayr & Scheriau, Wien 2017
495 Der Standard, 19.1.2018, S. 1
496 https://www.lemonde.fr/politique/article/2018/01/13/a-l-elysee-macron-et-kurz-minimisent-leurs-differences_5241159_823448.html
497 https://www.news.at/a/nationalratswahl-wahlkampf-facebook-analyse-zweite-welle-8257075, 9.8.2017
498 NNN http://www.spiegel.de/politik/ausland/oesterreich-heinz-christian-strache-relativiert-aussagen-ueber-fluechtlinge-a-1186405.html, 5.1.2018

499 NNN http://orf.at/stories/2422345/2422347/, 14.1.2018
500 http://www.spiegel.de/politik/deutschland/postfaktische-demokratie-macht-und-missverstaendnis-a-1214804.html, 25.6.2018
501 Interview mit Hannah Arendt aus dem Jahr 1974, zitiert in der New York Times bei Thomas B. Edsall, The Self-Destruction of American Democracy, 30.11.2017
502 https://www.economist.com/europe/2018/06/23/how-matteo-salvini-is-dominating-italian-politics
503 https://diepresse.com/home/politik/wienwahl/588143/Umstrittene-Slogans_Wahlplakate-die-fuer-Aufregung-sorgten, 23.8.2010
504 https://diepresse.com/home/innenpolitik/5454242/Kickl_Kein-Auftrag-zum-Aufraeumen-im-BVT?from=rss, 27.6.2018
505 https://kurier.at/chronik/oesterreich/bvt-untersuchungsausschuss-die-brisante-ladungsliste/400061195, 4.7.2018
506 https://derstandard.at/2000074711415/Kuenftig-neun-der-14-Verfassungsrichter-auf-OeVP-oder-FPOe-Ticket, 21.2.2018
507 http://www.sueddeutsche.de/politik/polen-pis-partei-uebernimmt-die-volle-kontrolle-ueber-polens-justiz-1.4038579, 4.7.2018
508 http://orf.at/stories/2445341/, 2.7.2018
509 http://www.orf.at/stories/2444439/, 25.6.2018
510 Paul Lendvai, Orbáns Ungarn, Kremayr & Scheriau, Wien 2016
511 http://www.taz.de/!5515237/, 23.6.2018
512 http://www.faz.net/aktuell/feuilleton/wie-matteo-salvini-roberto-saviano-im-stich-laesst-15654017.html, 23.6.2018
513 http://www.orf.at/#/stories/2440042/, 25.5.2018
514 http://www.spiegel.de/politik/deutschland/pressefreiheit-verteidigung-der-journalistischen-sklavenarbeit-a-1205940.html, 3.5.2018
515 https://www.nytimes.com/2018/06/16/world/europe/poland-kaczynski-smolensk.html?hp&action=click&pgtype=Homepage&clickSource=story-heading&module=first-column-region&region=top-news&WT.nav=top-news
516 Interview in der Sendung ORF-Report, 26.6.2018
517 https://derstandard.at/2000079891087/Regierungsrundfunk, 17.5.2018
518 https://www.thetimes.co.uk/article/pastor-became-extremists-marketing-mastermind-nxls0lwhb, 26.11.2016
519 https://www.theguardian.com/politics/2017/mar/20/jim-dowson-back-scottish-independence-patriotic-news-agency-far-right
520 https://www.theguardian.com/commentisfree/2016/nov/18/robopolitics-social-media-traditional-media-dead-brexit-trump
521 https://www.nytimes.com/2017/11/27/opinion/senate-tax-bill-scam.html
522 http://thehill.com/policy/finance/365446-analyses-cost-of-gop-tax-plan-could-exceed-2-trillion-if-made-permanent, 18.12.2017
523 http://thehill.com/homenews/house/359110-gop-lawmaker-donors-are-pushing-me-to-get-tax-reform-done, 7.11.2017
524 https://www.handelsblatt.com/unternehmen/management/aktienrueckkaeufe-die-us-steuerreform-wirkt-aber-nicht-wie-von-trump-erhofft/20966548.html?ticket=ST-3910634-4DUfgFzKVmCckBhTZilX-ap3, 16.2.2018
525 http://www.sueddeutsche.de/politik/ungarns-premier-orbn-seine-ganze-politik-ist-auf-luegen-aufgebaut-1.3933083, 6.4.2018
526 https://derstandard.at/2000078987760/EU-Budget-und-Rechtsstaatlichkeit-Kampf-um-die-EU-Seele, 2.5.2018
527 http://www.faz.net/aktuell/feuilleton/debatten/matteo-salvini-spielt-mit-symbolen-der-gewalt-15652245.html?premium, 22.6.2018
528 https://www.diesubstanz.at/content/schwarz-blaue-notstandsgesetzgebung, 5.7.2018
529 https://www.whitehouse.gov/briefings-statements/building-stronger-america-president-donald-j-trumps-american-infrastructure-initiative/, 12.2.2018
530 Interview in: Der Spiegel, Nr. 26, 22.6.2018
531 https://visegradpost.com/de/2018/03/19/feierliche-rede-von-viktor-orban-anlaesslich-des-170-jahrestags-der-ungarischen-revolution-von-1848-vollstaendige-version/

532 http://www.sueddeutsche.de/politik/ungarns-premier-orbn-seine-ganze-politik-ist-auf-luegen-aufgebaut-1.3933083, 6.4.2018
533 Hans-Peter Martin, Harald Schumann, Die Globalisierungsfalle, Der Angriff auf Demokratie und Wohlstand, Rowohlt Verlag, Reinbek bei Hamburg 1996, S. 60f.
534 http://www.faz.net/aktuell/feuilleton/in-italien-waechst-die-fremdenfeindlichkeit-15439093.html?premium, 9.2.2018
535 http://www.spiegel.de/politik/ausland/italien-rechtspopulistische-lega-profitiert-von-neuwahlen-a-1210111.html, 29.5.2018, http://www.sueddeutsche.de/politik/italien-matteo-salvini-roma-zaehlen-1.4022134, 19.6.2018
536 http://www.spiegel.de/politik/ausland/italien-rechtspopulistische-lega-profitiert-von-neuwahlen-a-1210111.html, 29.5.2018, http://www.sueddeutsche.de/politik/italien-matteo-salvini-roma-zaehlen-1.4022134, 19.6.2018
537 https://www.bild.de/politik/ausland/fluechtlingskrise/conte-gegen-macron-im-fluechtlingsstreit-56122266.bild.html, 26.6.2018
538 Der Spiegel, Nr. 28, 6.7.2018, S. 80
539 https://www.economist.com/news/europe/21739668-having-learned-identity-politics-left-right-wingers-are-shaping, 28.3.2018
540 http://plus.faz.net/faz-plus/feuilleton/2017-03-21/risse-in-der-kathedrale/331809.html/?popup=user.lf-ns
541 https://visegradpost.com/de/2018/03/19/feierliche-rede-von-viktor-orban-anlaesslich-des-170-jahrestags-der-ungarischen-revolution-von-1848-vollstaendige-version/
542 https://www.augsburger-allgemeine.de/kultur/Achille-Mbembe-Identitaetspolitik-ist-Opium-fuer-das-Volk-id51077901.html, 10.5.2018
543 https://www.facebook.com/mesutoezil/photos/a.552832191462024.1073741825.552825254796051/2192097214202172/?type=3&theater, abgerufen am 23.7.2018
544 https://www.huffingtonpost.de/2017/09/06/erdogan-faschismus-nazismus_n_17919606.html
545 https://www.welt.de/sport/article179879768/Erdoğan-telefoniert-mit-Oezil-Ich-kuesse-seine-Augen.html, 24.7.2018
546 https://www.facebook.com/aliceweidel/photos/a.1063313067013261.1073741828.1061322973878937/2067594819918409/?type=3&theater, abgerufen am 25.7.2018
547 https://www.tz.de/sport/fussball/fussball-wm-ere25907/darum-singt-mesut-oezil-deutsche-nationalhymne-nicht-mit-zr-9968151.html, abgerufen am 29.7.2018
548 https://www.tagesschau.de/ausland/erdogan-moschee-101.html, 10.6.2018
549 http://www.setav.org/en/contact/, abgerufen am 26.7.2018
550 Abgebildet unter: https://www.bild.de/politik/inland/recep-tayyip-erdogan/verschaerft-kampf-um-die-deutsch-tuerken-56429174.bild.html, 25.7.2018
551 http://www.faz.net/aktuell/politik/inland/verfassungsschutzbericht-mehr-extremisten-in-deutschland-15705734.html, 24.7.2018
552 Frau S. Becker am 8.9.2017 am Gleis 8 in Hannover
553 Gespräch im ICE 545 zwischen Hannover und Berlin-Spandau, 8.9.2017
554 http://www.spiegel.de/wirtschaft/finanzkrise-milliardaer-merckle-begeht-selbstmord-a-599774.html, 6.1.2009
555 http://derstandard.at/2000068464578/Londons-U-Bahn-Station-Oxford-Circus-evakuiert, 24.11.2017
556 http://www.spiegel.de/netzwelt/web/terroranschlaege-in-sozialen-medien-sascha-lobo-ueber-seine-strategie-a-1164185.html, 23.8.2017
557 Gespräch am 13.7.2018 in Konstanz
558 https://derstandard.at/2000082759960/Ein-Paragraf-als-Ausdruck-der-Hilflosigkeit, 3.7.2018
559 https://kurier.at/chronik/oesterreich/bvt-untersuchungsausschuss-die-brisante-ladungsliste/400061195, 4.7.2018
560 https://visegradpost.com/de/2018/03/19/feierliche-rede-von-viktor-orban-anlaesslich-des-170-jahrestags-der-ungarischen-revolution-von-1848-vollstaendige-version/
561 Rolf Gössner, Staatliche Überwachung, in: Journal für politische Bildung, Heft 2, 2015,Wochenschau Verlag, Frankfurt am Main
562 Etwa in den Sendungen am Morgen des 10.11.2018 in New York

563 https://www.nytimes.com/2017/03/25/business/media/fox-news.html
564 https://rp-online.de/politik/deutschland/nach-rekruten-werbung-bewerber-boom-bei-der-bundeswehr_aid-17873381, 25.8.2017
565 http://oesterreich.orf.at/stories/2813503/, 8.12.2016
566 http://burgenland.orf.at/news/stories/2814122/, 12.12.2016
567 https://orange.handelsblatt.com/artikel/40044, 19.2.2018
568 Ulrich Herbert, Geschichte Deutschlands im 20. Jahrhundert, Verlag C. H. Beck, München 2014, S. 341. Die Zitate wurden nur aus der Vergangenheitsform in die Gegenwart übertragen.
569 The Great Leveler, https://press.princeton.edu/titles/10921.html

Die Kriegsspirale

570 http://www.spiegel.de/wirtschaft/soziales/tuerkei-lira-auf-rekordtief-wenn-die-waehrungskrise-zur-wirtschaftskrise-wird-a-1222044.html, 7.8.2018
571 Libération, 28. und 29.4.2018, p. 1–5
572 z. B. im L'Est Républicain, 27.4.2018, p. 10
573 https://www.tagesspiegel.de/politik/gemeinderatswahlen-partei-islam-will-islamischen-staat-in-belgien/21148552.html, 6.4.2018
574 Gespräch am 26.4.2018 in München
575 https://www.nytimes.com/2018/07/18/opinion/trump-putin-summit-republicans.html?action=click&pgtype=Homepage&clickSource=story-heading&module=opinion-c-col-left-region&region=opinion-c-col-left-region&WT.nav=opinion-c-col-left-region
576 https://www.cnbc.com/2018/03/02/trump-trade-wars-are-good-and-easy-to-win.html
577 https://www.dw.com/de/europas-gegenschlag-strafzölle-usa-eu-harley-davidson-erdnussbutter-malmström-autoteile-jeans/a-44343850, 22.6.2018
578 https://piie.com/blogs/trade-investment-policy-watch/chinas-retaliation-trumps-tariffs, 22.6.2018
579 https://www.dw.com/de/milliarden-hilfen-für-us-farmer/a-44812927, 24.7.2018
580 https://www.cnbc.com/video/2018/07/20/trump-accuses-china-eu-of-currency-manipulation.html
581 Meldung der Austria Presse Agentur, zitiert u. a. in: https://diepresse.com/home/politik/innenpolitik/5107257/Strache_Mittelfristig-ist-Buergerkrieg-nicht-unwahrscheinlich, 24.10.2016
582 http://www.spiegel.de/video/g20-gipfel-in-hamburg-kriminologe-kritisiert-polizeieinsatz-video-1781487.html, 10.7.2017
583 http://www.faz.net/aktuell/g-20-gipfel/chaos-beim-g-20-gipfel-die-suenden-von-hamburg-15097227.html, 8.7.2017
584 Stern, Die angekündigte Katastrophe, Stern-Reporter berichten auf 40 Seiten, Nr. 29, 12.7.2017
585 https://www.huffingtonpost.fr/2018/05/01/manifestation-du-1er-mai-2018-melenchon-et-le-pen-daccord-pour-pointer-des-milices-mais-pas-du-meme-camp_a_23424587/
586 https://www.francetvinfo.fr/politique/front-national/congres-du-fn-quel-nouveau-nom-pour-le-parti-voici-ce-qu-il-faut-savoir-sur-le-changement-voulu-par-marine-le-pen_2651346.html, 11.3.2018
587 Gespräch am 30.7.2016 in Unkel
588 https://www.politico.eu/article/fake-news-eu-parliament-election-commission-gathers-national-election-officials-as-ballot-fears-rise/, 25.4.2018
589 https://www.reporter-ohne-grenzen.de/pressemitteilungen/meldung/deutsche-korrespondenten-auf-schwarzer-liste/, 25.4.2018
590 George Stein, Information Warfare, Airpower Journal, Spring 1995, abrufbar unter: http://www.iwar.org.uk/iwar/resources/airchronicles/stein.htm
591 https://www.heise.de/security/meldung/Russische-Jugendorganisation-will-Cyber-Attacken-auf-Estland-veruebt-haben-205871.html, 11.3.2009
592 Wolfgang Kleinwächter, Ein Wettrüsten, das nur Verlierer kennt, in: Frankfurter Allgemeine Zeitung, 15.2.2018, abrufbar unter http://www.faz.net/aktuell/feuilleton/debatten/die-digitalen-probleme-erinnern-an-die-siebziger-15448961.html?premium

593 Es ist ein Schnitter, der heißt Tod … Der Dreißigjährige Krieg und die Räume der Gewalt, Gestaltung: Martin Haidinger, im Gespräch mit Herfried Münkler, Sendung des ORF Ö1, 18.4.2018, 21:00
594 z.B. Ted Schlein, The United States needs a Department of Cybersecurity, https://techcrunch.com/2018/04/16/the-united-states-needs-a-department-of-cybersecurity
595 https://www.brookings.edu/blog/order-from-chaos/2018/01/21/how-to-read-the-2018-national-defense-strategy/
596 Command Vision for US Cyber Command, Achieve and Maintain Cyberspace Superiority, 28.3.2018
597 https://www.weforum.org/agenda/2016/05/who-are-the-cyberwar-superpowers/, 1.4.2015
598 https://www.reuters.com/article/us-france-cyber/under-threat-france-grooms-army-hackers-for-cyber-warfare-idUSKBN1771B2, 5.4.2017
599 https://www.sbs.com.au/news/australia-france-sign-agreements-on-military-cooperation-cyberwar, abgerufen am 6.5.2018
600 Christopher Clarke, The Sleepwalkers, How Europe went to War in 1914, Allen Lane, Penguin Group, London – New York, 2012
601 Zitiert in: New York Times, On a tiny Norwegian Island, America keeps an Eye on Russia, 13.6.2017, abrufbar unter: https://www.nytimes.com/2017/06/13/world/europe/arctic-norway-russia-radar.html
602 Philip Gordon, A Vision of Trump at War, Manuskript, 22.3.2017, veröffentlicht in: Foreign Affairs, New York, Issue May/June 2017
603 Panos Moumtzis, UN-Koordinator für humanitäre Angelegenheiten, in: ORF Ö1, Mittagsjournal, 9.2.2018
604 https://thebulletin.org/sites/default/files/2018 %20Doomsday%20Clock%20Statement.pdf, abgerufen am 1.5.2018

Im Widerstand – das Leben danach

605 http://www.spiegel.de/politik/deutschland/pressefreiheit-verteidigung-der-journalistischen-sklavenarbeit-a-1205940.html, 3.5.2018
606 Eberhard Bethge, Dietrich Bonhoeffer, Eine Biographie. Gütersloher Verlagshaus, Güersloh 1993, S. 307.
607 Zitat und Anregungen bei David Brooks, How Should One Resist the Trump Administration, in: The New York Times, 14.2.2017, p. A27
608 https://www.planetwissen.de/geschichte/nationalsozialismus/dietrich_bonhoeffer_getarnter_kurier_des_widerstands/index.html, 10.8.2016
609 Nils Minkmar, Helden der Dissidenz, in: Der Spiegel, Heft 11/2017, S. 115
610 Gerechtigkeit als Prinzip des Handelns, Andreas Obrecht im Gespräch mit Henning Melber, Sendung des ORF Ö1, 2.2.2018, 16:15. Andreas Obrecht verweist in diesem Zusammenhang auf das Vorwort von Jean-Paul Sartre in Frantz Fanons Buch »Die Verdammten dieser Erde«. Siehe auch Jean-Paul Sartre, Kritik der dialektischen Vernunft, Rowohlt, Reinbek 1967, S. 602 ff.
611 Gerechtigkeit als Prinzip des Handelns, Andreas Obrecht im Gespräch mit Henning Melber, Sendung des ORF Ö1, 2.2.2018, 16:15.
612 Es ist ein Schnitter, der heißt Tod … Der Dreißigjährige Krieg und die Räume der Gewalt, Gestaltung: Martin Haidinger, im Gespräch mit Jörg Baberowski, Sendung des ORF Ö1, 18.4.2018, 21:00

Glaubwürdig teilen

613 Walter Scheidel, The Great Leveler, Violence and the History of Inequality from the Stone Age to the Twenty-First Century. The Princeton Economic History of the Western World, Volume 74, 2017
614 http://www.un.org/depts/german/menschenrechte/aemr.pdf, abgerufen am 6.8.2018
615 Gespräch am 21.9.2017 in Lech am Arlberg
616 Gespräch am 5.8.2018 in Lech am Arlberg
617 Per Leo, Maximilian Steinbeis, Daniel-Pascal Zorn, Mit Rechten reden, Klett-Cotta, Stuttgart 2017

618 Gespräch am 16.7.2017 in Berlin
619 https://www.wsj.com/articles/facebook-to-banks-give-us-your-data-well-give-you-our-users-1533564049, 6.8.2018
620 https://www.srf.ch/kultur/netzwelt/die-deklaration-der-digitalen-menschenrechte, 1.12.2016
621 https://www.udldigital.de/interview-mit-christoph-igel-ueber-digitale-bildung/ 16.11.2016
622 Interviev in der österreichischen Tageszeitung »Der Standard«, abrufbar unter https://derstandard.at/2000070468412/Industrie-4-0-kann-auch-auf-dem-Traktor-sein, 16.12.2017
623 James Montier, Philip Pilkington, The Deep Causes of Secular Stagnation and the Rise of Populism, March 2017, p. 19
624 The Economist, AI-spy, Artificial Intelligence in the Workplace, A Special Report, 31.3.2018
625 ARD-Sendung Hart aber fair, abrufbar unter https://www.ardmediathek.de/tv/Hart-aber-fair/Mieten-zu-hoch-Bauen-zu-teuer-wenn-Wo/Das-Erste/Video
626 https://www.philosophicum.com/archiv/2017/philosophicum.html, abgerufen am 6.8.2018
627 https://www.grundeinkommen.ch, abgerufen am 6.8.2018
628 Gespräch am 21.9.2017 in Lech am Arlberg
629 https://derstandard.at/2000063502101/Wir-gehen-nicht-ins-Bett-um-Kinder-zu-machen, 2.9.2017
630 Anthony B. Atkinson, Inequality: What can be done, Harvard College, USA, 2015
631 https://www.theguardian.com/world/2018/apr/23/finland-to-end-basic-income-trial-after-two-years
632 Gastbeitrag in der Tagezeitung »Die Welt«, abrufbar unter https://www.welt.de/wirtschaft/plus180620838/IWF-Auch-Deutschland-schadet-dem-globalen-Freihandel.html, 6.8.2018
633 Gespräch und Vortrag am 13.11.2017 in Zürich
634 David H. Autor, David Dorn, Gordon H. Hanson, The China Shock: Learning from Labor Market Adjustment to Large Changes in Trade, NBER Working Paper No. 21906, Annual Review of Economics, vol 8(1), National Bureau of Economic Research, USA, January 2016
635 Vortrag am 13.11.2017 in Zürich
636 https://www.nytimes.com/2017/06/24/opinion/sunday/artificial-intelligence-economic-inequality.html
637 http://www.todayonline.com/commentary/robot-tax-boon-or-bane-future-work, 27.2.2017
638 https://www.economist.com/news/leaders/21731626-case-taxing-inherited-assets-strong-hated-tax-fair-one, 23.11.2017
639 http://publications.credit-suisse.com/tasks/render/file/index.cfm?fileid=FB790DB0-C175-0E07-787A2B8639253D5A, abgerufen am 13.8.2018
640 https://www.oxfam.de/ueber-uns/aktuelles/2018-01-22-82-prozent-weltweiten-vermoegenswachstums-geht-reichste-prozent
641 https://www.theguardian.com/business/2017/oct/26/worlds-witnessing-a-new-gilded-age-as-billionaires-wealth-swells-to-6tn
642 https://www.forbes.com/billionaires/list/3/#version:static_country:Germany, abgerufen am 9.8.2018
643 http://publications.credit-suisse.com/tasks/render/file/index.cfm?fileid=12DFFD63-07D1-EC63-A3D5F67356880EF3, abgerufen am 9.8.2018
644 Hans-Peter Martin, Harald Schumann, Die Off-shore-Anarchie, in: Die Globalisierungsfalle, Rowohlt Verlag, Reinbek bei Hamburg 1996, S. 95
645 Die Zeit, Nr. 4/2009
646 https://www.esgehtlos.org, abgerufen am 4.8.2018

647 https://www.wiwo.de/unternehmen/industrie/china-china-first-statt-dem-angekuendigten-freien-handel/19305778-3.html, https://www.wiwo.de/unternehmen/industrie/china-warum-die-goldenen-jahre-fuer-deutsche-firmen-vorbei-sind/19305778.html, 31.1.2017

648 Schriftliche Anfragebeantwortung per E-Mail durch Stefanie Krugsberger, International Business Communications Mercedes-Benz Cars, 3.8.2018: Die Bitte des Autors war einfach: Wie viele Menschen werden in der »modernsten Automobilproduktion der Welt«, wie sie der zuständige Mercedes-Vorstand Markus Schäfer bezeichnet und sagt, dass Daimler dort »als Erfinder des Automobils die Produktion neu erfinden« werde, im Vergleich zu früheren Produktionen noch Arbeit finden? Die Antwort: »Auf unserer Global Media Site finden Sie alle Informationen, die wir zum aktuellen Zeitpunkt zur Factory 56 zur Verfügung stellen können.« Auf der angegebenen Webseite finden sich jedoch zur Frage der Beschäftigten keine Angaben, nur zur Größe des Projektes – »circa 30 Fußballfelder« – und zum Umfang der Stahlkonstruktion – »fast so viel wie beim Pariser Eiffelturm«. Auch auf eine weitere Anfrage an die Daimler AG antwortete Stefanie Krugsberger lapidar: »Wir machen aus Wettbewerbsgründen grundsätzlich keine Angaben zu Personalplanungen.« In der Vergangenheit überschlugen sich freilich Unternehmensleitungen in den Medien, wenn es um die Schaffung von Arbeitsplätzen in neuen Fabriken ging – und Politiker, wenn sie Fördergelder einbrachten.

649 E-Mail der Daimler AG an den Autor vom 3.8.2018. Es komme auf den »Kontext«, also nicht auf das konkrete Zitat an, wird da behauptet. Das Zitat dürfe nicht einmal anonym im Zusammenhang mit Daimler wiedergegeben werden. Der Autor dieses Buches hat in seiner jahrzehntelangen Tätigkeit als Journalist so etwas in Demokratien nicht erlebt, da es ja nur um die Freigabe eines Zitates ging, die Einbettung einer Aussage jedoch in die Verantwortung des Journalisten fällt und ein Teil der verfassungsrechtlich garantierten Pressefreiheit ist.

650 Planet China, Prospect Magazine, London, June 2018, p. 26

20 Ideen für das »New Game«

651 http://publications.credit-suisse.com/tasks/render/file/index.cfm?fileid=12DFFD63-07D1-EC63-A3D5F67356880EF3, abgerufen am 9.8.2018

Detaillierte Anmerkungen (Quellenverweise) zur Grafik »Die Steuerflüchtlinge und die Kosten für Flüchtlinge«

Österreich:
Flüchtlinge: Budgetbelastung durch Flüchtlingsmigration, Anfragebeantwortung und Kurzstudie, Österreich, 2017. Abrufbar unter https://www.parlament.gv.at/ZUSD/BUDGET/2017/BD_-_Anfragebeantwortung_zu_den_Budgetbelastungen_durch_die_Fluechtlingsmigration.pdf
Entwicklungshilfe: OECD, Official Development Assistance 2017
Steuerflucht: Tørsløv & Weir & Zucman, The Missing Profits of Nations, 2018

Schweden:
Flüchtlinge: Aijar et al, The Refugee Surge in Europe: Economic Challenges, 2016
Entwicklungshilfe: OECD, Official Development Assistance 2017
Steuerflucht: Tørsløv & Weir & Zucman, The Missing Profits of Nations, 2018

Spanien:
Flüchtlinge: Aijar et al, The Refugee Surge in Europe: Economic Challenges, 2016
Entwicklungshilfe: OECD, Official Development Assistance 2017
Steuerflucht: Tørsløv & Weir & Zucman, The Missing Profits of Nations, 2018

Italien:
Flüchtlinge: UN Global Compact for safe, orderly and regular Migration, Geneva 2017
Entwicklungshilfe: OECD, Official Development Assistance 2017
Steuerflucht: Tørsløv & Weir & Zucman, The Missing Profits of Nations, 2018

Frankreich:
Flüchtlinge: Aijar et al, The Refugee Surge in Europe: Economic Challenges, 2016
Entwicklungshilfe: OECD, Official Development Assistance 2017
Steuerflucht: Tørsløv & Weir & Zucman, The Missing Profits of Nations, 2018

Großbritannien:
Flüchtlinge: Aijar et al, The Refugee Surge in Europe: Economic Challenges, 2016
Entwicklungshilfe: OECD, Official Development Assistance 2017
Steuerflucht: Tørsløv & Weir & Zucman, The Missing Profits of Nations, 2018

Deutschland:
Flüchtlinge: Refugee Crisis costs Germany over € 20 billion in 2016, in: Politico, 2017
Entwicklungshilfe: OECD, Official Development Assistance 2017
Steuerflucht: Tørsløv & Weir & Zucman, The Missing Profits of Nations, 2018

USA:
Flüchtlinge: The US Refugee Resettlement Program: A Primer for Policymakers, National Conference of State Legislature, 2017
Entwicklungshilfe: OECD, Official Development Assistance 2017
Steuerflucht: Tørsløv & Weir & Zucman, The Missing Profits of Nations, 2018
Grafik MKM

Ein Dank

gilt allen, die mich zu diesem Buch ermutigten, insbesondere jenen, die Zeit für Gespräche und wertvolle Anregungen fanden:

Laura Alfaro, Hans Herbert von Arnim, Leszek Balcerowitz, Carlo Bastasin, Gerhart Baum, Carl Bildt, Norbert Blüm, John Curtis, Ricardo Díez-Hochleitner, David Dorn, Mario Draghi, Gail Edmondson, Britta Egetemeier, Jörg Eigendorf, Ernst Fehr, Heiner Flassbeck, Emilio Galli-Zugaro, Arno Geiger, Martin Gojer, Al Gore, Harry Fox, Justin Fox, Igor und Marina Goshchinsky, Rolf Gössner, Giorgio Grai, Stefan Gubser, Ulrike Guérot, Peter Handke, Eckart von Hirschhausen, Heimo Hoch, Horst Hummel, Jean-Claude Juncker, Harald Kloser, Christoph König, Dirk Kummer, Heike Kummer, Erik Kurtz, Veit Laue, Bruno Leipold, Gerd Leipold, Michael Moore, Ellen Neumann, Grover Norquist, Kevin O'Rourke, Anita Ortner, Peter Pilz, Dominique Pflanz, Peter Prange, Paul Renner, Dani Rodrik, Curt Royston, Stefan Sagmeister, Dieter Sauer, Hans-Henning Scharsach, Birgit Schmitz, Matthias Schnetzer, Max Schrems, Franz Schuh, Harald Schumann, Gerhard Schwarz, Anya Schiffrin, Ilan Siebert, Alison Smale, Joseph Stiglitz, Jean-Claude Trichet, Malcolm Turnbull, Werner Vogt, Barbara Wallraff, Günter Wallraff, Volker Weiß, Dieter Wild, Michael Wolffsohn, Gabriel Zucman sowie vielen anderen, die mir mit Informationen halfen, aber nicht namentlich genannt werden wollen.

Mein Sohn Manuel recherchierte und gestaltete insbesondere die Grafiken und gab wichtige Hinweise, ebenso wie Tobias Schweitzer, der auch Zugang zu hilfreichen Quellen ermöglichte und mit seiner volkswirtschaftlichen Expertise die ökonomischen Abschnitte im Buch kontrollierte. Den Bereich Robotik und Digitalisierung »überwachte« dankenswerterweise Robert Hülsmann. Ein besonders liebevoller Dank gilt meinem Verleger und Lektor Wolfgang Ferchl, der mich gefordert und gefördert hat wie keiner vor ihm.

Hans-Peter Martin

Kontakt, auch für Veranstaltungen: office@hpmartin.net
Internetseite: www.hpmartin.net